I0595664

Rudolf Westphal

Philosophisch-historische Grammatik der deutschen Sprache. Jena, Mauke

1869

Rudolf Westphal

Philosophisch-historische Grammatik der deutschen Sprache. Jena, Mauke 1869

ISBN/EAN: 9783743416857

Hergestellt in Europa, USA, Kanada, Australien, Japan

Cover: Foto ©Thomas Meinert / pixelio.de

Manufactured and distributed by brebook publishing software (www.brebook.com)

Rudolf Westphal

Philosophisch-historische Grammatik der deutschen Sprache. Jena, Mauke

1869

PHILOSOPHISCH-HISTORISCHE

GRAMMATIK

DER

DEUTSCHEN SPRACHE

VON

R. WESTPHAL.

JENA,

MAUKE'S VERLAG

(HERMANN DUFFT).

1869.

Vorwort.

Der eigenthümliche Standpunkt dieser grammatischen Schrift ist auf dem Titel angedeutet. Zwei Bestandtheile sind in ihr zu einem einheitlichen Ganzen verwebt: den einen wird man als den eigentlich grammatischen, den anderen als den sprach-philosophischen bezeichnen können, obwohl gerade der Verfasser der Ansicht ist, dass die in dem letzteren enthaltene Lehre von der Genesis der sprachlichen Formen eben so sehr zur eigentlichen Grammatik gehört wie dasjenige, was man bis jetzt unter der Formlehre begreift, nämlich die systematische Verzeichnung des Sprachmaterials und dessen Vermittlung mit den Lautgesetzen und den analogen Erscheinungen verwandter Sprachen.

Der eigentlich grammatische Bestandtheil sollte keineswegs in der Weise die Hauptsache bilden, dass die sprachphilosophischen Erörterungen nur die untergeordnete Bedeutung kurzer den Standpunkt der grammatischen Auffassung darlegender Einleitungen zu den einzelnen Abschnitten der Grammatik einnähmen, vielmehr sollte beiden Bestandtheilen eine gleichberechtigte Stellung gegeben werden. Daher konnte es nicht die Aufgabe dieses Buches sein, das gesammte germanische Sprachmaterial umfassend zu verzeichnen, oder auch nur die sämmtlichen germanischen Dialekte in der Vollständigkeit herbei zu ziehen, wie dies bei Jakob Grimm geschehen ist. Das Hauptaugenmerk ist dem Gotischen und unseren beiden ältesten deutschen Dialekten, dem Althochdeutschen und Altniederdeutschen, zugewandt; das Altnordische und Angelsächsische hat ihnen gegenüber im Ganzen nur eine secundäre Berück-

I *

sichtigung erfahren, obwohl ich keinen Anstand genommen, diejenigen altnordischen und angelsächsischen Form- und Lautbildun-
gen, welche vor den analogen Erscheinungen der drei vorher
genannten Dialekte grössere Alterthümlichkeit voraus haben oder
einen dort fehlenden oder nicht so scharf ausgeprägten Standpunkt in der Geschichte germanischer Sprachentwickelung repräsentiren, eingehend zu besprechen. Von den neueren germanischen Dialekten durfte ich blos unser Hochdeutsch vom zwölften
Jahrhundert an berücksichtigen, aber auch hier konnte das Neuhochdeutsche nicht mehr dasselbe Interesse haben wie das Mittelhochdeutsche.

Der erste Meister und Begründer deutscher Grammatik hat
der Laut- und Formlehre trotz einiger jetzt antiquirter Einzelheiten eine so hohe das Ideal erreichende Vollendung gegeben, dass
auch noch jetzt die Grammatiken der griechischen und lateinischen
Sprache nicht einmal einen Vergleich mit der deutschen Grammatik
eingehen können. Zu einer Zeit, wo entschieden hochbegabte Vertreter der griechischen Grammatik für das Licht, welches vom
Orient aus die grammatischen Formen unseres Sprachstammes zu
klären begann, entweder ganz und gar kein Auge hatten oder im
andern Falle als erbitterte Feinde der neuen sprachwissenschaft-
lichen Offenbarung auftraten, die, wie sie wunderlicher Weise ver-
meinten, das Griechische und Lateinische nach der Norm des Sanskrit
ändern wollte, — zu der Zeit war der einzige Jakob Grimm um-
sichtig und hochherzig genug, den Zusammenhang urverwandter
Sprachen mit dem Deutschen zu einem lebendigen, thatkräf-
tigen Glaubens- und Ueberzeugungssatze zu erheben. Ueber
die in ihren Einzelheiten zuerst von ihm selber erkannte Verwandtschaft und Beziehung der germanischen Dialekte stellte er
gleichsam als eine höhere Potenz die Verwandtschaft der indogermanischen Sprachen. Freilich war damals die Sprachvergleichung noch in ihrem ersten Anfange und nur dieser Anfang
konnte Grimms grossem Werke zu Gute kommen. Aber die Art
und Weise, in welcher weitere Fortschritte in der deutschen Grammatik gemacht werden mussten, war auch in dieser Beziehung durch
Grimms Vorgang für alle Nachfolgenden unveränderlich festgestellt,
und die wissenschaftliche deutsche Grammatik und die Sprachver-

gleichung, beide erst Kinder der neuesten Zeit, haben in den wenigen, aber so überaus thatenreichen Decennien ihres Daseins stets mit einander in innigster und förderndster Freundschaft gelebt.

Der Verfasser dieses Buches hatte das Glück, gleich im ersten Beginne seiner Studienzeit in beide Disciplinen durch zwei ihrer trefflichsten und begabtesten Kenner eingeführt zu werden. Sie sind mir bis heute die liebsten von allen Disciplinen geblieben, die ich nie aus den Augen verloren und zu denen ich gern wieder zurückkehre, nachdem fast möchte ich sagen der Zufall für viele Jahre meine hauptsächlichste Thätigkeit auf ein ganz fern liegendes Gebiet geführt hatte. Noch ehe ich mich dem letzteren zuwandte, veröffentlichte ich eine Arbeit über die Auslautsgesetze des Gotischen, an welche sich die jetzt vorliegende Schrift anschliesst. Ich darf hoffen, mich für diejenigen Partien des Buches, welche ich oben die eigentlich grammatischen nannte, mit den Vertretern der deutschen und vergleichenden Grammatik leicht einigen zu können. Ueber Unrichtigkeiten und Ungenauigkeiten im Einzelnen werde ich mich gern von ihnen belehren lassen — und dass sie vorhanden sein werden, darf ich um deswillen im Voraus annehmen, weil ich nach langen Jahren jetzt zum ersten Male diese Studien in eingehenderer Weise wieder aufnehme. Ihrerseits aber werden es die deutschen und die vergleichenden Grammatiker für etwas Unerlässliches ansehen, die germanischen Flexionsendungen einer scharfen mikroskopischen Untersuchung zu unterziehen. Eine Untersuchung dieser Art hatte ich in der vorerwähnten Abhandlung in Angriff genommen, die Fortsetzung liegt in diesem Buche vor. Wo sich als das Ergebniss derselben das Vorhandensein von solchen gleichsam anatomischen oder physiologischen Elementen des Flexionsorganismus herausstellt, welche man bisher noch nicht in ihrer Verschiedenheit von anderen erkannte, da wird es, denk ich, einem jeden Sprachforscher willkommen sein, dass die bisher festgestellte Reihe der sprachlichen Erscheinungen und Kategorien noch um einiges, was sich bisher dem Blick entzogen hat, erweitert und bereichert werden muss.

Seit J. Grimm ist die deutsche Grammatik fast allen ihren Vertretern ein Gegenstand des Wissens und des Gemüthes zugleich: das deutsche Nationalgefühl, das Vertrauen auf das deutsche Volk

und den endlichen Sieg seines Strebens hebt und festigt sich
Angesichts der unerbittlichen Klarheit und Gesetzmässigkeit, die
den grössten Theil des deutschen Sprachgutes durchdringt. In
welcher andern Sprache als in unserer deutschen herrscht von
ältester Zeit bis auf den heutigen Tag trotz der grossartigsten
sprachlichen Revolutionen eine so durchsichtige Ordnung im
Consonanten- und Vocalbestande der Wurzeln, dass sich für
diese letzteren durch Beachtung der Muta-Verschiebung, des Ab-
und Umlautes der Vocale die zu Grunde liegende ur-indogermani-
sche Form aus unserer neuhochdeutschen reconstruiren lässt? Wie
hoch steht in dieser Beziehung die Sprache des Deutschen über
denen seiner romanischen und slavischen Nachbarvölker, deren
heutiger Wurzelschatz sich von der Urgestalt fast zur Unkenntlich-
keit depravirt hat und bei denen auch auf der älteren Sprachstufe
des Lateinischen und Altslavischen kaum eine Spur von der reichen
und zugleich gesetzmässigen Mannichfaltigkeit des Vocalwechsels
waltet, der bei uns noch heute die von ein und derselben Wurzel
ausgehenden Formen unterscheidet. Diese ganz beispiellose Festigkeit und zugleich Lebensfrische der Sprache sichert auch dem
Volke ein langes und bedeutungsvolles Leben und darf ihm ein
fester Bürge sein, dass ihm nach der politischen Glanzzeit im
Mittelalter noch eine ähnliche neuhochdeutsche Epoche von welt-
historischer Bedeutung unter den Völkern des alten Erdtheiles
bevorsteht.

Derselbe grosse Meister der Sprachwissenschaft, der uns zuerst
die Fülle altgermanischer Flexionen erschlossen hat und dessen
reicher Geist gleichsam unter und mit diesen schönsten und glän-
zendsten Ergebnissen der in der Ursprache waltenden Kraft zur
vollen und allseitigen Entwickelung gelangt ist, derselbe Jakob
Grimm ist in einer seiner späteren Schriften zu der Erkenntniss
vorgedrungen, dass ein Volk, je energischer es in seiner geistigen
Regsamkeit fortschreitet, je bedeutungsvoller und nachhaltiger es
in der Geschichte und im Culturleben auftritt, dass es um so mehr
sich jener alten Fülle der tönenden Flexionen in seiner Sprache
entäussern muss. Ihrer genetischen Bedeutung nach sind die man-
nichfaltigen Flexionen der alten Zeit der Ausdruck geistiger Beziehungen, sie sind die Verkörperungen für die logischen Kategorien

des Denkens. Aber je mehr und je rascher gedacht wird, um so
leichter und bequemer muss auch die Sprache als der Träger des
Denkens werden, um so mehr sind die vielsylbigen Endungen hinter der Wurzel gleichsam ein Hemmniss für die Schnelligkeit und
Beweglichkeit des geistigen Lebens. Mag deshalb auch der Sprachforscher für die Reste des einst so reichen Flexionsbestandes ein
noch so grosses Interesse haben, man wird es vom Standpunkte
der allgemeinen Sprachgeschichte aus nicht zu beklagen haben,
dass unsere deutsche Sprache, die im Festhalten der ungeschmäler-
ten Wurzelform so constant ist, in Beziehung auf den alten Reichthum tönender Flexionsendungen so wenig haushälterischen Sinn
gezeigt hat. Der erste Anfang einer Verstümmelung der Endungen
in überraschend hohem Grade gehört bereits einer Zeit an, die
wohl Jahrhunderte vor Ulfilas liegt. Damals wurden aus den Endsylben die sämmtlichen kurzen Vocale a und i regelmässig aus-
oder abgestossen, wenn nicht eine Doppelconsonanz Widerstand
leistete — es geschah das gleichsam in einem gewissen Ueber-
muthe, einem trotzigen Kraftbewusstsein des germanischen Sprach-
geistes: man hatte vor der Bewältigung der sich so ergebenden consonantischen Härten, die man früher eifrig vermieden, keine Furcht
mehr, — im Einklange mit der in allen übrigen Lebensrichtungen
vor keiner Anstrengung zurückschreckenden Kraft des alten Germanen bot auch das germanische Sprachorgan den gehäuften harten Consonanten kühnen Trotz. Von der Zeit an, seit welcher uns
die einzelnen germanischen Dialekte in schriftlichen Denkmälern
vorliegen, lässt sich das Streben, den alten Vocalbestand der Endungen, der aus jener vorhistorischen Zeit noch verblieben war,
immer mehr und mehr zu verdrängen, von Jahrhundert zu Jahrhundert weiter verfolgen, — auch die charakteristischen Unterschiede der Flexionsconsonanten werden aufgegeben, bis dann endlich im zwölften Jahrhunderte mit Anfang der mittelhochdeutschen
Sprachperiode der Vocal der Endung zu tonlosem e herabsinkt
und von Flexionsconsonanten keine anderen als n, t, s, sz, r geduldet werden. Daher die Unscheinbarkeit der deutschen Wortausgänge gegenüber den klingenden Vocalen der Romanen und der
Slaven, daher die Armuth unsers heutigen Flexionssystems. Wie
sehr steht unsere neuhochdeutsche Declination hinter der Slavischen

zurück, die noch heut zu Tage sieben meist tönende Casus-Endun-
gen (— nur eine weniger als das Sanskrit —) darbietet! Wie
ungleich reicher klingt die Verbalflexion unserer romanischen Nach-
barn als unsere deutsche! Doch schämen wir uns dieser unserer
Armuth nicht: sie ist die durch grössere geistige Rührigkeit be-
dingte Entäusserung eines entbehrlich gewordenen Materials, welche
zugleich das höhere Culturleben des germanischen Stammes und
seine grössere Berechtigung auf eine hervorragende geschichtliche
Stellung documentirt.*)

Fast staunenswerth ist die Raschheit, mit welcher die deutsche
Sprache zu der durch den Verlust der Endungen charakterisirten
Periode ihres geschichtlichen Daseins gelangt ist. Als das Lateinische und Griechische aus einer Sprache des blossen „Singens
und Sagens" zu einer Literatursprache wurde, da stand es in der

---

*) Man darf auch dies hinzusetzen, dass das Deutsche als Sprache der
Poesie durch Aufgeben der in den alten Flexionsendungen enthaltenen sinnlichen Fülle vor der poetischen Sprache der romanischen und slavischen
Nachbarvölker eine grössere Treue und Wahrheit voraus hat — wenigstens
in so fern, als die Poesie eine reimende ist. Der Reim hebt diejenigen Wörter zweier Sätze oder Satztheile, auf welchen der vorwiegende logische Nachdruck ruht und in denen sich der Gedanke gleichsam zu seinem Höhepunkte
und zugleich zu seinem Endziele erhebt, durch Gleichheit des betonten Vocales
und der auf ihn folgenden consonantischen und vocalischen Laute hervor. In
der deutschen Poesie, wo kein guter Dichter ein tonloses Formwort als Reim-
sylbe gebrauchen mag, ist die dem Reime als Grundlage dienende betonte
Sylbe jedesmal eine Wurzelsylbe und gerade die Wurzelsylbe ist dasjenige
Element des Wortes, in welcher sich der durch die reimende Poesie hervor-
zuhebende Begriff ausspricht. Hat nicht schon mancher Deutsche die Italiener,
die Spanier um die Fülle ihrer einen mannichfachen Vocalwechsel gestatten-
der weiblicher Reime beneidet? Haben nicht in neuester Zeit die Verehrer
des Dante das Urtheil gefällt, dass die deutsche Sprache, eben weil ihr diese
Art der Reime fehlt, jenen Dichter überhaupt gar nicht im Schmucke des
reimenden Verses, sondern lieber in Prosa wiedergeben sollte? Es ist wahr,
der weibliche Ausgang bei italienischen Versen fällt wohlklingender ins Ohr,
als bei unseren deutschen, dafür aber hat in unzähligen Fällen der italienische
und überhaupt der romanische Reim nicht die logische und die eigentlich
dichterische Bedeutung des deutschen, denn es ist ja fast das Gewöhnliche,
dass er nicht die für den Begriff charakteristische Wurzelsylbe hervorhebt,
sondern auf eine für diesen ganz gleichgültige Endsylbe fällt — er ist ein
lediglich ornamentistisches, aber kein mit dem wahren Wesen der Poesie in
näherem Zusammenhange stehendes Element; — das letztere ist bloss in
der germanischen Poesie der Fall.

Epoche der im Ganzen und Grossen noch unversehrten und unge-
trübten Flexionen, so viel es auch (insbesondere das Lateinische)
in einzelnen Formen dem Sanskrit gegenüber schon Einbusse erlitten hatte. Aber eben durch die Literatur wurde dieser Zustand
der Sprache auf viele Jahrhunderte hin festgehalten, und selbst als
schon die Volkssprache durch Verlust der Endungen und durch
das Eintreten neuer Lautgesetze eine durchaus andere geworden
war, da ging man immer noch beim Schreiben auf jene einmal
literärisch fixirte Sprache zurück. Wie anders ist das im Deutschen! Als im siebenten und achten Jahrhunderte durch den ältesten
St. Galler Glossator, durch Hrabanus, durch Kero und den Uebersetzer Isidors zum ersten Male der Versuch gemacht wird, die
deutsche Sprache als Schriftsprache zu verwenden, da steht diese
in der Fülle klingender Endungen fast auf demselben Standpunkte
wie drei Jahrhunderte früher zur Zeit des Ulfilas das Gotische.
Einen grossen Aufschwung nimmt die deutsche Literatur im neunten Jahrhunderte, in welchem die Flexionen im Ganzen genommen
noch auf derselben Stufe wie bei Kero und bei Isidors Uebersetzer
stehen: hätte man nicht erwarten sollen, dass das Hochdeutsche
Otfrieds und der Tatianischen Evangelienharmonie, das Niederdeutsche des Heliand sich auch für die Folge auf längere Zeit zur
Schriftsprache fixirt haben müsste? Aber gerade damals ist das
Hochdeutsche wie Niederdeutsche in einem raschen Umwandlungs-
processe begriffen, und Jedermann, der damals als Schriftsteller
auftritt, bedient sich der individuellen Sprachgestaltung, wie sich
dieselbe gerade für seine Generation und für seine heimathliche
Landschaft heraus gebildet hat. Daher ist in Notkers Psalmen,
in der Version des Martianus Capella, in Willirams Hohenliede
(aus der zweiten Hälfte der Sächsischen und der ersten Hälfte der
Fränkischen Kaiserzeit) schon ein viel neuerer Sprachcharakter als
bei Otfried oder gar bei Isidor; die meisten Flexionen haben schon
den mittelhochdeutschen Typus und nur hin und wieder lässt sich
im Wortausgange ein tönendes i, u, o statt des farblosen e vernehmen. Das Deutsche nimmt hier unter allen Schriftsprachen der
Erde eine ganz und gar exceptionelle Stellung ein. Am nächsten
kommt ihm wohl noch das Griechische. Die griechische Literatur
von Archilochus bis Theokrit, einem Zeitraume, der etwa gleich

gross wie der von Kero bis Willeram ist, bietet uns fast ebenso
zahlreiche Verschiedenheiten des Sprachcolorites dar wie jene altdeut-
sche, aber der griechische Schriftsteller hält in seiner Schriftsprache
in bewusster Weise ein durch irgend einen Literaturzweig zu Ansehen gekommenes Sprachcolorit fest, welches meist das Ergebniss
irgend einer bestimmten Mischung verschiedener Localdialecte ist,
der Dorer äolisirt, der Aeolier schreibt in einem gemischten dorisch
jonischen Dialecte, keiner aber als der attische Komiker und Prosa-
schreiber bedient sich seines Localdialectes, wie er gerade zu seiner
Zeit gesprochen wurde, während umgekehrt die Schriftsteller jener
althochdeutschen Zeit in völliger Unabhängigkeit von ihren Vor-
gängern die heimathliche Sprechweise, wie sie sich gerade in ihrer
Generation gestaltet hat, für ihre Schriftwerke verwenden. Dieser
beispiellose Subjectivismus ist es, durch welchen die in fortwähren-
dem Flusse befindliche Sprachperiode des Altdeutschen gleichsam
für die auf einander folgende Generationen und zugleich nach der
Verschiedenheit der localen Gebiete schriftlich fixirt ist — ein
höchst willkommener, aber noch lange nicht ausgebeuteter Stoff für
die sprachgeschichtliche Forschung.

Jener Zersetzungsprocess des Deutschen mag in seinem ersten
Anfange etwa zu derselben Zeit eingetreten sein, wo das Gotische,
von seiner alten Stätte im Nordosten Europas nach Italien und
Spanien hinübergeführt, vor dem hier heimischen Romanisch zu
ersterben begann. Es ist charakteristisch, dass das Germanische
noch vor dem Eintritte jenes Processes von den alten Tempusformen des Indogermanischen nicht mehr als nur zwei im Gebrauch
behalten hat, nämlich das Präsens und das Perfectum. Das alte
Imperfectum, das Futurum, der Aorist sind rücksichtslos geopfert
worden, ohne dass davon eine Spur sich gerettet hat. Aehnlich
war es dem Altlateinischen ergangen, denn auch hier sind Präsens
und Perfectum die einzigen dem lebendigen Gebrauche verbliebenen
urindogermanischen Tempora. Das Gebiet der Tempora ist aber
das einzige, wo im Germanischen ein so durchgängiger Verlust
alten Sprachgutes eingetreten ist. Zieht man, wie es billig ist,
die sogenannten Adverbialbildungen ins Gebiet der Nominal- und
Pronominal-Declination, so giebt es nicht einen der alt-indogerma-
nischen Casus, welcher nicht im Germanischen zahlreich verzweigte

Bildungen hinterlassen hat. Noch reicher aber ist unsere ältere
Sprachperiode an Modusformen. Man hat es als eine fest stehende
Thatsache angesehen, dass nur die südlichen Glieder unseres Sprachstammes die volle Moduszahl bewahrt, die nördlichen dagegen und
unter ihnen insbesondere das Germanische die alte Conjunctivform
durchweg aufgegeben hätten. Man wird sich nicht blos überzeu-
gen dass das Altgermanische neben seinem Optativ einen, wenn
auch nicht syntaktisch, doch formell auf strengste davon geschiede-
nen Conjunctiv besitzt, sondern auch dass es in seinen Modus-
flexionen mehr als irgend eine andere der Schwestersprachen die
ursprünglichen Bildungen gerettet hat. Es sind dies Formen,
welche die sorgfältigste Beachtung erheischen und so wie dies
geschieht, über das alt-indogermanische Flexionssystem und seine
Genesis geradezu ein neues Licht verbreiten.

Hiermit berühre ich diejenige Parthie dieser Schrift, welche
ich oben als die sprachphilosophische bezeichnet habe. Es
handelt sich darin lediglich um die Entstehung der Sprache und
speciell um die Entstehung des Flexionssystems. Die grösste Zahl
unserer Grammatiker hält hier fest an der von Bopp vertretenen
Agglutinationstheorie, welche in jeder alten Flexion die Composition
zweier Wurzeln erblickt. Wenn hier der in der That bestehende
Zusammenhang bestimmter Wortbildungs- und Flexions-Elemente
mit bestimmten Pronominalstämmen dadurch erklärt wird, dass der
Pronominalstamm das Prius, die mit ihm identisch erscheinende
Endung des Posterius sei, so hat sich fast gleichzeitig mit ihr die
entgegengesetzte Auffassung geltend gemacht, welche die Flexion
für das historisch Frühere und den entsprechenden Pronominalstamm für eine gleichsam abgelöste, d. i. zum selbständigen Worte
gewordene Flexionsendung ansieht. Diese für das Germanische
hauptsächlich durch Becker vertretene Auffassung, welche sich in
Gegensatze zu der Agglutinationstheorie Bopp's die organische
nennt, hat allerdings bei den an Bopp sich anschliessenden Sprach-
vergleichern wenig Beachtung gefunden, doch steht sie an und für
sich betrachtet der Agglutinationstheorie insofern coordinirt als
beide Theorien zunächst nichts Anderes als Hypothesen sind, welche
den in der Sprache vorliegenden Zusammenhang bestimmter Flexionselemente mit bestimmten selbständigen Wurzeln erklären wollen.

Die Agglutinationstheorie stammt von den semitischen und speciell von den hebräischen Grammatikern, nach deren Ansicht die erste und zweite Person des sog. Präteritums dieser Sprache dadurch entstanden ist, dass die Verbalwurzel mit dem radikalen Elemente des ersten und zweiten Personalpronomens combinirt wurde. Die organische Theorie ist auf A. M. von Schlegel als ihren ersten Urheber zurückzuführen, der den charakteristischen Unterschied der verschiedenen Sprachfamilien unserer Erde dadurch kennzeichnet, dass er sie nach drei grossen Kategorien classificirt: organische Sprachen (die indogermanischen und semitischen), die synthetischen (als derer Haupttypus die grosse uralisch-altaische Sprachfamilie anzusehen ist) und endlich die analytischen Sprachen (hauptsächlich das Chinesische). Auch die auf dem Standpunkte der Agglutinationstheorie stehenden indogermanischen Sprachvergleicher haben diese Schlegel'sche Classification als berechtigt adoptirt, aber wenn von ihnen die organischen und synthetischen Sprachen, welche als die flectirenden Sprachen den flexionslosen analytischen gegenüberstehen, unter einander in der Weise geschieden werden, dass in den synthetischen die als Flexionen angefügten Stämme auf die Lautgestaltung der vorausgehenden Wurzel keinen Einfluss haben, während in den organischen Sprachen die Wurzel je nach der Beschaffenheit der als Flexionszeichen angehängten Stämme in ihrem Vocalismus und in ihrer auslautenden Consonanz durchgängig beeinflusst werden, so trifft der hier statuirte Unterschied der organischen von den synthetischen Sprachen nur die indogermanischen, aber nicht die semitischen Sprachen, in welchen letzteren der Consonantenbestand wie auch der Vocalismus keineswegs durch die Natur der verschiedenen Flexionen bedingt ist. Es ist allerdings eine feststehende Thatsache, dass zum Ausdrucke der Flexionsbeziehungen nicht blos in den synthetischen Sprachen der Weg der Composition oder Agglutination eingeschlagen ist, sondern dass auch in den indogermanischen mehrfach eine solche agglutinirende Flexionsweise vorliegt. Aber es sind vorzugsweise die erst später gewonnenen Flexionen, welche auf dieser Bildungsart beruhen, und an sich liegt durchaus kein Grund zu der Annahme vor, dass auch alle Erscheinungen in dem ältesten und ursprünglichsten Flexionsschatz der indogermanischen und semitischen Spra-

chen nothwend auf dem Wege dieser gɪA gglutination entstanden
sein müssten und durchaus keine andere Erklärung ihres Daseins
zuliessen. In der Geschichte der semitischen Grammatik gab es eine
Zeit, wo die Ansicht durchaus allgemein war, dass die stumpfen
Wortausgänge des hebräischen Nomens und Verbums die alten und
ursprünglichen seien, und dass ihnen gegenüber die vocalischen und
nasalirenden Casus- und Modusendungen des Arabischen gar erst
als ein Product der nach-muhamedischen, arabischen Grammatiker
aufgefasst werden müssten. Das richtige Verhältniss, nämlich die
Ursprünglichkeit der arabischen Formen, die Depravation der
hebräischen, ist erst eine in den vierziger Jahren von Olshau-
sen gemachte Entdeckung, aber diese hat eine so grosse Gewalt
der Wahrheit, dass heute nur wenige semitische Grammatiker bei
dem früheren Glauben beharren. Wer aber der Ueberzeugung ist,
dass jene Casus- und Modusendungen des Arabischen zum ursprünglichsten Flexionsschatze der semitischen Sprachfamilie gehören, der
hat hier ein Flexionsgebiet der edelsten und ältesten Art vor sich,
für welche auch nicht einmal der Versuch gemacht werden kann,
die flektirenden Wortausgänge a, i, u, an, in, un (denn diese Dreiheit des reinen Vocalismus liegt jenen später durch e und o ge-
trübten Endungen zu Grunde) auf Pronominal- oder Begriffswurzeln
zurückzuführen und in der semitischen Casus- und Modusbildung
eine der Agglutinationstheorie entsprechende Genesis anzunehmen.
Ganz und gar massgebend für die gesammte Auffassung der Sprach-
entstehung sind mir Gildemeisters im Jahre 1846 und 47 ge-
haltenen Vorlesungen über vergleichende Grammatik der indogermanischen und weiterhin der semitischen Sprachen geworden, die
nicht nur einerseits die von der Agglutinationstheorie erhobenen
Ansprüche auf allgemeine Gültigkeit zurückwiesen, sondern auch
andererseits, insbesondere bei der Erörterung der oben herbeigezogenen semitischen Flexionen die unleugbare Thatsache feststellten,
dass keineswegs überall die als Flexionselemente verwandten Laute
an und für sich eine ihrer grammatischen Function entsprechende
bestimmte Bedeutung haben, wie dies wenigstens anscheinend bei
dem das Personalverhältniss ausdrückenden Bestandtheile der Verbalendungen und ganz entschieden z. B. in der schwachen Präteritums-

endung des Germanischen der Fall ist, sondern dass an und für
sich bedeutungslose Laute erst durch den Gegensatz zu
einander die Fähigkeit haben, der Ausdruck für einander entgegengesetzte Beziehungen der Wurzel oder
des Stammes zu sein, hinter welchen sie als Flexionselemente gesprochen werden. In stets dankbarer Anerken-
nung dessen, was ich jenem in den zahlreichen Zweigen seines
weit umfassenden Wissens durch seine unbestechliche Kritik wie
durch glänzende positive Entdeckungen gleich grossen Meisters
schuldig bin, habe ich an dieser Stelle zu bekennen, dass mich die
oben angedeutete Ansicht Gildemeisters zu der Auffassung geführt hat, von welcher aus ich hier eine mit der Ansicht der
meisten Sprachvergleicher im Widerspruche stehende Erklärung
der indogermanischen Flexionen versuche, ohne deshalb aber zu
der Voraussetzung berechtigt zu sein, dass derselbe mit dem, was
ich hier vorbringe, einverstanden ist, denn alles Einzelne ist das
Ergebniss eines mehr als anderthalb Decennien während eigenen
Forschens, welches ich, gleichsam aufgezogen in jener Grundauffas-
sung, dem germanischen Flexionsorganismus zugewandt habe. Es liegt
in der Sache selber, dass der Standpunkt, den ich für die Genesis
der Sprache einnehme, statt des mechanisch-materialistischen ein
idealistischer und wenn man will ein supranaturalistischer ist, —
allen denjenigen, welche mir dies zum Anathem machen möchten,
halte ich entgegen, dass unserer Sprache, wie sie im reichsten und
vollkommensten Zustande von den frühesten Generationen unserer
indogermanischen Vorfahren gesprochen wurde, mindestens derselbe
Reichthum geistiger Beziehungen wie der chemischen Bildung des
in seiner Gestaltung bestimmten mathematischen Gesetzen folgenden Krystalles, nicht aber die geistlose Aeusserlichkeit wie bei einem
bloss mechanischen Gemenge der Erden und Steine zu Grunde liegt.
Hätte Plato seinen Kratylus in der Periode seiner Republik und seines
Timäus niedergeschrieben, so würde er auch in den sprachlichen
Gebilden die Abbilder von ewigen Urbildern erblicken, welche nicht
erst in dem reflektirenden Geiste der Sprechenden, die sich zum
ersten Male der flektirten Wortformen bedienten, ihr Dasein verdanken können. Und dieser Platonische Standpunkt wird, denke
ich, auch für die moderne wissenschaftliche Betrachtung der Sprache

noch keineswegs ein überwundener sein. Wenn ich den Versuch
mache, denselben gerade an unserm Germanischen durchzuführen,
so hat dies seinen Grund in der schon oben angeführten Thatsache,
dass die bisher von den Grammatikern statuirten Kategorien der
indogermanischen Verbalflexionen durch richtige Würdigung bisher
fast unbeachteter germanischer Formen zu einem über Erwartung
reichen und consequenten Systeme des Verbalorganismus vervoll-
ständigt werden: das Bereich des Verbums aber mit seinen dem
Nomen an Mannichfaltigkeit und dialektischer Schärfe weit über-
legenen Begriffsbeziehungen ist der entschieden wichtigste Gegenstand der philosophischen Grammatik, den auch die hier vorliegenden Blätter ganz vorzugsweise berücksichtigen mussten; denn den
gesammten Flexionsorganismus des Germanischen zu erörtern, war
ich durch die Enge des mir hier zu Gebote gestellten Raumes ver-
hindert. Doch wenn den Lesern das hier Veröffentlichte nicht als
„allzu idealistisch“ widerstrebt, wird eine abschliessende, schon
druckfertige zweite Abtheilung von gleichem Umfange wie das hier
Vorliegende der Veröffentlichung übergeben werden.

Verzeichniss der ahd. Denkmäler

nach Graff's ahd. Sprachschatze.

Bei den einzelnen Denkmälern ist angegeben, wie sich die folgenden gotischen Laute in ihnen umgestaltet haben (die Consonanten für den Anlaut des Wortes):

k   g | p   b   f | d   th | ô   au

Ausserdem ist angegeben, wo sich der Diphthong ai gehalten hat und wo die 1 sg. Praes. noch ein u, o, resp. an, on, un, en in ihrer Endung darbietet.

Aus saec. 7.

[Sq. 913] Kleines lat. deutsch. Glossar, sachlich geordnet, St. Gallen Cod. 913. Graff ahd. Sprachschatz 1, LXV.

ch   g | p ph   b p   f v | d t   d th | ô   au   ai | .

Aus saec. 8.

[Asc. 1] Glossen zu e. ascetischen Exhortation, Carlsruher Cod. 185 (aus Reichenau). Diutisc. 1, 279.

ch   g k | .   b   f | .   . | ô   . | .

[Asc. 2] E. Theil der vorigen, Frankfurt a. M. Dombibl. Cod. 117.

ch   g | .   b   f | t   . | .   . | .

[C.] Gl. Cassellanae, Ecc. fr. or. 1, 853 u. Diut. III, 211.

ch   g k | pb   p   f | t   . | ô   . | .

[E.] Exhortatio in plebem christianam nach Docen, Cod. Frising. u. Cassel. Cod. theol. 24. Diut. III, 210.

ch   g k | .   b p   f | t   d th | .   au ao | .

[Em. 33] Fragm. des Gedichtes Muspilli, Münch. Cod. Emmeran.

k ch   g k | p   p   f v | t d   . | .   . | .

[G. c. 4] Gl. zu Gregor. cura past., Münch. Cod. Tegerns.

k ch   g k | .   b p   f | t   d | ua oa ô û | .

[G. c. 5] Dieselben in Cod. Wibensteph. zu München.

ch   g k | ph   p   f v | t   d | ua   . | .

[H. oder Hym.] Interlinearversion von 26 Hymnen, ed. J. Grimm 1830.

k ch   g k | .   b p   f | t   d th (dh) | us ô   au ou   . | .

[Hild.] Fragment des Hildebrandsliedes, ed. G. Grimm 1830.

.   . | .   .   f | . | oa   ao | .

[Is.] Uebersetz. eines Theiles von Isidor. de nativitate Domini, Cod. Parisin. 2326. Herausg. v. Palthen, Schilter, Kostgaard, Graff ahd. Sprsch. 1, XLV.

ch   g | p   b   f | d   dh (d) | o   au   . | u

[gl. K.] Alphabet. Glossar in Cod. St. Gall. 911, mit Unrecht dem Kero zuge-
schrieben. Uebereinstimmend mit Pa. u. Ra. Graff ahd. Sprsch. 1, XLIV·
k ch g k | p f ph b p f v | d t d th dh | ua oa ô û au ai | o u an

[K.] Kero's Interlincarversion der regula S. Benedicti. Herausg. in Schilters
Thesaurus, Graff Diutisc. III, 198. Sprachsch. 1, XLVIII.
k ch g k | f b p f | t d th dh | . au . | n o

[Pa.] Pariser Glossar, übereinstimmend mit gl. K. Diutisc. I, 128.
k ch g k | p ph pf p f v | d t d th | on ô û au ao ai | u an

[Pn.] Pater noster in d. Münchener Cod. Frising C. S. Docen's Misc. II, 288.
Diut. III, 210.
ch g k | . p f | t d | . au . | .

[R. oder Hrab.] Hrabani Mauri glossar. im Wiener Cod. hist. prof. 629. Ecc.
fr. or. II, 950. Diutisc. III, 192.
k ch g k | ph pf b p f | t d (dh) | ô au ao . | u

[Ra.] Reichenauer Glossar im Carlsruher Cod. 185, übereinstimmend mit gl. K.
u. Pa. Diut. I, 128.
k ch g k | p f b p f v | d t d th | ua oa ô au ai | u

[R. b.] Reichenauer Bibel-Glossen im Carlsruh. Cod. 86. Diut. I, 491.
k ch g k | p f b p f v | d th d dh | na on au ou . | u

[Sg. 911] St. Galler Cod. 911 „Vater unser" und „Glauben", herausg. v. Arx
und Schilter.
k ch . | . . f | . . | ô . . | u

[Sg. 70] St. Galler Cod. 70. Glossen zu Epist. Pauli, geschrieben 761 vom
Mönch Winitharius.
. . | f b p f | t d | ua . | .

[Wess.] Wessobruner Gebet im Wessobruner Cod. zu München.
k ch g k | . . f | t d | ô au . | .

[X.] Fragm. eines alphab. Glossars zu München, übereinstimmend mit gl. K.
k ch g k | . . f | t . | ô . . |

Aus saec. 8. 9.

[Bib. 12] Gl. in bibl. sacra, Cod. St. Gall. 9.
k ch g k | f b p f v | t th | oa ô ou |

[Can. 1] Gl. in Canones im Cod. St. Gall. 299.
. g k | . b p f v | t d th | . . . | .

[Can. 2] Gl. in Canones im Cod. Bern. 89. Graff ahd. Spr. 1, XXXVIII.
ch g k | . p f v | t d dh | ô . . | .

[Can. 3] Gl. in Canones im Cod. Weingart. 5 zu Stuttgard. Diut. II, 1. 40.
ch g k | . p f v | . d | ô . . | .

[Can. 9] Gl. in Canones im Cod. Tegerns. S. 40 zu München.
ch g k | . p f v | t d th | oa ô au | .

[D. II. 282] Gl. in Evangelia im Mainzer Cod. Diutisc. II, 282.
k ch g | . b p f v | d t d | . . | .

[D. II. 378] Gl. in Bib. sacra im St. Galler Cod. Diutisc. V, 378.
ch g | . . f | . . | . . | .

[Da.] Gl. mitgetheilt von Docen in Aretins Beiträgen VII, 211. 255. 288.

[Em. 29] Frgm. aus e. alphab. lat. deutsch. Glossar aus e. Cod. Emmer., abgeschrieben von Sanftl in s. Catalog der Emmeraner Manuscr.

k ch　g k　|　pf　　p　　f　|　.　　d　　|　ö　au ao　.　| u

[J. a.] Gl. Junii in Nierup symb. lit. teut.

k ch　g k　|　f　　b p　f v　|　t　　dh　　| ua　　au　　.　| u

[J. b.] Gl. Junii, zweite Sammlung.

k ch　g k　| f ph　b p　　f v　| d t　d (th db) | ua ö　au ou　.　| u

[J. c.] Gl. Junii, dritte Sammlung.

.　　g k　| p f ph　b p　f v　|　t　　th (db) | ua ö　au ou　.　| ou

[Or. 1] Gl. in Orosii historias, Cod. St. Gall. 299.

.　　g　　|　.　　.　　f　| t　　　th　|　.　　.　　.　|　.

[Pr. e.] Interlineargl. zu Prisciani et Donati gramm. im Cod. Emmeran. E. 79 zu München. Graff ahd. Sprachsch. 1, LX.

k ch　　g　| pf　　b　　f v　| d　　d　| ua ö　au　　　| u on

[R. d.] Alphabet. Glossar im Cod. Reichenau. 86 zu Carlsruhe.

k ch　g k　| f ph　b p　　f　| t　　d (th) | ua ö　au　　　| u

[R. e.] Zweites Glossar, ebendas.

k ch　g k　|　.　　p　　f　| t　　d　| ua　　　.　|　.

[R. f.] Glossar zur Bibel, ebendas.

k ch　g k　| f　　p　　f　| t　　d　| ua ö　.　|　.

[Sg. 183] Gl. im Cod. St. Gall. 183.

k ch　g k　|　.　　p　f v　|　.　　d (th) |　.　ou　　.　|　.

[Sg. 193] Gl. im Cod. St. Gall. 193.

k ch　g k　|　.　　p　f v　| t　　d　|　.　　.　　.　|　.

[Sg. 270] Glossar (und Runenalphabet) im Cod. St. Gall. 270.

.　　g　| ph　b　　.　|　.　　.　| ua　　.　|　.

[Tg. 1 oder V.] „Sancte sator Viho fater“, Gl. und Runenalphabet im Cod. Tegerns. zu München. Docen's Misc. 1, 19.

k ch　　k　|　.　　p　　f　| t　d th　|　ö　.　　.　| u

[V. P. 4] Glossar. in vitas patrum im Cod. Rhinov. 99. Graff ahd. Sprachsch. 1, LXXI.

k　　g k　| p　b p　f v　| t　　d　| ua　.　　.　|　.

[Wo. 2] Uebers. des Vater unser, Glaubens und des gloria in excelsis im Wolfenbütt. Cod. theol. 27.

k ch　　.　|　.　　b　　f　| d t　th　| ua　　an　.　|　.

Aus saec. 9.

[Ald. 3] Gl. zu Aldhelm. de virginitate im Cod. Turic. C 59.

k ch　g k　|　.　　b p　　f　|　.　　d　|　.　　.　　　| .

[Asc. 3] Gl. zu e. ascetischen Exhortation im St. Gall. Cod. 141.

.　　g　|　.　　p　　.　|　.　　.　|　.　　.　|　.

[Bed.] Gl. in Bedae opera im Cod. St. Gall. 299.

[Bed. 2] Gl. in Bedae opera in e. Oettingen-Wallersteinsch. Cod.

ch　　g　|　.　　p　f v　.　|　d　|　.　　.　|　.

[Bib.] Gl. in bibl. sacra im Cod. St. Gall. 299.

[Bib. 9] Gl. in bibl. sacra im Cod. St. Gall. 295.

ch　　g　| f　b p　　f　| t　　th　| ua　　ou　　.　|　.

[Bo. 1] Gl. in Boet. consol. im Cod. St. Gall. 845. Dintisc. II, 302.

ch   g k | .   b p   f | t   d th | .   ou   . | o

[Bo. 2] Gl. in Boet. cons. im Cod. Tegerns. S. 39, 3 zu München.

ch   g k | .   b p   f v | t d th th | ó   . | .

[D. II, 168] Expositiones terminorum bibl. aus c. Carlsr. Cod. (aus St. Peter
     im Schwarzwald). Diut. II, 168.

[Do.] Gl. in Donati in demselben Cod.

[Ec. 3] Gl. in histor. ecclesiast. St. Gall. Cod. 299.

[Em. 1—24] Gl. des Cod. Emmer. 6. 1 zu München, geschrieben erst saec. 10),
     Pezii thesaur. 1, 410.

k ch   g k | p f ph   h g   f v | t   d th | ó   au ou | o ou

[Em. 25] Gl. des Cod. Emmer. E 84.

[Em. 26] Gl. des Cod. Emmer. g. 5.

k ch   g k | .   p   f v | t   d | . | o

[Em. 27] Gl. des Ced. Emmer. G. 8.

[Em. 28] Gl. des Cod. Emmer. E. 52.

ch   g | .   b p   v | .   d | .   ou | o

[Ep. 2] Gl. in Augustini epistol. des Cod. St. Gall. 299.

.   . | .   b   f | d   d | .   au | .

[Ge. 2] Gl. in Gregor. cura past. im Cod. Monac. 67.

.   g k | .   b p   f v | t   d | . .   . | .

[Ge. 3] Gl. in Gregor. cura past. im Cod. Frising. C. F. 10 zu München.

k ch   g k | .   p   f v | t   d | ua ó û   . | .

[Ge. 12] Gl. in Gregor. cura past. eines Cod. Carlsruh.

k   g | .   b   . | d   d | . | u o

[Gd. 4] Gl. in Gregor. dialog. des Cod. St. Gall. 299.

k   . | .   b p   f | .   d | .   . | .

[Gh. 6] Gl. in Gregor. homil. eines Cod. Monac. C. 40.

k   . | f   b   f v | t   d | . .   . | .

[Is. 2] Gl. in Isidor. de officiis eccles. im Cod. Emmer. E 84. Graff ahd.
     Sprachsch. 1, XLVII.

.   g k | .   p   f | . . | . .   . | .

[Ks.] Gl. des Cod. Carlsruh. aus St. Peter.

k   g k | p   .   f v | .   d | .   ou   . | .

[Ky.] Verse, die mit Kyrie eleison schliessen, aus c. Freising. Cod. hinter
     Hrabanus' Commentar über die Genesis. Docen's Misc. 1 S. 4.

k   g | p   p   . | t   d | .   ou | .

[Lu.] Ludwigslied, aus c. jetzt verschwundenen Cod. von St. Amand, abge-
     druckt von Mabillon.

.   g | .   b   f v | . | . .   . | .

[M.] Gl. Monseenses in bibl. sacra, concilia u. s. w. Pezii thesaur. I. Diutisc.
     III, 172.

k ch   g k | p f ph   b p   f v | t   d | oa ó au ou   . | o

[Martin. 2] Gl. in vitam St. Martini in dem Cod. Carlsruh. aus St. Peter.

k   g | ph   .   f | d   . | ó   . | .

[Mat.] Fragm. des evang. Matthaei. ed. J. Grimm 1830.

k ch   g | .   b   f | t   d | ó   au | .

[O.] Otfried's Krist.

k   g | p   b   f | d   th | ua   ou   . | u

[O. A.] Gl. zu den Büchern der Könige eines Cod. Oberaltnach zu München.

ch   g | .   p   fv | t   d | .   . | o

[Or. 2] Gl. in Orosii histor. im Cod. Emmeran. 6. 8.

.   g | .   b   f | t   . | .   . | .

[Po.] Gl. in libr. de poenitentia eines Cod. St. Gall. 299.

k   g | .   b   v | .   .   ou   . | .

[R. c.] Gl. zu e. ascetischen Buche des Cod. Reichenau. 220 zu Carlsruhe.

k ch g k | f   b p fv | t   d (th) | .   . | .

[R. B. 2] Gl. in regulam Benedicti des Cod. Carlsruh. aus St. Peter.

[S.] Fragm. des Gedichts von der Samariterin in Cod. Viadob. hist. prof. 646. Diut. II, 381.

k   g k | .   b p fv | t   d (th) | .   .   . | .

[Sg. 184] Gl. im Cod. St. Gall. 184. Hagen's Denkmäler u. Diut. III, 224.

k ch g k | f ph b p   f | t   d (th) | ua oa ô au ou . | .

[Sg. 242] Gl. im Cod. St. Gall. 242.

k ch g k | p,f,pb,pf p   fv | t   d (th) | ô   .   . | .

[Sg. 283] Gl. im Cod. St. Gall. 283 (in Hrabani comment. in pentateuch.)

[Sg. 292] Gl. im Cod. St. Gall. 292. Diut. II, 168.

k ch g k | p f ph b p fv | d   d th | ua û ou   . | .

[Sg. 299] Gl. in bibl. sacra, in canones u. a. im Cod. St. Gall. 299. Graff ahd. Sprachdenkm. 1, LXIV.

k ch g k | f   b p   f | d   d th | ua ô ou   . | .

[Sg. 397] Gl. u. Monatsnamen im Cod. St. Gall. 397.

[Sg. 878] Gl. u. Runenalphabet im Cod. St. Gall. 878.

[Schw.] Schwur des Königs Carl und seines Volkes. Facsimile in Roquefort gl. de la langue Romane.

k   g | .   b   f | d   th | ô   .   . | .

[T.] Uebersetzung der Evangelienharmonie Tatians in St. Gallen u. Oxford. Herausgeg. von Palthen, Schilter, Graff ahd. Sprsch. 1, LXVIII.

k   g | f ph pf b   f (v) | d t   t | (ô)   .   . | u o

[Tg. 3] Interlineargl. und Windenamen im Cod. Tegerns. X, 46 zu München.

ch   g | .   b p   f | t   d | .   . | .

[V. S.] Gl. in Vit. Sanctor. im Cod. Carlsruh. (aus St. Peter).

k   g | p f b p   f | d   d | ua ô ou | u

[Wo. 3] Wolfenbüttler Gl. (Cod. 47) in epist. Paul.

k   . | .   b   fv | d   d | . | .

Aus saec. 9. 10.

[Al. 2] Interlineargl. zu Acuini gramm. Cod. Frising. M. 1, 7.

.   g k | ph   p   f | t   d | .   .   . | .

[Ald.] Gl. zu Aldhelm. de virginitate Cod. Paris. Sorbonne 434.

k   g | .   p b   fv | d   . | .   ou   . | .

[Ald. 2] Gl. zu Aldhelm de virgin. Cod. Helmstadt.

k   g | .   b   f | t   d | . | .

[Can. 8] Gl. in Canones im Cod. Emmeran. E. 30.

k ch   b k | .   b p   f v | t   d | .   .   . | .

[G. c. 9] Gl. zu Gregor. cura past. im Cod. Salisburg. zu München.

ch   g k | .   p   f v | t   d th | ö   au   . | .

[G. c. 10] Gl. zu Gregor. cura past. im Cod. Rhinov.

k ch   g k | .   b p   f v | t   d th | ö   .   . | .

[G. x.] Gloss. Xanthenses in Mone's Quellen u. Forschungen S. 273.

k   g k | f   .   f v | d t   th | .   au   . | .

[Pers. 2] Gl. in Persii satir. im Cod. Bern. 257.

k   g | .   b   . | d   d (th) | .   . | .

[Pr. m.] Gl. zu Prisciani gramm. im Cod. Frising. M. K. 6

k ch   g | ph   b p   f v | t   d | .   . | o

[Pr. t.] Gl. zu Prisciani gramm. im Cod. Tegerns. X. 28.

ch   g k | f ph   b p   f v | t   d | . | .

[Z.] Gl. im Züricher Cod. C. 164 der carmina Prudentii.

k ch   k | f   p   f | .   . | .   . | .

Aus saec. 10.

[A.] Gl. in Bibl. sacra und Gregor. cura pastor. aus c. Augsburg. Cod. in Braun notitia historico-litteraria de codd. 2, 117.

k ch   g k | f ph   b p   f v | t   d (th) | .   ou   . | o

[Ald. 4] Gl. zu Aldhelm. de virginitate cod. Vindob. 354, in Hoffmanns Denkmälern u. Diut. III, 16.

k   g | .   b p   f v | d   th | . | .

[Ald. 5] Gl. zu Aldhelm. de virginitate Cod. St. Gall. 263.

[Ar.] Gl. in Arator. carm. Cod. Tegerns. R. 66. Diut. III, 433.

  .   g | .   b p   f v | . | .   . |

[Ar. 2] Gl. in Arator. carm. Cod. Vadian. zu St. Gallen. Diut. III, 434.

ch   g k | .   b p   f v | t   d | .   . | .

[Ar. 3] Gl. in Arator. carm. Cod. Einsiedl. 193, Diut. III, 435.

  .   g | .   b   f | t   d (th) | .   . | .

[Ar. 4] Gl. in Arator. carm. Cod. Trevir. Diut. III, 435.

  .   . | .   b p   f | th | .   . | .

[Bib. 1] Gl. in Bibl. sacra. Cod. St. Gall. 299.

k ch   g k | p f ph pf b p   f v | t   d | ö   au ou | o

[Bib. 2] Gl. in Bibl. sacr. Cod. Tegerns.

k ch   g k | f ph pf b p   f v | t   d | ö   au ou   . | o

[Bib. 3] Gl. in Bibl. sacr. Cod. Tegerns. R. 10.

ch   g | ph   b p   f v | t   d | ö   . | .

[Bo. 3] Gl. in Boet. cons. Cod. Einsiedl. 171. Diut. II, 305.

ch   g k | .   b   f v | t   th | .   . | .

[Bo. 4] Gl. in Boet. cons. Cod. Einsiedl. 193. Diut. II, 305.

  .   . | .   p   f | t   d | .   . | .

[Can. 4] Gl. in Canones Cod. Francof. 50. Massmanns Denkmäl.

k   g | p   b p   f v | d t   d (th) | ö   au   . | .

[Can. 5] Gl. in Canones Cod. August. 100 zu München.

ch   g k | f   b p   f | t   d | ö   .   . | .

[Can. 6] Gl. in Canones.　Cod. Frising. B. F.₃ zu München.

　ch　　g k │　．　　p　　f v │ t　　d　 │　．　　　．　　　　│ ．

[Can. 10] Gl. in Canones.　Cod. Tegerns. 10 zu München.

　．　　．　│ ．　　．　　f v │ t　　d (th) │ ô　　ou　　　　│ ．

[Can. 11] Gl. in Canones in einem Cod. Tegerns. zu München.

　．　　．　│ ．　　．　　．│ t　　　d　│ ô　　ou　　．│ ．

[Can. 12] Gl. in Canones in e. Cod. Tegerns.

　．　　．　│ ．　　．　　．│ t　　d th │ ô　　au ou　　　│

[Co. 3] Confessio.　Cod. Vindob. Denis 1, 831. Diut. III, 168.

　k ch　　g　│ ．　　b　　f v │ d　　d (th) │　．　　　．　　　． │ un

[Co. 4] Confessio.　Cod. Vindob. Denis 1, 831. Diut. III, 168.

　．　　g　│ ．　　b　　f v │ d　　d (th) │ un　　．　　　　│

[Ec. 1] Gl. in hist. eccles.　Cod. Tegerns. 10.

　．　　．　│ ．　　．　　．│ t　　d　│ ô　　ou　　．│ c

[Ec. 2] Gl. in hist. eccles.　Cod. Tegerns.

　．　　．　│ ．　　．　　．│ t　　d　│　．　　．　　　．│ c

[Em. 30] Gl. in Ambrosii comm. in lucam.　Cod. Emmer. B. 25.

　ch　　k　│ ．　　．　　f v │　．　　．│ ô　　．　　　．│ ．

[Ep. can. 1] Interlineargl. zu epist. canon. im Cod. Tegerns. R. 17.

　ch　　g k │ ph　　．　　f v │ t　　d　│　．　　ou　　．│ o

· [Ep. can. 2] Desgl. im Cod. Vindob. 312.

　k ch　g k │ ．　　b p　　f　 │ d t　　d　│ ．　　　　　│ t

[Ep. can. 3] Desgl. im Cod. Tegerns. 10.

　．　　．　│ ．　　．　　．│ t　　d　│ ．　　　　　│ o

[Ep. P.] Gl. zu epist. Pauli im Cod. Tegerns. R. 17.

　ch　　g k │ ．　　b p　　f　│ ．　　th │ ．　　　　　│ ．

[Fulg.] Gl. zu Fulgentii mythol. im Cod. Tegerns. R. 66.

[Gc. 1] Gl. aus Cod. Goldaст. in Ecc. fr. or. II, 1002.

　．　　．　│ ．　　p　　．│ t　　d th) │ ．　　．　　　│ o

[Gc. 8] Gl. zu Gregor. cura pastor.　Cod. St. Florian. ed. Kurz.

　．　　g k │ f　　p　　f v │ t　　d (th) │ un ô û　　au　　．│ ．

[Hr.] Lat.-deutsches Gedicht auf Herzog Heinrich und Kaiser Otto I. aus e.
Cod. Cantabrig. in Eccard's veterum monumentorum quaternio.

　k　　g　│ ．　　b　　f │ th　　．　│ ．　　．　　．│ ．

[Inv. 3] Interlineargl. zu Juvenci carm. im Cod. Tegerns. 145.

[L.] Glossae Lindenbrogii in Ecc. fr. or. II, 991.

　k ch　　g │ ph pf　b　　f v │ d　　d　│ ．　　ou　　ai │ o un en

[Lc.] Gl. in lectionarium oder lib. comitis (evang. per annum) in einem Cod.
Tegerns.

　．　　．　│ ．　　．　　．│ t　　d　│ ．　　ou　　　│ o

[Mart.] Gl. in vitam St. Martini im Cod. Tegerns. X, 56.

　k ch　g k │ ．　　b p　　f v │ t　　d　│ ．　　û　　ou │ (iu)

[Otl.] Uebersetzung der oratio Otlohi in Pezii thes. 1, 417. Diut. III, 211.

　k ch　　g │ ph　　b p　　f v │ t　　d　│ ．　　ou　　．│ o

[Ph. 3] Gl. in Phocam grammaticum im Cod. Tegerns. 145.

[Pr. f.] Interleneargl. zu Prisciani gramm. im Cod. Frising M. K. 6.

　k　　g k │ p　　　　v │ ．　　．│ ．　　．　　　│ ．

[Pr. v.] Interlineargl. zu Priscian. u. Donat. im Cod. Vindob. phil. 109.

   k ch g k | f ph b p f v | t d (th) | .   .   . | u

[Prud. 1] Gl. zu Prudentii carm. im Cod. Emmeran. E. 18.

   k ch g k | ph pf b p f v | t   d | ô   ou | o

[Prud. 2] Desgl. im Cod. Tegerns. X. 25.

   k ch g k | ph b p f v | t   d | . ou   ai | .

[Prud. 4] Desgl. im Cod. Monac. lat. 475.

   ch   g | .   . f | .   d | .   .   . | .

[Ter.] Gl. zu Terent. Andria im Cod. Sindob. V.

[Tg. 4] Gl. zu Ambros. supr. Lucam im Cod. Tegerns. S. 9.

[Tg. 5] Gl. zu de proprietate sormonum, Aldhelm. de virginitate u. a. im Cod. Tegerns.

  .   . | .   .   . | t   b th | ô û   .   . | .

[Tg. 6] Gl. zu Versicali de St. Valente im Cod. Tegerns. R. 66.

[Vc. 4] Gl. zu lat. Versen über Thier- und Pflanzennamen im Cod. Vindob. 295, Diutisc. III, 185.

[Virg. 2] Interlinear- und Marginal-Gl. zu Virgil im Cod. Wihensteph. D. 6 zu München.

Aus saec. 10. 11.

[Gd. 3] Gl. zu Gregor. dial. im Münchener Cod. Emmeran. G. 73.

[M. C.] Uebersetzung v. Martianus capella de nuptiis lib. I. II. Cod. St. Gall 872.

[Mu.] Abhandlung über Musik. Cod. St. Gall. 242.

[N.] Notker's Psalmenübersetzung in e. St. Galler Cod. Schilter's Thesaur. I.

[Virg.] Gl. zu Virgil. Aen. im Cod. Tegerns. zu München.

[Wn. 863] Bibel-Gl., Runen, Alphabete u. Onomasticon im Cod. Vindob. 860.

Aus saec. 11.

[Bib. 6] Gl. in Bibl. sacr. im Cod. benedictb. 106 zu München.

[Bib. 7] Bibel-Gl. im Cod. Emmer. G. 73.

[Bib. 8] Bibel-Gl. im Cod. Emmer. F. 78.

[Bib. 10] Bibel-Gl. im Cod. Angelomont. 1, 4, 11. Diut. III, 422.

[Bl.] Glossae St. Blasianae. Gerbert. iter. alam. Anhang S. 4.

[Can. 13] Gl. in Canones im Cod. Vindob. 10 jur. can. Siut. III, 324.

[Hor.] Gl. in Horatii opera. Cod. lat. 375 zu München.

[Mon. 2] Alphabet lat.-deutsch. Glossar eines Münchener Cod.

[Ps.] Gereimte Uebersetzung von Psalm 138 eines Cod. Vind. in Diut. II, 374.

[Wm.] Willerams Paraphrase des Hohenliedes.

Inhalt.

I.

Das Wort im Allgemeinen und seino lautgeschichtliche Gestaltung.

A. Die Wurzeln.

II.
Das Verbum.

A. Genetische Entwicklung der Verbalflexionen.

B. Germanische Conjugation.

I.

Das Wort im Allgemeinen

und seine lautgeschichtliche Gestaltung.

———

Die Wurzeln.

Die umfassendsten Kategorien für die Classification der Wörter bestehen in der Sonderung der Begriffs- und der Formwörter. Diese beiden Ausdrücke sind zwar nicht gerade sehr passend gewählt, aber die Etymologie eines grammatischen Kunstausdrucks ist ziemlich gleichgiltig, wenn nur die betreffende Kategorie damit fest und bestimmt bezeichnet ist. Zu den sogenannten Begriffswörtern gehören die sämmtlichen Verba, Substantiva und Adjectiva. Die Pronomina sind die Hauptvertreter der Formwörter, zu welchen dann weiterhin noch alle diejenigen Präpositionen, Conjunctionen, Adverbien zu rechnen sind, welche sich nicht als Ableitung irgend eines Begriffswortes herausstellen. Sind dagegen die letzteren von einem Begriffsworte abgeleitet, so gehören sie in dieselbe Kategorie wie ihre Stammwörter, die Verba, Substantiva und Adjectiva. Die Interjectionen, sofern sie nicht von einem Begriffsworte abgeleitet sind, gehören als gleichsam unorganische Bildungen der Sprache weder in die eine, noch in die andere Kategorie; doch ist ihre Zahl zu unbedeutend, um daraus eine dritte den Begriffs- und Formwörtern coordinirte Wortklasse zu constituiren. Ob endlich die Zahlwörter zu den Begriffs- oder Formwörtern zu rechnen sind, ist von der richtigen Beantwortung der bis jetzt noch nicht gelösten Frage nach ihrer Etymologie abhängig zu machen; ihrer Bedeutung nach schliessen sie sich mehr dem Pronomen, als dem Substantivum und Adjectivum an und mögen daher vorläufig als Formwörter gefasst werden.

1 *

Die Scheidung der beiden Hauptwortklassen ist nicht durch
die sonst für grammatische Kategorien am meisten bedeutungsvolle
Art der Flexion bedingt. Die durch die sogenannte Conjugation
abgewandelten Verba finita gehören mit dem declinirbaren Substantivum und Adjectivum in die Klasse der Begriffswörter, das
gleichfalls declinirte Pronomen tritt mit den der Flexion unfähigen
Partikeln zu einer Klasse zusammen, und insbesondere ist es eine
Thatsache unserer germanischen Grammatik, dass die Declination
der Adjectiva sich in ihrer Hauptformation aufs genaueste an die
Pronominaldeclination anlehnt. Das Kriterium für die Unterscheidung der beiden obersten Wortklassen beruht vielmehr in der einem
jeden Worte zu Grunde liegenden Wurzel. Die Wurzel der Begriffsworte bezeichnet in letzter Instanz immer eine Bewegung oder
eine Thätigkeit, die Wurzel des Formwortes bezeichnet lediglich
eine blos locale, eine blos räumliche oder auch wohl zeitliche Beziehung eines Begriffes auf irgend ein Subject oder Object, welches
durch das Formwort eben nur in dieser räumlichen oder zeitlichen
Beziehung, nicht aber in seiner Bestimmtheit als Person oder Sache
u. s. w. angedeutet wird. Nach den beiden Wortarten, welche die
vornehmsten Vertreter unserer beiden Hauptwortklassen sind, dürfen wir die Wurzeln der Begriffswörter als Verbalwurzeln, die
Wurzeln der Formwörter als Pronominalwurzeln bezeichnen.

Die germanischen Sprachen, sowohl in älterer wie in neuerer
Zeit, unterscheiden sich darin von allen übrigen verwandten Sprachen, dass in ihnen die Begriffs- oder Verbalwurzeln der am meisten
bevorzugte Bestandtheil der Wörter sind. Die an die Wurzel sich
anschliessenden Flexions- und Declinationssylben, welche in dem
ursprünglichen Zustande der Sprachen eine grosse Fülle und Mannigfaltigkeit von Lauten für sich in Anspruch nehmen, sind in unseren germanischen Dialecten schon seit einem Jahrtausende mit
geringer Rücksicht behandelt worden. Man sucht sich derselben
gleichsam als eines unnützen Ballastes soviel wie möglich gänzlich
zu entledigen, — man hat von diesen Endungen, soviel nur immer
möglich war, abgeworfen und die einst volltönigen Laute derselben immer mehr verflüchtigt und bis fast zur vollen Tonlosigkeit
herabsinken lassen, und was unsere neuhochdeutsche Schriftsprache
von diesen alten Flexionen noch bewahrt hat, das muss in den

Localdialecten immer mehr und mehr einer weiteren Schwächung
und Abschleifung unterliegen. Um so conservativer war das Germanische von jeher in der getreuen Bewahrung der Wurzelform,
so dass selbst in unserem Neuhochdeutschen, ja selbst in den modernen englischen Wörtern die Wurzelsylbe eine noch ebenso
grosse Ursprünglichkeit zeigt, als z. B. in der altgriechischen und
altlateinischen Sprache. Wer wird noch unmittelbar aus einem
französischen lu, du u. s. w. erkennen, dass in solchen Wörtern
die Wurzel von legere, debere zu Grunde liegt? In unserem
Neuhochdeutschen ist eine solche Corruption der Wurzel geradezu
eine Unmöglichkeit.

Wurzel-Accent.

Die Bevorzugung der Wurzel in den germanischen Sprachen
hängt zum grössten Theile mit dem eigenthümlichen Accentgesetz
des Altgermanischen zusammen. Sicherlich hatten die indogermanischen Sprachen in ihrer frühesten Periode und namentlich so
lange sie noch auf ihre asiatische Urheimath beschränkt waren,
auch ein und dasselbe Accentuationssystem. Aber in keinem andern Punkte sind die verwandten Sprachen nach ihrer Trennung
von einander so weit auseinandergegangen als eben in dem Accente
des Wortes. Im Allgemeinen lassen sich zwei verschiedene Methoden
der Accentuation unterscheiden, von denen wir die eine die etymologische, die andere die phonologische oder phonetische nennen
können. Der letzteren gehört zum Beispiel das Lateinische an,
sie waltet dann noch weiter fort in den aus dem Lateinischen hervorgegangenen romanischen Sprachen. Wenn eine bestimmte Sylbe
des Wortes hier den Ton trägt, so ist dies ganz unabhängig von
der grammatischen Function derselben. In „lego" hat die Wurzelsylbe den Ton, in „legimini" ein an sich ganz bedeutungsloser
Bindevocal, in „legamus" ein Modusvocal, in „legebamus" ein für
die Tempusbezeichnung significanter Laut, aber in keiner dieser
Formen hat der Accent mit der etymologischen Bedeutung der
betreffenden Sylbe, auf welcher er ruht, etwas gemein, sondern
wird überall durch den prosodischen oder rhythmischen Ausgang des

Wortes bedingt. Bei trochäischem und spondeischem Ausgange steht der Ton auf der vorletzten, bei iambischem, dactylischem und tribrachischem auf der drittletzten Sylbe und nur dann auf der vorletzten, wenn das Wort ein nur zweisylbiges ist. Ein ganz ähnliches Accentuationsverhältniss wird auch im Griechischen angewandt, doch so, dass es sich hier mit dem an erster Stelle genannten etymologischen Prinzipe vereint. Alle Formen des griechischen verbum finitum sind mit wenigen Ausnahmen nach einer ähnlichen Berücksichtigung des rhythmischen Ausganges wie im Lateinischen entweder auf der vorletzten oder drittletzten Sylbe betont, für das Nomen aber waltet vielfach das etymologische Prinzip, welches auch eine Schlusssylbe mit dem Accente versieht und einer vorletzten Sylbe auch dann den Ton giebt, wenn nach dem phonologischen Accentgesetze der Ton auf die drittletzte Sylbe fallen sollte. Wir können diese von dem Rhythmus des Wortausganges unabhängige Betonung um deswillen die etymologische nennen, weil es immer bedeutungsvolle Wortbildungs- und Casussylben sind, welche hier den Ton auf sich ziehen: so wird z. B. in zweisylbigen Wörtern der sogenannten dritten Declination der Genitiv- und Dativendung der Accent zu Theil, nicht aber der Nominativ- und Accusativendung aus dem leicht ersichtlichen Grunde, weil der Vocal der Genitiv- und Dativsylbe für den Begriff dieses Casus ein ursprünglich nothwendiges Element ist *(ποδός, ποδί, ποδῶν, ποσί)*, während der Vocal der Nominativ- und Accusativendung *(πόδα, πόδες, πόδας)* die Function eines nicht primären, blos euphonischen Bindevocals hat. Dies etymologische Accentuationssystem, welches im Griechischen seine Herrschaft mit dem phonologischen Accentuationsprinzipe theilen muss, waltet uneingeschränkt im Sanscrit mit manchen identischen Berührungspunkten, welche zwischen ihm und speciellen Einzelheiten der griechischen Accentuation stattfinden, immer aber so, dass durch dasselbe bestimmte Flexionssylben, die an sich eine hervorragende Bedeutung für das Ganze des Wortes haben, auch durch den Wortton hervorgehoben werden.

Auch die Accentuation des Deutschen ist eine lediglich etymologische. Auf längere und kürzere Sylben, auf ihre Entfernung vom Wortschlusse wird keine Rücksicht genommen, sondern nur auf ihre grammatische Function. Aber abweichend vom Sanscrit

und vom Griechischen ist es mit Ausnahme des einzigen Wortes
„lebendig" niemals eine Flexions- oder Derivationssylbe, welche
durch den Ton hervorgehoben wird, sondern immer die Wurzelsylbe.
Das Sanscrit und das Griechische bevorzugt in seiner Accentuation
die für die Beziehung des einen Begriffs auf den andern wesentlichsten Flexionselemente, z. B. das Sanscrit beim Verbum den
Ausdruck des Zeitverhältnisses (Augment), den Modusvocal, die
Personalendungen der Mehrheit, das Bildungselement der causativen Verba, im Germanischen ist es immer das eigentlich mate-
rielle Grundelement des Wortes, d. i. die Wurzelsylbe, welche
den Accent auf sich zieht und nur dann von sich entlässt, wenn
sie mit einem zweiten Wurzelworte oder mit einer bedeutungs-
vollen, trennbaren Präposition zu einem Compositum sich vereinigt, indem sie ihn alsdann auf das ihr vorausgehende
Compositionsglied abgiebt. Es scheint fast, als ob der alte
Germane zu der Zeit, wo diese stete Accentuation der Wurzelsylbe in seiner Sprache sich fixirte, mit der Erhebung der
die Thätigkeit, die Bewegung bezeichnenden Wortsylbe zum betonten Mittelpunkte des ganzen Wortes und Satzes den Typus seines
eignen Wesens, seine Bewegungs- und Thatenlust in seiner Sprache
fixirt habe; denn was er in seiner Sprache accentuirt, ist eben nur
das Moment des Handelns, der Bewegung; die ganze Energie
des Sprechens ist darauf gerichtet.

Accentverschiedenheit ist deshalb ein nothwendiges Erforderniss
für die menschliche Sprache überhaupt, weil das in ihr unerläss-
liche Element, der Vocal, ohne den überhaupt kein Wort gedacht
werden kann, ein tönendes Element ist, und wie der Ton überhaupt
eine bestimmte Tonhöhe nothwendig hat. Die Tonhöhe aber kann
nach dem dem menschlichen Geiste immanenten Gesetze der Schönheit unmöglich für den ganzen Verlauf eines Satzes oder des
Sprechens überhaupt für alle Vocaltöne dieselbe sein: eine solche
Monotonie widersteht selbst dem Barbaren. Dass nun dasjenige, was wir den Wortaccent nennen, zunächst dasselbe ist,
wie der auf der höchsten Tonstufe gesprochene Laut des Wortes, können wir heute noch ebenso lebendig wahrnehmen, wie es
schon griechische Musiker und Rhetoren, wie Aristoxenus und Dionysius wahrgenommen haben. Aristoxenus nennt geradezu auch das

Sprechen ein μέλος, eine μελῳδία, denn auch hier im Sprechen
kommen gerade wie im Gesange verschiedene Tonstufen vor; nur
lassen sich diese Tonstufen des Sprechens wenigstens nicht überall
als bestimmte Intervalle von unserem Ohre wahrnehmen, das Sprechen
geht zu schnell vor sich, die einzelnen Sylben eilen zu rasch vor-
über, als dass wir uns der Intervalle immer bewusst sein können;
es ist mit einem Worte der Tonfall beim Sprechen wegen der kurzen Zeitdauer der Vocale eine gleichsam continuirliche, keine dis-
crete Bewegung. Dies ist es, was Aristoxenus als die φωνὴ λογι-
κή, als die Melodie des Sprechens hinstellt.

Ihr gegenüber steht der Gesang, in welchem nicht blos wegen
der längeren Zeitdauer der gesungenen Vocale, sondern auch der
in ihrer Anlage und Richtung sofort zu erkennenden künstlichen
Tonfolge, welche unserem Ohre durch einen bestimmten Tongang
sich einschmeicheln will, die hier waltenden Intervalle zum soforti-
gen Bewusstsein bringt, was in der Melodie des Sprechens nicht
der Fall ist. Deshalb nennt Aristoxenus den Gesang oder die gesungene Sprache eine φωνὴ διαστηματική, einen Vortrag nach bestimmten Intervallen. Sowie nämlich die Worte gesungen werden,
treten an Stelle der natürlichen Wortaccente künstlerisch beabsich-
tigte Tonhöhen und Tontiefen, welche den natürlichen Wortaccent
fast überall negiren, dergestalt, dass der grammatische Hochton des
Wortes im Gesange oft zu einem tieferen Tone wird, der grammatische
Tiefton dagegen eine höhere Tonstufe erhält. Diesen Gegensatz
von den Tonstufen des Sprechens und Singens erläutert Dionysius
in seinem Buche de compositione verborum cap. 22 an der antiken
Melodie, in welcher die Worte eines Euripideischen Chorliedes
(Orest. 140) gesungen wurden. Er bemerkt zugleich an derselben
Stelle, dass man beim Sprechen sich vorzugsweise in einer Quinte
bewege und zu grösseren Intervallen seine Sprechstimme nicht emporhebe. Auch in unserer heutigen deutschen Sprache vernehmen
wir im Gegensatze der unbetonten und der Tonsylbe am allerhäu-
figsten einen Fortschritt zur Quinte. Aber wir hören auch namentlich im leidenschaftlichen Sprechen beim Fragen und Rufen, überhaupt bei einer bewegten Stimme noch grössere Intervalle. Der
Zornige vermag sogar noch höher als bis zu einer Octave em-
porzusteigen. So darf denn wohl das eigentlich tonische Leben,

welches in unserem Deutschen waltet, auf grössere Mannigfaltigkeit
Anspruch machen, als das der griechischen Sprache — es lässt sich
auch leicht bemerken, dass dies im eigentlichen Sinn melodische
Element unserer Sprache die analoge Erscheinung in den Sprachen
unserer nächsten Nachbarvölker, der Franzosen und der Slaven, weit
hinter sich zurücklässt und es wird dies ohne Zweifel mit der höheren
Beanlagung für Musik zusammenhängen, die nun einmal der Deutsche
vor allen übrigen Völkern der Erde voraus hat.

Die Accentverschiedenheit, das ist die Höhe oder Tiefe des
gesprochenen Vocals, wird kein Erfahrener so leicht mit der verschiedenen Quantität der Vocale, mit der längeren oder kürzeren
Dauer derselben verwechseln. In dem Worte „langsam" ist das
erste a ein kurzer, das zweite, wenigstens in der deutschen Schriftsprache, ein langer Vocal. Dennoch aber hat dort das kurze a die
höhere, das lange a die tiefere Tonstufe. Ausser den Gegensätzen
der höheren und niederen Tonstufe, der längeren und kürzeren Zeitdauer hat die Sprache mit dem Gesange und überhaupt mit den
Tönen auch noch den Gegensatz der stärkeren und schwächeren Intension für die verschiedenen Sylben des Wortes und des Satzes
gemeinsam. Man kann diese Intension oder Stärke im Aussprechen
nicht sowohl dem forte und piano in der Musik, als vielmehr dem
marcato und nicht-marcato vergleichen. Im Gesange dient das
marcato oder die stärkere Intension eines Tones zur rhythmischen
Gliederung nach Tacten und Tacttheilen. Der schwere Tacttheil
ist derjenige, welcher vor dem leichteren eben durch das Gewicht
des marcato hervorgehoben wird. Ausserdem aber wird das marcato im Gesange und noch mehr in der Instrumentalmusik gleichsam
zur rhetorischen Hervorhebung besonders wichtiger Töne und Sylben gebraucht, und kann dann auch sogar auf einen dem Rhythmus
nach leichten Tacttheil fallen; — das rhythmische marcato, welches
den Tact und Tacttheil von einander sondert, bezieht sich zunächst
auf die äussere, zeitliche Form der Melodie, diese zweite Art des
marcato aber wesentlich auf den Inhalt. Und so giebt es auch im
Sprechen ein doppeltes marcato. Das eine ist das rhythmische marcato, welches in dem gesprochenen Verse die Hebungen von den
Senkungen und somit die einzelnen Tacte von einander absondert.
Das zweite ist die logische Hervorhebung bestimmter Worte oder

vielmehr bestimmter Sylben verschiedener Worte zum Zwecke des begrifflichen Nachdrucks.

Dass keine der beiden Arten des marcato mit der Tonhöhe oder Tontiefe identisch ist, zeigt uns die gesungene Sprache (Vocalmusik) ebenso wie die Instrumentalmusik fast in jedem Tacte. Und wie es im Gesange ist, so ist es auch beim Sprechen z. B. der griechischen, aber auch mancher anderen Sprache. Der Wortaccent und der rhythmische Ictus sind im recitirten Hexameter und Trimeter ebenso wenig congruent, wie in einem gesungenen Liede (vergl. Dionys. comp. verbor. a. a. O.), und dass auch ausserdem das logische marcato bisweilen noch als ein drittes Element zu dem Wortaccente und dem rhythmischen Ictus hinzukommt ohne mit einem von diesen beiden identisch zu sein, zeigt die nicht geringe Anzahl von solchen Stellen des dramatischen Dialogs der Griechen, wo zwei Verbalformen, welche die gleiche grammatische Bildung und dieselbe Endung haben und dabei auf der nämlichen Endung betont werden, in Beziehung auf den Wurzelbegriff in einem logischen und rhetorischen Gegensatze zu einander stehen, und deshalb auch noch eine energische Hervorhebung der Wurzelsylbe durch grössere Stärke der Intension verlangen. Bilden solche Sylben im Verse den schwachen Tacttheil, so ist ihre Hervorhebung genau dasselbe, was in der Musik das auf einen schwachen und zugleich durch einen tiefern Ton ausgedrückten Tacttheil gelegte marcato ist. Ebenso wie im Griechischen ist es auch im Lateinischen und im Sanscrit.

Aber das Germanische legt im Gegensatz zu diesen Sprachen sowohl das rhythmische wie das logische marcato immer auf solche Sylben, welche zugleich den höheren Wortaccent tragen, nämlich auf die Wurzelsylben — was in andern Sprachen getrennt ist, ist in unseren deutschen Dialecten vereint, und der höhere Ton beim Sprechen, d. i. die Wurzelsylbe, ist mithin zugleich diejenige, welche nicht nur im Verse als rhythmische Ictussylbe zu stehen hat, sondern welche auch in der prosaischen Rede die stärkste Hervorhebung verlangt. Daher kommt es, dass es den Anschein hat, als ob unser germanischer Wortaccent etwas wesentlich anderes wäre, als der Accent unserer verwandten Sprachen, daher kommt es auch, dass wir Deutsche, die wir nun einmal vom Standpunkte unserer eigenen Sprache gewohnt sind die Ictussylbe in unserer Poesie und

diejenigen Sylben, welche in unserer Prosa den logischen Nachdruck
haben, zugleich mit dem höheren Wortaccente zu sprechen, uns nur
schwer in die Accentuations- und Intensionsverhältnisse der griechischen Sprache hineindenken können und in der Praxis beim Lesen
der griechischen Verse die Wortaccente derselben leicht unberücksichtigt lassen, d. h. sie nicht dahin verlegen, wo sie die Griechen gesprochen haben, sondern vielmehr immer auf die den rhythmischen
Accent tragenden Sylben.

Hierbei muss nun aber noch auf einen Fall hingewiesen werden, wo auch das Deutsche eine Divergenz zwischen dem logischen
und rhythmischen marcato einerseits und dem Wortaccente andrerer-
seits eintreten lässt. Diese Divergenz findet statt in einer directen
Frage und einem ihr analog stehenden fragenden oder verwundern-
den Ausrufe. Das rhythmische und logische marcato bleibt in einem
solchen Falle auf der Wurzelsylbe, aber der Wortaccent d. i.
die höhere Tonstufe geht von der Wurzelsylbe auf die Wort-
endung über, und zwar trifft diese Wandelung des Accentes
dasjenige Wort, auf welchem als dem bedeutungsvollsten Worte
des fragenden Satzes zugleich das stärkste logische marcato
ruht. In dem Satze: „du hast es gelesen" oder „ich weiss nicht,
ob du es gelesen hast" hat die Wurzelsylbe von gelesen (wenn
nicht eben absichtlich irgend ein andres Wort dieser Sätze hervorgehoben werden soll) zugleich die stärkste Intension und auch
den höchsten Wortaccent. Sagen wir dagegen in einer nicht ganz
ausdruckslosen Rede: „Hast du es gelesen?", so behält zwar die
Wurzelsylbe von „gelesen" das stärkere marcato, aber die Endungs-
sylbe „en" steigt im Tone über die vorausgehende Wurzelsylbe
deutlich vernehmbar in die Höhe und hat somit den Wortaccent
auf sich gezogen. Geht ein in der Frage hervorzuhebendes
Wort auf keine Endung, sondern auf eine gedehnte Wurzelsylbe
aus, so wird der Vocal denselben ähnlich dem circumflectirten Vocale der griechischen Wörter in die Länge gezogen, so dass in ihm
deutlich zwei Hälften zu unterscheiden sind, aber nicht die erste
Hälfte des Vocales, sondern die zweite Hälfte erhält den höheren
Ton, also gerade umgekehrt wie beim griechischen Circumflexe.
Wir können diese Accentuation durch die Umkehrung des griechischen
Circumflexes bezeichnen: „Hast du es gethän?", nicht: „Hast du

es gethän?" (Zuerst der Accentus gravis, dann der acutus auf
derselben Sylbe, nicht umgekehrt zuerst der acutus und dann der
gravis.) Manche hochdeutsche Localdialecte, besonders der sächsische und thüringische, lassen auch ohne dass sie fragen in aus-
drucksvoller Rede den Ton oder Wortaccent in dem logisch am wichtigsten Worte von der Wurzelsylbe auf die Endung vorrücken, resp.
sie lassen den umgekehrten Circumflex eintreten.

Doch es ist immerhin nur ein besonderer Fall, in welchem
die deutsche Accentuation der Wurzelsylbe eine Ausnahme erleidet:
es ist eine Accentinversion, und das Grundgesetz von der Betonung
der deutschen Wurzel wird dadurch nicht irritirt. Dies Grundgesetz ist es, welches in den germanischen Sprachen der Wurzelsylbe ihren ursprünglichen Consonantenbestand wie auch die alte
Qualität des Wurzelvocales bis in unsre Tage hinein vor Depravation geschützt hat. Dagegen hat es eine ungünstige Einwirkung
in Beziehung auf die Quantität ausgeübt. Wie in jeder anderen
Sprache, so war früher auch im Althochdeutschen und im Mittelhochdeutschen eine jede Art der Wurzelsylbe gleich fähig der Träger des Wortaccentes zu sein, sowohl die lange wie die kurze, sowohl die geschlossene wie die offene Sylbe. Etwa mit dem 15.
Jahrhundert wird dies in unserer Sprache anders: man mag nicht
mehr einer kurzen offenen Wurzelsylbe, wie in geben, legen, Vater,
welche im Althochdeutschen und Mittelhochdeutschen in ihrem Quan-
titäts- und Accentuationsverhältniss dem griechischen λέγομεν, dem
lateinischen päter völlig gleichstand, den Wortaccent geben, — man
traut ihr gleichsam nicht mehr die Kraft zu, der Träger zugleich
des Wortaccentes und des sprachlichen marcato zu sein: nur diejenigen Sylben scheinen befähigt einer so gewichtigen Hervorhebung
der Stimme als Substrat zu dienen, welche schon durch ihre qualitative und quantitative Beschaffenheit bedeutungsvoll hervortreten.
nämlich nur die Sylben, deren Vocal ein langer an sich (Natur-
länge) ist und diejenigen kurzvocaligen Sylben, welche zugleich geschlossene Sylben sind (wo also nach dem Vocal zwei oder mehrere
Consonanten stehen). Aus diesem Grunde wird dann im Neuhochdeutschen eine jede ursprünglich offene kurze Wurzelsylbe unter
dem Einfluss des auf ihr ruhenden Accentes und marcato's zu einer
verlängerten offenen Sylbe. Das alte lében muss zu lében, das

alte gében zu gében, das alte väter zu väter werden. Nur solche
Wurzelsylben bleiben kurz, welche auch schon im Mittel- und Althochdeutschen einen Doppelconsonanten auf den kurzen Wurzelvocal
folgen liessen, und hierbei ist es eine Eigenthümlichkeit der neuhochdeutschen Orthographie, dass bei einem folgenden Consonanten
„ch" (und wenn wir wollen auch bei ß) die im Althochdeutschen
übliche Verdoppelung des Consonanten in der Schrift im Neuhochdeutschen aufgegeben und nur ein einfaches ch (resp. ein einfaches
ß) geschrieben wird, während das Sprechen die Verdoppelung des
Consonanten beibehält. Man schreibt lachen mit einem ch, spricht
aber hier ganz in derselben Weise einen Doppelconsonanten, wie
bei schwimmen, Mitte etc.

Wo also, wir wiederholen es, keine auf den Wurzelvocal
folgende Doppelconsonanz stattfindet, da muss er, wenn er ursprünglich kurz war, verlängert werden. Man kann keineswegs sagen,
dass diese Neuerung, welche das am meisten characteristische ist,
welches das Neuhochdeutsche vom Mittelhochdeutschen scheidet, von
günstigem Einfluss auf die Sprache geworden ist.

Ursprüngliche Gestalt und Bedeutung der Wurzel.

Für die formelle Bildung der Wurzel ist Einsylbigkeit das
Grundgesetz. Es besteht dasselbe ursprünglich für alle indogermanischen Sprachen, bloss das Griechische hat hauptsächlich durch
Präfixirung eines der Vocale α, ε, ο auch zweisylbige Wurzeln erhalten und eine ähnliche Erscheinung ist, wie wir später sehen
werden, im Althochdeutschen eingetreten. Die ursprüngliche Wurzelgestalt aber lässt sich folgendermassen bestimmen: einer der drei
ursprünglichen Vocale, das kurze a, i oder u wird entweder im Anlaute oder im Auslaute, oder zugleich im In- und Auslaute mit
einem oder mehreren Consonanten verbunden. Die Zahl der anlautenden Consonanten kann sich bis auf drei, die der auslautenden
bis auf zwei ausdehnen und somit können die umfassendsten Wurzeln im Ganzen fünf Consonanten um einen Vocal gruppiren. Als
das primäre Element der Wurzel, als dasjenige was das für den
allgemeinen Wurzelbegriff charakteristische ist, muss der Vocal an-

geschen werden. Es kann daher vorkommen, dass auch schon ein blosser Vocal ohne hinzukommenden Consonanten eine Verbalwurzel darstellen oder mit anderen Worten der Ausdruck einer bestimmten Bewegung oder Thätigkeit sein kann. Die Zahl solcher rein vocalischen Verbalwurzeln würde sich aber immer nur auf drei beschränken können und auch von diesen dreien lassen sich nur die Wurzeln i und u, nicht aber eine Verbalwurzel a in den indogermanischen Sprachen nachweisen. Die germanischen Sprachen aber haben auch die beiden reinvocalischen Wurzeln i und u aufgegeben und bieten nur solche Wurzeln dar, in denen der Wurzelvocal a, i, u mit einem oder mehreren Consonanten verbunden ist.

Für den Begriff der Verbalwurzel ist vor Allem dies festzuhalten, dass sie zunächst nicht sowol der Ausdruck für eine abstracte Thätigkeit oder Bewegung ist als vielmehr für ein concretes Sein, insofern an demselben irgend eine Thätigkeit zur Erscheinung kömmt — die Wurzel bezeichnet ein Sein als ein in bestimmter Weise Thätiges, als ein Bewegtes oder Bewegendes. Wir erlauben uns das Wort „Sein" als den gemeinsamen Ausdruck sowol für Person wie für Sache, für lebendige wie für leblose Wesen zu gebrauchen. Es ist ein richtiger und für die wissenschaftliche Grammatik sehr bedeutungsvoller Satz einer jetzt fast gänzlich verschollenen Philosophie, dass dasjenige, was wir in der Logik ein Urtheil nennen, nicht eine Verbindung zweier Begriffe ist, sondern in seiner einfachsten Gestalt (als Subject und Prädicat) zunächst nur einen einzigen Begriff hinstellt, welcher nach zwei Seiten hin bestimmt und benannt wird: das Urtheil gibt im Prädicate eine allgemeinere, im Subjecte eine speziellere Definition ein und desselben Begriffes. Im Prädicate spreche ich eine Thätigkeit oder Bewegung, einen Zustand oder eine Eigenschaft aus, welche an gar vielen und an ganz verschiedenen Klassen von Personen und Dingen zur Erscheinung kommen kann, von der ich aber in dem gegenwärtigen Urtheile sage, dass sie an einem bestimmten Gegenstande, den ich im Auge habe, oder an einer bestimmten Klasse von Gegenständen sich manifestirt. Ich habe durch das ausgesprochene Prädicat diesen Gegenstand nur als einen thätigen oder bewegten hingestellt, aber nicht als einen solchen, der auch in seiner Ruhe, auch ohne dass sich eine Bewegung oder Thätigkeit an ihm manifestirte, durch be-

stimmte Merkmale sich von anderen Gegenständen unterscheiden
lässt. Dies letztere spreche ich durch das zum Prädicate hinzutretende Subject aus.

In der bereits entwickelten Sprache besteht das Prädicat gewöhnlich aus einem Verbum finitum (oder aus einem mit einem
Verbum finitum allgemeinerer Bedeutung vereinten Adjectivum oder
Substantivum). Dieselbe Bedeutung aber, welche die Verbalwurzel
in dem vollständig mit seinen Endungen ausgeprägten Verbum
finitum als Prädicat hat, dieselbe Bedeutung muss auch die gleichsam abstracte Verbalwurzel haben, welche die Voraussetzung des
flectirten Verbum finitum ist, auch wenn sie sich in dem uns vorliegenden Stande der indogermanischen Sprachen in ihrem isolirten
Zustande nicht mehr nachweisen lässt: auch die isolirte Wurzel
muss ein thätiges oder bewegtes Sein (Person oder Ding) bezeichnen, nicht die von dem Dinge oder der Person abstrahirte Thätigkeit oder Bewegung, zu deren Ausdruck die Sprache erst auf einer
weiter entwickelten Stufe mit Hülfe der Endungen des sogenannten
Nomen abstractum oder Infinitivs gelangt.

Setzen wir in der Entwicklung der Sprache eine solche Stufe
als die primärste und ursprünglichste, als den Anfang der Sprachentwicklung voraus, in welcher es zunächst nur Verbalwurzeln gab,
so bezeichnete diese Sprachstufe mit den ihr zu Gebote stehenden
Wurzeln nicht abstracte Zustände und Thätigkeiten, sondern Dinge
und Personen, insofern diese unseren Sinnen gegenüber sich als
die in einer bestimmten Thätigkeit oder Bewegung befindlichen
manifestiren. Die an den Körpern der Aussenwelt sich darstellende
Bewegung, gleichviel welchen unserer Sinne sie berührt, ist es,
welche zuerst auf das Vorstellungs- oder wenn wir wollen auf das
Begriffsvermögen einen bestimmten Eindruck macht und demgemäss
auch zuerst einen sprachlichen Ausdruck verlangt. Die Bewegung
im Leben der Aussenwelt ruft gleichsam eine Gegenbewegung im
physiologischen Leben des sie wahrnehmenden Individuums hervor,
und diese individuelle Bewegung, die sich jener in der Aussenwelt
congruent setzt, ist zunächst einer der ältesten tönenden Sprach-
laute, ein Vocal a oder i oder u (die übrigen Vocale wie e, o u. s. w.
gehören erst einer späteren Sprachperiode an oder sind, sofern sie
auch schon in der älteren Zeit vorkommen, wenigstens keine ein-

fachen Laute, sondern immer erst durch irgend welche Combinationen verschiedener Vocale entstanden).

Die blossen Vocale a, i, u sind nicht geeignet, um die mannigfache Verschiedenheit der in der Aussenwelt zur Erscheinung kommenden Bewegung oder, mit anderen Worten, um eine grössere Zahl bestimmter Bewegungen auszudrücken. Um dies zu ermöglichen greift die wurzelbildende Sprache ausser zu dem Vocale als dem eigentlich fundamentalen Materiale des Wortes auch noch zu den consonantischen Elementen: dadurch dass mit der Bewegung der Sprachorgane, welche einen der Vocallaute a, i, u hervorbringt, unmittelbar vorher oder unmittelbar nachher eine solche Bewegung der Zunge, des Gaumens, der Lippen verbunden wird, welche zum Vocallaute noch den Dental-, Guttural-, Labial-Consonant hinzufügt, erst hierdurch entsteht eine gleichsam artikulirte Lautbewegung, welche einer solchen Mannigfaltigkeit fähig ist, dass auch für die einzelnen, von einander verschiedenen Bewegungen der Aussenwelt verschiedene Wurzelformen als deren Ausdruck verwandt werden können. Vermögen wir nun aber die allgemeine Congruenz zwischen Bewegung und Wurzel oder wenigstens zwischen Bewegung und dem sie bezeichnenden Vocallaute der Wurzel, wie es oben geschehen ist, uns vorstellig zu machen, so sind wir doch nicht im Stande anzugeben, in welcher Weise zwischen einer zu dem Wurzelvocale hinzutretenden bestimmten Consonantengruppe und der durch diese Lautcombination bezeichneten bestimmten Bewegung ein Zusammenhang stattfindet. Nur dies eine scheint sich annehmen zu lassen, dass die Wahl des Wurzelvocales (ob a, i oder u) für die Beziehung der Wurzel auf eine bestimmte Bewegung oder Thätigkeit gleichgiltig ist und dass hier alles von der Wahl der consonantischen Elemente abhängt. Wir sehen zwar nicht selten, dass dieselbe Consonantengruppe, mit dem Vocale a gesprochen, eine andere Thätigkeit bezeichnet, als wenn sie mit i oder u gesprochen wird, aber häufig genug kommt auch das Gegentheil vor. Die den indogermanischen Sprachen gegenüberstehende zweite grosse Sprachfamilie, die semitischen Sprachen bedienen sich nachweislich des verschiedenen Wurzelvocales niemals, um verschiedene Wurzelbegriffe zu bezeichnen: die Vocalverschiedenheit, welche hier innerhalb ein und derselben wurzelhaften Consonantengruppe

erscheint, drückt vielmehr immer weitere Bestimmtheiten aus, welche
zu ein und demselben Wurzelbegriffe hinzukommen, wie den Gegensatz verschiedener Zeiten, den Gegensatz der activen und passiven
Thätigkeit u. s. w.

Wenn ich sagte, dass es nicht der Wurzelvocal wäre, an welchen sich die individuelle Thätigkeitsbedeutung der Wurzel anlehnt,
so meinte ich damit natürlich nicht, dass der Vocal a einer Wurzel
in den Vocal i oder u ohne Weiteres übergehen könnte. Steht neben
einer Wurzel, welche durch den Vocal a charakterisirt ist, eine im
Consonantenbestande mit der ersteren identische und nur durch den
Vocal i oder u davon verschiedene Wurzel, so werden wir deshalb
hier noch keine Identität der Wurzel annehmen können, selbst dann
nicht, wenn für beide die Bedeutung dieselbe ist. So ist im Lateinischen das Verbum sido als eine Wurzel mit dem Vocale i von
der dem Verbum sedeo zu Grunde liegenden Wurzel zu scheiden,
denn die letztere hat den ursprünglichen Vocal a. Wir können
nur sagen, die Wurzeln sind verwandt, aber identisch sind sie nicht.

Die Beziehung zwischen dem Wurzelbegriffe und dem Consonantenbestande der Wurzel aufzufinden, ist eine Aufgabe, deren
Lösung man immer näher kommen wird, je mehr es gelingen wird,
eine Uebersicht über die sämmtlichen in den ältesten indogermanischen Sprachen bestehenden Wurzeln zu erlangen. Es lässt
sich schon jetzt voraussehen, dass man bei einer vollständigen Uebersicht über alle diese Wurzeln im Stande sein wird, Wurzeln mit
combinirten Consonanten als secundäre Wurzelerweiterungen von
consonanten-ärmeren Wurzeln hinzustellen, die vier-consonantigen
Wurzeln auf drei-consonantige, die drei-consonantigen auf zwei-
consonantige etc. zurückzuführen. Bis jetzt aber kennen wir genau
genommen noch nicht viel mehr als bloss die äusseren Gesetze für
den möglichen Consonantenbestand in der Wurzelbildung und hiervon möge zunächst unter spezieller Berücksichtigung des Germanischen die Rede sein. Das Germanische steht mit den verwandten Sprachen zwar nicht ganz genau auf ein und derselben
Stufe der möglichen Consonanten-Combinationen (am nächsten steht
es hier dem Lateinischen), aber die Verschiedenheiten sind im
Ganzen untergeordneter Art und lassen sich für die einzelnen Arten
der Wurzelform leicht angeben.

Indem wir auch die oben dem Germanischen abgesprochene Wurzelform, in welcher zu dem Wurzelvocale gar kein Wurzelconsonant
hinzukommt, der Uebersichtlichkeit wegen hinzuziehen, lässt sich
die Klassification der Wurzeln zunächst durch die folgende Tabelle
veranschaulichen, in welcher wir den jedesmaligen Consonanten durch
einen dem Wurzelvocale a, i, u vor- oder nachgestellten perpendicu-
lären Strich bezeichnen. Ein Ausführung durch Beispiele folgt später.

		A.	B.	C.
		Vocalischer Auslaut	1consonantiger Auslaut	2consonanti-ger Auslaut
a.	Vokalischer Anlaut	a i u	a| i| u|	a||
b.	1consonanti-ger Anlaut	|a |i |u	|a| |i| |u|	|a||
c.	2consonanti-ger Anlaut	||a ||i ||u	||a| ||i| ||u|	||a||
d.	3consonanti-ger Anlaut	|||a |||i |||u	|||a| |||i| |||u|	|||a||

Von den für die Wurzel verwandten Vocalen ist a der bei
weitem häufigste. Allein für sich ist er zwar, wie schon oben angeführt, in keiner indogermanischen Sprache als Verbalwurzel nachzuweisen, dagegen ist er der einzige, der sich mit jeder möglichen Consonanten-Combination verträgt, mit ein-, zwei- und
dreiconsonantigem Anlaute, mit ein- und zweiconsonantigem Auslaute. Die beiden anderen Vocale i und u sind gegen die Form
des consonantigen Anlautes gleichgiltig, aber als Auslaut gestatten
sie nur die Annahme Eines Consonanten; zweiconsonantiger Auslaut
verträgt sich im Germanischen und vielleicht auch in den übrigen
indogermanischen Sprachen nur mit dem Wurzelvocale a, nicht mit
i und u. Aber auch in denjenigen Wurzelformen, welche vocalischen
oder ein-consonantigen Auslaut haben, ist der Vocal a immerhin viel
häufiger als der Vocal i und u vertreten.

Sehen wir von der Vocalverschiedenheit ab, so sind von den
für das Germanische bestehenden Wurzelformen die mit einem

Vocale auslautenden und die mit einem Vocale anlautenden ungleich seltener als die auf beiden Seiten mit consonantischem Elemente geschlossene Wurzel. Schliesst von diesen Formen die Wurzel mit dem Vocale a, so hat dieser durchgängig eine verlängerte oder, wenn wir wollen, gedehnte Gestalt angenommen (resp. er ist zum langen ê oder ô geworden). In den verwandten indogermanischen Sprachen aber, wo ebenfalls die Verlängerung des auslautenden Wurzelvocals häufig ist, ist dieselbe nur selten eine stetige, die sämmtlichen Flexions- und Derivationsformen der Wurzel durchdringende, vielmehr kommt sie nur vor bestimmten Endungen vor, während sich vor anderen die ursprüngliche Vocalkürze bewahrt hat.

Geschichte des Wurzelvocales.

In den Semitischen Sprachen wird die ursprüngliche Wurzelgestalt ebensowenig durch die Flexionsendungen modificirt, wie umgekehrt die Endung durch die Wurzel. Der Wechsel des Vocales in derselben Wurzel hat eine für den Begriff des Wortes functionelle Bedeutung: euphonische Veränderungen finden nur dann Statt, wenn der Consonant ein schwacher Guttural oder Halb-Vocal ist, oder wenn zwei gleiche Consonanten in der Wurzel auf einander folgen — das Alles aber ist unabhängig von der Beschaffenheit der Flexionsendungen. In der weitverzweigten Familie des Uralisch-Altaischen (finnisch-tartarische Sprachen) ist die Qualität des Wurzelvocals durchaus bestimmend für die Vocalform der sämmtlichen auf ihn folgenden Suffixe. In den indogermanischen Sprachen steht umgekehrt die Gestalt der Wurzel unter dem Einflusse der Endungen, sowohl was den Wurzelvocal wie die auf ihn folgenden consonantischen Elemente betrifft; nur selten kommt es vor, dass der Wurzelauslaut auf die Natur des folgenden Flexionslautes bestimmend einwirkt.

1. Steigerung des Wurzelvocales.

Die Zeit, in welcher die germanischen Wurzeln nur entweder den Vocal ă oder ĭ oder ŭ hatten, bildet den Anfang im

Leben der indogermanischen Sprachen überhaupt. Für sie alle ist diese Sprachstufe mit Nothwendigkeit vorauszusetzen, die Indogermanen haben dieselbe durchlebt, als sie noch ein einheitliches ungetrenntes Volk waren und noch dieselbe Sprache redeten.

Aber schon in dieser Zeit des alten gemeinsamen Zusammenlebens wurde jener ursprüngliche Bestand des kurzen Wurzelvocals verlassen, es trat eine Veränderung ein, welche aus den kurzen Wurzelvocalen auch Längen und Diphthongen entwickelte. Es verstärkte sich der Wurzelvocal

> a zu â
>
> i zu ai
>
> u zu au.

Diese Vocalverstärkung wird normal dann angewandt, wenn auf den Wurzelvocal entweder gar kein oder nur ein einziger Consonant folgt (also in den Wurzeln unserer obigen Wurzelclassen A und B); findet bei Wurzeln, welche auf zwei Consonanten ausgehen (in der Wurzelclasse C) die Vocalverstärkung statt, so ist dies immer nur als eine Ausnahme, als etwas nicht Ursprüngliches anzusehen; denn das Grundgesetz ist, dass diese Wurzeln immer einen kurzen ungesteigerten Wurzelvocal behalten. Es kann also gesteigert werden die Wurzel

A.	B.	C.
stâ zu stâ	far zu fâr	[fand nicht zu fând]
skri zu skrai	grip zu graip	
bu zu bau	gut zu gaut.	

Da die Wurzelclasse C nur durch solche Wurzeln vertreten ist, welche den ursprünglichen Wurzelvocal a haben, nicht aber durch Wurzeln mit dem ursprünglichen Wurzelvocale i und u, so ergiebt sich, dass alle Wurzeln mit i und u die Steigerung zu ai und au zulassen, dass aber ein grosser Theil der a-Wurzeln der Steigerung des Vocales zu verlängertem â widerstrebt. Zu den letzteren aber gehören nicht bloss diejenigen, in welchen auf das a ein Doppelconsonant folgt, sondern auch sehr viele der nur mit einem Consonanten geschlossenen a-Wurzeln.

Somit stellt sich heraus, dass in der Classe A sämmtliche Wurzeln die Steigerung ihres Vocales zulassen, in der Classe B die sämmtlichen Wurzeln mit dem Vocale i und u, während bei den

Wurzeln mit a die Verstärkung häufig unterbleibt; in C unterbleibt
sie der Regel nach gänzlich. Wir können auch so sagen: alle
Wurzeln mit i und u sind einer Steigerung zu ai und au fähig,
von den Wurzeln mit a alle diejenigen, welche keinen auslautenden Consonanten haben, zum Theil auch diejenigen, welche auf
einen Consonant ausgehen, nicht aber oder doch nur ganz ausnahmsweise diejenigen, welche mit zwei Consonanten schliessen.

Die Thatsache, dass consonantenloser Ausgang der Wurzel der
Vocalsteigerung am günstigsten ist, dass sich dieselbe vor Einem Consonanten weniger häufig, vor zwei Consonanten aber gar nicht entwickelt, ist ein Zeichen, dass dieser ganze Steigerungsprocess ein
in der Sprache sich geltend machendes Streben, der Wurzel ein bedeutungsvolles Gewicht zu verleihen, zu seinem Grunde hat.

Hat der Wurzelvocal durch eine folgende Doppelconsonanz
dasjenige, was wir Positionslänge nennen (Classe C), so hat die
Wurzel an sich schon eine gewichtig hervortretende Form und bedarf keiner Vocalsteigerung, — die Wurzelform A, deren Vocal durch
gar keinen Consonanten geschützt wird, ist derselben am bedürf-
tigsten: — schon diese Thatsache sollte von den mehrfach geschehenen
Versuchen abhalten, die Steigerung des Wurzelvocales mit der Accentuation des Wortes in Zusammenhang zu bringen: dem Wortaccente ist es gleichgiltig, ob die Wurzel auf zwei oder einen oder
gar keinen Consonanten ausgeht, ob der Wurzelvocal ein a oder
ein i oder u ist.

Wenn in der Classe B die Steigerung bei i und u häufiger
ist, als bei a, so hat dies darin seinen Grund, dass der Vocal a
an und für sich eine grössere Schwere, ein stärkeres Gewicht zu
haben scheint, als i und u. a ist der schwerste, i ein leichterer, u
der leichteste Vocal. Dabei reden wir natürlich nur von einem
kurzen, nicht von dem langen a, i, u. Wenn in unseren modernen
Sprachen die Vocale a, i, u im Verhältniss zu einander nicht den
angegebenen Eindruck der grösseren oder geringeren Schwere auf
uns machen, so berechtigt uns dies nicht für die ältere Stufe unserer Sprachen das oben angegebene Verhältniss der Vocale zu
einander in Abrede zu stellen, denn es lässt sich auch aus dem
weiter unten zu besprechenden Ablautsgesetze der entschiedene

Nachweis führen, dass in der That das a als der schwerste, das u
als der leichteste Vocal gefühlt wurde.

Der gleiche Zweck, welcher durch Steigerung des a, i, u zu
â, ai, au erreicht wird, nämlich Kräftigung der Wurzelform, wird
bei den Wurzeln der Classe B auch noch durch ein anderes Mittel
erreicht: die auf einen Consonanten auslautende Wurzel erhält nämlich dadurch ein schwereres Gewicht, dass die Wurzel nasalirt d. h.
dass sie durch einen zwischen den Wurzelvocal und den consonantischen Auslaut tretenden Nasal, dessen Organ sich nach dem des
folgenden Consonanten richtet, erweitert wird. Diese nasalische
Erweiterung, welche sowohl bei dem Wurzelvocale a, wie bei u und i
eintreten kann, vertritt in der That die Vocalsteigerung durch Verlängerung oder Diphthongisirung. Wir können dies auch so ausdrücken:
die Wurzeln der Classe B treten durch den hinzugefügten Nasal
gleichsam künstlich in die Classe C über und sind nunmehr einer
Vocalsteigerung nicht bedürftig. Auf diese Weise erhalten wir auch
Wurzelformen, in welchen auf den Vocal i und u zwei Consonanten folgen, nämlich ein Nasal und dahinter eine Muta oder
auch wohl der Zischlaut; von beiden schliessenden Consonanten
gehört dann aber immer der erstere, nämlich der Nasal, ursprünglich nicht zur Wurzel, sondern dient demselben Zwecke
wie die vocalische Steigerung.

In unserer germanischen Sprache ist von der nasalischen Wurzel-
Verstärkung, als Vertretung der Vocalsteigerung, kein Gebrauch
gemacht, sehr selten erscheint sie im Griechischen, desto mehr aber
im Indischen und Lateinischen. Es wird nicht unzweckmässig
sein, das Lateinische zur näheren Vergleichung herbei zu ziehen.
Hier herrscht für die Präsensform der sich unmittelbar mit den
bindevocalischen Endungen vereinigenden Verbalwurzeln das Gesetz,
dass der Wurzelvocal i und u regelmässig einer Verstärkung bedarf, während dieselbe bei den Wurzeln mit a nur selten vorkommt.
Die Verstärkung des i und u wird hier nun auf jene oben angegebenen zwei Weisen bewirkt, entweder durch Steigerung des i und
u zum Diphthongen ai und au, welcher in der uns vorliegenden
Lateinischen Sprachperiode zu î und û zusammengezogen ist, z. B.
dîc-o, dûc-o, fîd-o, nûb-o (früh..   stalt daic, dauc, faid,
naub). oder durch Fins.h   ..nd-o, scind-o, tund-o,

fung-or. Beide Verstärkungsweisen stehen sich coordinirt gegenüber: wo bei den lateinischen Wurzeln der Classe B die eine Art
nicht angewandt wird, da muss nothwendig die andere eintreten.
Im Germanischen findet nur die erste Art der Wurzelverstärkung
statt, nicht die zweite, daher steht dem lateinischen scind-o ein
gothisches skaid-a, dem lateinischen tund-o ein gothisches staut-a
(die Wurzel tud ist dieselbe wie goth. stut) parallel.

　　Weshalb nun aber bei der vocalischen Steigerung des Wurzelvocales die Erscheinung, dass blos bei a die Dehnung zu â, bei i und
u nicht die Dehnung zu î und û, sondern die Diphtongisirung zu ai
und au eintritt? Uns Modernen liegt î und û näher, als ai und au,
bei unseren frühesten Vorfahren war dies nicht der Fall. Wo
im älteren Germanischen, im Griechischen, im Lateinischen die
Wurzel ein langes î und û (griech. ī und ō) darbietet, da ist diese
Länge fast immer aus ursprünglicherem ai und au hervorgegangen
(wie in dem obigen lateinischen dic-o, nûb-o), bisweilen (im Griechischen) auch durch Vereinigung des wurzelhaften kurzen i und u
mit einem i der Endung. Das Indische zeigt manche Wurzelformen,
in denen ein nicht auf ai und au u. s. w. zurückzuführendes langes
î und û vorkommt, aber dies muss als eine Besonderheit des Indischen angesehen werden, und gewiss kann auch hier dies wurzelhafte î und û nicht auf sehr hohes Alter Anspruch machen; denn
gar häufig hat es sich bei Wurzeln der Classe C (vor folgendem r
und l mit Consonanten) entwickelt, — hier tritt es also ganz aus
der Analogie der Vocalsteigerung heraus.

　　Halten wir also die Thatsache fest, dass in den indogermanischen Wurzeln das ai und au zu einer Zeit sich herausgebildet
hat, wo es noch gar kein langes î und û gab. Weshalb das
î und û sich unseren sprachbildenden Vorfahren nicht eben so früh
aufgedrängt hat als ai und au, das vermögen wir eben so wenig
zu sagen, als weshalb z. B. die Vocale e und o sich verhältnissmässig erst so spät entwickelt haben (bei dem germanischen Volke
noch später als bei den Andern), — ebensowenig als weshalb das
lange ê und ô früher als das kurze e und o ist.

　　Obwohl nun aber die Vocalsteigerung bei i und u eine andere
zu sein scheint als bei a (hier die blosse Länge, dort der Diph-

thong), — obwohl bei einer gleichmässigen Steigerung der Vocale zu
entsprechenden Längen â, î, û eine grössere Gleichförmigkeit der
Bildung vorhanden zu sein scheinen würde als bei der bald ver-
längernden, bald diphthongischen Steigerung zu â, ai, au: so ist doch
auch bei dieser eine principielle Ebenmässigkeit in der Vocalerwei-
terung nicht zu verkennen. Alle diese drei Laute haben nämlich
das Gemeinsame, dass sich hier jedesmal mit der Kürze ă, ĭ, ŭ ein
vorantretendes vocalisches Element a vereinigt hat

a-a zu â,   a-i zu ai,   a-u zu au.

Wir haben hier wieder auf die Stellvertretung der Vocalsteigerung
durch die nasalische Wurzelverstärkung zu recurriren. Der a-Vocal
und der nasalische Consonant haben nachweislich für die ursprüngliche Sprache dies mit einander gemeinsam, dass der eine von beiden Lauten der am häufigsten vorkommende Vocal, der andere der
am häufigsten vorkommende Consonant ist: von den Vocalen lag
das a, von den Consonanten der Nasal den Sprachorganen am
nächsten, wie sich im späterhin Folgenden an einer hinlänglichen
Zahl einzelner Erscheinungen darthun wird.

Vielleicht dürfen wir folgendes sagen. Als die ursprünglichen
Vocale a, i, u in bestimmten Wurzel-Formen eine Kräftigung zu
erheischen anfingen, da verstärkte man die Wurzeln durch denjenigen Laut, welcher den Sprachorganen am nächsten lag. Dies war
von den Vocalen das kurze a, von den Consonanten der Nasal. Sie
wurden nicht neben, sondern innerhalb der Wurzel hinzugefügt,
denn die Wurzel selber sollte es seyn, welche gekräftigt werden
musste. Innerhalb der Wurzel konnte ein hinzugefügter Nasal nur
die Stellung einnehmen, dass er zwischen Vocal und den folgenden
Consonanten trat — dies war der einzig mögliche Ort, welcher einen
hinzugefügten Nasal zuliess. Der hinzugefügte Vocal a hat wenigstens da, wo er zu einer Wurzel mit i und mit u verstärkend hin-
zutrat, seine Stelle nicht wie der Nasal hinter dem Vocale, sondern
vor demselben seine Stelle eingenommen: die Wurzeln bit, stig,
skid, gut, stut sind nicht zu biat, stiag, skiad, guat, stuat, sondern
umgekehrt zu bait, skaid, gaut, staut gesteigert worden. War denn
aber nicht diese letztere Art der Stellung die ungleich einfachere?
Eine Stellung des verstärkenden a hinter dem i und u hätte die Wurzel zweisylbig gemacht und eine die Einsylbigkeit wiederherstellende

enge Verbindung der beiden vokalischen Elemente würde nur bei der Aussprache stjag, skjad, stvat möglich gewesen sein; in der That sind die aus der Präfigirung des a vor das i und u hervorgegangenen Formen staig, skaid, staut ungleich einfacher und ungleich näher liegend. *)

Nur wenige Wurzeln sind es, welche ihr ursprüngliches ă, ĭ, ŭ durchgängig d. h. in allen aus ihnen entwickelten Wort- und Flexionsformen zu langem â, ai, au gesteigert haben. Sie sind denjenigen nasalirten Wurzeln zu vergleichen, welche ihre Nasale in allen ihren Wortformen festhalten, wie z. B. die Wurzel des lateinischen plang-o, planc-si, planc-tum im Gegensatz zur Wurzel von tang-o, tetig-i, tac-tum. Die dem plango zu Grunde liegende Wurzel plag hat die verstärkende Nasalirung durchgängig beibehalten, — im Germanischen hat dieselbe Wurzel (sie musste hier nach dem später zu erörternden Gesetze der Mutaverschiebung die Gestalt flak annehmen) durchgängig die hier statt der Nasalirung angewandte Vocalsteigerung zu â festgehalten: gothisch flêk-a d. i. plango, faiflôk d. i. planxi, flêk-ans d. i. planctus, denn die hier im Gothischen erscheinenden Vocale ê und ô sind nur Umformungen aus der Länge â, die hier auf einer früheren Stufe des Gothischen in der That bestanden haben muss. Am häufigsten trifft durchgehende Vocalsteigerung die Wurzeln mit auslautendem a. So hat im Germanischen die gesteigerte Wurzelform stâ, gâ, dâ, knâ u. s. w. die dafür vorauszusetzende stä, gä, dä, knä vollständig verdrängt. Im Lateinischen ist dies ebenfalls Regel (nur selten, wie z. B. in dă-mus und dă-tis zeigt sich noch ein Rest der ursprünglichen Kürze), und auch im Indischen ist diese durchgängige Verlängerung die gewöhnliche Behandlungsweise, so dass man früher geradezu angenommen hat, dass es ursprünglich gar keine Wurzeln auf kurzes a, sondern immer nur auf langes â gegeben habe. Dennoch aber ist die ursprüngliche Kürze auch in diesen Wurzeln nicht in

---

*) Häufig mag aber in denjenigen Wurzeln, welche als zweiten Vocal ein j oder v zeigen, der darauf folgende Vocal a kein ursprünglicher Wurzelvocal, sondern ein zur Wurzelverstärkung angenommenes, aber nicht h i n t e r, sonder vor dem ursprünglichen und nunmehr zu j und v verwandelten i und u gestelltes a sein.

Abrede zu stellen. Das Griechische hat in seinem φᾰ-μίν, ἱστᾰ-μεν u. s. w. die alte Kürze überall gewahrt.

Doch sind wie gesagt immer nur wenige Wurzeln durchgängig gesteigert, die häufigste Verwendung der Vokalsteigerung ist die, dass sie nur in bestimmten Wortformen der Wurzel z. B. vor bestimmten Verbalendungen vorkommt, während bei andern Verbalendungen die unverstärkte Wurzelform mit ursprünglichem kurzem Vocale erscheint. Eine Aufzählung der die Vocalsteigerung erfordernden und der sie verschmähenden Verbal- und Nominalformen ist dem Abschnitte vom Verbum und Nomen vorbehalten. Es handelt sich hier nur um das allgemeine Gesetz des Zusammenhanges von leichterem oder schwererem Wurzelvocale mit der Endung, und dies Gesetz ist bereits von dem Begründer der vergleichenden Grammatik richtig erkannt worden. Die Vocalsteigerung in einer Wurzel findet nemlich statt oder sie findet nicht statt, je nachdem die unmittelbar auf sie folgende Flexionsendung weniger oder mehr Laute in sich vereinigt und nach der Zahl dieser ihrer lautlichen Elemente eine grössere Leichtigkeit oder Schwere hat. Am leichtesten ersieht man dies z. B. an dem Beispiele der griechischen Wurzel φᾰ in

Ind. sg. φᾰ-μί (φη-μί)   pl. φᾰ-μές   Opt. φα-ίην
φᾱ-ς (φή-ς)   φᾰ-τί   φα-ίης
φᾱ-τί (φη-σί)   φα-ντί   φα-ίη

Die Singularendungen des präsentischen Indicativs haben hier einen geringeren Lautgehalt als die jedesmal entsprechenden Pluralendungen des Indicativs oder als die gesammten Endungen des Optativs. Vor jenen, den leichteren Endungen muss die ursprünglich kurze Wurzel durch Steigerung ihres Vocales gekräftigt werden. Vor diesen, den schweren und gewichtigeren Endungen, ist die Steigerung nicht erforderlich. Wir können auch so sagen: Vereinigung leichter Wurzelform mit schwerer Endung genügt dem euphonischen Sprachgefühle, nicht aber die Verbindung leichter Wurzelsylbe mit leichter Endung, deshalb muss im letzteren Falle eines der beiden Elemente verstärkt werden, und diese Verstärkung wird dann nicht an der leichten Endung, sondern an der leichten Wurzelsylbe vorgenommen.

Es soll dies griechische Beispiel blos eine vorläufige Erläuterung der zwischen ursprünglicher und gesteigerter Gestalt des Wurzelvokales und zwischen den Endungen stattfindenden Beziehung sein, der Abschnitt von der Verbalflexion und von den aus der Wurzel vorgegangenen Verbal- und Nominalstämmen hat den Nachweis von der allgemeinen Gültigkeit dieses Gesetzes zu geben.

Zum Schlusse müssen wir noch einmal die Wurzeln der Classe B berühren (mit Einem auslautenden Consonanten), von denen alle diejenigen, welche den Wurzelvocal i oder u haben, die Vocalsteigerung zulassen, während dies bei den a-Wurzeln keineswegs überall der Fall ist. Für den letzteren Fall stimmen die einzelnen Sprachen nicht mit einander überein. Die einen lassen in einer Anzahl von bestimmten Wurzeln die Vocalsteigerung zu, in andern wieder nicht. So ist es im Griechischen und Germanischen. Unser deutsches nahm und fuhr (gothisch nam, fôr) gehen beide auf Wurzeln mit kurzem a zurück, das eine auf die Wurzel nam, das andere auf die Wurzel far. Wie oben bei dem griechischen Präsens $\varphi\bar{a}$-$\mu\acute{\iota}$ wird im germanischen Vergangenheitstempus vor den Singularendungen gesteigerter Wurzelvocal angenommen. Dies ist der Fall bei allen i- und u-Wurzeln, aber nicht bei allen a-Wurzeln: bei far ist es der Fall, bei nam aber nicht. Die Wurzel far hat für den Singular des Vergangenheitstempus ein gesteigertes fâr entwickelt (daraus ist später unser heutiges ich fuhr entstanden), gerade wie dort die Wurzel grif zu graif (unser ich griff) die Wurzel bug zu baug gesteigert ist. Die Wurzel nam aber und viele andere a-Wurzeln mit ihr hat dort die Steigerung nicht angewandt, sondern ist kurzes nam geblieben (unser heutiges nahm.)*)

Weshalb sich nun im Germanischen und eben so auch im Griechischen der eine Theil der a-Wurzel der Steigerung entzogen hat, ist wohl schwerlich zu sagen, wenigstens ist aus der sonstigen Lautgestalt der Wurzel kein Merkmal für Zulassung oder Nichtzulassung der Steigerung zu entnehmen. — Im Indischen ist das Verhältniss ein anderes. Vor den oben angeführten Endungen des Vergangenheitstempus lässt z. B. jede mit Einem Consonanten geschlossene a-Wurzel die Steigerung zu, ebenso wie

---

*) Wenn sonst eine Verbalform der Wurzel nam eine Vocalsteigerung zu â zeigt, so ist dieses nicht jene Steigerung des a zu â, sondern auf anderem Wege durch Coalescirung der Wurzel mit der Reduplicationssylbe hervorgebracht.

die i- und u-Wurzeln, aber in andern Fällen, wo bei i und u die
Steigerung eintritt, unterbleibt sie bei den a-Wurzeln gänzlich.
Immerhin lässt sich hier dasselbe Princip wie bei dem Germanischen und Griechischen a-Wurzel erkennen, dass nämlich der Wurzelvocal a an sich den Eindruck grösserer Schwere als i und u
macht, und sich daher, wenn auch nicht überall, so doch vielfach
in den Fällen der Steigerung entzogen hat, wo dieselbe bei i und
u nothwendig eintreten muss. *)

------

*) Man ist auf die hier besprochene Steigerung des Wurzelvokales, welche
für alle weiteren Erscheinungen im Bereiche der Wurzelvocale die oberste
Voraussetzung und deshalb von ungemeiner Wichtigkeit ist, erst durch die indische Grammatik aufmerksam gemacht worden.   Die nationalindischen Grammatiker haben die Gestaltung des Steigerungsprocesses im Einzelnen scharf
beobachtet und für die hier hervortretenden Erscheinungen eigene Termini
technici gebildet. Das aus i und u gestaltete ai und au wird nämlich fast
durchweg zu ê und ô contrahirt. In diesem Falle erscheint ê und ô als der
Vocal, welcher unmittelbar aus der Steigerung des i und u hervorgegangen
ist. Die indischen Grammatiker nennen diese Form der Verstärkung „guna“.
Da wie oben bemerkt der Wurzelvocal a sich in vielen Fällen ursprünglich kurz hält, wo bei i und u die Steigerung eintritt und wo also im
Indischen ein ê und ô erscheint, so nehmen die indischen Grammatiker den
Satz an, dass das guna von i und u ein ê und ô, das guna von a ebenfalls
ein kurzes a ist. — In einzelnen Fällen zeigt sich aber auch im Indischen für
gesteigertes i und u die diphthongische Form ai und au. Diese erscheint den
indischen Grammatikern als ein stärkerer Grad der Steigerung: sie nennen
dasselbe „vriddhi“. Mit demselben Namen wird auch die selten vorkommende
Dehnung des a zu â benannt, indem man die Vorstellung hat, dass a im erstem
Steigerungsgrade wiederum als a und erst in der höhern zweiten Steigerung als
â erscheint. Man denkt sich diesen zweiten Grad der Steigerung so, als ob
der Wurzelvocal nicht mit kurzem, sondern mit vorausgesetztem langen â verbunden wäre: â sei aus â + a, ai aus â + i, au aus â + u entstanden; der erste Grad
der Vocalsteigerung (guna) sei durch Vorschiebung eines kurzen a entstanden,
das guna ê aus a + i, das guna ô aus a + u, und das in denselben Formationen,
worin ê und ô erscheint, vorkommende a (ebenfalls guna genannt) sei aus
a + a entstanden.

    Dieses künstlichen Systemes aber bedarf es weder für das Indische noch
für die übrigen Sprachen. Es giebt ursprünglich nur eine einzige durch kurzes, nicht durch langes a bewirkte Steigerung des Wurzelvocales, und das
Resultat derselben ist lang â, ai, au. Erscheint bei a-Wurzeln in solchen
Wortformen ein kurzes a, wo die i- und u-Wurzeln eine Vocalsteigerung darbieten, so ist jenes a nichts anderes als die ursprüngliche Kürze, die sich hier
gegen die Analogie der übrigen Wurzeln erhalten hat (keineswegs aber ein in
der äussern Form dem Grundvocale gleicher guna-Vocal, und wenn im Indischen
bisweilen ein ê, bisweilen ein ai erscheint, so ist dies so aufzufassen, dass

2. Schwächung des Wurzelvocales. Ablaut des a, ai, au.

Der Wurzelvocal a ist an und für sich gewichtvoller, als der Wurzelvocal i und u; er widerstrebt deshalb wie eben gesagt nicht nur in der Classe C, sondern auch sehr häufig in den Wurzeln der Classe B in solchen Fällen der Steigerung, wo i und u nothwendig gesteigert werden:

graip	grip
gaut	gut
nam	nam
halp	halp

Dem ursprünglichen grip und gut entspricht ein nam und halp, aber auch dem gesteigerten graip und gaut entspricht ein nicht gesteigertes nam und halp. Im weiteren Verlaufe macht sich in der indogermanischen Sprache das Streben geltend, die in der grammatischen Function dem grip und gut entsprechende Wurzelform nam und halp von derjenigen Wurzelform, welche in ihrer Function dem gaut und graip entspricht, zu scheiden und zwar dadurch, dass das

sich die ursprüngliche Vocalsteigerung ai und au in der uns vorliegenden Periode des Indischen gewöhnlich zu ê und ô contrahirt hat und nur in den selteneren Fällen die diphthongische Form bewahrt hat. Nur einen einzigen Fall giebt es, wo das ai und au dem ê und ô gegenüber nicht als die alte unmittelbare Steigerung des i und u gefasst werden kann, sondern als eine mit Bedacht gewählte energische Vocalverstärkung angesehen werden muss, nämlich die dem Indischen vor allen verwandten Sprachen eigenthümliche Art Nomina gentilicia und patronymica zu bilden, die aber wohl schwerlich zu den ältesten Spracherscheinungen des Sanscrit zu rechnen ist. — Wird die Steigerung eines wurzelauslautenden i und u vor einer unmittelbar folgenden vocalischen Endung im Indischen zu aj, av aufgelöst, so setzt man hier die guna-Steigerung ê und ô voraus; wird sie zu âj unc âv aufgelöst, so setzt man die Vriddhi-Steigerung ai und au voraus und findet in der Länge des aufgelösten âj und âv das hauptsächlichste Merkmal dafür, dass der Vriddhi-Steigerung ai und au die Combination des i und u mit einem vorangestellten langen â zu Grunde liege. Aber auch dieses beruht auf einer unrichtigen Auffassung. Der Sachverhalt ist hier vielmehr folgender. Es wird z. B. im sg. Ind. Perf. vor der Endung a jeder Wurzelvocal i und u zu ai und au gesteigert: tutud-a muss zunächst zu tutauda, puplu-a zu puplau-a werden; dort in tutauda tritt sodann Contraction zu tutôda ein, hier in puplau-a nicht, weil u vor folgendem Vocal zu v wird: puplav-a. Die Wurzel bietet jetzt ein a als Vocal dar, und dieses muss der Analogie des ursprünglichen Wurzelvocales a folgen: nanam-a von der Wurzel nam wird zu nanâm-a, ebenso muss auch puplav-a zu puplâv-a werden.

eine Mal (wo leichte Wurzelform an ihrem Platze ist) das ursprüngliche a der Wurzel in i oder u verwandelt wird.

Der Vocal a ist gewichtiger als i und u, seine Umwandlung
in i oder u ist eine Schwächung. Sie tritt vor denselben Flexionen
ein, wo die Wurzeln mit i und u ihren kurzen Vocal behalten; das
an sich schwere a hat hier eine dem hier stehenden leichten i und
u gleiche Gestalt erhalten:

graip	grip
gaut	gut
gab	gab zu gib geschwücht.
halp	halp zu hulp geschwücht.

Im Indischen zeigen sich nur die ersten Ansätze von diesem
Uebergange des a in die schwächeren Vocale. Zunächst ist dieser
Wechsel eines ursprünglichen a mit i oder u von der Natur des
folgenden Consonanten abhängig. Er tritt zuerst da ein, wo
auf ursprüngliches a ein r oder l folgt, vor den übrigen Consonanten wird das a länger in seiner ursprünglichen Schwere gehalten.

Man kann sich diesen Einfluss des r und l an einer Erscheinung
auf dem Gebiete der Metrik verdeutlichen: in der Homerischen
Sprache macht eine Doppelconsonanz jeden vorausgehenden Vocal
zu einer rhythmischen Länge: nur in dem einzigen Falle, dass auf
ihn eine Muta mit ϱ oder λ folgt, kann derselbe bei Homer
als rhythmische Kürze gebraucht werden; die späteren aber gehen
über diese durch r und l gesetzten Grenzen hinaus und lassen die
Geltung als Kürze auch vor folgender Muta mit μ und ν zu, die
Römer auch vor anderen Consonantenverbindungen. So ist auch
der Schwächung (wenn wir wollen der Verkürzung) des a zu i und
u zunächst nur vor r und l freier Spielraum gelassen, weiterhin
findet er auch vor den beiden andern Liquiden n und m statt und
endlich vor allen Consonanten.

Die aus ar und al durch Schwächung des Vocales entstandenen Laute bezeichnen die indischen Grammatiker als ri und
li und nennen dies den ri- und den li-Vocal. Es ist möglich, dass
mit der Schwächung des a zu i zugleich eine Metathesis des r und
l eingetreten ist, dass also z. B. die ursprüngliche Wurzelsylbe
tarp und kalp durch Schwächung des a nicht zu tirp und kilp,
sondern zu trip und klip geworden ist; aber wie nun auch immer-

hin die Aussprache gewesen sein mag, es lässt sich nicht verkennen, dass hier der ursprüngliche Vocal a vor r und l eine ihn
der Natur des i wenn auch nicht gleichstellende, doch annähernde
Aussprache erhalten hat. Abgesehen von diesem sogenannten 'ri-
und li-Vocale giebt es im Indischen eine gar nicht kleine Anzahl von Fällen, wo die ursprüngliche Verbindung ar und al ohne
Metathesis des Consonanten zum deutlichen ir, il, oder gar zu ur,
ul geworden ist. Wir begegnen hier also nicht bloss einer Schwächung
des a zu i, beziehungsweise (im sog. ri- und li-Vocale) einem dem
i ähnlichen Laute, sondern auch der Schwächung zu u; sie findet
statt sowohl in der Wurzelclasse B, wie in der Wurzelclasse C,
d. h. sowohl vor blossem r oder l wie auch vor r oder l mit folgendem Consonanten; die im letzteren Falle häufig eintretende Verlängerung des aus a abgeschwächten i und u findet höchstens in einer
verhältnissmässig sehr späten Erscheinung des Altnordischen seine
Analogie.

Die germanischen Dialecte lassen die Schwächung des a zu i
und zu u nicht bloss vor r und l, sondern auch vor den übrigen
Liquiden, vor m und n stattfinden. Sie verhalten sich hier zu den
Indern in derselben Weise, wie in der oben herbeigezogenen
rhythmischen Sylbenkürzung die attischen Dramatiker zu Homer.
(Die rhythmische Vocalkürzung ist entsprechend der sprachlichen
Vocalschwächung von der früheren Grenze des r und l bis zu m
und n ausgedehnt). Vor den übrigen Consonanten hat sich die
Schwächung im Germanischen ebenfalls geltend gemacht, aber
keineswegs in der Weise wie vor den vier Liquiden: sie ist nämlich
in der Weise beschränkt, dass nur der geringere Grad der Schwä-
chund zu i sich geltend gemacht hat, aber nicht der stärkere
Grad der Schwächung zu u. Es liegt wohl in der Natur der
Sache, dass die zuletzt angegebene Art der Vocalschwächung nicht
gleich früh wie die vor den Liquiden vor sich gehende sein kann.

Das Germanische hat somit ein doppeltes kurzes i und ein
doppeltes kurzes u: erstens ein ursprünglich kurzes und zweitens
ein aus kurzem Vocale a durch Schwächung entstandenes i und u.
Etymologisch ist dieser Unterschied für das Germanische von
grosser Wichtigkeit, und wenn gleich die zwei verschiedenen i und
gleicherweise die zwei verschiedenen u den nämlichen Laut gehabt

haben, so hat sie doch das Sprachbewusstsein der Germanen nachweislich von einander gesondert, wie aus einem späterhin zu erörternden Sprachprocesse, den diese Laute erlitten haben, hervorgehen
wird.

Jedes wurzelauslautende i und u des Germanischen (Wurzelclasse
A) kann immer nur ein ursprüngliches sein, denn ein aus a ent-
standenes i und u kann in der Wurzelklasse A nicht vorkommen.
Umgekehrt kann das i und u einer mit zwei Consonanten geschlossenen Wurzel (Classe C) nur ein aus a hervorgegangenes, aber kein
ursprüngliches sein, denn das letztere ist der Wurzelclasse C fremd.
Nur bei dem i und u der Wurzelclasse B kann die etymologische
Natur fraglich sein, aber auch hier lässt sich für u noch die nähere
Bestimmung geben, dass ein vor folgender liquida erscheinendes u
sowohl den einen wie den andern Ursprung haben kann, dass dagegen
vor den übrigen Consonanten das u ein ursprüngliches ist, denn es
hat sich aus altem a nur vor liquiden, nicht aber vor anderen
Lauten ein u entwickelt. Indess ist hier noch Folgendes zu bemerken: 1) In der Wurzelclasse C ist der vorletzte Consonant fast
durchgängig eine Liquida, vor welcher der Uebergang des a in u
völlig legitim ist. Nur in wenigen Wurzeln dieser Classe ist der
vorletzte Consonant ein anderer als eine Liquida, z. B. in den ahd.
Verben viht-u, vliht-u, brist-u, drisk-u, lisk-u; aber auch diese
Verba folgen der Analogie der übrigen (durch Liquida an vorletzter
Stelle characterisirten), d. h. sie nehmen statt a neben dem Vocale
i auch den Vocal u an. 2) Ebenso wird die Entwickelung des a
zu u auch in einigen auf k (ahd. hh) und p (ahd. f) ausgehenden
Verbalwurzeln zugelassen (im alts. briku, ahd. brihhu, ahd. trif-u),
doch nicht in allen germanischen Dialecten, also ein Zeichen, dass
die Entwickelung des u hier späteren Ursprungs ist.

　　Noch in einer anderen Weise kommt in den germanischen Wurzeln eine Vocalschwächung vor, denn nicht bloss der Wurzelvocal
a unterliegt derselben, sondern auch dasjenige a, welches in dem
aus ursprünglichem i und u entwickelten Steigerungsvocale ai und
au erscheint. In bestimmten Wortformen erleidet nämlich auch
das gesteigerte ai und au eine Schwächung, indem dessen a
zu i wird. So entsteht aus ai ein iu, aus ai ein ii. Dies ii
wird in allen germanischen Dialecten zu i contrahirt und es hat

sich somit aus dem Steigerungsvocale ai die Länge 1 gebildet.   Es
ist nur orthographisch, dass bei Ulfilas dies lange 1 durch ein ei
ausgedrückt ist: man darf sich unter dem damit bezeichneten Laute
schlechterdings nichts anderes denken als unter dem respondiren-
den 1 der übrigen Dialecte.   Anders ist es mit dem aus au durch
Schwächung des a entwickelten iu. Dieser diphthongische Laut hat
sich bis auf das Mittelalter in allen germanischen Dialecten erhalten
und bildet eine charakteristische Eigenthümlichkeit des germanischen Lautsystems gegenüber den verwandten Sprachen.   Bisweilen
aber erscheint an Stelle des diphthongischen iu ein monophthongi-
sches langes û: go. lûka (claudo), alts. lûku; ahd. sûgu, mhd.
sûge.

Für alle die hier bezeichneten Uebergänge des a, sowohl des
isolirten wie des in den Diphthongen ai und au enthaltenen, darf
man passend den von Grimm eingeführten Terminusablaut gebrauchen.
Und zwar verstehen wir unter Ablaut des kurzen a genau dasselbe,
was wir dessen Schwächung zu i und u genannt haben. Grimm hat
den Ausdruck Ablaut in einer umfassenderen Weise gebraucht, nämlich
für jede der bisher behandelten Veränderungen des Wurzelvocals:
auch der Diphthong ai und au ist ihm ein Ablaut.

Wer die Beschränkung eines von dem grossen Begründer der
deutschen Grammatik eingeführten Terminus technikus nicht zu-
geben will, der möge den Ausdruck Schwächung gebrauchen, doch
macht eine weiterhin zu besprechende Lauterscheinung es wünschenswerth, für Schwächung noch einen nicht so speciellen Ausdruck anzuwenden.

Schwächender Ablaut des Wurzelvocales a zu i und u oder zu
blossem i, findet nur bei einem Theile der a-Wurzeln statt. Diejenigen a-Wurzeln der Classe B, welche eine Steigerung ihres
Vocales zur Länge gestatten, halten bis auf sehr wenige Ausnahmen die Ablautung zu i und u von sich fern. Auch eine Anzahl
der zur Classe C gehörenden Wurzeln, in welchen Vocalverstärkung
dem auslautenden Consonantbestande gemäss nicht vorkommen
kann, zeigen nur die ungeschwächte Vocalgestalt a.   Ein unter-
scheidender Name ist hier wünschenswerth. Diejenigen a-Wurzeln,
welche keine Schwächung zu i und u erleiden, haben ein festes,
starkes a. Diejenigen dagegen haben ein schwaches a, welche die

Schwächung zu i und u erleiden. Ich weiss nicht, welchen Anstoss
eine hiernach einzuführende Bezeichnung: starke oder feste a-Wurzeln und schwache a-Wurzeln haben sollte. Sonst muss die schwer-
fälligere Nomenclatur: ablautbare und nicht-ablautbare a-Wurzeln
aushelfen.

Es wurde schon S. 25 erwähnt, dass es einige wenige i- und
u-Wurzeln giebt, welche in allen Wort- und Flexionsformen, den
Vocal zu ai und au gesteigert haben. Bei ihnen ist keine Ablautung des ai und au zu ı und iu möglich. Jede i- und u-Wurzel
dagegen, welche für ihren Vocal in der einen Wort- und Flexionsform die Steigerung zu ai und au zulässt, in den andern dagegen
die ursprüngliche Vocalkürze i und u wahrt, hat ein ablautbares
ai und au, d. h. von den Wortformen, in welchen diese Wurzeln diese Steigerung zu ai und au ursprünglich anwenden, behalten nur die einen die ursprüngliche Steigerungsform ai und au,
während die anderen die geschwächte Steigerungsform ı und iu
darbieten.

Somit haben denn diese Wurzeln dreifach verschiedene Formen
des Wurzelvocales: 1) die ursprüngliche ungeschwächte (unabgelautete) Steigerungsform ai und au; 2) die zu langem ı und iu
geschwächte (abgelautete) Steigerungsform; 3) den ursprünglichen
kurzen Wurzelvocal i oder u.

Unter den schwachen (ablautbaren) a-Wurzeln sind zwei Unterarten zu unterscheiden: I. solche, die bloss eine zweifache Vocalgestalt haben: 1) das ursprüngliche a, 2) das daraus abgeschwächte i;
II. schwache a-Wurzeln, welche nicht bloss 1) die ursprüngliche
Wurzelform a und 2) den ersten Grad der Schwächung des a zu
i aufweisen, sondern auch 3) einer noch weiter gehenden Schwächung
zu u fähig sind. Wir weisen noch einmal darauf hin, dass diese
zweifache Schwächung hauptsächlich nur vor folgender Liquida stattfindet, es lassen sich also die zwei Unterarten der schwachen
a-Wurzeln meist unmittelbar aus dem Consonantenbestande erkennen.

Die Tabelle auf S. 36 u. 37 verdeutlicht in genealogischer Form
die besprochenen Entwicklungen aus dem ursprünglichen Wurzelvocale. Wo die a-Wurzeln ihre ursprüngliche Kürze a behalten haben,
ohne sie zu schwächen, da haben die i- und u-Wurzeln ursprüngliche Steigerung (staig, gaut); wo die einer doppelten Schwächung

fähigen a-Wurzeln die erste Schwächung i zeigen (nim-a), da haben
die i- und u-Wurzeln geschwächte Steigerung ii und iu (stiiga
d. i. stiga und giuta), d. h. da hat das a der hier ursprünglich stehenden Steigerung ai und au ihr steigerndes a ebenfalls zu
i geschwächt (wie dort die a-Wurzel ihr wurzelhaftes a zu i geschwächt hatte). Wo endlich die einer doppelten Schwächung
fähigen a-Wurzeln die zweite Schwächung u zeigen (numans), da
haben die i- und u-Wurzeln ihren ursprünglichen Wurzelvocal (gutans,
stigans); bei denjenigen a-Wurzeln, welche nur Eine Schwächung
ihres Vocales a zu i zulassen, erscheint dies i nicht bloss da,
wo die übrigen Wurzeln einen Vocal i haben (nima, stiiga, giuta),
sondern auch in solchen Wortformen, in welchen bei den eine zweifache Schwächung zulassenden a-Wurzeln die zweite Schwächung
u stattfindet (und wo die i- und u-Wurzeln ursprünglich Vocalkürze i und u darbieten).

Durch die Zahlen 1, 2, 3 habe ich die drei sprachgeschicht-
lichen Epochen bezeichnet, die wir nach den bisherigen Erörterungen
voraussetzen müssen. Die Periode 1 bezeichnet die Zeit der Wurzelbildung, in der eine jede Wurzel nur den kurzen Vocal a oder
i oder u hatte. Die mit 2 bezeichnete Periode ist die Stufe, in
welcher sich die Flexionsendungen, überhaupt die organischen Wortformen aus der Wurzel gebildet haben; die Folge bestimmter Endungen und Wortformen ist für die i- und u-Wurzeln, sowie auch
für eine Zahl von hier nicht weiter berücksichtigten a-Wurzeln
die Steigerung des Wurzelvocals durch vorgesetztes a. Auf dieser
Stufe hat sich neben der Wurzelform stig ein staig, neben gut ein
gaut gebildet, während die a-Wurzeln gab und nam, die dem
staig und gaut entsprechende Steigerung gâb und nâm nicht entwickelt haben. — Die germanischen Sprachen haben, wo sie uns
in den ältesten Denkmälern entgegentreten, bereits einen Fortschritt
zu dieser zweiten, sowie der mit 3 bezeichneten sprachlichen Epoche
gemacht, in welcher die Schwächung des auf der vorigen Stufe
vorhandenen a, ai und au zu i oder u, ii, in eingetreten ist. Die
dort hinzugefügten Ausdrücke: ursprüngliche Kürze, ursprüngliche
Steigerung, erste und zweite Schwächung der Kürze, geschwächte
Steigerung werden, denke ich, die darunter verstandene Lauterscheinung in allgemein verständlicher Weise bezeichnen.

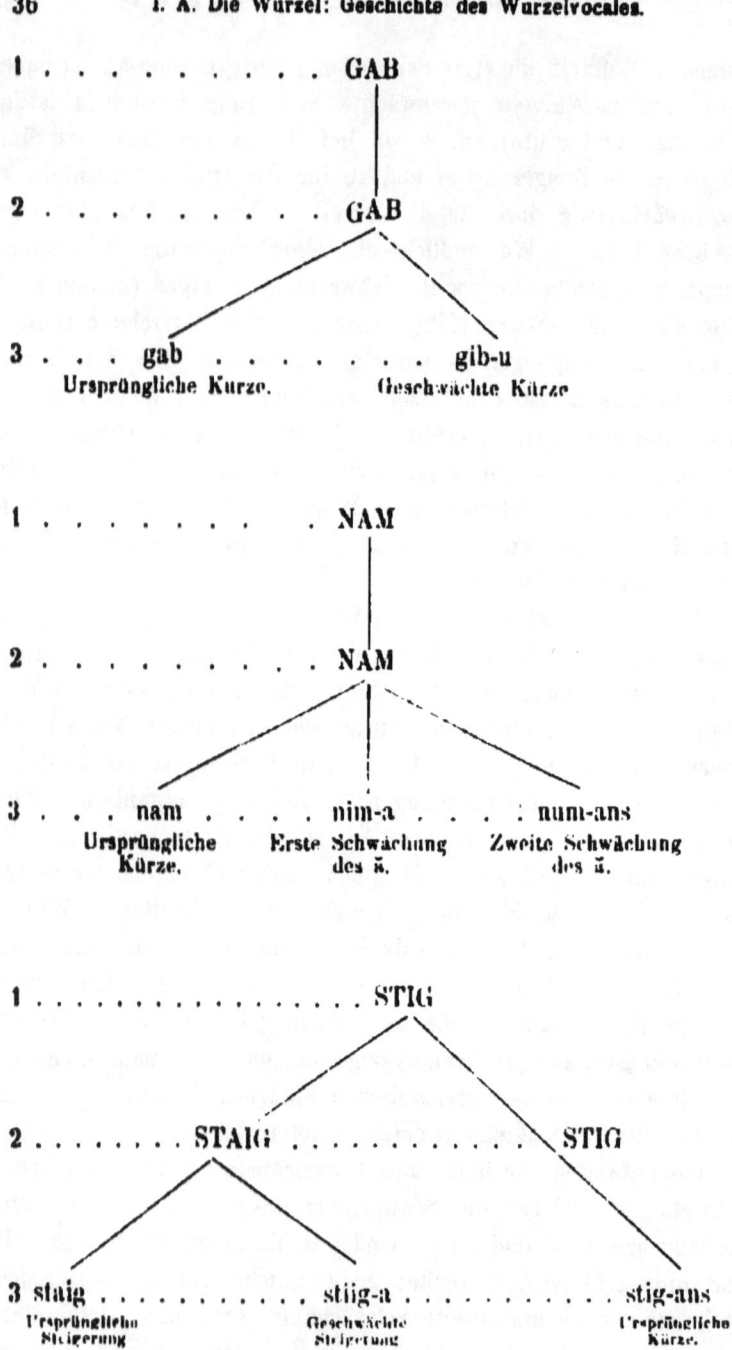

1 . . . . GAB

2 . . . . GAB

3 . . . gab . . . . gib-u
Ursprüngliche Kürze.   Geschwächte Kürze

1 . . . . NAM

2 . . . . NAM

3 . . . nam . . . . nim-a . . . . num-ans
Ursprüngliche   Erste Schwächung   Zweite Schwächung
Kürze.   des ä.   des ä.

1 . . . . STIG

2 . . . . STAIG . . . . STIG

3 staig . . . . stiig-a . . . . stig-ans
Ursprüngliche   Geschwächte   Ursprüngliche
Steigerung   Steigerung   Kürze.

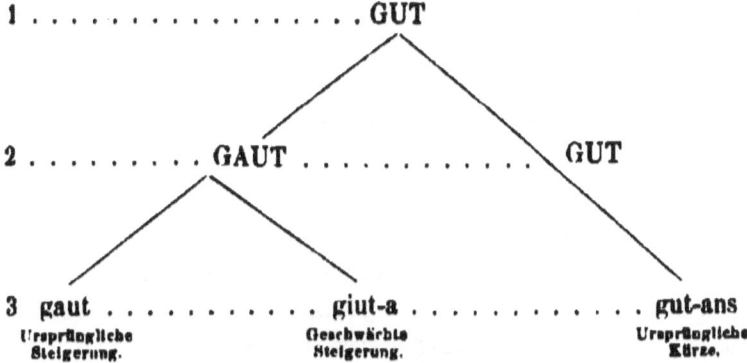

1 . . . . GUT

2 . . . . GAUT . . . . GUT

3 gaut . . . . giut-a . . . . gut-ans
Ursprüngliche   Geschwächte   Ursprüngliche
Steigerung.   Steigerung.   Kürze.

Wir können das Germanische nicht verlassen, ehe wir die verwandten Erscheinungen des Griechischen zur Vergleichung herbeigezogen haben. Die Vocalstufen 1 und 2 haben die Indogermanen durchlebt, als sie zusammen noch eine ungetrennte Einheit ausmachten, beide Stufen sind daher dem Germanischen und Griechischen gemeinsam. Die Stufe 3 hat sich bei jedem Volke selbstständig entwickelt, als sich bereits das eine von dem anderen gesondert hatte; das den hier entwickelten Lauterscheinungen zu Grunde liegende Princip ist in allen indogermanischen Sprachen nach ihrer Trennung aufgetreten, die Ergebnisse desselben mussten daher bei den getrennten Völkern verschiedene sein.

Die Hauptverschiedenheit zwischen germanischem und griechischem Vocalismus liegt darin, dass sich im Griechischen aus dem a nicht zwei Laute entwickelten, welche den wurzelhaften i und u gleich waren, sondern vielmehr 2 ihnen ähnliche, in der Aussprache sich ihnen annähernde neue Laute, nämlich kurzes ĕ und ŏ. Die Griechen stehen hier nicht isolirt, sie haben hier nicht bloss die Lateiner, sondern auch die weit getrennten Slaven zu ihren Genossen, ebenso ist der Sprache des Avesta die Entwickelung des wurzelhaften ā zu i wohl bekannt, selbst das Indische scheint in seinem ri-Vocale einen Laut vorauszusetzen zu lassen, welcher eher ein e als i genannt werden kann.

Dem Germanischen sind die kurzen e und o ebenfalls zu theil geworden, aber nicht als unmittelbare Ablautform des alten a der Wurzeln, sondern sie haben sich erst auf einer späteren S. 45 zu

besprechenden Stufe aus i und u herausgebildet. Das Griechische
aber und die neben ihm genannten Sprachen haben ihre Vocale
ε und o gleich anfangs auf der Lautstufe 3 gewonnen, als unmittelbare Erzeugnisse aus der Ablautung des a.

i und u sind leichtere Vocallaute als a und deshalb musste
der germanische Uebergang des a in diesen beiden Lauten als eine
Schwächung der ursprünglichen Vocalkürze bezeichnet werden. Das
Griechische hat dem a, als es dasselbe der Ablautung unter-
zog, nicht geradezu den Laut der beiden übrigen Wurzelvocale i
und u gegeben, sondern dasselbe dem Laute des i und u bloss
angenähert: das alte a hat gleichsam den Laut i oder u mit sich
vereint, das Produkt der Annäherung des a an i ist ĕ, des a an u
ist ŏ. Hiernach erscheint es als natürlich, dass die griechischen
Ablautvocale ĕ und ŏ mit den deutschen Ablautvocalen i und u
nicht auf derselben Stufe der Leichtigkeit stehen, sie müssen schwerer als i und u sein.*) Im Einzelnen ist das Verhältniss Folgendes.

Wie im Germanischen giebt es ablautsfähige (schwache) und
nicht ablautsfähige (starke, feste) a-Wurzeln; in den ersteren hat,
wiederum analog dem Germanischen, die Entwickelung des Ablauts
eine bestimmte Grenze an dem auf das ursprüngliche ā folgenden Laute:
vor einer Liquida zeigen sich in der Wurzel alle drei Vocale α, ε, o,
vor einem anderen Laute hat eine ablautbare Wurzel nur ε und o,
aber kein α aufzuweisen. Die Wurzel lag bietet als eine dem

─── ──── ─

*) Muss nicht auch im Griechischen das an Stelle vom germanischen i
und u sich darbietende ĕ und ŏ ein leichterer Vocal als ă sein? Von unserem, dem Standpunkte unserer modernen Sprache aus müssen wir diese Frage
wenigstens von dem Vocal ĕ mit ja beantworten; ist doch gerade in unserem
Neuhochdeutschen und fast durchgängig auch im Mittelhochdeutschen das
kurze ĕ gerade derjenige Vocal, zu welchem sich jeder andere Vocal der
Endung abgeschwächt hat; im Gegensatze zu demselben bezeichnen wir
die übrigen Vocale, auch wenn sie kurz sind, als volle, tönende ,Laute; das
e erscheint als ein fast ton- und klangloser Vocal. Wenn wir nun annehmen, dass dem Griechischen zur Zeit, wo hier das
Ablautsgesetz und in Folge dessen zum erstenmale das kurze ŏ auftrat, kei-
neswegs dieselbe Empfindung bei diesem e hatten, als die modernen, sondern
dass es ihnen im Klange stärker als a war, so zwingen uns hierzu ganz bestimmte Lauterscheinungen der griechischen Sprache, nämlich die Functionen
der Vocale o, ε, α in den auf eine Liquida ausgehenden α-Wurzeln, verglichen
mit dem Vocalwechsel in den ι- und υ-Wurzeln.

Vocale eine Muta hinzufügende Wurzel im Griechischen die beiden Vocalkürzen *ε* und *o* dar — λέγω εΐλοχα λόχος λέχος, — aber kein *α*, wie sich aus ihr im Germanischen ein lag und liga, aber keine Wurzelform mit u entwickelt. Die Liquida-Wurzel dar dagegen ist im Griechischen aller drei Vocale fähig: δέρω, δέδορα, δέδαρμένος, ebenso wie im Germanischen tira, tar, turans (denn diese Formen tira und turans sind für die im uns vorliegenden Gothisch erscheinenden taira und taurans als älter vorauszusetzen).

Es ist hier nun gleich zu bemerken, dass im Griechischen manche Wurzeln, welche auf a ein r oder l folgen liessen, diesen Consonanten durch Metathesis in den Anlaut der Wurzel versetzt haben: στρέφω, τρέφω, τρέπω, daher auch hier alle drei Vocalkürzen: έστροφα έστραμμαι, τέτροπα τέτραμμαι, τέτροφα τέθραμμαι.

Der Diphthong ai zeigt sich nach dem Eintritte des Ablautgesetzes im Griechischen entweder als *ει* oder als *οι*: λείπω λέλοιπα, die Form *αι* erscheint hier ebenso wenig wie bei λέγω εΐλοχα ein *α*, denn in beiden Fällen folgt auf das ablautfähige *α* keine liquida, sondern ein anderer Laut — es ist gleichgültig, dass dies in lag eine Muta, in laip der Vocal i ist.

Die ablautsfähige Vocalsteigerung au *(αυ)* sollte nach Analogie von ai einer Umgestaltung zu ου und *ευ* fähig sein, aber in den meisten Fällen erscheint bloss ein *ευ* (das ου als Steigerung von u *(υ)* ist fast gänzlich auf auslautende u*(υ)*-Wurzeln beschränkt; daher τεύχω τέτευχα, aber kein τεύχω, τέτουχα, wie man nach Analogie von λείπω und λέλοιπα vielleicht für eine frühere Zeit voraussetzen darf.

Germanisch:			Griechisch:		
gab	giba, gibans		εΐλοχα	λέγω, λέλεγμαι	
nam	nima	numans	δέδορα	δέρω	δέδαρμαι
staig	stiiga	stigans	λέλοιπα	λείπω	ἔλιπον
gaut	giuta	gutaus	*τέτευχα	τεύχω	τέτυγμαι

Wo im Germanischen ein *i* steht (erste Schwächung des ursprünglichen ä), findet sich im Griechischen ein *ε*.

giba   gibans   nima   stiiga   giuta

λέγω   λελεγμένος   δέρω   λείπω   τεύχω;

wo im Germanischen (vor Liquiden) die zweite Schwächung des a
zu u steht, weist das Griechische ein α auf:

numans

δέδαρμένος;

wo im Germanischen das alte a die ursprüngliche Vocalform a bewahrt hat, findet im Griechischen eine Ablautung desselben zu α
statt, nur dass in au für ου gewöhnlich ein ευ eingetreten ist:

nam   staig   gaut

δέδορα   λέλοιπα   *τέτευχα (statt τέτουχα).

Bis auf den letzten Fall geht die Analogie zwischen Germanischem
und Gothischem bis ins Einzelne, aber immer mit dem bedeutungs-
vollen Unterschiede, dass dem Griechischen der aus α entwickelte
Ablautsvocal ο die schwerste Vocalform ist; a ist nicht bloss leichter als ο, sondern wie sich deutlich bei δέρω und δέδαρμαι (goth.
nima und numans) zeigt, sogar leichter als ε und kommt deshalb
in ablautbaren Wurzeln nur da vor, wo im Germanischen aus a
ein u entwickelt ist. Wir müssen den Thatbestand für das Griechische folgendermaassen auffassen. Als das alte a der Wurzel zu
einem dem i und u ähnlichen Vocale abgelautet wurde, da wurde das
ablautbare a, wenn keine Liquida folgte, ganz und gar entweder in
den einen oder in den anderen dieser beiden Laute umgewandelt, in der
Weise, dass der ursprüngliche a-Laut ganz verloren ging; so wurde
ă vor folgender Muta entweder zu ο oder zu ε, vor folgendem ι (in
dem Steigerungsvocale αι) ebenfalls entweder zu ο oder zu ε (es
entstand aus ursprünglichem αι entweder ein οι oder ein ει); vor
folgendem υ (in dem Steigerungsvocale αυ) hat sich meist nur der
Ablaut ε, nicht ο geltend gemacht, daher hier ein ευ. Die
Form mit o ist hier überall die schwerere, die Form mit ε die leichtere: die Form in ε steht der germanischen mit i analog, die Form
mit ο dagegen findet da statt, wo das Germanische ursprüngliches
a bewahrt.

Der Vocal a wurde in ablautbaren Wurzeln nur dann beibehalten, wenn auf ihn eine Liquida folgte, man gab ihm hier aber
diejenige Function, welche sonst immer der leichtesten Vocalform
zukommt, d. h. er steht da, wo Wurzeln mit i und u sowohl im

Germanischen wie im Griechischen die alte ungesteigerte Vocal-
wurzel anwenden und wo in den germanischen a-Wurzeln das alte
a die zweite Schwächung zu u erlitten hat.

Fügen wir noch hinzu, dass sich an Stelle des ursprünglichen
Wurzelvocales i vielfach, z. B. im griechischen Perfect des Passivs, die geschwächte Steigerung *εε* eingedrängt hat, so haben
wir hiermit die Eigenthümlichkeit des griechischen Ablauts vollständig skizzirt. Sie zeigt sich am lebendigsten bei der Bildung
der Nominalstämme, weniger lebendig in den Verbalformen; umgekehrt kommt die Gesetzmässigkeit des germanischen Vocalwechsels
am meisten in den Verbalformen, weniger in der Bildung der Nominalstämme zur Erscheinung.

Ablautung des langen å.

Wie im Griechischen kurzes ä zu *ε* und *ο*, so wird langes å
zu den analogen Längen *η* und *ω;* das Germanische, welches sich
in der Ablautung des kurzen ä von dem Griechischen unterscheidet,
entwickelt identisch mit ihm aus langem å die Längen *ê* und ô.

Hier geht die Analogie aber noch weiter. Im Griechischen sondert sich ursprüngliches å von dem daraus hervorgehenden Ablei-
tungsvocale *η* nur im Wechsel der Dialecte. Das Dorische hat
altes å gewöhnlich festgehalten; wo dies geschieht, lässt das Joni-
sche und auch häufig das Attische das lange å zu ê ablauten.
Ebenso in den germanischen Dialecten: wo das Hochdeutsche, Nieder-
sächsische und Altnordische altes å festgehalten hat, da erleidet
dasselbe im Gothischen und in zwei Nebendialecten des Altsächsischen, nämlich im Angelsächsischen und Altfriesischen, die Ablautung zu ê; dem Gothischen ist diese Länge ein helles ê. dem
Angelsächsischen ein trüberer. dem ursprünglichen å sich annähern-
der Laut und wird deshalb ae geschrieben. Ueberall also, wo im
Althochdeutschen ein å sich zeigt, da ist dieses im Gothischen zu
ê, im Angelsächsischen zu ae geworden. Indess hat das Angelsächsische auslautendes å der Wurzeln unabgelautet beibehalten
vergl.:

ahd. knâ-h-u (nosco)   angs. cnâ-v-e
crâ-h-u (crocito)   crâ-v-e
drâ-h-u (torqueo)   thrâ-v-e
blâ-h-u (flo)   blâ-v-e
sâ-h-u (sero)   sâ-v-e.

Das hochdeutsche h, das angelsächsische v dieser Wörter ist
ein der Wurzel fremder euphonischer Vocal, wie der Vergleich des
zuletzt angeführten Wortes mit dem lateinischen se-ro sa-tus, mit
dem gothischen sa-i-a sai-sô darthut. Nur bei dem h von drâhu
könnte man anderer Ansicht sein. Bisweilen hat sich das lange â
auch in altsächsischen Wurzeln der Ablautung zu ê gefügt: neben
alts. jâr, giwâdi, wâg, bâdi kommt auch ein gêr (mit g statt j geschrieben), giwêdi, wêg, bêdi vor.

Das aus langem â abgelautete griechische ω hat hauptsächlich
im Dorischen seine Stelle, im Attischen erscheint statt dessen ein
dunkeles langes û, welches ου geschrieben wird; ebenso hat sich
das entsprechende lange ô des Germanischen im Hochdeutschen und
auch häufig im Altsächsischen zu einem jenem ου des Griechischen
ganz analogen Laute uo umgewandelt. Dagegen hat sich ô in den
übrigen germanischen Dialecten erhalten; auch weisen die ältesten
Denkmäler des Ahd. noch häufig die Form ô. Die gl. Hrab. haben
pôh statt buoh (Buch), hôt statt huot (Hut), sôhit statt suohit
(quaerit), hrôm statt hruom (Ruhm) u. s. w. Andere althochdeutsche Denkmäler haben aus ô kein uo, sondern einen nach a sich
hinneigenden Laut ua entwickelt; so besonders Otfrid: die vorher angeführten Wörter erscheinen hier als buah, huat, suahit, hruam. Die
näheren Angaben über die Verschiedenheit dieser Laute in den
ahd. Denkmälern s. im Quellenverzeichnisse des Vorwortes.

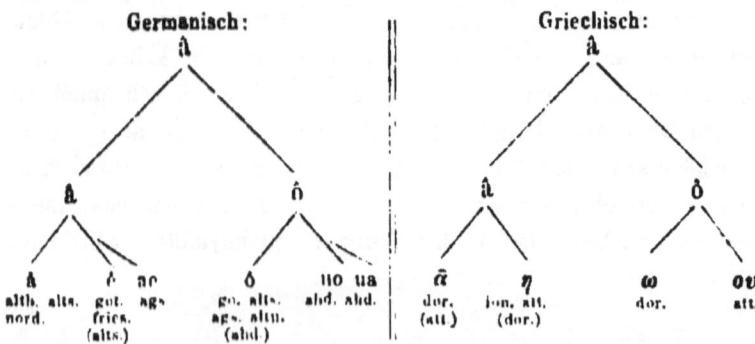

Der germanische und griechische Parallelismus in der Ablautung des langen å fällt noch mehr in die Augen als der des kurzen å. Soviel steht für beide Sprachen fest, dass das ältere å zunächst blos eine Ableitung zu ô zuliess: auf dieser Stufe hat sich das Wurzel-å bald erhalten, bald erscheint es als ô. Erst späterhin kann das vor dem Ablaut in ô bewahrt gebliebene å die Ablautung zu ê erfahren haben, denn diese steht völlig der Umgestaltung des ô in uo gleich.

Zunächst sind es die starken (nicht ablautbaren) a-Wurzeln der Classe B., welche die Steigerung des Wurzelvocals a zu lang å gestatten, z. B. die Wurzel von fara (ich fahre). Es findet dieselbe statt im Singular des Vergangenheitstempus. Hier ist der Steigerungsvocal å im Germanischen regelmässig zu ô abgelautet und dieses späterhin im Althochdeutschen in uo übergegangen.

　　　　　　fara　　　fôr, ahd. fuor.

Das Griechische hat hier die Steigerung å vor der Ablautung zunächst bewahrt, es hat langes å behalten und erst späterhin ist dieses dialectisch zu ε geworden.

　　　　　λαμβ-άνω　　　[εἴλαφα] εἴληφα.

Dasselbe Verhältniss zwischen Germanischem und Griechischem zeigt sich in den nicht ablautbaren starken å-Wurzeln auch bei Nominalbildungen: von der Wurzel φαγ wird griechisch φηγ-ός, d. i. φᾱγ-ός (lateinisch fag-us) gebildet, im Germanischen mit Ablautung des å zu ô das gleichbedeutende bôko ahd. buocha (aber auch pôhha). Häufig kommt umgekehrt in den griechischen Nominalformen eine Ablautung zu ô in der germanischen Beibehaltung des alten å (beziehungsweise dessen Uebergang in ê) vor: jår, hår, wår (vêrus).

Es giebt auch einige a-Wurzeln der Classe B., welche ihr a durchgängig gesteigert haben. Dieses å ist im Germanischen bald geblieben, bald zu o geworden, z. B. ahd. lâßu (ich lasse), go. lêta; go. blôta (sacrifico), ahd. bluoßu; alts. hrôpu, ahd. hruofu (ich rufe). Das Gothische macht hier bisweilen einen Unterschied zwischen den verschiedenen Verbalformen

　　　　　téka (tango), taitôk (tetigi).

Das letztere kommt ebenso im Griechischen vor in dem Beispiele:

　　　　　ῥήγνυμι　　　ἔρρωγα.

Das Präsens hat hier ê (d. i. eine erst spätere Entwickelung des ursprünglichen å), das Perfectum ein ô. Da sonst das Perfectum dem Präsens gegenüber eine gewichtvollere Verstärkung zeigt, so müssen wir demzufolge in ô sowohl für das Griechische wie für das Germanische einen schwereren Vocal als in dem nicht abgelauteten å und dessen späterer Entwickelung ê erblicken.

Die a-Wurzeln der Classe A haben im Griechischen je nach den verschiedenen aus der Wurzel herkommenden Wortformen bald die Steigerung ᾱ, η, ω, bald haben sie die ursprüngliche Kürze ᾰ. Gewöhnlich ist die Steigerung ᾱ oder η: φᾱμί, φημί; die Wurzeln tha und ja zeigen in allen Dialecten ein η: τίϑημι, ἵημι, die Wurzel da ein ω: δίδωμι. Wo die Wurzeln den Steigerungsvocal in allen Dialecten zu η und ω gestalten, da wird auch das ungesteigerte kurze a analog zu ε und ο abgelautet. Im Germanischen ist bei den a-Wurzeln der Classe C die Steigerung zu å durchgängig eingetreten: stå-m, gå-m, knå-h-u, så-h-u*), nur das dem griechischen τίϑημι entsprechende Wort hat å in ô abgelautet: dô-m ahd. tuo-m.

Wenn die schwachen (ablautbaren) Wurzeln der Classe B im Plural des Perfect ein langes å (goth. ê) haben, während der Singular ä hat, z. B. ahd. gåbumês (wir gaben), nåmumês (wir nahmen), so ist dies die Folge von einer hier eingetretenen Coalescirung der Wurzel mit der Reduplicationssylbe, worüber die Lehre vom Perfectum das Nähere enthalten wird. Dagegen muss in den Nominalstämmen dieser Wurzeln das Vorkommen einer Wurzelverstärkung zu å, goth. ê, anerkannt werden, z. B. im ahd. språhha (lingua) neben sprihhu, båra (feretrum) neben bira, wåga (libra) neben wigu und vielen anderen. Vergl. darüber die Bildung der Nominalstämme.

Contraction der Diphthonge ai und au.

Nachdem sich die Wurzelsteigerung ai und au dem Ablaute unterzogen hatte und in vielen Wortformen zu 1 und iu geworden war,

---

*) Das dem ahd. så-h-u entsprechende got. sa-i-a hat sein altes å verkürzt und deshalb nicht zu ê verwandelt. Oder ist dies alte ursprüngliche Kürze?

hat sich auf einer späteren Stufe das verbliebene ai und au
mehrfach zu ê und ô contrahirt. Dies e und o muss in seinem
Klange von dem aus langem â entstandenen e und o verschieden
gewesen sein, wie dies aus der germanischen Bezeichnung dieser
Laute hervorgeht. Im Allgemeinen ist aber das Germanische in
der Festhaltung der Diphthonge ai und au conservativer als die
meisten übrigen verwandten Sprachen. Selbst das Indische hat in
den ältesten Denkmälern wie in denen der spätern Zeit sein ai
und au in den bei weitem meisten Fällen zu e und o contrahirt;
im Griechischen ist die Contraction bald nach Ende der classischen
Periode nachzuweisen.

Das Altnordische bewahrt die diphthongische Natur von ai
und au am treuesten. Es hat sein au vom Anfang an unverändert behalten; altes ai ist gleichfalls meist diphthongisch geblieben, doch wird
es ei, in einigen alten Handschriften aei geschrieben; sehr selten ist
Contraction des ai eingetreten, welche entweder ae oder ê geschrieben wird: ae in laera (docere go. lais-jan), snaer (go. snaivs nix),
hrae (go. hraivs cadaver), saer (go. saivs lacus), klaedhi (Kleid),
aefi (aevum); — ê ist aus ai vor folgendem k und g hervorgegangen,
wobei zugleich dieser auslautende Consonant wegfällt, doch kommt
auch die ursprüngliche Form mit ei vor: sê neben seig, hnê neben
hneig, stê neben steig.

Im Gothischen zeigt sich der alte Steigerungsdiphthong der
Schreibung nach überall als ai und au. Aber es fragt sich, ob
diess noch den alten diphthongischen Laut hat oder ob es das
Zeichen für den contrahirten Laut ê und ô oder vielmehr für ae und
ao, also ein trüberes nach a sich hinneigendes e und o ist. Die
Ansichten über die Aussprache haben sich bis jetzt noch nicht völlig
geeinigt, vergl. S. 47 die Behandlung des gothischen i und u vor
r und h.

Im Althochdeutschen hat ai und au je nach den darauf folgenden Laute diphthongische Aussprache bewahrt oder Contraction
erfahren.

1) Die diphthongische Aussprache erhält sich im Auslaute, und im
Inlaute vor l, m und vor der labialen und gutturalen Muta k, g, hh, p, b,
f; vor den dentalen Lauten t, d. z, n hält sich der Diphthong au, aber

nicht der Diphthong ai. Frühere Denkmäler des ahd. gewähren noch die Schreibung ai und au, die meisten aber schreiben ein ei statt ai, ein ou statt au.

2) Die Contraction des ai und au findet vor folgenden h, w, s und dem aus s entstandenen r statt, die Contraction des ai ausserdem auch vor t, d, z, n. In früheren althd. Denkmälern wird der Contractionsvocal ae und ao geschrieben, späterhin gewöhnlich mit einfachem e und o.

Das Nähere über den Unterschied der althochdeutschen Quellen in Beziehung auf ae, e, ao, o, ai, ei, au, ou s. im Verzeichniss der Denkmäler in dem Vorworte.

Im Altsächsischen ist die im Hochdeutschen nur vor bestimmten Lauten eingetretene Contraction e und o die allein vorkommende Gestalt des alten ai und au: grêp statt go. graip, gôt statt go. gaut, êgan (habere), stêg (stieg), dêl (Theil), hêl (Heil), stên (Stein), suêt (Schweiss), bêt (biss), flêsk (Fleisch), ôga (Auge), gilôbjan (glauben), bôm (baum), drôm (Traum), kôpon (kaufen), hôbid (Haupt).

Im Angelsächsischen ist ai zu â, au zu ea geworden, das letztere in den Handschriften auch eá oder eâ bezeichnet. grâp statt go. graip, geát statt go. gaut, âc (Eiche), blâc (bleich), tâcen (Zeichen), stâh (stieg), hâl (heil), bân (Bein, os), stân (Stein), bât (biss), gâst (Geist), hât (heiss), deád (Tod), heáfod (Haubt), beám (Baum, Balken), heáp (haufen), ceápan (kaufen), leás (los), hleápan (laufen), greát (gross). Wie das Angelsächsische zu einem ea statt au gekommen ist, vermag ich nicht einzusehen. Das lange â statt ai wird so zu erklären sein, dass das zweite Element des Diphthongen i verschlungen ist, ähnlich wie das griechische Jota subscriptum in ᾳ.

Wir thun noch einen Blick auf das Hochdeutsche. Es haben für

	ô (Ablaut von â)	ai	au
die ältesten Denkm.:	ô	ai und ae	au und ao
die späteren Denkm.:	uo (ua)	ei und ê	ou und ô

Freilich findet hier keine völlige Consequenz statt; nicht jedes Denkmal, welches ô für uo hat, hat ae (für ai), nicht jedes, welches ae hat, hat ao (für altes au). Vergl. die Uebersicht der ahd. Quellen im Vorworte. Das Mittelhochdeutsche behält die Längen des Alt-

hochdeutschen (mit Ausnahme des ua). Das Neuhochdeutsche hat
ou wieder in au verwandelt: troum in Traum, koupôn in kaufen,
gilôbjan in glauben. Früheres ei wird zwar noch ei geschrieben,
aber im vulgären Neuhochdeutsch wie ai gesprochen. So darf man
sagen, dass das heutige Hochdeutsch wieder zur Aussprache des
ursprünglichen ai und au zurückgekehrt ist, sofern diese Diphthonge
sich nicht zu ê und ô contrahirt hatten.

Trübung des i und ü im Gothischen.

Das Gothische hat die Gestaltung seines Vocalismus mit der
bisher besprochenen Umformung abgeschlossen, nur dass sich für
das kurze i und u, einerlei ob es ein ursprüngliches oder ein aus
a abgelautetes, bisweilen eine Trübung zu einem dumpfen, dem
a-Laute zuneigenden, e und o geltend gemacht hat. Dies ist
der Fall, wenn auf diese beiden Vocale ein r oder ein h folgt.
Alsdann wird nämlich statt i die Vocalverbindung ai, statt u die
Vocalverbindung au geschrieben. Die Meisten sind wohl darüber
einverstanden, dass der Laut dieses ai und au der eines kurzen Vocales, nicht eines Diphthonges sein muss. Zur Zeit, wo Ulfilas sein
Alphabet wenigstens zum grössten Theile der griechischen Lautbe-
zeichnung entlehnte, wurde im Griechischen das ai nicht mehr diphthongisch, sondern monophthongisch als ä gesprochen, dieselbe Laut-
qualität, welche auch dem griechischen ε zukam. Die Lexica der
späteren Griechen geben daher dem anlautenden αι dieselbe alpha-
betische Stelle wie dem ε oder umgekehrt. Dem entsprechend
wurde das griechische η damals wie i gesprochen. Das griechische
Zeichen des ε gebraucht Ulfilas zur Bezeichnung des hellen langen
ê, welches seiner Etymologie nach ein Ablaut des â ist. Um den
Laut des kurzen (dumpfen, wie ä lautenden) e in griechischen
Eigennamen auszudrücken, gebraucht Ulfilas fast durchweg ein αι:
aizaikcia ᾿Εζεκία, aileiaizair ᾿Ελιέζερ, aileisabaith ᾿Ελισάβετ, baiailzaibul Βεελζεβούλ u. s. w. Analog für das kurze o der Griechen
ein au: bauaus Βοόζ, barthaulaumaius Βαρθολομαῖος, zauraubabil
Ζοροβάβελ, nikaudemus Νικόδημος, pauntius Πόντιος, saudauma
Ζόδομα, saulaumon Σολομῶν. Offenbar hat hier der Gothe das

ai und au als kurzes e (ä) und o gelesen. Sollte das nicht auch
der Laut des ai und au in den gothischen Wörtern fraihna, frai-
hans, saihva (ahd. sihu), baira (ahd. biru), bairans (ahd. borauer),
gutaira (ahd. ziru), bairga (ahd. birgu), baurgans (ahd. borgans),
bvairpa (ahd. wirfu) sein, wo wir der Etymologie und den verwandten Dialecten nach nur ein i und u oder eine daraus entstandene Kürze ĕ (ă) und ŏ, aber unmöglich eine Länge erwarten
können? — Dieselben Zeichen ai und au drücken im Gothischen
auch den Laut aus, welcher dem aus wurzelhaften i und u hervorgegangenen Steigerungsvocale zukommt. Ist das ai und au in den
vorher von uns genannten Wörtern monophthongisch zu sprechen,
so muss es auch in diesem letzteren Falle der Qualität nach denselben Laut gehabt haben, wenn auch die Quantität eine andere
war, nämlich im ersten Falle eine Länge, im zweiten eine Kürze.
Wollen wir uns der Ausdrücke helles e und o und dumpfes e und
o bedienen, so können wir folgende e und o des Gothischen unterscheiden. Es gab im Gothischen

1) ein langes helles ê und ô. Diesen Laut hatten die beiden
   Ablautungen des alten aus ä hervorgehenden Steigerungs-
   vocales â. Sie werden in der Schrift monophthongisch durch
   e und o d. i. durch die griechischen Buchstaben ε (nicht
   durch η) und ω ausgedrückt;

2) ein kurzes dumpfes ĕ und ŏ (d. i. ĭ und ein an a anklingen-
   des kurzes ŏ). Diesen Laut nimmt das kurze i und u an,
   sobald ein r oder h darauf folgt. Geschrieben wird derselbe
   diphthongisch als ai und au (d. i. ει und αυ);

3) ein langes dumpfes ē und ō (d. i. ae und ao), ebenfalls durch
   ai und au ausgedrückt. Diesen Laut haben, wie die Meisten
   mit Recht annehmen, die aus ursprünglichem i und u hervorgegangenen Steigerungsdiphthongen ai und au angenommen.

Assimilation der Vocale.

Auch die übrigen germanischen Dialecte haben ein kurzes e
und o entwickelt, welches zwar in manchen Fällen dem durch ai
und au ausgedrückten gothischen ĕ und ŏ entspricht, z. B. in ahd,

berames go. bairam, ahd. sehames go. saihvam, ahd. giboraner go. baurans, aber seinem Ursprunge nach durchaus anderer Natur ist. Es sind diese beiden Vocale das Resultat eines Lautprincipes, welches dem Gothischen völlig fremd, dagegen allen übrigen germanischen Dialecten gemeinsam ist, nämlich des Principes, die qualitative Verschiedenheit des Wurzelvocales und des Vocales der Endung in der Weise auszugleichen, dass der Wurzelvocal in seinem Laute dem Endungsvocale angenähert oder assimilirt wird.

Am consequentesten von allen germanischen Dialecten hat sich diese Vocalassimilation im Altnordischen durchgebildet. Auf den vorher besprochenen lautlichen Entwickelungsstufen haben sich hier folgende 11 Wurzelvocalformen ergeben:

a, i, u;   â, ô;   ei, ê, î;   au, iu, û.

Von diesen Vocalen bleiben die Längen und Diphthongen vor folgendem a (â, ai) der Endung unverändert, von den 3 kurzen Vocalen aber nur das a, denn i wird vor folgendem a der Endung zu e oder ia, u zu o, und iu wenigstens häufig zu io.

Vor folgendem i (î) j der Endung bleiben bloss die Längen ei, ê, î und von den Kürzen das i unverändert, alle übrigen werden dem Endungsvocale assimilirt und zwar wird

	a	u	â	ô		au	iu	û
zu	e	y	ae	oe		ey	ŷ	ŷ

Einem folgenden u, v der Endung wird bloss das kurze a assimilirt und ausserdem auch i in dem Falle, wo es vor a zu ia wird; der Vocal a wird nämlich bei folgendem Endungsvocale u zu o, der Vocal i (in dem angegebenen beschränkten Falle) zu io.

Zu seinen 11 älteren hat das Altnordische also in Folge dieses Lautgesetzes noch 9 neue Vocalformen hinzu erhalten: 1) e (aus a vor folgendem i und aus i vor folgendem a), 2) o (aus a vor folgendem u und aus u vor folgendem a), 3) ia (aus i vor folgendem a), 4) io (aus i vor folgendem u und aus iu vor folgendem a), 5) y d. i. ü (aus u vor folgendem i), 6) ŷ d. i. ue (aus iu, io, û vor folgendem i), 7) ae (aus â vor folgendem i), 8) oe (aus ô vor folgendem i), 9) ey d. i. unser nhd. äu (aus au vor folgendem au).

Wir können diese durch die Qualität des Endungsvocales bewirkten Umformungen der Wurzelvocale als Umlaut bezeichnen; Grimm gebraucht zwar das Wort Umlaut nur von den durch i und

u hervorgerufenen Vocalen, von den durch a hervorgerufenen sagt
er Brechung; es ist aber nicht einzusehen, weshalb man die durch
folgendes a hervorgebrachte Veränderung nicht mit demselben Namen wie die durch i und u bezeichnet; zudem ist in dem Namen
Brechung nichts enthalten, was für den Begriff der hier in Rede
stehenden Vocal-Assimilation irgendwie bezeichnend wäre.

Wenn wir gesagt haben, dass die verschiedenen Vocalumlau-
tungen durch die Endungsvocale a, â, ai. — i, ı, — u hervorgerufen werden, so meinen wir damit diejenigen Vocalformen, welche
die betreffenden Endungen in einer früheren Periode des Altnordischen gehabt haben, und zwar in derjenigen Periode, in welcher
jene Umlautungen zuerst ins Leben getreten sind; die uns vorliegende Periode des Altnordischen hat die alten Endungsvocale
vielfach verändert oder gar abfallen lassen, aber die Wirkung der
früheren Vocalform, nämlich eben der Umlaut, ist geblieben.

Im Althochdeutschen und Altsächsischen erscheint die
Umlautung bei weitem nicht in der Ausdehnung wie im Altnordischen.
Ein u der Endungen hat niemals umlautende Kraft. Das i, ı, j der
Endung, welches im Altnordischen in den Vocalismus so ausserordentlich weit eingreift, wirkt in jenen beiden altdeutschen Dialecten bloss auf ein kurzes a der Wurzel und verwandelt dasselbe in e,
lässt es aber häufig noch unverändert. Bloss das a, â und das
bereits zu ê contrahirte ai der Endungen hat denselben Einfluss
wie im Altnordischen, es verwandelt das i der Wurzel zu e, das
u, iu der Wurzel zu o, io.

Es ist nun eine sehr auffallende Erscheinung, dass die deutschen Dialecte in ihrem weiteren Fortgange zum Mitteldeutschen
und Neudeutschen und ebenso auch das aus dem Altsächsischen
hervorgegangene Angelsächsische dem i der Endung oder dem
ihm substituirten e gerade denselben weit ausgedehnten Einfluss
einräumen wie das Altnordische. Es verwandeln sich nämlich vor
folgendem i (e) der Endung die mittelhochdeutschen Vocale

	u	â	uo	ô	ou	û
in	iu	ü	ae	ue	oe	öu	iu.

wovon die Umwandlung des û zu iu schon im späteren Althochdeutschen beginnt;

die angelsächsichen Vocale

    u   â (d. i. altes ai)   ô   eá (d. i. altes au)   û

in   y   ae   è   ŷ   ŷ.

Auffallend ist dies um deswillen, weil der hier wirkende Vocal i nur
sehr selten die im Althochdeutschen und Altsächsischen vorliegende
Gestalt i bewahrt hat, sondern fast durchgängig zu e geworden ist.

Als bemerkenswerthe Ausnahme muss hier eine Eigenthümlichkeit des Angelsächsischen erwähnt werden. Das Nordische und
das Mittelhochdeutsche (und Mittelniederdeutsche) verstattet dem i
und ī der Perfectendungen, resp. dem daraus abgeschwächten e eine
umlautende Kraft auf den vorausgehenden Wurzelvocal, das Angelsächsische aber nicht: ahd. gult-i ist mhd. zu gülte (nhd. er gölte), altn.
zu gyldi geworden, im Ags. bleibt es gulde (lautet nicht zu gylde um).
Auch in der ags. Declination sind die durch ursprüngliches i bewirkten Umlautungen bei weitem nicht so zahlreich wie in der mhd.

    I. Die a-Wurzeln. Sie sind am empfänglichsten für den
Umlaut. 1) In allen germanischen Dialecten ausser dem gotischen
werden die Ablautsvocale i und u einem folgenden a, ā,
ai der Endung (resp. einem hieraus hervorgegangenen e, ō) assimilirt, d. h. i wird zu e, u zu o. Es gestaltet sich das ahd.
Präsens und Participium   •

bir-u	bir-is	bir-it	bir-ames	bir-at	bir-ant	bur-auer
zu bir-u	bir-is	bir-it	ber-ames	ber-at	ber-ant	bor-auer
mhd. bir	bir-st	bir-t	ber-en	ber-et	ber-ent	bor-auer

Anomal ist es, dass im Nhd. und Ags. auch 1. sg. den e-Laut annimmt, obwohl hier kein a folgte (denn nur im Gotischen geht die
erste Person auf a aus).

ags. bere	bir-st	bir-dh	ber-adh	ber-adh ber-adh	bor-en
nhd. gebär-e	-bier-st	bier-t	-bären	-bär-et -bär-en	-bor-en.

Das Altn. lässt noch anomaler den Umlaut e sogar vor allen Endungen des Präsens eintreten:

altn. ber   ber-r   ber-r   ber-um   ber-idh ber-a   bor-inn.

    Gleichmässiges Gesetz für alle die genannten Dialecte ist es,
dass in denjenigen a-Wurzeln der Klasse C, welche auf einen verdoppelten Nasal oder auch die Verbindung eines Nasales mit der
Muta ausgehen, sowohl der Ablautsvocal i wie a vor der Umlautung durch a (ā, ai) geschützt ist:

ahd.	bind-ant	bi-ginn-ant	bund-anēr	bi-gunn-anēr
mhd.	bind-ent	be-ginr-ent	bund-ener	be-gunn-ener
ags.	bind-adh	bi-ginn-adh	bund-en	bi-gunn-en
altn.	bind-a	*brenn-a	bund-inn	brunn-inn.

Blos im Altn. gestattet nn die Veränderung des abgelauteten i zu
e (*brenn-a), aber nicht die Veränderung des abgelauteten u zu o.

Im Altnordischen bietet der Vocal i (vor folgendem ursprünglichen a) ausser der Ablautsform e auch noch die Ablautsform ia
dar. Dies ist hauptsächlich dann der Fall, wenn die Wurzel mit
rg, ld, lf und u schliesst. Dem

ahd. birg-u   birg-is   birg-it   birg-at   birg-and
steht gegenüber ein

altn. berg   berg-r   berg-r   biarg-idh   biarg-a.

Noch häufiger ist im Angelsächsischen der Umlaut des i zu
eo vor den Verbindungen eines r oder l mit folgendem Consonanten:

ags. beorg-e   birg-est   birg-dh   beorg-adh   beorg-adh.

Dies altsächsische eo muss früher wie im Altnordischen ein
ia gewesen sein. Es lässt sich diese Lauterscheinung folgendermassen formuliren: vor r und l mit folgendem Consonanten wird
hier das i dem folgenden Flexions-a nicht in der Weise assimilirt,
dass es zu e verändert, sondern dass der Vocal a epenthetisch zu i
hinzugefügt wird.

2) Der Umlaut des unabgelauteten a durch i, ī, j der
folgenden Endung ist im Althochdeutschen noch in seinen
ersten Anfängen. „In den von Römern und Griechen aufbehalte-
nen Eigennamen vom ersten bis sechsten Jahrhundert findet sich
dieser Umlaut nicht. Erst nach dieser Zeit beginnt er, zuerst in
positionslosen Wurzeln (daher die Eigennamen Eribo, Helidbert,
Heribert, Neribert. Meginrät, Reginhart statt Aribo, Halidbert,
Haribert, Naribert u. s. w.)" Grimm D. G. 1. 80. Immer aber
bleibt ein gewisses Schwanken zwischen ursprünglichem a und dem
Umlaute i. Man sagt zwar:

far-u   fer-is   fer-it   far-ames   far-at   far-ant
halt-u   helt-is   helt-it   halt-ames   halb-at   halt-ant.

aber es kommt häufig genug statt feris ferit heltis heltit auch noch
das ursprünglichere faris farit haltis haltit vor. Selbst im Mittelhochdeutschen ist die Umlautung des a vor i noch nicht durch-

gängiges Gesetz geworden: es wird auch noch haltet, faltet, waltet, walket, walzet, halset u. s. w. gesagt.

Das Altsächsische steht mit dem Althochdeutschen im Ganzen noch auf demselben Standpunkte: vor Einem Consonanten wird a gewöhnlich dem folgenden i zu e assimilirt, zwei Consonanten hindern meist den Einfluss des i; daher hald-idh, fall-idh, nicht held-idh, fell-idh.

In der Aussprache kam das aus a durch i umgelautete e mit dem aus i durch a abgelauteten a nicht überein. Das durch i hervorgerufene e (ursprünglich a) neigte sich in seinem Laute mehr dem i zu, das durch a hervorgerufene ursprüngliche i mehr dem a. Für die Modification der Aussprache (ob ein helleres e oder ein trüberes ä) war also nicht die Natur des zu Grunde liegenden Vocales, sondern die Natur des assimilirenden Vocales massgebend. Noch im dreizehnten Jahrhunderte reimen genaue Dichter beiderlei e nicht mit einander, obwohl sie mit demselben Buchstaben e geschrieben werden. Grimm hat auch in der Schrift eine Unterscheidung versucht: für das aus i entstandene e wählt er das Zeichen ë, für das aus a entstandene das gewöhnliche e. Mit dem vierzehnten Jahrhunderte verwirrt sich die Verschiedenheit der Aussprache, immermehr macht sich für e, ohne Rücksicht auf den Ursprung eine Neigung zum ä-Laute geltend, und heut zu Tage wird nicht blos das aus a, sondern mehrfach auch das aus i umgelautete e mit dem Buchstaben ä geschrieben, wie in gebären (ber-an aus bir-an), Bär, dämmern. Regelmässig schreibt man ä für den aus a entstandenen Umlaut, wenn man von dessen Zusammenhang mit a ein lebendiges Bewusstsein hat: Hand, Hände; falle fällst; man schreibt e, wo dies Bewusstsein fehlt: Erbe (ahd. arbi), Ende (ahd. andi), Henne*).

---

*) In dem Stammsitze der mhd. Schriftsprache (Würtemberg, badisches Oberland, Schweiz) wird auch heute noch der aus a und der aus i entstandene Umlaut in der Aussprache nach alter Weise unterschieden, namentlich in offenen (verlängerten) Sylben. Hell wird gesprochen das aus a hervorgegangene e, trotz der nhd. Schreibung ä: Bere, edel, heben, Greser, Gleser, Becher; trübe (wie ä) das aus i hervorgegangene: Bär, lesen, beten, lesen, brechen, Berg. Im mittleren Deutschland fast durchgängig trübes ä; in niederdeutschen Gebieten, wo das Hochdeutsche eigentlich nur eine erlernte Sprache ist (besonders Hannover) spricht man helles e oder trübes ä je nach den Buchstaben e und ä der zum Theil sehr willkürlichen nhd. Schrift.

Das Mittelhochdeutsche hat in Uebereinstimmung mit dem Altnordischen die umlautende Kraft des i (ī, e) auch auf das aus a abgelautete u und das daraus gesteigerte ā und ō uo ausgedehnt: ahd. lāß-u lāß-is lāß-it lāß-at lāß-ant āß-i fuor-i mhd. lāß-e laeß-est laeß-et lāß-et lāß-ent aeß-e fuer-e altn. laet- laet-r laet-r lät-idh lát-a aet-i foer-i.

Im Angelsächsischen kann von einem Umlaute des aus a gesteigerten ā keine Rede sein, da dies unabhängig von dem folgenden Vocale durchgängig zu ae geworden ist. Das aus a gesteigerte ō wird vor i zu ē umgelautet: gröv-e, grēv-st (aus grēv-ist), grēv-dh (aus grēv-idh).

3) Bloss im Nordischen hat auch der Vocal u und das daraus entstandene v der Endung auf ein a und bisweilen auch auf ein aus a abgelautetes i der Wurzel assimilirende Kraft. Wenn ein a dem folgenden u assimilirt wird, so wird ihm der Laut o als der zwischen a und u in der Mitte stehende zu Theil. Ursprüngliches

far-u far-is far-it far-am far-at far-ant wird im Ahd. zu far-u fer-it fer-it far-am far-ar far-ant im Altn. zu fer- fer-r fer-r for-um far-idh far-a.

Hier sind drei Formen des a-Vocals vereint: einmal die ursprüngliche, nicht umgelautete in far-idh (spätere Entwicklung aus far-adh) und far-a, der durch folgendes i bewirkte Umlaut e: fer-is fer-it, altn. fer-r, und endlich der dem Altn. eigenthümliche Umlaut o: for-um, welcher dadurch bewirkt wird, dass als Endung ein mit u anlautendes um (nicht wie in den übrigen Dialecten ein am) an die Wurzel tritt. Die Schreibung des durch u umgelauteten a ist nicht constant. vgl. Dietrich altnordisches Lesebuch unter „Umlaut“ und Grimm Gesch. d. D. Spr. 1, S. 277. Er wird nämlich gewöhnlich entweder als au oder als ö geschrieben. Manuscripte und Drucke weichen hier von einander ab. Das zu erwartende o ist indess durch altnorwegische Handschriften bestätigt worden und man darf jetzt den Vocal ö, der gewöhnlich als der durch u bewirkte Umlaut des a angesehen wird, dem ältesten Skandinavisch absprechen — er ist ebenso wie au eine spätere unorganische Entwicklung aus o.

Wird ein aus a abgelautetes i durch folgendes u afficirt, so

wird es zu io. Das geschieht in demselben Falle, in welchem i
vor folgendem a zu ia wird (vgl. S. 52):

ahd. birg-u   birg-is   birg-it   berg-am   berg-at   berg-ant
altn. berg   berg-r   berg-r   biorg-um   biarg-idh   biarg-a.

Das e des altnord. Singulars ist unorganisch (statt i) vgl. oben.
In biorg-um hat in derselben Weise wie in biarg-a die Wurzelsylbe
birg eine Epenthese des folgenden Vocals erfahren — man sollte
für biorg-um ein biurg-um erwarten, doch ist die Aussprache wohl
immer biorg-um gewesen. Gewöhnlich wird auch hier ein biörgum
geschrieben. *)

*) Es ist dies ia und io des Altnordischen und das dem ia entsprechende
eo des Angelsächsischen zwar in die Klasse der Vocalassimilationen zu stellen, aber streng genommen ist es kein Umlaut, sondern ist principiell dieselbe Methode, den zwischen zwei auf einander folgenden Vocalen bestehenden
qualitativen Gegensatz auszugleichen, welche in den verwandten indogermanischen Sprachen besteht. Keine von ihnen hat diese Ausgleichung mit der
Consequenz und Strenge durchgeführt wie das Altnordische, resp. die beiden
deutschen Dialecte, dennoch aber spielt auch dort die Vocalausgleichung eine
nicht unbedeutende Rolle. Von den älteren Sprachen am meisten in der
Avesta-Sprache. Hier übt zwar kein a, wohl aber i (j) und ē und ů (v) assimilirende Kraft auf den Vocal der vorausgehenden Sylbe aus. Am häufigsten i: vazaiti (d. i. vebit) ist zu vazaiti, g'anti (interficiunt) zu g'ainti, madhja
(media) zu maidhja, stādbi (lauda) zu stūidhi, paorja (primus) zu paoirja,
hvarjāṇ zu hvairjāṇ geworden; in dem ursprünglich vorauszusetzenden budhjoi-
madhō (sciamus) hat einmal das j auf den Wurzelvocal u und sodann das
ē der Endung auf das vorausgehende a assimilirenden Einfluss ausgeübt:
buidhjoimaidhō. Beispiele des u und v: möru zu mōuru, paorva zu paourva.
Die Vocale a ae ao u ē werden dadurch dem i assimilirt, dass sie sich geradezu mit einem i verbinden, ebenso ist es mit den Vocalen a, ae, ao, o vor u.
— Dieselbe Epenthese des i wie hier im Avesta besteht auch im Griechischen,
nur ist der Vocal i, nachdem er den vorausgehenden Vocal in einen mit i
schliessenden Diphthongen verwandelt hatte, verschwunden. So wird ἀμεινίων
zu ἀμεινων, χερίων zu χειρων, στερια, κτενός, στενός zu στειρα, κτενός, δω-
τέρια zu δωτειρα, πτνία zu πτνη, q'avíω zu q'aivω; eine Zwischenstufe zwischen den beiden auseinander hervorgegangenen Wortformen muss gelautet
haben: ἀμεινίων, χειρίων, δωτειρια u. s. w. Noch umfangreicher waltet das
Assimilationsverfahren der Vocale in dem gadhelischen Zweige des Celtischen,
und zwar wiederum in der Gestalt der Epenthese. Es ist hier fast durchgängiges
Gesetz, dass kein Consonant von zwei Vocalen umgeben sein darf, von denen
der eine a u o, der andere i e ist. Aber es wirkt nicht immer der folgende
auf den vorhergehenden Consonanten ein wie: memhair (memoria) zu meamhair,
lebhar (liber) zu leabhar, imago zu iombaigh, sondern auch umgekehrt der
vorausgehende auf den folgenden: gabich (copiam) zu gabaich, ciomich (cap-
tivi) zu ciomaich. Das letztere ist die Art und Weise, in welcher die uralisch-

II. Die i-Wurzeln. Man sollte erwarten, dass nicht minder das ursprüngliche wie das aus a abgelautete kurze i vor einem folgenden a zu e würde. Aber es ist eine wenn auch noch so auffallende Thatsache, dass der Germane, als das a der Endung seinen Einfluss auf den Wurzelvocal zu äussern begann, das ursprüngliche wurzelhafte a vor diesem Einflusse bewahrte, oder mit anderen Worten, dass er es in seiner Reinheit erhielt.

	sib-anēr	gib-anēr	lig-anēr	iß-anēr
wird	seh-anēr	geb-anēr	leg-anēr	eß-anēr,
aber	zih-anēr	rib-anēr	stig-anēr	smiß-anēr

behält im Hochdeutschen, und ebenso auch im Altsächsischen, Angelsächsischen und Altnordischen sein i. In der sonstigen Beschaffenheit der Wurzel, etwa in der Natur des folgenden oder vorausgehenden Consonanten liegt kein Grund für diese Verschiedenheit, sondern lediglich in dem Ursprunge des i. Ist i aus a hervorgegangen, so gewinnt folgendes a assimilirenden Einfluss darauf, hat es seinem Ursprunge nach mit a nichts gemein, so hat auch ein a der Flexion keine Macht über dasselbe. Müssen wir vielleicht annehmen, dass die beiden verschiedenen i in ihrer Aussprache nicht ganz gleich waren: dass das ursprüngliche ein völlig reines und helles i war, das aus a entstandene in seinem Laute dem e sich annäherte? Es scheint fast so. — Blos die neueren niederdeutschen Dialecte, besonders das Mittel- und Neu-Niederländische lassen jenes alte Gesetz unbeachtet: smite smeten, scrive screven statt smiten, scriven, gerade so wie sie auch das aus a abgelautete u vor n oder m mit folgendem Consonanten der Ablautung zu o unterziehen: binde bonden, drinke dronken (statt bunden, drunken).

Die beiden Steigerungen des ursprünglichen i sind ai und ī. Von diesen lässt sich ī ebenso wenig wie i durch folgenden Vocal inficiren. Der Diphthong ai erscheint im Hochdeutschen und Altnordischen, sofern er nicht zu ē contrahirt ist, als ei: vielleicht ist diese Umwandlung des ai zu ei als Umlaut anzusehen, d. h. das in dem Diphthonge ai auf a folgende i hat das a sich assimilirt und zu

---

altaischen Sprachen den qualitativen Gegensatz benachbarter Vocale ausgleichen: die Qualität des Wurzelvocals ist hier stets für die Endungsvocale bestimmend, nicht der Endungsvocal für die Wurzel.

e verwandelt. — Im Angelsächsischen ist ai zu ā geworden, und dieses ist gleich dem aus ă gesteigerten ā der übrigen Dialecte eines Umlautes durch ein ursprüngliches i der folgenden Endung fähig: ahd. heiß-u heiß-is heiß-it heiß-ant lautet ags. hât-e haet-st haet hât-adh.

III. Die u-Wurzeln. Hier wird der Wurzelvocal sowohl durch folgendes a wie durch folgendes i (i, j) afficirt. 1) a, ā, a i sowie ein daraus hervorgegangenes e oder i verwandeln den vorausgehenden Wurzelvocal u in o, einerlei ob u allein die Wurzelsylbe bildet, oder ob es sich mit einem vorausgehenden i zum Steigerungsdiphthongen iu verbindet. Schon im Althochdeutschen und Altsächsischen ist dies in den consonantisch schliessenden Wurzeln durchgängig der Fall. Ursprüngliches

giut-u   giut-is   giut-it   giut-ant   giut-aner   giut-ēn (aus giutain)

erscheint im Ahd., resp. Alts. als

giuß-u   giuß-is   giuß-it   gioß-ant   gioß-aner   gioß-ēn.

Wo in consonantisch auslautenden Wurzeln vor einem ursprünglichen Vocale a, ā, ai der Wurzelvocal u (iu) bleibt, da ist entweder vor a ein j ausgefallen, oder es ist der Vocal u aus ursprünglichem v hervorgegangen, dergestalt dass die Wurzel ein va enthielt wie in cuman (aus cviman), surkan (aus suirkan).

Wie mag es kommen, dass ursprüngliches u vor folgendem a gerade wie das aus a abgelautete u behandelt wird, während sich ursprüngliches i von dem aus a abgelauteten i durch seine Unabhängigkeit von dem assimilirenden Einflusse des u wesentlich unterscheidet? — Nicht unbeachtet darf hierbei die Thatsache bleiben, dass die auf u auslautenden Wurzeln sich ebenfalls dem Einflusse des a entziehen:

kiuw-u oder kiw-u (mando)   bliuw-u oder bliw-u (verbero) bluw-aner
kiuw-ant   kiw-ant(mandaut) bliuw-ant   bliw-ant   blu-aner
(statt kiow-ant)   (st. bliow-ant)   (st. blow-aner).

Statt io zeigen ältere ahd. Denkmäler auch den Diphthongen eo. z. B. fleoßen statt fließen (Kero, Isidor, gl. hrab. und jun.); ein analoges eu statt iu kommt hauptsächlich in urkundlichen Eigennamen des achten Jahrhunderts vor (auch in Teutones und Teutoburgum der römischen Schriftsteller). Als eine dialectische Eigenthümlichkeit ist es anzusehen, dass Otfrid statt io (eo) den Diph-

thong ia hat: fliaßan statt flioßan (fleoßan). — Mit dem neunten
Jahrhunderte beginnt sich das durch a aus iu umgelautete io in
ie zu verflüchtigen, zuerst bei Tatian und Otfrid und ganz durchgängig bei Notker, bei dem es auch bisweilen an Stelle des unabgelauteten iu tritt. Im Mittelhochdeutschen ist io durch dies ie
völlig verdrängt; statt

ahd. giuß-u   giuß-is   giuß-it   gioß-am   gioß-at   gioß-ant
heisst es

mhd. giuß-e   giuß-est   giuß-et   gieß-en   gieß-et   gieß-ent.

Erst im Neuhochdeutschen hat sich der Laut ie auch an Stelle
des nicht durch a umgelauteten iu gedrängt; wo sich hier in dem
Diphthongen das u gehalten hat, da ist das i desselben zu e geworden: geuß-est, geuß-t, sodass der Diphthong hier wieder dieselbe
Gestalt eu zeigt wie jenen alten Eigennamen Teutones u. s. w.

Im Angelsächsischen zeigt sich io als eo, im Altnordischen als
io und zwar erscheint dies auch vor folgendem o z. B. in giot-um,
doch ist in dieser letzteren Sprache die Umwandlung des iu zu io
nicht eingetreten, wenn ein p, f, k, g darauf folgt: giot-a, aber
riuk-a.

2) Ein i (ī, j) der Endung übt im Altnordischen, Angelsächsischen und Mittelhochdeutschen auf den Vocal der u-Wurzel umlautenden Einfluss aus: u wird zu ÿ (mhd. ü), iu zu ÿ (mhd. unverändert), ū zu ÿ (mhd. iu), au im Altn. zu ey, ou im Mhd. zu
oeu, ô (altn. mhd.) zu oe.

Uebersicht.

I. a-Wurzeln.

1) Ursprüngl. Kürze: a; umgelautet zu e vor i altn. ahd. alts. ags.
                       o vor u altn.

2) Erste Schwächung: i; getrübt zu   ai vor r, h got.
                       umgelautet zu e vor a altn. ahd. alts. ags.
                       ia vor a altn.
                       io vor u altn.

3) Zweite Schwächung: u; getrübt zu   au vor r, h got.
                        umgelautet zu o vor a altn. ahd. alts. ags.
                        ÿ vor i altn. ags.
                        ü vor i mhd.

4) Urspr. Steigerung: â; umgelautet zu ae vor i altn. mhd.
                  ê got.
                  ae ags.

5) Abgel. Steigerung: ô; umgelautet zu oe altn. mhd.
                  ê ags.
                  uo ahd.; umgelautet zu ue mhd.
                  (ua)

II. i-Wurzeln.

1) Ursprüngliche Steigerung: ai got.
                       ei altn.
                       ei (ai) }
                       ê (ae) } ahd.
                       ê alts.
                       â ags.; umgelautet zu ae vor i ags.
2) Geschwächte Steigerung: i (got. ei)
3) Ursprüngliche Kürze: i; getrübt zu ai vor r, h got.

III. u-Wurzeln.

1) Ursprüngliche Steigerung: au got. altn., umgelautet zu ey vor i altn.
                           { ou (au) ahd.; umgelaut. zu öu vor i mhd.
                           { ô (ao ahd.); umgelautet zu oe vor i mhd.
                           ô alts.
                           eá ags.; umgelautet zu y vor i ags.
2) Geschwächte Steigerung: iu; umgelautet zu io vor a ahd. alts.
                                   zu ý vor i altn. ags.
                         û; umgelautet zu ý vor i altn. ags.
                                   zu iu vor i mhd.
3) Ursprüngliche Kürze: u; getrübt zu ai vor r, h got.
                             umgelautet zu o vor a altn. ahd.
                                         alts. ags.
                           zu y vor i altn. ags.
                           zu ü vor i mhd.

Geschichte der Wurzelconsonanten.

So lange die später getrennten indogermanischen Völker noch
eine sprachliche Einheit bildeten, scheint ihr Consonantenbestand
folgender gewesen zu sein:

		Dentale	Gutturale	Labiale	
Aphona (Mutae)	Tenues	t	k	p	
	Aspiratae	ϑ	χ	q	
	Mediae	d	μ	b	
Hemiphona (Semivocales)	Nasale	n	$\dot{n}$	m	**Liquida**
		l	r		
	Spiranten	s	j	v	

Unter $\dot{n}$ ist der gutturale Nasal, welchen die Griechen und
Gothen durch γ bezeichnen und wofür einige der griechischen Grammatiker sich des Namen $\check{a}\gamma\mu a$ bedienten, verstanden; v soll derselbe
Laut sein, welchen die Lateiner durch diesen Buchstaben aus-
drücken (unser hochdeutsches w).

Nach dem bei ihrer Aussprache vorzugsweise betheiligten Sprach-
organe zerfallen die Consonanten in Zungen- oder Zahnlaute
(Linguale oder Dentale), Kehllaute (Gutturale) und Lippenlaute
(Labiale). In allen indogermanischen Sprachen ist die erste dieser
Klassen numerisch am stärksten vertreten.

In jeder Organklasse gibt es zunächst zwei Arten von Consonanten, welche die griechischen Grammatiker als Aphona und Hemiphona bezeichnen (von den lateinischen Grammatikern mit Mutae und
Semivocales übersetzt). Diese Termini besagen, dass die der zweiten
Art (die Hemiphona) auch ohne einen Vocal hörbar sind, die erste
Art (Aphona) aber nicht. Man kann sich den Gegensatz, der hier
besteht, auf folgende Weise klar machen. Hinter oder vor einem
Vocale gesprochen ist ein Consonant aus der Klasse der Mutae nur
ein lediglich momentaner, in der Aussprache schnell verschwinden-

der Laut, der sich, man mag sich abmühen wie man will, nicht in die Länge ziehen lässt (blos der mit ihm verbundene Vocal lässt sich in die Länge ziehen); der Laut eines der Klasse der Hemiphona angehörigen Consonauten dagegen lässt sich zu beliebig langer Dauer ausdehnen, gerade wie der Vocal.

Im Allgemeinen wird man sagen können, dass unter den indogermanischen Sprachen am meisten das Griechische den Consonantenbestand der Urzeit erhalten hat. Blos einen einzigen Consonanten hat es eingebüsst, nämlich das j, und nur drei neue Consonanten hinzu genommen, nämlich das h (') und die zusammengesetzten Sibilanten σσ und ζ. Das Sanskrit hat zwar von den 17 alten Consonanten keinen einzigen aufgegeben, aber die Zahl der hier später hinzugenommenen Consonanten ist ebenso gross, wie die der altindogermanischen.

Gehören aber jene 17 Consonanten schon der indogermanischen Urzeit an, so sind sie doch nicht alle in gleicher Weise als ursprünglich zu bezeichnen. Der gutturale Nasal ṅ (das Agma der griechischen Grammatiker) tritt erst auf, als die Wurzel in der S. 22 angegebenen Weise durch Nasalirung verstärkt wird (es ist diejenige Nasalform, welche bei jener Art der Wurzelverstärkung vor einer gutturalen Muta erscheint). Der Consonant j scheint sich erst aus dem Vocale i durch Hinzufügung eines Vocales gebildet zu haben. Auffallend ist es, dass auch der Consonant b, so viel sich bis jetzt ermitteln lässt, kein ursprünglicher Consonant, sondern aus v oder φ hervorgegangen ist.

Die Haupteigenthümlichkeit der germanischen Sprache ist in Beziehung auf die Consonanten zunächst die, dass sie die Aspirata χ oder φ aus der Klasse der Aphona in die der Hemiphona herübergezogen hat. Sie hat dies mit dem Lateinischen gemeinsam. An Stelle von dem alten

$$\vartheta \qquad \chi \qquad \varphi$$

erscheint hier ein

$$\text{th} \qquad \text{h} \qquad \text{f.}$$

Das griechische φ war ein gehauchtes p, ein p mit einem unmittelbar dahinter gesprochenen h, aber sein p waltet in der Aussprache vor, es war trotz seiner Aspiration ein „ἄφωνον", d. h. es liess sich ebenso wenig wie π und β bei der Aussprache in die

Länge ziehen. Das germanische und lateinische f aber ist ein
Hemiphonon, sein Hauch waltet vor, ist keine aspirirte Muta, sondern
gleich v eine Spirans. Eben dasselbe gilt von dem germanischen
h im Vergleiche zu χ —, sicherlich aber war seine gutturale Natur
in den älteren germanischen Dialecten stärker als in den heutigen
und unterschied sich in gleicher Weise auch von dem h (') der
Griechen. Auch das germanische th, für welches die gotische, altnordische und angelsächsische Schrift ein einfaches Zeichen, nämlich þ hatte, klang wahrscheinlich anders als das griechische ϑ, —
es muss schon früh mit dem th der heutigen Engländer einige
Aehnlichkeit gehabt haben.

I. Aphona (Mutae).

Jeder der 17 alten Consonanten kann als Wurzelconsonant
fungiren. Als solche haben die Hemiphona zunächst eine viel
grössere Festigkeit und sind viel weniger der Veränderung unter-
worfen als die Aphona oder Mutae.

Auch im Griechischen kommt es vor, dass eine auslautende
Muta in derselben Wurzel verschiedene Lautstufen zeigt, dass sie
bald Tenuis, bald Aspirata, oder bald Aspirata, bald Media ist,
ohne dass dieser Wechsel durch nachfolgenden Consonanten bedingt
wäre. Neben πέμπω finden wir ein πέπομφα, neben τρέπω ein
τέτροφα, neben εἴληφα, λάφυρον ein λαμβάνω, ἔλαβον, neben κρύφιος
ein ἐκρύβην u. s. w. Auch diese Erscheinung können wir eine
Lautverschiebung oder Mutaverschiebung nennen — sie hat, so
scheint es, ihren Grund in dem Streben der Sprache nach Erweichung der Formen, bleibt aber immer nur eine isolirte Erscheinung,
ohne dass ein strenges Walten des Lautgesetzes zu erkennen wäre.
Ganz anders in den germanischen Dialecten. Eine jede ursprüngliche Tenuis, wenn nicht eine feste Schranke benachbarter Konso-
nanten Einhalt that, ist hier zur Aspirata, — eine jede ursprüngliche Aspirata zur Media, eine jede ursprüngliche Media zur Tenuis
geworden. Es zeigt sich hier das Gesetz der Mutaverschiebung
nicht wie oben im Griechischen an den verschiedenen Formationen
ein und derselben Wurzel, sondern in sämmtlichen von der Wurzel
ausgehenden Bildungen, — es ist ferner im Germanischen nicht

blos die Tenuis zur Aspirata, die Aspirata zur Media erweicht,
sondern auch — und gerade dieses ist das Auffälligste — es ist
auch die alte Media zur Tenuis verhärtet. Das ist nicht wie im
Griechischen ein bloser Trieb nach Erweichung der Muta, sondern
eine völlige Umkehr aller ursprünglichen Verhältnisse, die aber
mit einer so grossen Strenge und Ordnung durchgeführt ist, dass
dieser lautgeschichtliche Process des Germauischen mit den Depra-
vationen in dem Mutabestande anderer Sprachen (z. B. der lateinischen, slavischen und litauischen oder gar der romanischen und
prakritischen Sprachen) ganz und gar nichts gemein hat, — er ist
ein Zeichen von gewaltig übersprudelnder Kraft des Organismus, aber
auch von hartem Eigenwillen, ein Vorbote der grossen geschichtlichen Thaten, zu deren Ausführung der germanische Stamm be-
rufen war.

Den neun griechischen Mutä stellen sich zunächst im Germanischen folgende gegenüber:

$$\tau \quad \vartheta \quad \delta \qquad \varkappa \quad \chi \quad \gamma \qquad \pi \quad \varphi \quad \beta$$
$$\text{th} \quad \text{d} \quad \text{t} \qquad \text{h} \quad \text{g} \quad \text{k} \qquad \text{f} \quad \text{b} \quad \text{p.}$$

Aber einer von den germanischen Dialecten ist noch weiter gegangen. Dies ist der hochdeutsche. Nachdem er mit dem Gothischem,
Sächsischem und Nordischem gemeinsam in der angegebenen Weise
seine Muta verschoben, erlitt er noch eine zweite Revolution, indem
die nunmehr gewonnene Tenuis in derselben Weise zur Aspirata,
die Aspirata zur Media, die Media zur Tenuis wurde, wie vorher
die ursprüngliche altindogermanische Tenuis zur Aspirata geworden
war u. s. w. Indess ist diese zweite nur dem Hochdeutschen eigenthümliche Lautverschiebung nicht in derselben Consequenz wie die
erste durchgeführt worden und es haben sich die einzelnen hochdeutschen Völkerschaften nicht in gleicher Weise daran betheiligt.
Die aus ursprünglichem k und p entstandene Aspirata h und f ist
auch im Hochdeutschen eine Aspirata geblieben, die aus ursprünglichem χ und φ entstandene Media g und b hat sich nur in wenigen Fällen der weiteren Lautverschiebung zur Tenuis k und p
gefügt, bloss für die drei Dentale und die aus ursprünglichem g
und b hervorgegangenen Tenues k und p hat sich die weitere
Lautverschiebung geltend gemacht.

Gutturale und labiale Mutae des Got. Alts. Ags. Nord. '

Uebergang der Tenuis zur Aspirata: lat. celare, got. huljan, ahd. helen. — Lat. cornu, gr. κέρας, got. haurn, ahd. horn. — Lat. collum, got. ahd. hals. — Lat. lux, lucere, got. liuhad, ahd. lioht, Licht. — Lat. calamus, culmus, gr. κάλαμος, altn. hālms, ahd. halam. — Lat. cor(d), gr. καρδία, got. hairto, ahd. herza. — Gr. καρτερός, got. hardus, ahd. hart. — Lat. vicus, gr. ϝοῖκος, got. vih. — Lat. caput, gr. κεφαλή, got. haubith, ahd. houbit.

Lat. pater, gr. πατήρ, got. fadar, ahd. fatar. — Lat. piscis, got. fisks. — Lat. ped-s, gr. πούς (πόδ-ς), skr. padas, got. fōtus, ahd. fouß. — Lat. pecu, skr. paçu, got. faihu, ahd. fihu. — Lat. palma, gr. παλάμη, ahd. ags. folma. — Lat. pullus, gr. πῶλος, got. fula, ahd. folo. — Lat. pellis, got. fill, ahd. fell. — Gr. πολύ, got. fila, ahd. filo. — Lat. porcus, ahd. farah, ags. fearh. — Gr. πῦρ (πϋῖρ statt πῦρι), ahd. fiuri, altn. fȳr. — Lat. pauci, ahd. fohū, got. favai. — Lat. plēnus, gr. πλεός, got. full-s, ahd. fol.

Uebergang der Aspirata zur Media: gr. χὴν(ς), skr. hansa, lat. (h)anser, altn. gans. — Gr. χολή, ahd. galla. — Lat. heri, hesternus, gr. χθές, got. gistra. — Gr. χορτός, lat. hortus, got. gards, hd. garten. — Lat. hostis, got. gast(i)s, ahd. gast. — Lat. homo, got. guma. — Gr. χρυσός, got. gulth, hd. Gold. — Gr. λείχειν, got. laigōn, ahd. lekōn.

Lat. fagus, gr. φηγός, got. bōka, ahd. buocha. — Lat. forare, ahd. borōn. — Lat. frango, got. brikan, ahd. brehhan. — Lat. frater, gr. φρατήρ, skr. bhratar, ahd. bruodar. — Gr. φέρω, lat. fero, got. baira, ahd. biru. — Lat. fru(g)or, fructus, got. brukon, ahd. bruhhōn. —

Uebergang der Media in die Tenuis: skr. gō, alts. kō, hd. kuo. — Gr. λεγϝʼομαι, lat. gustare, got. kiusa, hd. kiusu. — Lat. genus, gr. γένος, got. kunni, hd. kena, kona. — Lat. genu, gr. γόνυ, got. kniu. — Lat. gena, gr. γένυς, hd. kinni. — Lat. gula, hd. kela. — Lat. gelu, gelidus, got. kalds. — Gr. ἐγώ, lat. ego, got. ik. — Lat. ager, gr. ἀγρός, got. akrs. — Gr. μέγας, μεγάη, got. mikils. — Lat. reg-s (rex), got. reik-s. — Lat. mulgere, gr. ἀμέλγειν, hd. melkan.

Lange vor der Lautverschiebung war zwischen der wurzelauslautenden Muta und dem folgenden Flexionsconsonanten eine Assimilation eingetreten, welche sich principiell mit dem S. 48 besprochenen assimilirenden Einflusse des Flexionsvocales auf den
Wurzelvocal vergleichen lässt, aber viel früher, als jenes in den
indogermanischen Sprachen aufgetreten ist. Vor einer Tenuis der
Flexionsendung muss auch die wurzelauslautende Muta eine Tenuis
werden, vor einer Media eine Media. Dies ist allgemeines indo-
germanisches Gesetz.

Im Germ. kommen hier hauptsächlich die mit der Tenuis t
anlautenden Nominalsuffixe ta, ti, tu in Betracht. In einer früheren Sprachperiode war vor diesem t jede wurzelauslautende labiale
Muta (auch b und f) zu p, jede wurzelauslautende gutturale Muta
(auch g und h) zu k verhärtet. In der Revolutionsperiode der
Mutaverschiebung musste sich dies p und k in f und h umgestal-
ten, während das folgende t der Endung unverändert blieb.

frango [friga, frak-tis zu] brika, brah-ts (fragor)
rego [riga, rik-tas zu] (rika) raih-ts (rectus)
capio [capja, cap-tas zu] hafja, haf-ts (captus)
duco [diuka, duk-tis zu] tiuha, taub-ts.
Skr. mah [maha, mak-tis zn] mag(a), mah-ts.

Abweichungen von dieser Regel zeigen sich hauptsächlich bei dem
t der 2 sg. perf. (vgl. die Conjugation). — Ein germanischer Dialect aber ist es, welcher sich der Verschiebung der vor t stehenden
Tenuis zur Aspirata nicht überall gefügt hat. Dies ist das Altn.
Für ft der übrigen Dialecte zeigt es gewöhnlich pt: hap-tr für haf-ts,
lop-tr, skap-tr, doch auch haf-t, gif-t; wo die übrigen Dialecte ein
ht darbieten, erscheint im Altn. ein tt mit Dehnung des vorausgehenden Vocals: rét-tr für reh-ts, drát-tr (trac-tus), mát-tr (für
mah-ts), slát-tr (für slah-ts), eine Assimilation des kt zu tt wie in
romanischen Sprachen (fat-to] für fac-to). — Wie ht erklärt sich
auch hs: got. saihs gegenüber lat. sex, vahsjan neben αὔξω, auhsns
(Ochs vgl. vacca). Das Altn. und übereinstimmend mit ihm das
Ags. bietet statt dieses hs wiederum ein x (d. i. ks) dar: sex, vaxa,
oxn. — Die Lautverbindung ps bleibt unverschoben, ebenso sp und
sk; eigenthümlich ist die Metathesis von sp zu ps: ags. häspe und
häpse (sera), äspe und äpse (tremulus), so auch das fremde väsp
und väps (Wespe).

Besondere Beachtung erheischt die labiale Media b (für ursprüngliches f). Unseren germ. Dialecten ist sie für den Anlaut gemeinsam, sowie für den Inlaut die Gemination bb. Im Auslaute wird sie nach vorausgehendem Vocale, im Altn. und Ags. auch nach r und l (aber nicht nach m) zur Spirans f. got. thiuf neben thiubs thiubis, hlaif neben hlaibs hlaibis, gröf neben gröbun; nur selten steht got. b im Auslaute: gröf statt gröb, tvalib statt tvalif. Im Altn. und Ags. steht aber auch im Inlaute regelmässig ein f, wo das Got. ein b hat (ausser bei bb und mb): ags. drifon, seofon, yfel für got. dreiban, sibun, ubils. Das Alts. steht in der Vermeidung des in- und auslautenden b mit dem Ags. und Altn. ganz auf demselben Standpunkte, aber es lässt dasselbe im Inlaute nicht in f, sondern in die aspirirte Media bh übergehen, für welche die alts. Schrift ein eigenes Zeichen b gebildet hat (bisweilen auch durch w ausgedrückt): wif, wibbe, graf grabhe, gaf gabhun; auch das auslautende f (statt b) wird zuweilen durch bh vertreten: wibh, gabh. — Ist diese Vertauschung des b mit dem f (bh) eine Rückkehr zur ursprünglichen Lautstufe oder eine Beibehaltung derselben?

Gutturale und labiale Mutae des Hochdeutschen.

I. Der gutturale und labiale Hauchlaut h und f der übrigen Dialecte bleibt auch im Hochdeutschen ein Hauchlaut; nur ausnahmsweise ist in einigen Wörtern eine Verschiebung des f und h zur Media b und g eingetreten.

1) Der labiale Hauch des Hochdeutschen, welcher etymologisch dem f der übrigen Dialecte entspricht, wird bald mit demselben Zeichen f, bald mit dem lateinischen Buchstaben v oder u geschrieben*), den das Hochdeutsche sonst in den aus dem Lateinischen herübergenommenen Wörtern evangeljo, david, eva gebraucht, während derselbe zum Ausdrucke des mit u verwandten Halbvocales w gewöhnlich verdoppelt wird.

Im Auslaute ist f die allgemein hochdeutsche Schreibart, niemals v: hof, huof, wolf, nhd. Hof, Huf, Wolf. Auch in Fremdwörtern wird v, wenn es auslautend wird, zu f: briaf Brief (breve), bischof (ital. vescovo).

*) Im Ahd. fast stets mit dem Vocalzeichen u geschrieben, im Mhd. u und v ohne Unterschied sowohl für den Vocal wie für den Hauchlaut; im Nhd. hat sich v als Vocalzeichen neben u bis ins vorige Jahrhundert erhalten.

Im Anlaute schreiben viele althochdeutsche Denkmäler, z. B. Kero,
Otfrid, Tatian stets ein f, gering ist die Zahl derjenigen, welche hier umgekehrt
blos ein v darbieten (Em 28, Hort, Po, Pr f, Rh, Sa), die meisten haben bald v,
bald f, und zwar ist v im Ganzen das häufigere. So in den gl. mons.: naran
d. i. varan (statt faran), nallan d. i. vallan (statt fallan), vilo (st. filo), vingar,
vogal, vora, vuri, vundun, viur, vrī, vrido, vlinsit, vlins (silex). Da langes ū
durch uu ausgedrückt wird, so wird vor diesem ein f geschrieben: fūl, nicht
uuul, vuul. Diejenigen Denkmäler, welche im Anlaute neben u (v) auch ein
f haben, zeigen in diesem Wechsel durchaus kein Princip mit Ausnahme Notkers. Dieser schreibt ein anlautendes v nur dann, wenn das vorhergehende
Wort desselben Satzes mit einem Vocale oder Liquiden anlautet, ohne aber
hier das f auszuschliessen; dagegen schreibt er f mit fast gänzlicher Vermeidung
von v, wenn das Wort im Satze anlautet oder wenn ein harter Consonant
(Muta, Zischlaut) vorausgeht: demo vater und demo fater, aber nur des fater,
nicht des vater; ebenso auch in der Composition höhfater (patriarcha), nicht
höhvater Gr. 1, 136. Da Notker nach derselben Norm des vorausgehenden
Lautes auch einen Unterschied zwischen g und k, b und p, d und t macht
(vgl. unten), so haben wir auch für v und f anzunehmen, dass hiermit zwei
keineswegs ganz und gar identisch klingende Hauchlaute gemeint sind: das v
war der weichere, das f der härtere Laut, immerhin aber standen sie sich so
nahe, dass die meisten ahd. Quellen in der Schreibung von v und f ohne
Rücksicht auf den vorhergehenden Laut und ohne Rücksicht auf die Etymologie bald das eine, bald das andere Zeichen zu wählen kein Bedenken tragen. — In den mittelhochdeutschen Handschriften besteht zwischen anlautendem v (u) und f dasselbe Schwanken wie in den meisten althochdeutschen.
Aus derselben graphischen Rücksicht wie im Ahd. steht vor u, ū, uo, ū ein f:
funden, gefügele (erst in den späteren auch v (u): vuul, vuoge), vor den
übrigen Vocalen gewöhnlich v (u): vinden, vogal u. s. w., doch auch ferder-
ben, fiene. Vor Consonanten wird bald v, bald f geschrieben ohne irgend
einen Unterschied: vliz und fliz, vrâgen und frâgen. — Im Neuhochdeutschen schreibt man jetzt mit Ausnahme der Fremdwörter das v nur in ver-,
Vater, Vetter, viel, Vieh, vier, Vogel, Vogt, voll, von, vor, sonst immer f; eine
Verschiedenheit des Lautes findet durchaus nicht mehr statt.

Im Inlaute ist das v der ahd. Denkmäler seltener als im Anlaute: hoves
(neben hof), wolves (wolf), briaves (briaf), huoves (huof), biscoves (biscof),
hevit (hevat), ovan (Ofen), funivi (fünf), zuelivi (zwölf), gitävili (Getäfel), grävo
(Graf), tiuval (Teufel), zwival (Zweifel), nevo (nepos) u. e. a. Doch wird in
diesen Wörtern statt v auch f geschrieben, bisweilen auch b: für avar (zurück) und avarōn (wiederholen) hat Notker abar, abaron. Kero hat ruava und
roaba (Zahl), Otfrid hebîg (schwer) für hevîg. Hier ist also normale Lautverschiebung des labialen Hauches zur labialen Media eingetreten. — Die älteren mittelhochdeutsch. Handschriften haben in der angeführten ahd. Weise
hoves, wolfes u. s. w. neben dem Nominativ hof, wolf, ebenso auch gräven
(comites), haven, frevel, zwifel*.; blos vor harten Consonanten (t, s, z) wird

---

*) Hier kommt inlautendes f vor Vocalen nur dann vor, wenn es Laut-
verschiebung aus der Tennis p ist: slâfen (aus slâpan). Dies wird nicht mit
grâven (aus grâf) gereimt, ebenso wenig wie mit grâwen (canescere)

im Inlaute stets f geschrieben: neve und niftel, hoves und hofs, vünve und
vünfte, vunfzic, buofslac. Die späteren ahd. Handschriften schreiben aber
auch vor einem Vocale ein f neben v: vünfe und vünve. Die Lautverschiebung
zu b zeigt sich in aber, hoben, vrebel, draben neben heven, vrevel, draven
— Die nhd. Schrift hat v nur in dem einen Worte frevel behalten, sonst
überall f, welches nach kurzem Vocale verdoppelt wird: Neffe statt ahd. nevo,
mhd. neve, Hofes, Wolfes.

Das Ahd. und Mhd. machte also bei der dem got. f entsprechenden Spirans
einen im Nhd. verschwundenen Unterschied zwischen einem härteren und
weicheren Hauchlaute, f und v; hauptsächlich findet der letztere im Inlaute
vor folgendem Vocale statt; im Anlaute scheint die Aussprache geschwankt
zu haben.

2) Der gutturale Hauch des Hochdeutschen, welcher
etymologisch dem h der übrigen Dialecte entspricht, erscheint im
Ahd. durchgängig als h, nur dass die altfränkische Mundart im
Anlaut, bisweilen auch im Inlaut ein ch hat; im Mhd. steht h blos
im An- und Inlaute, denn im Auslaute wird ch geschrieben, doch
setzen einige Handschriften aus saec. 12 oder Anfang saec. 13
nach ahd. Weise auch im Auslaute bisweilen noch h; dem Nhd.
ist h im Anlaute verblieben, im Auslaute hat es entweder wie das
Mhd. ein ch, oder schreibt wie im Ahd. ein h, welches aber dann
nur Schriftzeichen, kein hörbarer Laut mehr ist, auch im Inlaute
ist das nhd. h, wenn nicht (wie in Schwachheit) ein Consonant vorausgeht, nach der gewöhnlichen Aussprache stumm, oft aber ist es
hier wie im Auslaute zu ch geworden, nämlich bei folgendem s,
wo es in der Aussprache wie k klingt, und bei dem Nominalsuffixe t, te.

Anlaut: ahd. habén, heizan heißen, hôlôn holen, hulian hüllen, hiar hier,
himil Himmel. Die in den übrigen Dialecten vorkommenden anlautenden
Verbindungen bl, hr, hn, hv haben sich nur in den frühesten ahd. Denkmälern
erhalten, vom 9ten Jahrhundert an fällt h ab: hlaufan laufan, hlahan lahan,
lachen, hleitar Leiter, hlosen (audire), hlût laut, hlûtar lauter, — hruofen
rufen, hrad Rad, hraban Rabe, hrein rein, hrettjan retten, hrind Rind, hros
Ross, hruki Rücken, hruom Ruhm, hruod (fama), hriudi Reude, hnakko
Nacken, hnigan hneigjan neigen, hniosan niesen, hnuß Nuss, huil Weile,
hweizi Weizen, huißaß weisses. — Diesem Abfalle des h steht entgegen der
unorganische Anlaut h in heischen (schon seit sc. 13 statt des früheren
eischen). — Beispiele des ch, welches die altfränkische Mundart (schon seit
saec. 6) für anlautendes h darbietet bei Greg. Tur., in den fränkischen conc.
und andern Urkunden jener Zeit: chedinus statt hedin, childe-bertus, rieus,
rûna statt hildi-, chilpe-rieus statt hilpi-, chlotarius statt hlutari, chramnus
statt hramn, chrôdegarius statt hrodigari, sighi-chelmus statt -helm, chalet-
rieus statt halid-.

Inlaut: ahd. mhd. nur h: sâhun, dîhan, sehan, diuhan, fliuhan, gisehan, auch vor s und t, wo das Nhd. ein ch hat: ahsa Achse, flahs Flachs, wahsan wachsen, dîhsila Deichsel, ohso ohse Ochse, fuhs Fuchs, luhs Luchs, ahtö ahte acht, maht Macht, naht Nacht, reht Recht, kneht Knecht, fehten fechten, gisihti Gesicht, tohter Tochter, suht Sucht, lioht lieht Licht, mahta mahte machte. — Beispiele des altfränkischen ch für h: childe-berhttus statt beraht, medo-vechus statt -feh. — N h d. inlautendes h zwischen zwei Vocalen ist zwar bei sorgfältiger Rede ein hörbarer Laut*), doch wer es hören lässt, thut dies eben nur dem geschriebenen Buchstaben zu Lieb, die regelmässige Aussprache ist sa-en, gedei-en, flie-en, die nhd. Sprache hat hier also Synkope des Hauchlautes eintreten lassen, ebenso auch wenn der folgende Vocal ausfällt: sieh-t, gedeih-t, flieh-t, zieh-t, geschieh-t, zeh-n. Wo der inlautende Hauch geblieben ist, wird er ch geschrieben. Die im Nhd. gewöhnliche Synkope des Hauches findet bei einigen Wörtern schon im Ahd. und Mhd. statt: ahd. fîla neben fîhla oder fîhila (fîhlôt er feilt), mhd. fîle, nhd. Feile; ahd. bîl neben bîhila, mhd. bîl, nhd. Beil; ahd. clla neben cllha, Kleie; mhd. vân neben vâhen, hân neben hâhen, twân neben twâhen, slân neben slâhen, stahel und stâl Stahl, gemahel und gemâl Gemahl. Bisweilen wird im Mhd. auch inlautendes h vor einem Consonanten stumm; denn man reimt vorhten mit porten, unervorht mit ort, lieht und niht mit riet. Kurzer Vocal wird bei Synkope des folgenden h zur Länge.

Auslaut. Im Ahd. überall h: noh, doh, sah, näh (post), lêh, zêh, flôh, zôh, scuoh, hôh, im Mhd. ch: noch, doch, such, nâch, lêch, flôch, zôch, schuoch, hôch, durch, verch. Daher hier der Wechsel hôch hôhes, schuoch schuohes. Im Mhd. ch; selten haben Handschriften aus sc. 12 und Anfang sc. 13 nach ahd. Weise ein h: sah statt sach; durch erleidet bisweilen Apokope. Im Nhd. bleibt mhd. ch in noch, doch, nach, hoch, durch; gewöhnlich wird h geschrieben, d. h. es ist Abfall des Hauchlautes eingetreten: floh, Schuh, gedieh. Ein dem Mhd. entsprechender Wechsel zwischen ch und h in hoch und hoher, höher; umgekehrt verhält sich nah, näher, nächst.

Das vor Consonanten stehende h des Ahd. und Mhd. und das auslautende h des Ahd. kann nicht denselben Laut wie das griechische ' und wie unser anlautendes h gehabt haben, sondern muss stärker, etwa wie unser schwaches ch gesprochen sein. Das vor einem Vocale stehende h des Ahd. und Mhd. wird mit unserem anlautenden h in der Aussprache identisch gewesen sein; die altfränkische Schreibung ch zeigt aber, dass wenigstens dialectisch auch im Anlaute die stärkere Aussprache des dem gotischen h etymologisch gleichen Gutturalhauches stattfand. Wir haben hier also dieselbe Verschiedenheit wie oben bei v und f.

Eine Lautverschiebung des h in die Media g, entsprechend dem Uebergange des afar (avar) in aber kommt schon im Ahd. vor bei den Verben ziohan, zîhan, gedîhan, slahan, dwahan, giwahan, hlahan, mhd. bisweilen auch bei sehan, welche im Perfect ihr h in g verwandeln: zugun, zigun, gedigun, sluogun u. s. w.; bei den

---

*) Niemals ist er hörbar, wenn der folgende Vocal ausfällt

zuerst genannten drei geschieht dies ahd. mhd. nur im Inlaute, nicht im Auslaute (zôch, zéch. gedêch) — das Nhd. aber hat bei ziehen auch hier die Lautverschiebung: zog. Dass diese Lautverschiebung im Ahd. Mhd. nur das Perfect trifft, stimmt auffallend mit dem griech. Perfectum wie πέπομφα neben πέμπω. Aehnlich auch die Lautverschiebung in ganuoc genuoge gegenüber dem got. ganôhs.

II. Das k und p der übrigen Dialecte wird im Hochdeutschen zum aspirirten Laute verschoben, doch erleidet das k nicht durchgängig diese Wandelung, sondern bleibt mehrfach unverändert.

1) Die labiale Tenuis p wird im Hochd. pf, f, ff, im Ahd. wird dafür auch ph, pph, fph geschrieben. Niemals wird sie zu v, welches sich lediglich aus älterer Aspirata f entwickelt hat.

Anlaut. Wo die übrigen Dialecte mit p anlauten (es sind dies wahrscheinlich sämmtlich Fremdwörter), hat das Hochdeutsche pf. Im Ahd. erscheint dasselbe schon bei Hrab und in den ältesten gl.: pfenning, pflicht, pfat, pflfa, durchgängig im Mhd.: pfat, pfluog (ags. plôg, altn. plôgr), pflegen, pflicht, pfâwe, pfaffe, pflanze, pfunt, pfil, pfeite (tunica, got. paida, alts. pêda) und ebenso auch im Nhd.: Pfad, Pflug, Pflicht. — Im Ahd. schreiben aber die meisten Denkmäler statt des anlautenden pf ein ph: phenning, phipha, phlanza, pheit, phluog, phnust (singultus), einzelne auch ein f: funt K., flanza N., fressa (pressio) N. Einige auch wie Otfrid und Isid. lassen die Lautverschiebung zum aspirirten Laute nicht eintreten und bleiben bei der Tenuis: porta, plegan.

In- und Auslaut. 1) Hinter einem Consonanten. Im Mhd. und Nhd. ist mp zu mpf geworden, np, lp, rp zu nf, lf, rf: kampf, tampf (Dampf), stempfen (tundere), schimpf, limpfen (convenire); hanf; helfen, gelf (superbia), welfe (catuli); werfen, warf, scharf, bedürfen, darf. Bisweilen heisst es mhd. scharpf neben scharf. Im Ahd. erscheint hinter einem Consonanten sowohl f als ph: werfen N. O. werphan gl. Hr. T., helten N. O., helpha O., limfen lamf N., limphan lamph O. T., mf und mff wechselt in chamfau und chamffan K. Ein pf zeigt sich hinter l in elphant. In dem Isidorischen hilpit hat sich die Tenuis der Lautverschiebung noch gänzlich entzogen. — 2) Hinter lange m Vocale ist älteres p im Mhd. und Nhd. regelmässig zu einfachem f geworden: slâf (Schlaf) slâfes, grîfen (greifen), greif, triefen, soufen (saufen). Im Ahd. erscheint hier ebenfalls f, aber es wird dasselbe, und zwar vorzugsweise in älteren Denkmälern auch zu ff verstärkt: grîfan, slâfan O. T.; slôffan, scôffum, hlauffan, wâffau K., sauffi, hôffôn gl. Hr. — 3) Hinter kurzem Vocale steht im Mhd. und Nhd. entweder a) ein ff, welches als Auslaut im Mhd. zu einfachem f wird: affe, offen, pfaffe, treffen, griffen, schiffe, schif (Schiff). Dem entspricht ahd. affo, offan, pfaffo, seiffe, aber es wird im Ahd. nicht blos im Auslaute, sondern auch häufig im Inlaute einfaches f geschrieben: scif sciffe und scife (scefe), lautscaf lautscaffi und lantscafi. Isid. hat auch lantscap, scáp ohne Lautverschiebung. b) ein pf: schepfen (schöpfen), schepfaere (Schöpfer) neben schaffen, kapfen und kaffen (gaffen), schupfen und schuffen (trudere), klopfen, apfel, kopf, zopf, knopf, schopf. Das Ahd. hat hier 5 verschiedene Schreibweisen: pf und pph, ff und fph, ph: scepfent gl. Hr., scupfe O., opferón N, chapfen N., scepphes O., oppbar O., skeffan K., scheffides I., offerunc I., heffan K. O.; scefphe O., hefphet gr. Hr.; scepheri O., opheres O., opherón O. N., kuphar O. Sogar obphar T. (aus ob-ferre?)

2) Die got. gutturale Tenuis k (q) wird im Hochdeutschen auf zwei verschiedene Weisen behandelt. Im vulgären Hochdeutsch wird k zu ch aspirirt, wenn ihr ein Vocal vorausgeht; ist dies nicht der Fall, so bleibt k ohne Veränderung, ausser wenn der ihm vorausgehende Consonant ein s ist. In einer grossen Zahl von abd. Denkmälern wird k aber auch im Anlaute zu ch aspirirt und meistens auch dann im In- und Auslaute, wenn ihm ein Consonant vorausgeht. Diese Denkmäler bezeichnet Grimm als die streng althochdeutschen, ihre Eigenthümlichkeit in Beziehung auf das k hat sich bis heute local-dialectisch erhalten.

a) Vulgär-hochd. Weise. Auf diesem Standpuncte stehen von ahd. Denkmälern insbesondere Otfrid und Tatian sowie viele der weniger umfangreichen ahd. Quellen; sodann die zahlreichsten und besten mhd. Handschriften, die wenigstens jetzt den Ausgaben zu Grunde gelegt werden, und die nhd. Schriftsprache nebst den meisten ahd. Volksdialecten.

Im Anlaute und in- und auslautend nach einem Consonanten n, r, l bleibt k unverändert *).

So haben Otfrid, Tatian und die mit ihnen stimmenden ahd. Denkmäler (im Ganzen 35) im Einklange mit der gutturalen Tenuis des Got., Alts., Altn.: kind, kneht, kunni, kôs, kuoni, kleini, käsi, kraft, folk folkes, scalc scalkes, thank thankes, werc, werkes, arka, marka. Gerade so das vulgäre (d. h. in den jetzigen Ausgaben recipirte) Mhd. und die nhd. Schriftsprache: kint Kind,

---

*) Ahd. und mhd. wird dieser Laut bald k, bald c geschrieben; der Buchstabe c ist das Aeltere; vielleicht wurde niemals ein k dafür geschrieben worden sein, wenn nicht das lat. c vor i und e seinen k-Laut verloren hätte und deshalb die Verbindung ce ci im Ahd. und Mhd. auch zur Bezeichnung von ze zi verwandt worden wäre (vgl. unten). Doch ist das Letztere nicht in allen Quellen der Fall, und so wird denn in manchen, ja in den meisten der Buchstabe c auch vor e und i zur Bezeichnung der gutturalen Tenuis gebraucht. Otfrid schreibt häufiger k als c, Tatian umgekehrt häufiger c, die ältesten mhd. Handschriften ziehen c vor. Grimm schreibt für das Mhd. im Anlaut überall c, im Inlaute ct, wenn dieses für ckt steht.

knebt Knecht, volc Volk volkes Volkes, danc Dank. Dem anlautenden k steht das q zur Seite (d. i. ku); Otfr. Tat.: queman, quam, quâmi, quicken, quidu, quena (uxor), mhd. queln, quil, qual, quâlen, quit (ait), quam. Mhd. kann in diesen Wörtern vor a i u, aber nicht vor e das u ausfallen: kil, kal, kit, kam, — umgekehrt mit Ausfall des e ist quena zu kone, quemen zu komen geworden).

Im In- und Auslaute ist got. k bei vorausgehendem Vocale zu ch aspirirt worden.

Die hierher gehörigen ahd. Denkmäler haben im Inlaute ch und bei Tatian auch hh, im Auslaute meist h: sacha, brechan, wecha, michil, zeichan, suichan, buoche; brah, sprah, stah, brah, sprih, brih, wih, mih, für got. alts. saka, brekan, mikil, brak, sprak, sprik, brik, wic, mic u. s. w. Mhd. und nhd. ch sowohl im In- wie im Auslaute: sache Sache, brechen, michil, brach, sprach, stach, bach (Bach), sprich, brich, mich. Frühere mhd. Handschriften (sc. 12 und Anfang sc. 13) schreiben nach ahd. Weise auch im Auslaute ein h: brah, mih, ih.

Das verdoppelte kk des Got., Alts., Altn. bleibt unverschoben.

Otfr. und Tatian u. s. w. schreiben im Inlaute kk, cc, ck, im Auslaute einfaches k, c: sakkes sak, blickes blic, druckes druc, bok, rok, stecko, nakkut (nackt), quekkes, thikko (saepe), thekki, thecken, zucken, accar; ungenau wird auch im Inlaute bisweilen blos einfaches k geschrieben: akar st. akkar, wakar st. wackar, lekin st. leckin. Ebenso mhd. und nhd. ck (mhd. im Auslaute einfaches c): sackes sac, stecke, nacket, dicke, decke, decken, acker.

Während eine vorausgehende Liquida das k in seiner Tenuisgestalt erhält, wird k vor vorausgehendem s verschoben; in den hierher gehörenden ahd. Denkmälern geht nämlich nicht blos inlautendes, sondern auch auslautendes (nicht aber anlautendes) sk in sg über, im Mhd. und Nhd. an jeder Stelle des Wortes in sch.

Otfrid und Tatian sagen zwar anlautend skeidan, aber inlautend fleisges, dasga, bisgóf, wasgan, misgan (alts. fléskes, waskan u. s. w.), auslautend fleisg. fisg, disg (ebenso auch in der alten Endung isk: frónisg, latinisg). Mhd. und nhd. sch auch im Anlaute: geschehen, schriben, schande, waschen, tasche, dreschen, tisch, frisch, fleisch.

b) Streng-hochd. Weise. α) Den Uebergang hierzu macht Isidor. Nicht blos da, wo Otfrid und Tatian*) das k zu ch, h werden lassen, sondern auch im Anlaute wird bei ihm got. k zu ch: chalp st. kalp, chindh st. kind, chunden st. kunden, chnecht, chennen. Hinter Liquiden bleibt k in Uebereinstimmung mit der vulgär-hochdeutschen Weise: folc, chidane; er sagt zwar nicht

---

*) Wie Tatian schreibt auch Isidor zwischen 2 Vocalen hh und ch.

werc, sondern werch, aber dies erklärt sich aus der älteren
Form werah. Den Uebergang von sk in sg kennt er nicht, dagegen
ist bei ihm wie im Mhd. und Nhd. aus sc ein sch geworden, sobald dieses vor i und e steht: scheint, fleisches, in anderen Fällen hält er sc fest: scaffan, scoldi, fleisc.

3) Den 35 ahd. Denkmälern, welche mit Otfrid die vulgäre hochdeutsche Weise repräsentiren, stehen etwa 50 gegenüber, darunter
Kero, Notker, die ältesten gl., welche blos in sk und etwa in
Fremdwörtern das k unverändert lassen, sonst aber durchgängig
zum gutturalen Hauchlaute aspiriren. Sie schreiben denselben im Anlaute ch wie Isidor, nach Liquiden ch, im Inlaute nach
Vocalen ch (Kero auch hh), selten h, im Auslaute nach einem Vocale fast ausnahmslos h.

Anlaut: chási, chegil, chint, chorp, chundi, chleini, chraft, chnecht statt
kâsi, kegil. Nach einer Liquida im In- und Auslaut: welchér (welk), schalches, lanchâ (lumbi , danches (Dankes , sterchi (Stärke), werches (Werkes), scalch,
folch (Volk), gidanch, werch, rinch (procer). Nach einem Vocal: im Auslaute
werah (Werk), bei Kero werach, starah (stark), stah, ih, mih u. s. w.
Got. kk wird zu cch: steccho st. stecko, decchi st. decki, secchil (sacculus),
wecchjan (wecken), peccho (st. becko Bäcker , lecchôn lecken), dicchi (dick),
pecches (Bockes , drucchjan (drucken).

Diese streng-hochdeutsche Weise ist in der Periode des Mittelhochdeutschen nicht erloschen, denn viele gute mhd. Handschriften
haben chiesen, nicht kiesen, schalch und schalches statt schale
chalkes, danch danches statt danc dankes, starch statt stare, sach
saches statt sac sacces (hier entspricht also mhd. ch dem streng
ahd. cch).

Diese Schreibung ist aber auf Rechnung des Localdialectes, welchen der
Abschreiber sprach, zu setzen; der mhd. Dichter folgte der vulgär-hochd.
Weise, denn er reimt danc (kes) auf lanc (ges), stare (kes) auf arc (ges), schale (kes)
auf bale ges., kann also nicht selber danch, starch, schalch geschrieben haben.
Daher denn auch in den neueren Ausgaben die Schreibung mit ch aufgegeben
ist. Zu beachten ist, dass auch die streng-ahd. Eigenthümlichkeit, ein sc
aber kein sch oder sg zu setzen, in jenen Handschriften sich findet. Der S.
Galler Parcival, der im Auslaute ch statt k hat, hat häufiger sc als sch:
scande, gesehen, scoup, sciere. Einige der Hauptvertreter der streng-ahd.
Weise gehören sicher der Schweiz an; dahin werden wir auch zum grossen
Theile diese streng-mittelhochdeutsche Weise zu setzen haben, ebenso wie
auch noch der heutige Schweizer das k aspirirt, entweder „hart und gurgelnd
was meist der Fall ist, oder in gewöhnlicher und natürlicher Weise aspirirend
wie es von Chur bis Mayenfeld und im Berner Oberland geschieht." Grimm

D. G. 1, 184. In der Periode des Ahd. und Mhd. mag sich dieser das k durchgängig aspirirende Dialect noch weiter nach Norden zu ausgedehnt haben und mag immerhin als das „streng-hochdeutsche" bezeichnet werden, aber die mittelhochdeutsche Literatursprache geht ebenso wenig wie die neuhochdeutsche auf diesen Dialect zurück und ebenso wenig gehören demselben die bedeutendsten Denkmäler des Ahd. an.

III. Die gutturale und labiale Media g und b des Got., Alts., Altn. wird auch im Hochdeutschen wenigstens im Allgemeinen unverschoben festgehalten. So ist es in unserer neuhochdeutschen Schriftsprache, so war es im Mittelhochdeutsch und so auch in den meisten und bedeutendsten althochdeutschen Denkmälern. Aber auch hier gibt es eine Zahl von ahd. Quellen, welche g und b entweder durchgängig oder theilweise zur Tenuis k und p verschoben haben — es sind das zum Theil dieselben „streng-althochdeutschen" Denkmäler, welche eine durchgängige Aspiration des got. k haben eintreten lassen.

An- und Inlaut. Das g und b bewahren namentlich Otfried und Tatian und von älteren Isidor, welcher letztere (zusammen mit gl. Jun. A.) die Eigenthümlichkeit hat, an - und inlautendes g vor folgendem e und i gewöhnlich als gh zu schreiben: gheist, ghebau, ghibis, berghe und berge. — Von den Denkmälern, welche die Verschiebung zur Tenuis zeigen, haben nur wenige im Anlaute das p, noch wenigere das k (c) constant, zahlreich aber sind diejenigen, welche zwischen anlautender Media und Tenuis wechseln. Noch häufiger als im Umlaute tritt im Inlaute die Media auf. Die Hauptvertreter der Verschiebung zur Tenuis sind Hrab. gl. mons. jun. Kero. hymn. Beispiele: kepa statt geba, stapā st. stabā, pim st. bim, pein st. bein, pluamo st. Blume, trīpan st. trīban, prinkan st. bringan. — Notker hat inlautendes g und b niemals zur Tenuis verwandelt, wohl aber anlautendes; doch auch dieses lässt er unverändert, wenn das vorausgehende Wort desselben Satzes auf einen Vocal oder eine liquida auslautet: ih ne bin, aber ih piu; minan got, aber mit gote; wir betäjen, aber got betäjen.

Auslaut. Die ahd. Quellen, welche im An - und Inlaut g und b durchgängig festhalten, schreiben dasselbe auch im Auslaute (also Otfried, Tatian, aber auch Notker). Die streng - ahd schreiben im Auslaute durchgängig die Tenuis (bloss Isidor hat bisweilen ph st. b: screiph, bileiph). Mit ihnen stimmt das Mittelhochdeutsche. Das Neuhochdeutsche dagegen schreibt wie Otfried im Auslaute die Media b und g, obwohl auch hier die Aussprache eine Tenuis hat (bloss provinciell ist die ahd. Aussprache des auslautenden g wie ch — ebenso auch die des inlautenden g wie ch oder j).

Dentale.

I. Die wurzelhafte Media d der verwandten älteren Sprachen ist im Got., Alts., Ags., Altn. zur Tenuis t verschoben: domari δομᾶν got. tamjan, duco got. tiuha, decem δέκα got. taihun, den(ti)s got. tunthus, dingua (lingua) zu tungo; δακρυ got. tagr; sedo got. sita; edo got. ita; vīdi ϝοῖδα got. vait; cor(d) καρδία got. hairtö; pē(d)-s got. fötus. Das gesammte Hochdeutsch verschiebt diese Tenuis im Anlaute zu einer Aspirata, welche in ihrer Aussprache dem aus anlautendem p hervorgehenden pf (s. oben) analog ist: t ist nämlich zunächst zu einem wie scharfes s klingenden th geworden, mit welchem die Tenuis t als Vorschlag vereint ist. Das Schriftzeichen desselben ist z, doch setzen einige ahd. (K. Gl. jun. mons.) und mhd. Quellen für z ein c, wenn der folgende Vocal ein e, i oder ei ist. Got. tamjan ist zu zeman zähmen, tiuha zu ziuha ziehe, taihun zu zehan zehn, tunthus zu zand zan Zahn, tagr zu zahar Zähre, tungö zu zunga Zunge geworden. Dasselbe z steht im In- und Auslaute bei vorausgehendem Consonanten: hairtö ist zu herza Herz, niederd. holt holtes zu holz holzes geworden. Dagegen herrscht für den In- und Auslaut bei vorausgehendem Vocale Verschiedenheit der Schreibung in den einzelnen hd. Quellen und Sprachperioden. Zunächst wird hier niemals c geschrieben. Isidor drückt den Laut zunächst durch cs, die übrigen ahd. und die mhd. Denkmäler wiederum durch z, das Nhd. durch ß oder sz aus: dem got. fötus steht fuozs, fuozses (Isidor), fuoz fuozes, Fuss, dem got. bait ein bēzs (Isidor), bēz, beiß, dem got. ētun ein āzsun (Isidor), āzun, assen gegenüber. Nach kurzem inlautendem Vocale wird der Consonant geminirt: so schon im Ahd. (sehr selten bei Notker), fast stets im Mhd. und durchaus regelmässig im Nhd. Diesen verdoppelten Consonanten schreibt Isidor zss, die übrigen ahd. und mhd. Denkmäler zz, das Nhd. ss: dem got. watö entspricht ein wazssar (Isidor), wazzar, nhd. mhd. wazzer Wasser, dem got. bitun ein bizssun (Isidor), bizzun, mhd. bizzen, nhd. bissen.

Abweichende Behandlung erfährt die Verschiebung eines geminirten tt der übrigen deutschen Dialecte, welches gewöhnlich durch Einfluss eines folgenden i entstanden ist. Hier schreibt nämlich Isidor und ebenso das Nhd. ein tz, die übrigen ahd. Quellen ein z oder geminirtes zz. Got. skatts skattis entspricht scatzes (Isidor), scaz scazzes, mhd. schaz chazzes, nhd. Schatz Schatzes.

Anlaut		In - und Auslaut		Altes tt	
		nach Consonanten	nach Vocalen		
Gl. mons.	cehan			scaces	
Isidor	zehan	herza	fuozscs	wazssar	scatzes	
Vulgär. Ahd.	zehan	herza	fuozes	wazzar	scazzes	scaz
Mhd.	zeher	herze	fuozes	wazzer	schazzes	schaz
Nhd.	zehn	herz	Fusses	Wasser	Schatzes	Schatz

II. Die wurzelhafte Aspirata th (ϑ) der verwandten älteren Sprachen wird im Got., Alts., Ags., Altn. zur Media d: ϑυγάτηρ got. dauhtar; ϑύρα got. daur; ϑήρ got. dius; ϑαρρεῖν got. ga-dauran; Skr. madhjas (lat. zu medius verschoben) got. midja; ἔϑος ags. sido.

Im Hochdeutschen wird das d der übrigen Dialecte fast durchgängig zur Tenuis t verschoben; es ist ortographische Willkür, dass dies t im Nhd. bei einer vorausgehenden oder nachfolgenden Länge als th geschrieben wird: got. dauhtar wird tohtar Tochter, got. dius wird tioe hier, alts. dôn wird tuon thun. Das ältere d hat sich erhalten.

1. bei Isidor stets im An- und Inlaute, sehr selten im Auslaute: duom driban worde munde hendi guhad (dixit), bei Otfried fast stets im Anlaute: dag deil drinkan neben döwen (mori) töd (mors) dôt (mortuus), bei Tatian wenigstens bisweilen im Anlaute: deil neben tag, duom.

2. Nach vorausgehendem n hat das Mhd. im Inlaute, das Nhd. im In- und Auslaute ein d (wie Isidor): finden senden Kindes, nhd. auch fand Kind.

3. Wahrscheinlich durch niederdeutschen Einfluss hat sich in der nhd. Schriftsprache allmählig statt des früher anlautenden t ein d geltend gemacht in den Wörtern dichten dunkel dumm Docht (früher und dialectisch auch jetzt noch tichten, tunkel). — Dieser Rückkehr zur früheren Stufe zeigt sich umgekehrt eine

noch weitere Fortsetzung der Mutaverschiebung in dem nhd. Zwerg
statt des mhd. twerc.

III. Die wurzelhafte Tenuis t der verwandten älteren Sprachen
wird im Got.. Alts., Ags.. Altn. zur Aspirata th: torres *τέρσομαι*,
got. thairsa, *τείνω* got. thanja, teceo got. thaha, *τρεῖς* got. threis,
ταλᾶν thulan, Skr. antaras got. antar. Hiernach sollte man annehmen, dass auch wurzelauslautendes th des Got. aus älterem t
hervorgegangen, wie in qvitha (dico), wairtha (fio), fintha (invenis),
fra-hintha (captivum duco), frathja (sapis), skathja (noceo), litha
(eo), snītha (seco), aber hierfür fehlen uns anderweit die analogen
Wurzeln der verwandten Sprachen, wie denn namentlich im Gr.
ein wurzelauslautendes *τ* ungemein selten ist. Ein sicheres Beispiel der Vergleichung ist ags. fether (fedher) neben *πτέρον*, penna
von *πέτομαι*.

IV. Die anlautende Aspirata th des Got., Alts., Ags.,
Altn. entspricht einer Tenuis t der verwandten Sprachen: torreo
τέρσομαι got. thairsa, *τείνω* got. thanja, taceo got. thaha, *τρεῖς*
got. threis, *τλῆναι* tolerare got. thulan. Ebenso wurzelauslautendes th im ags. fether (fedher) neben *πτέρον* penna von *πέτομαι*.
Got. wairtha (fio) scheint dagegen der Skr.-Wurzel vṛidh (cresco)
zu entsprechen (oder der Wurzel vart im lat. verto?). Für die
übrigen Wurzelauslaute th wie qvitha (dico) fintha (invenio) fra-
hintha (captivum duco) frathja (sapio) skathja (noceo) litha (eo)
snītha (seco) fehlt die Analogie der übrigen Sprachen. Dies inlautende resp. auslautende th des Got. geht im Alts., Ags., Altn.
häufig in die reichere Aspirata dh (geschrieben ð), bisweilen auch
in die Media d über: got. vairtha ags. veordhe veardh altn. verdh,
vardh, got. qvitha ags. cvedhe altn. qvedh, got. fintha alts. findu
ags. finde; — altn. wird th (dh) vorausgehendem n und l assimilirt: finn statt fintha. — Durch vorausgehendes s geschützt widersteht das t der älteren Sprachen ebenso wie k und p der Lautverschiebung zur Aspirata: *ά-στήρ* stella sterno, steti alts. stöth.

Im Hochdeutschen wird das an-, in- und auslautende th (resp.
dh) zur Media d, nur dass diese im Mhd. nach der hier für alle
Media geltenden Regel als Tenuis t geschrieben wird. Indess bieten sich hier folgende Eigenthümlichkeiten.

1) Etwa dieselben ahd. Denkmäler, welche got. Media d unverändert lassen, halten auch die dentale Aspirata fest: Isidor hat an-, in- und auslautend dh (nicht th): dhrî, dhorn, werdhan, wardh, ebenso auch gl. Iun. a. Otfried und Tatian haben im Anlaute th, im In- und Auslaute d: thri, werdan, ward.

2) Das Mhd. (bisweilen auch schon das Ahd.) lässt für das aus th hervorgegangene inlautende d bei vorausgehendem kurzem Vocale noch eine weitere Lautverschiebungsstufe zur Tenuis t eintreten: snîden snîdet und snîte gesnîten; sieden sôt und sûte sûten gesôten. So auch im Nhd., nur dass hier Verdoppelung des t geschrieben wird: schneide schnitten, siede sotten. Dieselbe Verschiebung zur Tenuis kommt im Mhd. (doch nicht in allen Quellen) auch für das aus thw hervorgegangene dw vor: statt dwerch dwingen twahen (waschen) sagt man auch twerch twingen twahen. Das Nhd. ist hier noch um eine Lautverschiebungsstufe weiter gegangen: zwingen, zwerch. — Ausfall des d tritt im Mhd. vor dem zu t syncopirten et ein: geklei-t f. gekleidet, scha-t, geschmi-t. Das Nhd. enthält sich hier der Synkope.

Schon lange vor Eintritt der Lautverschiebung hatte jede wurzelauslautende dentale Muta vor folgender consonantischer Endung im Germanischen ebenso wie im Griechischen, Lateinischen, Iranischen in den Zischlaut s verwandelt: got. maimait-t zu maimais-t, faifalth-t zu fai-fals-t, band-t zu bans-t wie gr. οἶδ-θα zu οἶσ-θα u. s. w. Derselbe Uebertritt in die Sibilans auch vor n: got. anabud-n(i)s zu anabus-ns.

II. Die übrigen Consonanten.

Sie widerstreben weit mehr der Verwandlung als die Mutae. Nur der Zischlaut s hat in den indogermanischen Sprachen eine fast noch mannigfaltigere Geschichte als die Mutae, denn er geht 1) in r über (lat. griechische Dialecte, Sanskr.), 2) in sch (Sanskr., Slav.), 3) in den Hauchlaut h (Iran., Griech., Slav.). Im Germanischen kommen bloss die beiden ersten Uebergänge vor, doch nur in dem deutschen, dem sächsischen und dem nordischen Dialecte.

Das Gotische hält den Zischlaut noch in seiner ursprünglichen Form fest, aber es unterscheidet zwei Arten der Aussprache des-

selben, eine härtere und eine weichere, von denen es die erstere
durch das griechische (oder lateinische?) s, die zweite durch das
griechische ζ bezeichnet. Im Anlaute der Wurzel steht bloss har-
tes s; z kommt bloss in beschränkten Fällen des Inlautes vor,
nämlich nur wenn ein Vocal vorausgeht und zugleich ein Vocal
oder ein weicher Consonant (l n v d q) folgt: saizlêp (Redupl.
statt saislêp), hazjan (celebrare), vizôn (existere), azêts (facilis),
azgô (cinis), huzd (thesaurus), razda (linguu), mizdô (merces),
gazds (flagellum).

In den übrigen Dialecten ist das weiche z des Gotischen zu r
rhotacirt: got. huzda, ags. hord, ahd. hort; got. mizdo, ags. meord.
Häufig ist auch das harte s des Got. von dem Uebergange in r
betroffen, jedoch nur dann, wenn kein Consonant folgt. Ahd. beri
Beere neben got. basi, mêr mehr neben got. mais, rôr Rohr neben
got. raus, und ebenso ahd. ahir Aehre, aran (messis), nerjan (sal-
vare), êr (aes), sêr dolor, gêr (telum), lêran lehren, hôrjan hören,
tior Thier. Vielfach zeigt ein und dieselbe Wurzel in der einen
Bildungsform ein r, während andere Bildungsformen derselben Wurzel ursprüneliches s bewahrt haben. Neben dem causativen nerjan
steht das intransitive nesan, neben dem Subst. trôr (sanguis, stilla)
das Verbum triosan (cadere), neben dem Subst. êr das Adject.
isarn. Regelmässig ist der Wechsel zwischen s und r in der Conjugation der ablautbaren u- und i-Wurzeln, wo bei vorausgehender
Länge sich das wurzelauslautende s in seiner Ursprünglichkeit hält,
während es nach vorausgehender Kürze rhotacirt:

kiusu (eligo)	kôs	kurumês	koranêr
liusu (perdo)	lôs	lurumês	loranêr
triusu (cado)	trôs	trurumês	troranêr
vriusu (gelo)	vrôs	vrurumês	vroranês
risu (decido)	reis	rirumês	riranês.

Von den a-Wurzeln gehört hierher:

| wisu (existo) | was | warumês | wesanêr, |

während lisu, nisu, gisu u. s. w. ihr s behalten. Im Mhd. aber
auch nären und lären für nasen und lasen; das s des ahd. gisu ist
im Mhd. überall zu r geworden: gir gar gären gorn. Noch weiter
ausgedehnt ist die Rhotacirung im Nhd.: küre kor. ver-liere ver-lor,

friere fror; bloss in der Nominalbildung dieser Wurzeln ist das alte
s (vor folgendem Consonanten) geblieben.

Der (schon im Sanskrit vorkommende) Uebergang des s in sch
hat sich im Germanischen erst in der nhd. Sprachperiode vollzogen,
denn das sch des Mhd. ist keine Entwicklung aus s, sondern die
regelmässige Lautverschiebung aus altem sc (vergl. oben). Im Nhd.
geht s zuerst vor folgender Liquida und w in sch über: Schlaf,
Schmerz, schneiden, Schwein statt mhd. slaf u. s. w. und zwar hat
dieser Uebergang gleich im Anfange der nhd. Sprachperiode, in
welcher sich die nhd. Schreibung fixirte, stattgefunden. Später
ist der Uebergang des s in sch auch vor folgender Tenuis eingetreten, ohne dass diese Aussprache in der nhd. Schrift bezeichnet
wird: stehen, sprechen, speien. Nur in den deutschen Districten,
deren Muttersprache das Plattdeutsche ist, wird von den hochdeutsch
Redenden gewöhnlich st und sp, nicht scht und schp gesprochen,
doch ist und bleibt dies plattdeutsche, nicht hochdeutsche Weise
und es ist gänzlich verkehrt, wenn man sich hierbei auf die hochdeutsche Schreibung beruft. Denn die Regel, dass man sprechen
soll wie man schreibt (d. i. sprechen nach dem Buchstaben), hat so
wenig für das Hochdeutsche wie für irgend eine andere moderne
Sprache Berechtigung (vgl. sechs, wachsen u. s. w., wo stets seks,
waksen gesprochen wird).

Stämme und Flexionen.

Nominalstämme.

Primäre Nominalstämme.

Durch die Verbalwurzel hat das Sein einen sprachlichen Ausdruck erhalten als dasjenige, an welchem eine bestimmte Bewegung oder Thätigkeit zur Erscheinung kommt. Es ist dies ein Ausdruck, welcher ganz verschiedenen Klassen von Sachen und Personen, ja zum Theil fast einer jeden Person und Sache beigelegt werden kann, und welcher zunächst noch niemals die an und für sich bestehende Selbständigkeit einer solchen Person oder Sache ausdrückt — der da unbezeichnet lässt, dass das Sein sich auch in seiner Ruhe, ohne dass sich eine Thätigkeit oder Bewegung daran manifestirt, durch concrete Merkmale von einem anderen unterscheidet.

Die Aufgabe, auch das in seiner Ruhe selbständige Sein durch einen sprachlichen Ausdruck zu bezeichnen, lässt sich als das zweite Moment in der Genesis der Sprache ansehen. Es ist der Fortschritt von der Wurzelbildung zur Bildung des Nominalstammes. Zunächst muss sich die Sprache hierbei an das Resultat der vorausgehenden Entwickelungsperiode anschliessen. Es giebt Dinge, an welchen irgend eine Bewegung oder Thätigkeit viel häufiger als an andern Dingen zur Erscheinung kommt, welche deshalb als die Hauptrepräsentanten dieser Thätigkeit angesehen werden können. Es kann z. B. als gehend jedes Thier, jeder Mensch bezeichnet werden, aber vorzugsweise ist es der Fuss des menschlichen und thierischen Kör-

6

pers, welcher als der Gänger κατ' ἐξοχήν erscheint, weil er es ist, der
jederzeit beim Gehen die Initiative ergreift. Für ihn wird deshalb
die Wurzel pad, welche zunächst alles im Gehen Begriffene bezeichnen
kann, als der lautliche Ausdruck gebraucht, mit welchem man ihn
auch dann bezeichnet, wenn er sich nicht in der Thätigkeit des
Gehens, sondern in der Ruhe befindet — das Gehen wird hier als
ein Gehen κατὰ δύναμιν gefasst, als bleibendes Merkmal des Fusses,
welches ihn überall als ein von den übrigen Gliedern des Körpers
und von allen übrigen Gegenständen Verschiedenes hinstellt. Dies
ist die Umwandlung des Verbalbegriffes in den Nominalbegriff, und
zwar zunächst in den Begriff des nomen concretum.

Es giebt einige wenige Verbalwurzeln in den indogermanischen
Sprachen, welche, ohne dass eine weitere Veränderung mit ihnen
vorgenommen wird, zugleich als ein nomen concretum verwandt
werden, indem die Thätigkeit oder vielmehr die Möglichkeit der
Thätigkeit als ein den betreffenden Gegenstand in seiner Ruhe cha-
rakterisirendes Merkmal gefasst wird. Dies ist z. B. der Fall bei
der in Rede stehenden Wurzel pad, den das Griechische, Lateinische,
Sanskrit als den den Fuss bezeichnenden Nominalstamm verwendet
(im Nominativ πόδ-ς zu πούς, ped-s zu pēs, skr. pad-s zu pad mit
Wegfall des nominativen s; — ποδ-ός, ped-is, pad-ás). Aber die
Zahl solcher Stämme für nomina concreta ist in den indogermanischen Sprachen verhältnissmässig nur sehr gering.*) In unseren
deutschen Dialecten lässt sich kein einziges sicheres Beispiel dieser
Art von Nominalbildung nachweisen. Der fast regelmässige Weg,
den die indogermanischen Sprachen zur Uebertragung eines Verbal-
wurzelbegriffs auf ein auch in seiner Ruhe als selbständiges Wesen
hingestelltes Ding eingeschlagen haben, ist folgender. Die Wurzel
wird um einen der drei Vocale ă, ĭ, ŭ erweitert: im Gegensatze zur
einsilbigen Verbalwurzel ist hierdurch für das Nomen concretum
eine zweisylbige Wortform gewonnen, deren schliessender Vocal zunächst nichts anderes bezeichnen soll, als dass die in dieser Wortform vorkommende Wurzel nicht mehr ein jedes Ding bezeichnen
soll, an welchem die betreffende Thätigkeit oder Bewegung zur Erscheinung kommt, sondern ein bestimmtes oder wenigstens eine

---

*) Häufiger in der Composition, worüber späterhin.

bestimmte Klasse oder Gattung von Dingen, als deren wesentliches Merkmal jene Bewegung oder Thätigkeit gefasst wird. Die Bereicherung der Wurzel um das a, i, u bezeichnet nur den Fortschritt aus grösserer Allgemeinheit zur concreteren Bestimmtheit, zur Specialisirung. So steht auch im Sanskrit dem den Fuss bezeichnenden einsylbigen Nomen pad ein durch a erweitertes, zweisylbiges pada zur Seite; das Germanische hat jene Wurzel durch den Vocal u erweitert und somit (nach der Lautverschiebung) den Nominalstamm fôtu als Bezeichnung des Fusses gewonnen. Wir haben bei der hier aufgestellten Erklärung der einfachen zweisylbigen Nominalstämme durchaus nichts dagegen einzuwenden, wenn man dem an die Verbalwurzel hinzugefügten a. i, u eine determinative oder demonstrative Bedeutung zuweisen will. Vielmehr ergiebt sich dieselbe recht unmittelbar aus der obigen Erklärung, welche keine andere ist als dass ein zunächst für viele Dinge gebrauchter Ausdruck speciell auf ein bestimmtes Ding oder auf eine bestimmte Klasse von Dingen beschränkt wird.

Dieselben Vocale a, i, u als Erweiterung der Verbalwurzel dienen weiterhin auch zur Adjectivbildung. Das Adjectiv stellt sich durch die ihm zukommende Flexion, durch Casus- und Numerusbezeichnung, auf die Seite des Nomens, nicht des Verbums, aber wenn wir von den ihm freilich unerlässlichen Flexionsendungen absehen, so müssen wir ihm gleichsam eine vermittelnde Stellung zwischen dem Substantivum concretum und dem Verbum zuweisen: dem Verbum wendet es sich insofern zu, als es nicht der Ausdruck für bestimmte Dinge oder bestimmte Classen von Dingen ist, sondern vielmehr von einem jeden Ding gebraucht werden kann, an welchem die dadurch zu bezeichnende Eigenschaft zur Erscheinung kommt; — mit dem Substantivum hat es dies gemein, dass es nicht den Act der Thätigkeit oder der Bewegung bezeichnet, sondern eben eine Eigenschaft, welche ein bleibendes Merkmal auch des in seiner Ruhe befindlichen Dinges ist. Die Verbalwurzel, durch welche wir bezeichnen, dass ein Gegenstand aus dem Zustande des Flüssigen in den des Festen übergeht, und namentlich ein Gegenstand der vegetabilischen Welt seinen Saft, sein lebendiges Grün verliert, ist die Wurzel tars (griech. τέρσ-εται, lat. torr-et, goth. gathairs-ith). Das Gothische besitzt von dieser Wurzel einen durch

u erweiterten zweisylbigen Stamm thaurs-u (unser Adjectivum dürr),
welcher von jedem Gegenstande gebraucht werden kann, um zu bezeichnen, dass das Verdorrt- oder Dürrsein die bleibende Eigenschaft desselben ist.

Ausser den zunächst liegenden Lauten a, i, u werden sodann
noch weitere Lautcombinationen in gleicher Function verwandt. Zunächst nämlich tritt vor den Vocal a, i, u ein Nasal oder Dental
und so entstehen die Nominal- und Adjectivendungen na, ni, nu;
ta, ti, tu, sodann auch die Liquiden r und l: ra, la u. s. w. —
besonders häufig zum Ausdruck für Adjectiva und auch für die von
den Gegenständen abstrahirt gedachten Thätigkeiten und Zustände
die sogenannten Substantiva abstracta. So ist von der obigen
Wurzel thars gothisch das Nomen abstractum thaursthei, unser neu-
hochdeutsches Durst gebildet.

Neben den rein vocalischen Nominalendungen und denjenigen,
in welchen dem Vocal ein Consonant vorausgeht, giebt es auch consonantische Stammendungen der Nomina. Namentlich wird der Nasal
n, der Zischlaut s und die Tenuis t, sehr selten eine andere Muta,
mit einem vorausgehenden Vocale a, i, u an die Wurzel gefügt.
Bisweilen hat eine Stammendung zugleich consonantischen An- und
Auslaut, wie z. B. tar und man. Immer aber sind die ursprünglichen und ältesten Nominalsuffixe einsylbig; zweisylbige Nominalsuffixe gehören erst einer späteren Entwickelungsstufe an und kommen hauptsächlich für die nunmehr zu ckarakterisirenden Nominal-
derivationen vor.

Derivirte Nominalstämme.

Der im Vorausgehenden beschriebene genetische Prozess der
Sprache bestand darin, dass für die sprachliche Bezeichnung eines
Dinges die an ihm vorzugsweise sich manifestirende Thätigkeit oder
Bewegung als Merkmal gefasst wird: „wir bezeichnen ein Ding als
dasjenige, welches sich vorzugsweise als ein gehendes, laufendes,
leuchtendes u. s. w. darstellt, und geben ihm diesen Ausdruck auch
wenn es sich in Ruhe befindet, denn wir wollen es ein für allemal
durch diesen Ausdruck von den übrigen Dingen unterscheiden."

Die Sprache geht nun weiter. Als unterscheidendes Merkmal eines Dinges wird dies gefasst, dass es zu einem anderen, bereits in der obigen Weise bezeichneten Dinge in Zusammenhange steht: es dient dazu dies andere Ding hervorzubringen, oder dies andere Ding befindet sich in ihm u. s. w. Wir wollen dies andere bereits bezeichnete Ding seinem lautlichen Ausdruck nach durch die Formel A+a kennzeichnen, A soll die Wurzel, a die der Wurzel angehängte Nominalendung vorstellen. Es wird also der durch A+a ausgedrückte Begriff als Merkmal jenes ersten Dinges (— wir wollen dasselbe B nennen —) gefasst und von diesem Merkmale geht die Bezeichnung des Dinges B aus. Diese Bezeichnung gewinnt die Sprache nun in ganz analoger Weise, wie sie früher aus der Wurzel A durch Hinzufügung eines erweiternden Suffixes a den lautlichen Ausdruck gefunden hat, d. h. es tritt zu A+a eine fernere Erweiterung b hinzu und das Ding B wird nun seinen lautlichen Bestandtheilen gemäss durch die Formel (A+a)+b zu bezeichnen sein. Das Element b hat ebensowenig an und für sich eine bestimmte Bedeutung wie oben die lautliche Erweiterung a. Es ist nur ein lediglich functionelles Element, der typische Ausdruck dafür, dass A+b zu dem Dinge B in irgend einem bestimmten Verhältnisse steht —: eine Erweiterung des Begriffes um irgend ein Merkmal, um irgend eine Bestimmtheit erfordert die Bereicherung des bereits vorhandenen Wortkörpers um ein neues lautliches Element.

Die Wortformen A+a können wir die primären Nominalstämme nennen, die daraus durch b erweiterten die secundären oder derivirten Nominalstämme. Die indischen Grammatiker bezeichnen die den beiden Klassen von Nominalstämmen eigenthümlichen Suffixe mit bestimmten Namen: das den primären Nominalstamm bildende Element a nennen sie eine Unadi-Suffix, das den abgeleiteten Nominalstämmen eigenthümliche Suffix b heisst bei ihnen Taddhita-Suffix. Wir wollen uns für a und b der Terminologie primäre Stammsuffixe und secundäre Stamm- oder Derivationssuffixe bedienen.

Was nun die zur Nominalderivation verwandten Laute im Einzelnen betrifft, so sind hier ausser den Bildungen mit n und t auch die übrigen Consonanten zahlreich vertreten, insonderheit l und k, fast durchgängig mit einem darauf folgenden Vocale. Da sich durch

den Hinzutritt der Casuszeichen, durch Verdrängung des Primär-
suffixes vor dem Secundärsuffixe und manches andere eine grosse
Zahl von eigenthümlichen Erscheinungen herausstellt, so müssen
wir die spezielle Behandlung der Stammbildung auf einen späteren
Abschnitt aufsparen. Nur dies sei hier noch bemerkt, dass die Secun-
däraffixe häufig auch zur Bestimmung des Masses oder des Grades
gebraucht werden, für augmentative und diminutive Begriffe — die
letzteren hauptsächlich bei Nomina concreta (Substantiva deminu-
tiva), die ersteren bei Adjectiven (Comparativa und Superlativa).

Geschlechtsbezeichnung.

Ein jeder Nominalstamm, mag er der Klasse der Primär- oder
der Derivativbildungen angehören, bezeichnet aber niemals ein ein-
zelnes individuelles Ding, sondern immer nur eine bestimmte Art,
Gattung oder Klasse von Dingen: von jedem Individuum, was dieser Klasse, dieser Gattung von Dingen angehört, kann dieses Nomen
als bezeichnender Ausdruck gebraucht werden. Die Nominalbildung
geht nun darauf hinaus, die in der Sprache auszudrückenden Gat-
tungen von Dingen immer mehr und mehr zu verengern, immer
neue Kategorien von Personen und Gegenständen sprachlich zu unterscheiden. Die äusserste Grenze, bis zu welcher die Nominalbildung vorwärts schreitet in dieser zunehmenden Verengerung der
Gattungsbegriffe ist der Unterschied des Geschlechtsbegriffes. Innerhalb der Gattung wird zunächst nur der Gegensatz des natürlichen
Geschlechtes, des männlichen und weiblichen, unterschieden. Da
das männliche Geschlecht als das überall prävalirende voransteht,
so nimmt es auch die zunächst liegende Form des Nominalstammes
für sich in Anspruch, und die Nominalstämme in der oben charakterisirten Form, in welcher meist der kurze Vocal a, i, u den
Ausgang bildet, sind daher zunächst männlichen Geschlechtes.
Soll nun das weibliche Geschlecht von dem männlichen besonders unterschieden werden, so ist für dasselbe eine von der
zunächst liegenden männlichen lautlich verschiedene Nominalform
nothwendig. Zu diesem Ende wird der kurze Vocalauslaut des
Nominalstammes verlängert, insonderheit wird das auslautende

ă zu ä gedehnt. An sich bedeutet das kurze a ebensowenig wie ä etwas, was mit dem Geschlechtsverhältnisse im Zusammenhange steht, es ist eben nur der Gegensatz, die Differenzirung der Form, die einen bestimmten Gegensatz in ein und derselben logischen Kategorie (der Kategorie des männlichen und weiblichen Geschlechtes) auszudrücken hat. Wir haben hier zunächst nur die Stämme, welche auf den Vocal a ausgehen, genannt. Bei den übrigen vocalischen Stämmen auf i und u ist es wahrscheinlich ursprünglich ebenso gewesen, und in der That finden sich für das Sanskrit noch zahlreiche Stämme auf langes ī und ū mit weiblicher Bedeutung. Im Allgemeinen aber ist in unserer indogermanischen Sprache und namentlich im Germanischen die Verlängerung des i und u zum Ausdruck des weiblichen Geschlechtes aufgegeben worden. Welche Wege hier die Sprache eingeschlagen hat, und ebenso wie bei consonantisch auslautenden Stämmen der Geschlechtsunterschied ausgedrückt wird, kann erst bei der Nominalbildung besprochen werden.

Es darf hier nicht unerwähnt bleiben, dass, wenn auch nicht im Deutschen, so doch wenigstens im Griechischen und Lateinischen, die Verlängerung des auslautenden Vocales auch noch eine andere Function bekommen hat. Die Verlängerung wird nämlich bei den auf a auslautenden Stämmen auch für den Ausdruck des Nomen agentis gebraucht, wie z. B. κριτή-ς, nauta (urspr. nautā-s). Die kurze Form auf tă bezeichnet das Participium passivi d. i. das Prädicat oder Attribut einer Person oder Sache, an welcher die Handlung in passiver Weise zur Erscheinung kommt. Der Gegensatz dazu ist die Person des Thäters: sie ist von derjenigen, welche die Thätigkeit erlitten, durch eine verstärkende Verlängerung des Schlussvocales unterschieden worden. Ich weiss wohl, dass man solche Wörter wie κριτής als Corruption von Stämmen auf τηρ anzusehen pflegt. Aber eine solche Annahme ist nicht blos eine Hypothese, sondern auch eine Hypothese, die sich nicht einmal durch eine Analogie stützen lässt. Es ist ein und für allemal die Pflicht des Sprachforschers bei der thatsächlich gegebenen Sprachform gegenüber sich so conservativ wie möglich zu verhalten und nur wenn ganz bestimmte Indicien vorliegen in ihr die Verstümmelung einer älteren volleren Grundform zu erblicken. Im vorliegenden Falle zwingt uns ganz

und gar nichts, eine ursprüngliche vollere Endung zu statuiren.
Denn wenn der Nominalstamm von κριτή-ς mit dem zu κριτό-ς gehörenden Femininum κριτή identisch ist, so wird diese Identität
nach der im Vorhergehenden gemachten Auseinandersetzung nicht
mehr auffallen: die Kürze des Vocales und die Verlängerung desselben sind Differenzirungen, welche einen Gegensatz innerhalb einer
bestimmten logischen Kategorie bezeichnen und diese logische Kategorie ist einmal der Geschlechtsunterschied, das andere Mal der
Unterschied des Gethanen und des Thäters.

Wir haben bisher immer nur von zwei Geschlechtern, vom
männlichen und weiblichen, gesprochen. Die semitischen Sprachen
sind bei dieser natürlichen Dyas stehen geblieben, viele indogermanische Sprachen kommen in ihrem späteren geschichtlichen Ent-
wickelungsgange auf diese Dyas zurück und auch ursprünglich
muss es in der Genesis der indogermanischen Ursprache eine Entwickelungsstufe gegeben haben, auf welcher nur das männliche und
weibliche Geschlecht durch den Gegensatz des lautlichen Ausdruckes
gesondert wurde: wir werden wenigstens zu einer solchen Annahme
genöthigt, wenn wir, wie wir doch schwerlich umhin können, die
Genesis der Casusflexionen als ein Moment in der Sprachentwickelung
annehmen, welches das Vorhandensein von Nominalstämmen, wenn
auch nur Nominalstämmen von einfacher Bildungsform, zur Voraussetzung haben muss. Das sogenannte neutrale Geschlecht, wie es
logisch dem männlichen und weiblichen nicht coordinirt ist, wird
auch sprachlich nicht durch eine bestimmte Modification des Nominalstammes ausgedrückt. In der Stammbildung fallen die Neutra
vielmehr ganz und gar mit den männlichen Wörtern zusammen,
eine Scheidung dieser Stämme (z. B. der Stämme auf kurzes ä)
in masculine und neutrale Wörter findet bloss in der Casusflexion
statt und zwar auch hier keineswegs für alle Casus, sondern nur
für Accusativ und Nominativ. Worin aber hier der Formunterschied
zwischen dem Masculinum und Neutrum besteht und wie er zu erklären ist, kann erst bei der Declination gezeigt werden.

Die Verbalflexion.

Die bisher besprochenen Momente der Sprachgenesis haben zur Existenz der Verbalwurzeln und der Nominalstämme geführt. Es hat dadurch das Sein an und für sich einen sprachlichen Ausdruck erhalten: die Personen und Dinge können durch den Stamm des Substantivum concretum als die auch in ihrer Ruhe selbständigen und durch bestimmte Merkmale characterisirten Wesen hingestellt werden; durch die Verbalwurzel und ebenso auch durch den Adjectivstamm werden dieselben als die Substrate bestimmter Thätigkeiten, Bewegungen oder Eigenschaften hingestellt. Auf dieser Stufe lässt sich die einfachste Form des nur aus Prädicat und Subject bestehenden Urtheiles aussprechen. Aber für die Beziehungen der Gegenstände zu einander, für die Beziehung der Thätigkeit zum denkenden Ich hat die Sprache auf dieser Stufe noch keinen Ausdruck gefunden. Dies letztere gehört den weiteren Entwickelungsmomenten der Sprache an und es lassen sich dieselben kürzlich folgendermaassen characterisiren.

Hat der sprachbildende Geist in der Wurzel- und Stammbildung lediglich den Erscheinungen der Aussenwelt Rechnung getragen und die Laute sowohl in der Wurzel wie in den Stammsuffixen zur symbolischen Darstellung dessen verwandt, was ihm im Leben der Natur zunächst durch die Sinne vermittelt wird und in seiner Bewegung und Thätigkeit auf ihn einwirkt u. s. w., hat er mit einem Worte sprachliche Ausdrücke gewonnen, die ein Ding an und für sich bezeichnen, so folgt dieser unmittelbaren Hingabe des Geistes an das natürlich Gegebene, welches der frühesten Kindheitsperiode der Sprache angehört, eine zweite Periode der Sprachentwickelung, wo der sprachbildende Geist zum Bewusstsein seiner Individualität gelangt ist, und wo das denkende und sprechende Ich das Verhältniss, welches zwischen ihm und seinem Denken einerseits und dem Leben der Aussenwelt anderseits besteht, zu dem Masstabe macht, nach welchem es neue Kategorien für die bisher ausdrückbaren Begriffe findet. Diese Kategorien verlangen nunmehr ihre lautlichen Exponenten. Das Resultat aller der hierher gehörenden einzelnen Entwickelungsmomente ist die Verbal-

flexion. Habe ich in der Wurzel- und Stammbildung sprachliche
Formen erlangt, welche die Dinge der Aussenwelt an und für sich
als ruhende und bewegte oder bewegende bezeichnen, so bezeichne
ich in der Verbalflexion das als thätig gedachte Sein (Personen
wie Dinge) in seiner Beziehung zu mir selber und meinem
eigenen Denken. Die hierher gehörenden Hauptkategorien sind
folgende: das als thätig gedachte Sein ist mit dem denkenden Ich
räumlich, d. i. persönlich, identisch oder nicht identisch, — die
gedachte Thätigkeit ist mit meinem Denken der Zeit nach identisch oder nicht identisch (ist Gegenwart oder nicht-Gegenwart),
— die gedachte Thätigkeit steht mit dem Denken in causaler
Beziehung oder Nicht-Beziehung (ist ein Modus subjectivus oder
indicativus). Dies sind die drei Hauptkategorien, zu denen dann
noch einige Nebenkategorien hinzutreten; sie näher zu verfolgen
und die Resultate ihrer Verkürzung durch den Laut im Einzelnen
zu bestimmen, muss der weiter folgenden Speciallehre der Verbalformen vorbehalten bleiben. Hier sei blos im Allgemeinen bemerkt,
dass die Laute, welche als Exponenten dieser Kategorien verwandt
werden, dieselben sind wie diejenigen, welche die Function haben, aus
der Wurzel die Nominalstämme zu entwickeln, nämlich die alten drei
Urvocale ä, i, ŭ und die zunächst liegenden Consonanten: der Nasal
und die dentale Tenuis nebst dem dieselbe vertretenden Sibilanten
s. In den uns historisch vorliegenden Sprachen haben diese Laute
häufig ihre ursprünglichen Form geändert, sind wohl auch hier und
da gänzlich schon geschwunden, aber die Vergleichung der indogermanischen Sprachen untereinander setzt uns in den Stand, die
älteste Form zu ermitteln und einem jeden einzelnen Elemente in
der Verbalflexion die ihm eigenthümliche begriffliche Function oder
wie wir sagen können, die Beziehung, welche durch dasselbe ausgedrückt ist, zu erkennen. Nehmen wir als Beispiel das griechische
ἐδίδοντο. Der Fundamentalbestandtheil dieses Wortes ist die reduplicirte Wurzel διδο, deren frühere Form διδα gelautet haben
muss; der in der Endung erscheinende Consonant τ ist das Zeichen,
dass die dritte Person gemeint ist (die durch διδο ausgedrückte
Thätigkeit des Gebens wird einem Sein beigelegt, welches mit dem
die Thätigkeit aussprechenden Ich nicht identisch ist), — der diesem
τ vorausgehende Nasal ν ist Mehrheitszeichen: er drückt aus, dass

das Sein, welchem wir die Thätigkeit zuweisen, nicht eine einzelne
Person oder einzelne Sache ist, sondern dass wir dieselbe zugleich mehreren Personen oder Sachen, mindestens dreien oder auch noch mehreren beilegen (Plural), — das der reduplicirten Wurzel im Anlaut
hinzugefügte *i* (ursprünglich *ă)* bezeichnet, dass die Thätigkeit vor
dem Augenblicke, in welchem sie gedacht und ausgesprochen wird,
zur Erscheinung gekommen ist (Vergangenheit), — das auslautende
o in der vorliegenden Verbalform (ein Ablaut aus ursprünglichem *ă)*
drückt aus, dass die Thätigkeit entweder als eine mediale oder als
eine passive hingestellt wird. — Gebrauche ich statt *ἐδίδοντο* die
Verbalform *δίδονται*, so ist die Wurzel, das Personal- und das
Mehrheitszeichen dasselbe geblieben, nur der Anlaut und der Auslaut des Wortes ist ein anderer geworden und mit der Annahme
anderer Flexionselemente tritt auch eine Aenderung in den durch
die Form ausgedrückten Beziehungen ein. Der als Auslaut angewandte Vocal *ι* nämlich bezeichnet, dass die Thätigkeit des Gebens
als eine solche hingestellt wird, welche der Zeit nach mit dem
Denken identisch ist (sie fällt in den Augenblick des Denkens, ist
Gegenwart). Dem *ι* geht der Vocal *α* voraus; dieser ist, wie die
griechische Sprache uns vorliegt, von dem Vocale, welcher in dem Worte
ἐδίδοντο auf das *τ* folgt, verschieden, aber ursprünglich war keine
Verschiedenheit vorhanden, denn auch das o in *ἐδίδοντο* war ursprünglich ein *ă*, und das *ă* in *δίδονται* hat demzufolge mit dem
o in *ἐδίδοντο* dieselbe grammatische Function: es ist der Ausdruck
der medialen oder der passivischen Thätigkeit.

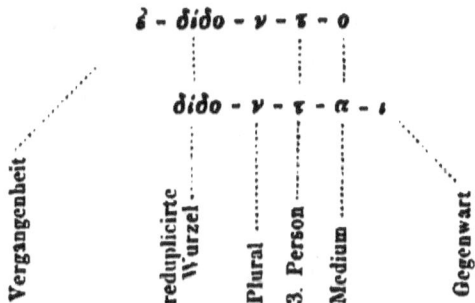

Ausser dem durch die reduplicirte Wurzel ausgedrückte Thä-
tigkeitsbegriffe werden durch die zu ihr hinzukommenden Flexions-

elemente sowohl in *ἐδίδοντο*, wie in *δίδονται* je vier Beziehungen
ausgedrückt. Für „Beziehungen" sagen wir lieber „Bestimmtheiten",
denn der Wurzelbegriff ist, wenn er auch eine ganz bestimmte
Thätigkeit zu seinem Inhalt hat, z. B. die Thätigkeit des Gebens,
immer noch ein allgemeiner, ein abstracter Begriff: das Verhältniss der Thätigkeit zur Person des denkenden Ich, zur Zeit des
Denkens u. s. w. ist in dem durch die Wurzel ausgedrückten
Begriff noch völlig unberücksichtigt. Durch die hinzutretende Endung aber wird der Wurzelbegriff ein bestimmterer, er wird aus
seiner Allgemeinheit herausgehoben, ist zur Zeit, zur Person des
Denkens in Zusammenhang getreten, er ist aus einem völlig abstracten ein concreterer Begriff geworden. Das begriffliche Moment,
welches ihn in jedem einzelnen Falle zu einem concreteren, einem
bestimmteren macht, dürfen wir daher mit Recht eine zu dem
allgemeinen Wurzelbegriffe hinzukommende Bestimmtheit nennen.

Im Allgemeinen lässt sich nun das Wesen der zunächst an den
Beispielen *ἐδίδοντο* und *δίδονται* erläuterten Flexionen folgendermaassen auffassen, dass wir sagen: die Bereicherung des Wurzelbegriffes um eine Bestimmtheit führt jedes Mal zu der Bereicherung
der Wurzelform um einen Laut, der sowohl einer der Vocale a, i,
u, wie auch einer der zunächst liegenden Consonanten, ein Nasal
oder eine Dentalmuta resp. Zischlaut sein kann. An sich besteht
ganz und gar kein Zusammenhang zwischen der Bedeutung eines
dieser Laute und der begrifflichen Bestimmtheit, die derselbe in
der Verbalflexion ausdrückt: das schliessende *ι* in *δίδονται* hat an
und für sich gar nicht mit der Gegenwart zu thun, das *τ* bedeutet an sich schlechterdings keine dritte Person, so wenig das vor
ihm erscheinende *ν* mit dem Begriffe des Vielfachen oder der Mehrheit etwas zu thun hat; vielmehr entsteht eine Congruenz dieser
Laute mit den durch sie ausgedrückten Begriffsbestimmtheiten erst
innerhalb der Verbalflexion. Alle diese Begriffsbestimmtheiten nämlich, welche durch Conjugationsflexionen ausgedrückt sind, bilden
unter sich ein nicht zufälliges, sondern nothwendiges System von
Kategorien und zwar so, dass jede einzelne Begriffsbestimmtheit
innerhalb dieses Systemes eine genaue, feste Stelle hat; die eine
ist die erste, eine andere die zweite, eine andere die dritte Bestimmtheit — es ist dies ihre dialectische Reihenfolge, wenn wir

hier das Wort Dialectik in dem Sinne Plato's gebrauchen dürfen:
es sind Bestimmtheiten, die in einem festen dialectischen oder logischen Zusammenhang stehen, die unter einander eine continuirliche Kette bilden und in ihrer logischen Genesis ein fortwährendes
Aufsteigen von grösserer Begriffsallgemeinheit zu einem immer
wachsenderen Begriffsreichthum repräsentiren. Wir behaupten nicht,
dass die ältesten zuerst indogermanisch sprechenden Menschen zugleich diejenigen Geister sind, welche jene Begriffsbestimmtheiten in ihrem dialectischen Zusammenhange gedacht, welche
nach den Kategorien des Raumes, der Zeit, der Causalität, nach
den Gegensätzen des Ich und den Nicht-Ich ein logisches oder wir
können auch sagen ein metaphysisches System sich ausgedacht
haben, — sie werden sich der ihrem Sprechen zu Grunde liegenden Kategorien wohl so wenig bewusst geworden sein wie die anorganischen Substanzen, welche da, wo sie zu festen Massen
sich gestalteten, in ihrer Krystallisirung festen Kategorien eines
mathematischen Denkens gefolgt sind. Das vorige Jahrhundert
beantwortete die Frage, ob die Sprache ein Product des menschlichen oder des göttlichen Denkens sei in der Weise, dass sie in
ihr gleichsam einen höchsten Triumph für die Freiheit des menschlichen Geistes erblickte: frei aus den Händen seines Schöpfers entlas-
sen, habe der Mensch ohne weitere Abhängigkeit von demselben, ganz
seinem eigenen äusseren und geistigen Bedürfnisse folgend, sich selb-
ständig und aus eigenen Mitteln seine Sprache erschaffen. Diese
von den denkendsten Köpfen der vergangenen Jahrhunderte mit
grosser Begeisterung vertretene Ansicht ging von der Meinung aus,
dass die Sprache zugleich mit dem weiteren Fortschritte des menschlichen Geistes sich bereichere und veredele: sie sei in den ersten
Anfängen der Menschheit noch eine unvollkommene, dem damaligen
beschränkten Gedankenkreis entsprechende gewesen und erst allmählig habe sie sich im Fortschritt der Kultur und Geschichte aus
ursprünglicher Armuth und Rohheit emporgearbeitet. Das weiss
unser Jahrhundert nun besser. Gerade in der vorhistorischen Zeit,
als die Vorfahren von uns stammverwandten indogermanischen Völkern noch ein von Kultur unberührtes, im philosophischen Denken
sich noch nicht abmühendes, einheitliches Volk bildeten, gerade damals war ihre Sprache in Beziehung auf Wurzeln und Flexionen

am reichsten; je mehr die Völker ein eigentliches Kulturleben entwickeln, je grösser ihr geistiger Gesichtskreis wird, je speculativer
ihr Denken, um so mehr wird die sinnliche Fülle und Mannigfaltigkeit der alten Flexionsendungen als ein die Leichtigkeit und Raschheit des Lebens und Denkens hindernder Ballast abgeworfen, dessen
man ohne Schaden entrathen kann. Jetzt genügt wieder vielfach
die blosse einsylbige Wurzel, wo die frühere Sprache mannigfache
logische Bestimmtheiten des Wurzelbegriffes durch scharf sich son-
dernde lautliche Exponenten geschieden hat. In ihrer späteren
Geschichte wird die Sprache immer mehr eine Sache des blossen
Bedürfnisses, ursprünglich aber ist sie weit entfernt davon, ein
blosser Nothbehelf für gegenseitige Verständigung zu sein, sie ist
vielmehr wesentlich Selbstzweck, sie gleicht nicht dem zum Schutze
gegen Nässe und Kälte erbauten Wohnhause der indogermanischen
Urzeit, sondern ist ein mit dem grössten Luxus, mit verschwenderischer
Pracht, mit reichster Ornamentistik ausgestattetes architektonisches
Kunstwerk, in welchem aber überall der von freigiebigster Hand ver-
schwendete ornamentistische Schmuck den strengsten Gesetzen archi-
tektonischer Logik und Aesthetik folgt. Das bewusste Denken unserer indogermanischen Urväter ist es nicht allein, aus welchem dies
Kunstwerk hervorgegangen ist. Wir geben zu, dass es nicht gleich im
Anfange der ersten Sprachen vollendet dastand, dass nicht alle Formen,
nicht alle architektonischen Glieder gleich beim ersten Beginne der
menschlichen Lebensäusserungen vorhanden waren, dass es nicht innerhalb der ersten Generation zu Stande kam, sondern erst vielleicht in
der zweiten oder auch in einer späteren Generation vollendet dastand.
Aber die logischen constructiven Kategorien, nach welchen die Indogermanen ihren Sprachbau aufgeführt haben, das sind dieselben
Kategorien, wie sie überhaupt in dem Kosmos, im Makrokosmos
wie im Mikrokosmos walten, wie sie dem siderischen und den verschiedenen Formen des tellurischen Lebens, dem anorganischen, dem
vegetativischen, dem animalischen Dasein zu Grunde liegen. Unsere
indogermanischen Urväter sind diesen Kategorien, diesen der Sprachbildung zu Grunde liegenden Gesetzen gerade so unbewusst gefolgt,
wie da, wo sie zur Erhaltung ihres Körpers zur ersten Nahrung
griffen, wo der erste Indogermane zum ersten Male die Indoger-
manin mit der Wärme in die Arme schloss. die, ihm noch unbe-

wusst, einen Menschen wie er selber war hervorbringen sollte. Diese beiden Thaten im physiologischen Leben des Menschen sind es, mit denen .. ¹⁄₂ Entstehung der Sprache in die nächste Analogie stellen n... .: trennch, ist ... älteste Sprache zum guten Theil ein Product seiner eigenen Thätigkeit, so gut, wie das Kind nur durch die Thätigkeit des Vaters und der Mutter in das Leben treten kann; aber ebenso wie das Kind sich nach Bildungsgeschen, an denen weder Vater noch Mutter Antheil haben, im mütterlichen Leibe gestaltet, ebenso stammen die Kategorien der Begriffsbestimmtheiten, die sich in der Materie der Laute zum organischen Wort krystallisirt haben, nicht von den Menschen her, welche diese Wortform zum ersten Male ausgesprochen haben, ja es ist sich der redende Mensch derselben ebenso wenig bewusst geworden, wie die Mutter der Gesetze, nach welchen sich das Embryon in ihr gestaltet. Ihr Körper hat demselben lediglich den materiellen Nahrungsstoff zu gewähren: wie sich daraus das neue Leben bildet, ist nicht der Mutter Sache. So hat auch die Physiologie des menschlichen Körpers, die Physiologie der Stimmorgane die Laute zu gewähren, die als die Träger von begrifflichen Bestimmtheiten dienen sollen; aber diese begrifflichen Bestimmtheiten, diese logischen Kategorien im Zusammenhange ihres Systemes sind dem Menschen unbewusst, und wenn er sie in Laute umsetzt, so folgt er hier ebenfalls unbewusst lediglich einer ebenfalls von ihm nicht herstammenden physiologischen Macht, nämlich der Natur seiner Sprachorgane, deren Resultat κατὰ δύναμιν schon seinem Körper mitgegeben sind, auch wenn sie κατ' ἐνέργειαν erst durch seine eigene Thätigkeit zur vollen Wirklichkeit werden.

Dieselbe Macht, die den ganzen Kosmos nach Denkgesetzen aus dem indifferenten ἐκμαγεῖον gestaltet hat, indem sie, wie Plato sagt, den Inhalt ihres Denkens, die ewigen geistigen Urbilder in dem materiellen Stoffe sich ausprägen lässt und hierdurch die der fortwährenden Veränderung anheim gegebenen stofflichen Abbilder der geistigen Urbilder erzeugt, dieselbe göttliche Macht hat auch in dem Ekmageion der von der menschlichen Stimme hervorzubringenden Laute die logischen Kategorien ihres eigenen Denkens ausgeprägt und auch hier für die ewigen geistigen Urbilder, die der Veränderung und der endlichen Vernichtung anheim gegebenen laut-

lichen Abbilder oder, wie wir ebenfalls sagen können, lautlichen
Gegenbilder hervorgerufen. In der Dialektik des göttlichen Denkens besteht ein strenger Zusammenhang der logischen Kategorien,
jede einzelne Begriffsbestimtheit nimmt je nach der Ordnung ihre
bestimmte Stellung ein. Eine eben solche Ordnung besteht innerhalb der von der menschlichen Stimme zunächst hervorzubringenden
Laute. Die menschliche Stimme hat von Anfang an die Fähigkeit, auch die Vocale ĕ und ŏ und œ und oi u. s. w. hervorzubringen, aber diese Fähigkeit ist in den ersten Generationen der
Indogermanen eben nur eine δύναμις, die gleichsam noch schlum-
mert und noch nicht zum Leben erweckt ist, denn in Wirklichkeit,
κατ' ἐνέργειαν spricht der alte Indogermane von vocalischen Lauten
nur die drei Laute ă, ĭ, ŭ: sie sind zunächst kurz, aber er kann sie
auch verlängern, er kann auch das ă mit folgendem ĭ oder ŭ zu
einem ai oder au verbinden. Ueber diese Laute hinaus erstreckt
sich sein Vocalbestand noch nicht. Von ihnen ist ă der seinen
Sprachorganen zunächst liegende Laut, wie denn auch in den indogermanischen Sprachen seine numerische Vertretung unvergleichlich
grösser ist, als die der beiden andern Grundvocale ĭ und ŭ. Daher
ist es dieser zunächst liegende Vocal ă, welcher das lautliche Abbild
wird für ein solches logisches Urbild des göttlichen Denkens, welches
innerhalb einer bestimmten logischen Kategorie die zunächst liegende Begriffsbestimmtheit ist; der den Sprachorganen ferner liegende
Vocal ĭ wird das Abbild für ein in der dialektischen Ordnung der
logischen Urbilder zunächst folgendes Moment; der dritte und am
weitesten abliegende Vocal ŭ wird das Abbild für ein drittes logisches
Moment, welches sich in der dialektischen Kette der Begriffsbestimmtheiten zunächst an das durch ĭ dargestellte zweite Moment anschliesst. Auch der den ältesten Indogermanen zu Gebote stehende
Consonantenbestand ermangelte noch mancher Laute, welche erst
in der späteren historischen Zeit auftreten, doch vermögen wir das,
was hier der frühesten Zeit an Consonanten zu Gebote stand, nicht
mehr vollständig anzugeben. Eine dem ă, ĭ, ŭ analoge Function, nämlich als Abbilder logischer Bestimmtheit zu dienen, haben hauptsächlich nur zwei Consonanten oder wenn wir wollen zwei Consonantenclassen, nämlich einmal der Nasal (n. m), sodann die dentale muta,
welche zunächst in der tenuis-Form (t) verwandt wird, aber auch

häufig mit der dentalen Aspirata und fast noch häufiger mit dem
harten dentalen Zischlaut s wechselt. Gutturale und labiale Consonanten (die letzteren mit Ausnahme des labialen Nasals m) haben
nur eine secundäre und untergeordnete functionelle Bedeutung im
Flexionssysteme der indogermanischen Sprachen. Jene beiden an
erster Stelle stehenden Consonanten oder Consonantenclassen verhalten sich zu einander in derselben Weise, wie sich ă zu ĭ verhält:
der Nasal ist der den Sprachorganen näher liegende, die dentale
Muta und Sibilans der ferner stehende Consonantenlaut, jener wird
daher im Flexionssystem das Abbild eines in der dialektischen Reihe
der Begriffsbestimmtheiten näher liegenden, die dentale Muta oder
die sie vertretende dentale Sibilans der Ausdruck eines ferner liegenden Momentes.

Ich glaube hiermit das Grundgesetz für die Flexionsgenesis
aller wirklich flektirenden Sprachen ausgesprochen zu haben. Die
semitischen Sprachen wenigstens verfahren hier im Allgemeinen
ganz auf dieselbe Art und Weise wie die indogermanischen, denn
wenn auch im Einzelnen diese beiden Sprachfamilien fast niemals
darin übereintreffen, dass sie ein und dieselbe Begriffsbestimmtheit
durch ein und dasselbe Flexionszeichen ausdrücken, so lässt sich
doch auch im Semitischen deutlich genug erkennen, dass namentlich die drei ursprünglichen Vocale ă, ĭ, ŭ dieselbe Verwendung wie
im Indogermanischen haben und in demselben Fortschritte der Scala
wie dort die verschiedenen Momente derselben logischen Kategorie
bezeichnen, aufsteigend von dem zunächst zu bezeichnenden Momente bis zu demjenigen, für welches die Nothwendigkeit der lautlichen
Bezeichnung am fernsten liegt. Es kommt vor, dass dieselbe Begriffsbestimmtheit, welche im Indogermanischen durch den zunächst liegenden Consonanten ausgedrückt wird, auf dem Gebiete des semitischen
in dem zunächst liegenden Vocale ihren lautlichen Exponenten findet.

Wir sind bei Gelegenheit gerade der Verbalflexionen auf das
allgemeine Verhältniss zwischen Begriffsbestimmtheit und lautlichem
Exponenten um desswillen eingegangen, weil in der Verbalflexion
sich überhaupt der grösste Reichthum von Endungen und dem entsprechend von logischen Kategorien zeigt. Aermer ist die Sprache
in der Flexion der Nominalstämme, welche wir nunmehr kürzlich
ihrer allgemeinen Bedeutung nach zu überblicken haben.

Die Nominalflexion.

Wir müssen die Nominalflexion gegenüber der Wurzel- und Stammbildung und gegenüber der Verbalflexion als die dritte Stufe in der Genesis der Sprache ansehen. Auf der ersten Stufe sind die Dinge und Personen a n u n d f ü r s i c h bestimmt worden, wenn ihnen das denkende Ich einen lautlichen Ausdruck verlieh (Wurzeln und Stämme). Durch die in der zweiten Stufe (Verbalflexion) gewonnenen Ausdrücke hat das denkende Ich die als thätig bezeichneten Dinge und Personen in Beziehung zu seinem eigenen Denken gesetzt. In der dritten Stufe der Sprachentwickelung werden dieselben im Verhältnisse zu e i n a n d e r bestimmt, indem die Nominalstämme in ganz analoger Weise durch hinzutretende Laute erweitert werden, wie dies in der vorausgehenden zweiten Stufe bei der Verbalflexion der Fall war. Das Resultat dieses dritten Sprachprocesses sind die Casusformen. Auch hier treten wieder die bei der Verbalflexion in Anspruch genommenen Consonanten und Vocale als die functionellen Träger der verschiedenen Casusbestimmtheiten auf. Auch hier sollte man wieder die Kategorien des Raumes, der Zeit und der Causalität erwarten: sie sind auch in der That für die Declination nicht minder vorhanden wie für die Conjugation, aber in der Declination haben sich diese Kategorien bei weitem nicht mit der Schärfe wie in der Conjugation ausgeprägt. Der Grund hiervon ist hauptsächlich darin zu suchen, dass die fundamentalen Wortbestandtheile, von welchen in der Conjugation die weitere Entwickelung ausgeht, fast durchweg eine Bewegung oder Thätigkeit ausdrückt; somit ist die Verbalflexion die nähere Bestimmtheit des im geistigen und sinnlichen Dasein sich manifestirenden b e w e g t e n L e b e n s. Dagegen haben die der Declination zu Grunde liegenden Stämme, die Nominalformen, wenn auch deren Wurzeln ursprünglich gerade so eine Thätigkeit ausdrücken wie die Verbalwurzeln, dennoch für das Sprachbewusstsein diese ihre ursprüngliche Bedeutung verloren, sie bezeichnen die in ihrer Ruhe selbständigen und von einander verschiedenen Dinge oder Personen, oder, sofern sie Adjectivstämme sind, drücken sie Eigenschaften der Dinge und Personen aus, wobei ebenfalls zu-

nächst an einen ruhigen Zustand zu denken ist. Wo aber ein
wirkliches Leben, ein selbständiges, thätiges Hervortreten, eine Bewegung fehlt, da können auch die Kategorien des Raumes, der Zeit
und der Causalität nur eine untergeordnete Bedeutung haben.

Ausserdem ist es auch wahrscheinlich, dass in den uns vorliegenden indogermanischen Sprachen der frühesten Periode die
Casusflexionen sich ihrer ursprünglichen, ihrer ur-indogermanischen Bedeutung viel mehr entäussert haben als die Verbalflexionen. Der Reichthum lautlicher Exponenten ist auch in der indogermanischen Declination ausserordentlich bedeutend, aber in ihrer
functionellen Bedeutung fallen zwei oder auch mehrere ursprünglich verschiedene Casusformen gar häufig zusammen, und gerade
hierin differiren die uns vorliegenden indogermanischen Sprachen
mehr als in irgend einem anderen Puncte der Grammatik. Wie
wird z. B. der Dativ des Griechischen so sehr verschieden vom lateinischen gebraucht? Das Griechische kann seinen Dativ υἱῷ, ἀδελ-
φῷ mit localen Präpositionen verbinden, das Lateinische niemals,
obgleich dessen Dative: filio, fratri in ihrem Flexionselemente ganz
und gar mit jenen griechischen Dativen übereinstimmen. Etwas, was
die Nominalflexion mit der Verbalflexion gemeinsam hat, ist die
Bezeichnung der Mehrheit (Plural und Dual). Die zunächst liegende
Form, welche sich in der Declination ergiebt, drückt das einmalige
Vorhandensein aus. Will die Sprache bezeichnen, dass zwei oder
mehrere Personen oder Sachen gemeint sind, so muss die zunächst
liegende, singulare Form durch ein hinzutretendes lautliches Moment
erweitert werden und eben diese erweiterte Form ist der Plural oder
Dual. Die Mehrheitzeichen sind sowohl beim Verbum wie beim
Nomen hauptsächlich aus der Zahl der im Indogermanischen für
die Flexionen verwendbaren Consonanten genommen: der Nasal und die
mit dem Zischlaute vertauschbare dentale Muta. Viel seltener sind
vocalische Elemente für Dual und Plural verwandt, aber sie sind
wenigstens mit Sicherheit nachweisbar und mögen in der frühesten
Sprachperiode häufiger gewesen sein.

Indess dürfen wir aus dem später näher Darzustellenden hier
wohl noch dies anticipiren, dass die Scheidung vom Dual sowohl
beim Verbum wie beim Nomen nicht mit der hier wohl zu erwartenden Consequenz durchgeführt ist. Man hätte z. B. von den bei-

den für das Mehrheitsverhältniss verwandten Consonanten (Nasal
und Dental) den einen für den Plural, den andern für den Dual
fixiren können — dies wäre z. B. der Tempus-, der Modus-, der Personalbezeichnung analog gewesen. Aber beide Consonanten werden
sowohl für die eine wie für die andere Mehrheitsform gebraucht, ja
es kommt vor, dass Dual und Plural (z. B. in der zweiten Person
des Verbums) dadurch unterschieden werden, dass für den Plural eine
bereits ihrer vollen Endung verlustig gegangenen Form gewählt worden ist und zwar so, dass gerade in dieser Verstümmelung der
characteristische Unterschied der Pluralform von der entsprechenden Dualform besteht. Dies weist uns darauf hin, dass die Unterscheidung des Plural vom Dual eine der allerspätesten Thaten in
der Genesis der Sprachflexion ist und dass sie zum völligen Abschluss erst in einer Zeit gekommen ist, in welcher der Process der
Abschwächung der Flexionsform sich bereits einzustellen begann.

Rückblick.

Wir haben bisher die Entwickelung der Bewegungs- oder
Thätigkeitswurzel zum vollständig flectirten Worte überblickt und
hierbei zugleich die Sonderung der verschiedenen Classen, in welche
die Begriffswörter zerfallen, in ihrer Genesis dargestellt. Freilich
mussten wir uns darauf beschränken, den ganzen Process hier
in seinen allgemeinsten Phasen darzustellen; auf Beweise und De-
ductionen im Einzelnen konnten wir uns nicht einlassen, da wir
dieselben für die später folgenden Abschnitte aufsparen müssen,
aber es wird nicht überflüssig sein, für diese Entwickelung der Begriffswörter auch noch folgenden Gesichtspunkt hervorzuheben.

Es lassen sich drei Hauptperioden der Sprachgenesis unterscheiden, von denen die erste zur Wurzel- und Nominalstammbildung,
die zweite zum System der Verbalflexionen und die dritte zum
System der Nominal- (Adjectiv-) Flexionen geführt hat (S. 98.) Doch
dürfen wir diese drei Stufen nicht so fassen, als ob eine jede frühere
von ihnen die ihr angehörigen Sprachelemente zum vollen Abschlusse
gebracht hätte, ehe die auf sie folgende Periode eintrat; insbesondere dürfen wir nicht annehmen, dass die sämmtlichen Wurzelformen, die sämmtlichen primären und derivirten Nominalstämme in

der indogermanischen Ursprache vorhanden gewesen wären, ehe die
Conjugation begann, in welcher das denkende Ich seine Beziehungen zum Thätigkeitsworte durch lautliche Exponenten, durch Per-
sonal-, Tempus- und Modus-Bezeichnung ausdrückte. Was nämlich
die primären und derivirten Nominalstämme anbetrifft, so ist die
in ihnen stattfindende Erweiterung der Wurzel (beziehungsweise
des Nominalstammes) durch ein hinzukommendes vocalisches oder
consonantisches Affix principiell derselbe Process wie die in der
Conjugation und Declination stattfindende Erweiterung der Wurzel
oder des Stammes durch lautliche Exponenten. Ein Unterschied
aber besteht darin, dass von den Flexionszeichen der Conjugation
und Declination ein jedes ein ganz bestimmtes Moment irgend
einer logischen Kategorie, z. B. die Gegenwart oder die dritte
Person oder den Nominativ bezeichnet, während in der Bildung der
Stämme oft eine grössere Zahl verschiedener, wenn auch verwandter
Affixe ein und dieselbe Bedeutung hat, z. B. die Bedeutung des
Nomen abstractum (Thätigkeitswortes). Gerade in den Anfängen
der Sprachgenesis sollte man so viel wie möglich eine scharfe Congruenz von lautlichen Exponenten und den durch sie bezeichneten
Begriffsbestimmtheiten voraussetzen, nicht aber eine Fülle von verschiedenen, aber in der Bedeutung ganz und gar identischen Elementen. Eine solche Fülle finden wir z. B. in der Numerus-Bildung,
die wir, wie schon oben bemerkt, gewichtige Gründe haben, erst
in eine verhältnissmässig späte Stufe der Sprachentwickelung zu
setzen. Und noch grösser ist sie in den Infinitivformen, deren
volle Ausbildung wir ebenfalls zu den spätesten Ergebnissen der
Sprachbildung rechnen müssen. Nach alle dem ist es diesen Thatsachen zufolge wohl am sichersten anzunehmen, dass im Anfange
nur die einfachsten Nominalstämme gebildet wurden. Die Nomina
abstracta werden zum grössten Theile, was ihre Stammbildung anbetrifft, einer Zeit anzuweisen sein, wo bereits die Formen des
Verbum finitum vollständig ausgeprägt waren, ebenso ist es auch
wahrscheinlich, dass die sämmtlichen secundären Nominalstämme,
einerlei ob sie Substantiva concreta oder abstracta bezeichnen, oder
ob sie der Adjectivbildung angehören (Comparative und Superlative)
das vollständige Dasein der dem Verbum finitum angehörigen Formen voraussetzen.

Vielleicht giebt der Gesichtspunkt, ob eine die Wurzel erweiternde Endung in die Kategorie der consonantischen oder vocalischen Flexionselemente gehört, ein Indicium für die Stellung, welche
eine Form in der Genesis der Sprachentwickelung in Beziehung auf
das prius oder posterius einnimmt. Die den übrigen Verbalflexionen
zu Grunde liegenden Elemente sind die das Personalverhältniss
ausdrückenden Consonanten (der Nasal und der mit dem Zischlaut
zu vertauschende Dental). Mit der Anfügung dieser consonantischen
Elemente beginnt das System der Verbalflexionen. Weshalb aber wird
hier die Reihe der Consonanten und nicht vielmehr die Trias
der Vocale ă, ĭ, ŭ in Anspruch genommen? Das muss seinen Grund
darin haben, dass in einer unmittelbar vorausgehenden Entwickelungsphase der Sprache der Vocal als erweiterndes Lautmittel bereits seine Verwendung gefunden hatte. Dies lässt sich auf zweierlei
Weise denken, entweder: es gab bis zu dem Augenblicke, wo das
Personalverhältniss bezeichnet wurde, nur solche Wurzeln, welche
auf einen Vocal ausgingen, Wurzeln wie da geben, tha machen,
sta stehen, i gehen. Weil der Vocal hier den Wurzelschluss bildete, so war es fast nothwendig, eine zum Ausdruck einer ferneren
Bestimmtheit der Wurzel dienende Erweiterung zunächst auf dem Gebiete der Flexionsconsonanten erfolgen zu lassen. Oder aber:
es bestanden vor dem Auftreten der Personalbezeichnung auch schon
consonantisch schliessende Wurzeln, z. B. as sein, sad sitzen, ad
essen, es bestand aber auch schon die einfachste Form der zweisylbigen Nominalstämme, d. h. es waren die consonantisch auslautenden Wurzeln durch den Hinzutritt eines ā oder i oder ŭ bereits
zum Ausdruck von Dingen verwandt worden als deren auch in der
Ruhe sich manifestirendes Merkmal die Beziehung zu der durch
die Wurzel ausgedrückten Thätigkeit aufgefasst wurde. Da man
also, ehe das thätige Ich, das thätige Du u. s. w. ausgedrückt
wurde, den vocalischen Auslaut der Wurzel für den Ausdruck des
Nominalstammes verwandt hatte, so musste man sich nothwendig
zum Ausdruck des Personalverhältnisses an die Reihe der Consonanten (m und t) wenden.

Um dies „entweder ... oder" zu entscheiden', haben wir freilich keine directen Argumente, aber immerhin lässt sich ein indirectes
Inductionsverfahren einschlagen. Dass eine mit vielen Consonanten

beladene Wurzel, wie z. B. στρεφ, κτυπ, στιλβ, erst später in der
Sprache der alten Indogermanen aufgetreten ist, ehe sie das Ich
und Du beim Verbum bezeichnet haben, wird wohl jeder gern zu-
geben. Aber sollten sie in der That blos vocalisch auslautende
Wurzeln vor dem Eintreten jener Entwickelungsphase besessen
haben? Sollte nicht auch die Existenz von Wurzeln, wie ad essen,
as sein, äs sitzen, früher sein? Da diese Wurzeln gerade so, wie
jene vocalisch auslautenden Wurzeln, nämlich ohne die Einschaltung
eines Bindevocales flektirt werden, so wird es wahrscheinlich, dass
wenigstens einzelne consonantisch auslautende Wurzeln ebenso gut
wie die vocalisch auslautenden zu den Bestandtheilen des wurzelhaften Sprachschatzes gehörten, welcher die Voraussetzung für die
erste Entwickelungsphase der Conjugation bildet, und daraus wird
dann weiter folgen, dass in der Sprache der Indogermanen die
Consonanten m und t deshalb die Funktion des Personalverhältnisses überkommen haben, weil die Trias der Vocale ä, i, ü zur Bildung der Nominalstämme verwandt waren.

Wird es hiernach erlaubt sein, das historische Nacheinander in der Sprachgenesis für diejenigen Momente zu markiren,
welche durch ihre Form am geeignetsten sind, dem Sprachforscher einen Blick in die geheimnissvolle Werkstatt für die Entwickelung der Sprachform zu verstatten, auch wenn dem forschenden
Auge hier keineswegs die scharfen Instrumente mikroskopischer
Beobachtung zu Gebote stehen, mit denen der Physiologe im Reiche
der materiellen Erscheinungen operirt? Ich selber lege der Bestimmung dieses chronologischen Nacheinander für jetzt noch keineswegs die Bedeutung bei, wie dem Aufdecken der ursprünglichen
Form, welche dem Flexionslaute eigen war, und der logischen Function, für welche er gleichsam als körperliches Abbild dienen soll.
Eine gesichertere Antwort auf die hier angeregte Frage wird, denke
ich, dann gegeben werden können, wenn uns der faktische Thatbestand in Betreff der ur-indogermanischen Wurzeln und primären
Nominalformen vollständig vorliegt. Für jetzt also muss ich mich
darauf beschränken, nur auf die Hauptmomente in der Sprachgenesis
einzugehen und auch hier ihr chronologisches Nacheinander keineswegs
als etwas mir selber unumstösslich Feststehendes festzustellen, sondern
nur als eine Hypothese, die wenigstens derjenige als ansprechend

bezeichnen wird, welcher dem von mir im Vorausgehenden eingeschlagenen Erklärungswege der Sprachgenesis nicht gar zu abhold ist.

Spätere Ableitungen. Zusammensetzungen.

Glaubten wir einen Grund zu haben, die secundären Nominalstämme, welche in der Erweiterung eines primären Nominalstammes mit einem Ableitungssuffixum bestehen, für Producte einer verhältnissmässig späten Epoche ansehen zu müssen, so werden wir dasselbe noch entschiedener von zwei anderen Arten der Ableitung behaupten können.

Die eine enthält die von Nominalstämmen, sei es von Substantiven oder Adjectiven abgeleiteten Verba. Die Personal-, Tempus-, Modus-, Numerus-Flexion u. s. w. tritt hier an den seiner Casusendung entblössten Nominalstamm; dabei werden die Endungen gewöhnlich in der Weise angefügt, wie sie zur Bildung des Causativum, Passivum und anderer derartigen Verbalstämme gebraucht werden; viel seltener kommt es vor, dass ein Nominalstamm die nämlichen Verbalendungen annimmt, welche zur Flexion der unmittelbaren Wurzel dienen. Zugleich erleidet der Nominalstamm in dieser Umbildung zum denominativen Verbum manche Verstümmelungen, indem sehr häufig das auslautende Nominalstammsuffix vor den Verbalendungen verloren geht.

Das Princip dieser Bildung denominativer Verba, welches wir hier kürzlich angedeutet haben, muss zwar schon in der Zeit, wo die indogermanischen Völker noch eine Einheit unter sich bildeten, aufgekommen sein, aber entwickelt und durchgebildet ist es erst nach der Zeit der Sprachtrennung. Daher kommt es, dass den indogermanischen Sprachen oder auch nur mehreren derselben fast nicht ein einziges Verbum denominativum gemeinsam ist. Um so mehr aber wuchert in jeder einzelnen abgetrennten indogermanischen Sprache eine nie erlöschende Triebkraft gerade auf diesem Boden der abgeleiteten Verba: selbst die neuesten Sprachen vermögen hier bildungsfähig aufzutreten und in unserem Hochdeutschen hat sich mancher hervorragende Vertreter der Literatur die Freiheit genommen, solche Verba zu bilden, ohne dass er befürchten muss, von seinen Lesern nicht verstanden zu werden.

Die zweite Art von späteren Derivationsbildungen umfasst Nomina, welche weder von Verbalwurzeln, noch von primären Nominalstämmen, sondern von secundären Verbalstämmen und den nach ihrer Analogie gebildeten Denominativverben, welche wir soeben berührt haben, abgeleitet sind.

Zu diesen Deverbalien gehören Participien und Infinitive wie amans, amatus, amare, amatu, nebst den Nomina agentis und actionis wie amator u. s. w., — alles Bildungen, welche in Beziehung auf das wortbildende Element in dieselbe Kategorie fallen, wie die primären Nominalstämme, aber um desswillen einer späteren Bildungsstufe angehören, weil diese Suffixa nicht unmittelbar an die Wurzel, sondern an eine secundäre Stammform derselben antreten.

Auf dieselbe Entwickelungsstufe mit den hier besprochenen denominativen Verben und deverbalen Substantiven haben wir die durch Composition entstehende Wortbildung zu setzen. Am frühsten wird dieselbe wohl auf dem Gebiete der Nominalbildung aufgetreten sein und schliesst sich insofern zunächst an die secundären Nominalstämme an. Diese letzteren bestanden darin, dass man ein bereits durch einen primären Nominalstamm bezeichnetes Ding als das Merkmal eines anderen noch zu bezeichnenden Dinges hinstellte und mithin das letztere in der Weise bezeichnete, dass man jenes erste als Merkmal aufgefasste Ding mit einer erweiternden Endung versah. Die Composition der Nomina ist als eine Weiterbildung dieses sprachlichen Processes zu fassen. Der Sprechende steht hier auf einem Standpunkte, wo er für ein zu bezeichnendes Ding bereits einen allgemeinen Namen hat, durch welchen er wenigstens die Gattung, welcher es angehört, ausdrücken kann. Aber er will es durch einen sprachlichen Ausdruck weiter individualisiren und setzt zu dem die Gattung bezeichnenden Ausdruck noch einen zweiten hinzu, welcher ein bestimmter individualisirendes Merkmal ausdrückt. Ein gemeinsamer Wortaccent vereinigt die beiden Nominalstämme zu einem nunmehr untheilbaren Wortkörper, das voranstehende Nomen aber (das erste Glied der Composition) bietet nur in sehr seltenen Fällen eine bestimmte Casusform, z. B. eine Locativ- oder Accusativ-Endung dar, denn ungleich gewöhnlicher steht es von jeder Casusendung entblösst als ursprünglicher Stamm. So kommt es, dass die Nominalcompositionen in den älteren indo-

germanischen Sprachen diejenigen Wortformen sind, in welchen der
ursprüngliche, noch nicht mit Casus- und Numeruszeichen versehene
Nominalstamm zur Erscheinung kommt.

Viel seltener wird durch Composition ein Verbum finitum hervorgebracht. Zwar sind die Verbalformen sehr häufig mit Präpositionen zusammengesetzt, aber wir können diese Combinationen nur im uneigentlichen Sinne componirte Verba nennen, denn
die voranstehende Präposition ist streng genommen immer noch ein
selbständiges Wort für sich geblieben, welches zwar, insofern es
unmittelbar zum Verbum hinzutritt, sich in Beziehung auf den
Accent mit demselben vereint, aber eben so gut auch durch ein oder
mehrere Wörter von dem Verbum getrennt sein kann; wir können
sagen: „ich will hiervon abbrechen", aber auch: „ich breche von
diesem Gegenstande ab" — im letzteren Falle habe ich die Präposition „ab" durch drei Wörter von dem Verbum getrennt und
von einem componirten Verbum kann hier nicht mehr die Rede
sein. Freilich findet gar nicht selten auch eine so enge Vereinigung
zwischen Präposition und Verbum statt, dass dieselbe in unserer
heutigen Sprachstufe nicht mehr zu lösen ist; so ist es in unserem
Deutschen bei den mit ver, be, ge u. s. w. zusammengesetzten
Verben der Fall, so im Griechischen bei denjenigen Verben, welche
das Augment nicht vor der Wurzel, sondern vor der Präposition
annehmen. Aber wir müssen von solchen Bildungen sagen, dass
hier der ursprüngliche Bestand dem Sprachbewusstsein erloschen
ist und dass nur deshalb die Wortform den Character einer wirklichen Composition trägt.

Sehen wir von diesen mit einer Präposition verbundenen Verben ab, so stellt sich als Thatsache heraus, dass das Indogermanische auf dem Gebiete der Verbalwortbildung nicht unmittelbar
den Weg der Composition beschreiten kann. Wir haben genug
Verba, in welchen der eigentliche Thätigkeits- oder Bewegungsbegriff durch eine Composition eines Nomens oder eines Adjectivum
mit einer folgenden Verbalwurzel ausgedrückt ist, aber dann wird
sich immer herausstellen, dass zunächst ein componirtes Nomen zu
Grunde liegt, von welchem eine denominative Verbalform gebildet ist.

Aber nach einer anderen Seite hin hat sich auch in die Conjugation eine Zusammensetzung eingedrängt. Es dient dieselbe

nicht um den Thätigkeits- oder Bewegungsbegriff des Verbums zu
bestimmen oder zu modificiren, sondern sie ist die Stellvertreterin
bestimmter Verbalflexionen. Ausdrücke wie unser: „ich werde thun,
ich habe gelobt, ich werde gelobt" u. s. w. sind nicht Zusammensetzungen, sondern Umschreibungen oder syntactische Combinationen
selbständiger Wörter, welche bestimmte Zeit- oder Genusbeziehungen
ausdrücken sollen. Mit grösserem Rechte können wir schon das
französische: je parlerai, je finirai ein componirtes Verbum nennen,
denn die das vorliegende Futurum bildenden Elemente haben wenigstens für das gewöhnliche Sprachbewusstsein der Franzosen ihre
ursprüngliche Bedeutung eingebüsst und erst die wissenschaftliche
Sprachforschung hat darin eine Combination des Infinitiv parler,
finir mit dem Präsens von avoir erkannt: „Ich werde sprechen, ich
werde enden" ist ausgedrückt durch: „ich habe zu sprechen, ich
habe zu enden." Eine Composition im wahren und eigentlichen
Sinne, wie bei den Nominalcompositionen, in welchem das zweite
Glied des Compositum an ein flexionsloses Element, an einen nack-
ten Stamm tritt, haben wir auch hier nicht, denn das erste Compositionsglied ist ja eine vollständig ausgebildete Infinitivform.

Mir ist sehr wahrscheinlich, dass alles, was ältere indogermanische Sprachen von componirten Verbalformen aufzuweisen haben,
dem französischen Futurum analog steht, d. h. dass auch hier niemals ein blosser Verbalstamm mit einem sogenannten Hilfsverbum
unmittelbar verbunden ist. Das Sanskrit bildet von denjenigen
Verbalstämmen, welche der ersten, zweiten und vierten Conjugation
des Lateinischen entsprechen, das Perfectum nicht in der gewöhnlichen Weise d. h. nicht durch Reduplication der Wurzel und durch
Anfügung der Perfectendungen an den reinen Stamm, sondern sie
bildet von jenen Verben einen Infinitiv auf âm und verbindet diese
mit der reduplicirenden Perfectform eines Hilfsverbums, welches
sein oder werden oder machen bedeutet. Ganz analog verfährt
bei diesen Verben auch das Lateinische. Das Perfectum fui, fuisti
u. s. w. wird hier, gerade wie im Sanskrit das gleichbedeutende
Perfectum babhûva, mit dem Stamme ama-, audi- verbunden und verliert bei dieser Verschmelzung sein anlautendes f, während der verwandte umbrische Dialect von dem Hilfsperfectum fui den Vocal u
verliert und dagegen das anlautende f bewahrt.

> Sanskr. kamajām-babhūva,
> Latein. amā -(f)ui d. i. amāvi,
> Umbrisch pihā -f(u)i d. i. pihāfi.

Das Sanskrit der Veden wendet diese Combination mit einem Hilfsverbum auch für andere Tempora an, insbesondere für den Aoristus; das Lateinische hat sie ausser für das Perfectum auch zum Ausdruck des Futurum und Imperfectum verwandt und zwar tritt zur Bildung des Futurum das Präsens von fuo, welches schon an sich gleich dem Infinitiv fore die Beziehung auf die Zukunft in sich schliesst, an den Stamm des Verbum, — ebenfalls mit Verlust des anlautenden f und mit Uebergang des u oder v in b (gerade so wie das alte duonus zu bonus geworden ist).

> amā-(f)uo (vgl. fore)
> amā-bo

Um das Imperfectum auszudrücken tritt das im isolirten Sprachgebrauche nicht mehr vorkommende Imperfectum des Hilfsverbum fore in der mit eram gleichmässig gebildeten Form fuam an den Stamm des Verbum:

> amā-(f)uam
> ama-bam.

Doch habe ich hier nicht genau gesprochen, wenn ich gesagt habe, dass das Hilfsverbum an den Verbalstamm tritt. Es scheint dies zwar richtig, wenn wir uns auf Verba wie amare beschränken, aber so wie wir uns zu den Wurzelverben wenden (lateinische dritte Conjugation), dann gestaltet sich das Verhältniss anders; hier erscheint nämlich zwischen der Wurzel und dem bam oder bo ein langer Vocal ē:

> fidē-(f)uam   fidē-(f)uo | exsugē-(f)uam   exsugē-(f)uo
> fidē-bam   fidē-bo | exsugē-bam   exsugē-bo

Will man dies lange ē so erklären, dass man sagt es sei hier die Analogie von monebo, monebam, deren langes e als Stammcharakter erscheint, nach irgend einem falschen Sprachgefühl auf Wurzelverba wie fido übertragen? Es habe diese Formation auf bam und bo ursprünglich für die dritte Conjugation nicht bestanden und sei erst nachträglich und missbräuchlich angewandt worden? Aber Reste gerade der älteren Latinität wie die angeführten fidebo, sugebo scheinen nicht für diese Auffassung zu sprechen, sie weisen

vielmehr darauf hin, dass gerade in einer früheren Periode der
Latinität auch die Verba der sogenannten dritten Conjugation ihr
Futurum auf bo flectirten, und eine solche Periode dürfen wir um
so eher voraussetzen, weil die zweite Formationsweise des Futurum
legam, leges, leget u. s. w. ursprünglich nur den Modus optativus
bezeichnet haben kann. Ueberhaupt ist es eine missliche Sache,
eine nicht sogleich zu erklärende Form mit dem Anathema, dass
dies eine falsche Analogie sei, zu belegen.

Und lässt sich nicht das ē in fide-fuo auf eine viel einfachere
und ungezwungenere Weise erklären? Stellt es sich nicht ganz
von selber als eine alte Infinitivendung dar? Das Griechische hat
diese Infinitive in seinen ersten Aoristen erhalten: λέξ-αι, γράψ-αι,
das Sanskrit nicht blos in den dem γράψαι u. s. w. analogen sigmatisirten Bildungen wie vaks'-ē (vehere), stus'-ē (laudare), sondern
auch in den noch zahlreicheren Bildungen ohne s, welche den in
Rede stehenden lateinischen Formen auf ē direct entsprechen, z. B.
sadē (sich setzen), driç-ē (sehen). Und in dem sidē von sidē-fuam
eben diesen im Sanskrit isolirt erhaltenen Infinitiv sadē wieder zu
erblicken ist gewiss um so nothwendiger, als auch das babhūva des
Sanskrit sich nicht an den Verbalstamm, sondern an eine entschiedene Infinitivbildung anschliesst; dass dieser indische Infinitiv nicht
auf ē, sondern auf ām ausgeht, ist hierbei gleichgültig.

Da es für den von mir in diesem Buche eingeschlagenen Stand-
punct durchaus nicht unwichtig ist, für die im Indogermanischen
sich etwa zeigenden Verbalzusammensetzungen den Nachweis zu
liefern, dass hier keine Compositionen im wahren und eigentlichen
Sinne vorliegen, so möge es mir erlaubt sein, auf jene lateinischen
Infinitive hier noch etwas näher einzugehen.

Activ.	leg-ere	Passiv.	leg-ier, leg-ī
	fer-re		fer-rier, fer-rī
	amā-re		amā-rier, ama-rī

Bindevocallos flectirte Wurzeln und alle vocalisch auslautenden
Stämme zeigen einen formellen Zusammenhang zwischen activem und
passivem Infinitive. Der letztere wird dadurch formirt, dass dasselbe r,
welches in fertur, amatur u. s. w. auftritt, einen erweiternden Auslaut
der activischen Infinitivendung bildet, jedoch so, dass sich hier vor
dem passivischen r die ursprüngliche activische Infinitiv-Endung treuer

bewahrt hat, denn ferrie, amarie ist aus dem passivischen ferrier, amarier als die ursprüngliche Form für ferre, amare vorauszusetzen. Als das mediale r abfiel und aus ferrier, amarier ein amari, ferri hervorging, da entstand ein apocopirte Endung des passivischen Infinitiv, welche das characteristische Element, das alte r, eingebüsst hat und nunmehr auffallender Weise mit der activischen Endung ihrem wesentlichen Bestandtheile gemäss identisch geworden ist und sich von ihr nur darin unterscheidet, dass sie in Folge ihres langen Auslautes i eine ursprünglichere Gestalt der activischen Infinitivform repräsentirt.

Anders ist das Verhältniss zwischen activischer und passivischer Infinitivendung der bindevocalischen Wurzelverba. Legi ist die Verstümmelung von legier, aber legier geht keineswegs auf das activische legere zurück. Oder möchte man wirklich im Ernste behaupten und es vor seinem wissenschaftlichen Gewissen verantworten wollen, wenn man legier als eine Corruption von legerier auffasst? Wo soll denn das inlautende er geblieben sein? In den Infinitivendungen des Lateinischen liegen uns gerade wie im Griechischen und Sanskrit verschiedene Formationen vor; auch die sogenannten Supinumsformen und die Gerundien sind hierher zu rechnen. Und so zeigt eben die alte Passivform legier, fidier, dass es neben der Infinitivform auf ere (ursprünglich erī oder erie, oder noch älter esī und esie) auch eine blos vocalische Infinitivform auf ī oder ie gegeben haben muss — es ist das dieselbe Infinitivform, welche in legebam, fidebo auch für das Activum erhalten ist.

fidie-r

fidi

fidē-(f)uam

fidē-(f)uo

Dass in der Composition von bam und bo die Infinitivendung in der Gestalt von ē erscheint, in der Passivbildung aber als ī, braucht bei der Eigenthümlichkeit der lateinischen Lautgesetze keiner Erklärung.

Hiernach müssen wir auch in ama-bam, mone-bam, audi-bam nicht einen blossen Stamm, sondern eine Contraction des Verbalstammes amā, monē, audi mit der alten Infinitivendung ē erkennen. Es liegt dies um so näher, weil wenigstens für die sogenannte vierte

Conjugation des Lateinischen ein nicht contrahirtes audie-bam vorkommt.

In gleicher Weise haben wir anzunehmen, dass auch das zu vi
verkürzte Perfectum fui zunächst nicht an den Stamm, sondern
an eine bestimmt ausgeprägte Infinitivform auf ē angetreten ist,
ganz entsprechend der indischen Bildung, wo babhūva sich einem
Infinitiv auf ām zugesellt.

Wir müssen dies Resultat selbstverständlich auch auf das Germanische anwenden, welches in allen denjenigen Verbalarten, welche
im Sanskrit und im Lateinischen ein componirtes Perfectum haben,
ebenfalls den Verbalstamm mit dem Perfectum von thun zu com-
poniren scheint. Im Gothischen ist dies Perfectum des Hilfszeit-
wortes thun für den Dual und Plural noch vollständig erhalten
und hat selbst seine Reduplicationssylbe bewahrt, in den übrigen
Dialecten ist es ähnlich wie das vi im lateinischen amavi verstümmelt worden und schliesslich bei uns zur Endung „te" herabgesunken (ich lebte, liebte), die jetzt den Eindruck einer blossen
Flexionssylbe macht. Auch vor diesem alten Perfectum des Verbums thun muss ursprünglich eine Infinitivform gestanden haben.

Von den hier vorgeführten Formen lässt sich mit Sicherheit
behaupten, dass sie Compositionen sind oder wenn wir uns genauer
ausdrücken wollen, Combinationen des Infinitiv mit einem flectirten
Hilfsverbum. Aber es sind dies die einzigen Compositionen im
Verbum, welche auf höheres Alter Anspruch machen können. Jüngeren
Ursprungs sind die dem Lateinischen eigenthümlichen Componirun-
gen des Perfectstammes mit erim (aus esim, der für sim vorauszusetzenden Form), mit eram, essem und ero, in denen allerdings
wie es scheint die betreffende Form des Hilfsverbums an den blossen
Perfectstamm getreten ist, obwohl diese Combinationen nicht mehr
durchsichtig genug sind, um einen völlig klaren Blick in ihre Genesis zu verstatten.

Ausser den Combinationen mit flectirten Hilfsverben, zu denen
wir vielleicht auch noch Bildungen wie assuefio und assuefacio hin-
zurechnen können, giebt es noch eine andere Art von Combinationen. Es ist dieselbe, welche schon oben bei Gelegenheit des passiven
Infinitiv berührt ist. Ursprünglich hat jede indogermanische Sprache
ein Medium, welches sie auch als Passivum verwenden kann; im

Lateinischen muss dasselbe z. B. für den (in der vorliegenden
Sprache als Futurum verwandten) Optativ in der zweiten Person
singularis und in der dritten Person beider numeri folgendermassen
gelautet haben:

legēsŏ vgl. *λέγοι(σ)ο*

legētŏ   *λέγοιτο*

legēntŏ   *λέγοιντο*

Aber diese ursprünglichen Mediopassivformen des Lateinischen haben schon früh ihr wirklich organisches Leben verloren. Der Lateiner fügte den Formen legēto und legēnto, die schon ihrer
Form nach die Zurückbeziehung auf das Subject ausdrücken
und den Begriff des „sich" in sich einschliessen, gleichsam zur
Verstärkung der erlöschenden Kraft noch eigens das reflexive se
hinzu.

legētŏ   legēntŏ

legētŏ-se   legēntŏ-se

legētu-r   legēntu-r.

Der vocalische Auslaut des Reflexivpronomens ist zunächst verkürzt
und dann gänzlich abgefallen, die Sibilans desselben ist, weil sie
zwischen zwei Vocalen steht, zu r geworden, der vor diesem Consonanten stehende Vocal hat sich der Verflüchtigung zu u fügen
müssen und dem griechischen *λέγοιτο* entspricht jetzt in derselben
Weise ein legetu-r, wie dem griechischen *γένος* ein genus.

Das reflexive se hat sich aber auch an die zweite Person des
Medium angedrängt.

legēsŏ-se.

Der auslautende Vocal von se ist abgefallen, aber hier in der zweiten Person stehen zwei s in naher Nachbarschaft und der Uebergang in r hat diesmal das Personalzeichen s, nicht das s des Reflexivum getroffen. Was nun den Vocal anbetrifft, sollte man zunächst ein legerus nach Analogie von legetur erwarten und diese
zweite Medialperson auf rus ist in der That in der Latinität nachzuweisen. Aber es ist das eine obsolete Form gerade wie der alte
Genitiv Venerus; wie sich an Stelle von Venerus eine Form mit i
zur Vulgärform hervorgedrängt hat, so ist auch für die zweite Medialperson auf rus die Endung ris die übliche geworden.

Zur Bildung der ersten Person des Medio-Passivs geht der

Lateiner von der activen Form amem, amemus aus, dem angefügten
Reflexivum se aber muss der auslautende Consonant als Opfer fallen
und aus amem-se, amemus-se wird ein amē'-r, amēmu'-r, gerade
wie aus ais-ne ein ain wird.

amēm-se   ais-ne
amē-se   ai-ne
amē-r   ai-n.

Das Lateinische steht unter den indogermanischen Sprachen
in dieser seiner Mediopassivbildung nicht isolirt, auch der Nord-
germane in Scandinavien und auch der Litauer formirt sein Passivum mit einem an die active Form angefügten s, welches gerade
so, wie das lateinische r, der Rest des Reflexivum „sich" ist. Aber
immerhin ist es nur eine Combination zweier engzusammen gehörenden Wörter, keine eigentliche Zusammensetzung, und wenn wir
diese Erscheinung mit etwas anderem vergleichen wollen, so kann
das nur die Anlehnung enklitischer Wörter an ein vorausgehendes
gewichtvolles Wort sein. Das oben aus lautlichen Gründen angeführte ain aus ais-ne ist eine der zutreffendsten Parallelen für das
Wesen der hier besprochenen Passivbildung.

Ich habe jetzt alles angeführt, was ich innerhalb der indogermanischen Conjugation für eine Composition oder richtiger für eine
Combination halten muss. Denn auch in dem lateinischen amarem,
legerem vermag ich keine Zusammensetzung mit essem zu erblicken,
und ich weiss nicht, weshalb man nicht längst der lateinischen
Sprache ausser ihrem Präsens und ihrem Indicativus perfecti auch
einen Optativ des aoristus auf sēm, sēs, sēt vindicirt hat: — jene
sogenannten Conjunctive des Imperfects wie darem, starem sind doch
in der That weiter nichts, als die getreuen lateinischen Gegenbilder
eines griechischen στήσαιμι, λέξαιμι u. s. w.

Freilich wird man mir einwenden: auch das griechische στήσαιμι ist eine Combinirung der Wurzel στα mit einer Optativform
des Hilfsverbum und ebenso ist jegliches s in der Conjugation,
welches vor den Personalendungen erscheint, gleichviel ob es im
Futurum auf σω oder im Aorist auf σα oder im lateinischen Perfectum auf si erscheint, immer ein Stück von irgend einem Tempus
oder Modus des Hilfsverbum sein. Ich bin hier durchaus anderer An-

sicht und werde dieselbe in dem weitern Verlauf dieser Schrift
nicht zurückhalten.

Aber nicht nur die sigmatisirten Tempusformen sollen nach
der jetzt geltenden Ansicht Zusammensetzungen der blossen Verbalwurzel mit bestimmten Tempus- und Modusformen des Verbum
esse sein, sondern auch diese Tempora und Modi von esse selber
und überhaupt alles, was sich irgendwie in der Conjugation als
Flexionselement manifestirt, wird als eine Agglutination der nack-
ten Verbalwurzel mit irgend welchen Pronominalwurzeln aufgefasst.
Und weit über die Verbalflexion hinaus, auch für die Bildung der
Nominalstämme durch erweiternde Vocale und Consonanten, auch
für die Casusflexion nehmen die gegenwärtigen Forscher fortwährend
zur Agglutinationstheorie ihre Zuflucht, denn auch jene Endungen
der Nominalstämme und die Casussuffixe sind wie sie sagen nichts als
Pronominalwurzeln: ausser ihnen gab es ursprünglich kein anderes
Element in der Sprache, als nur die einsilbigen Verbalwurzeln, mit
denen man sie combinirt hat. Diese Pronominalwurzeln und ihr
Verhältniss zu den Flexionen sind es, auf welche wir zunächst einzugehen haben.

Die Pronominalstämme und ihr Verhältniss zu den Flexionselementen.

Wir haben im Vorausgehenden lediglich diejenigen Wörter
überblickt, welche man in neuerer Zeit Begriffswörter genannt hat,
Verba, Substantiva, Adjectiva — den Namen Begriffswörter hat man
deshalb für sie eingeführt, weil die Wurzel oder der Stamm, welcher ihnen als fundamentaler Bestandtheil zu Grunde liegt, jedes
Mal den bestimmten Begriff irgend einer Thätigkeit oder Bewegung,
einer Person oder eines Dinges oder einer Eigenschaft hat. Ihnen
stehen als eine zweite, aber numerisch viel geringer vertretene
Wortclasse die sogenannten Formwörter entgegen. Die Hauptrepräsentanten derselben sind die Pronomina. Wie es schon der Name
richtig andeutet, sind sie die Stellvertreter eines Nomens, aber bezeichnen an sich niemals gleich dem Substantivum irgend eine durch
bestimmte Merkmale von anderen geschiedene Person oder Sache,

drücken nicht den aus dem bestimmten Merkmale fliessenden „Namen" des Gegenstandes aus, sondern geben nur den Hinweis auf eine Person oder Sache, die, wenn sie als solche näher bezeichnet werden soll, gleichzeitig das Aussprechen irgend eines Substantivums (oder substantivirten Adjectivums) verlangt. Da sie den Hinweis sowohl auf eine im Nominativ, wie eine in den Casus obliqui zu denkende Person oder Sache enthalten, so müssen sie gleich dem Nomen declinirt werden; wir haben also in den Pronomen zwei Bestandtheile zu unterscheiden, einmal den Pronominalstamm und sodann die auf den Casus und Numerus sich beziehenden Flexionen.

Zuerst sind hier die Pronominalstämme der einfachsten Bildung aufzuführen. Es sind folgende:

A. Der Pronominalstamm besteht aus einem blossen Vocal. Der Zahl der ursprünglichsten Vocale analog treten hier drei Pronominalstämme auf:

1) Der Pronominalstamm ä.

2) Der Pronominalstamm i.

3) Der Pronominalstamm ü.

Die Bedeutung dieser drei Stämme ist die des Demonstrativpronomens, die sich näher als ein „der" oder „dieser" oder als „jener" oder als „er" bestimmt, aber es ist nicht möglich, aus dem in den uns erhaltenen indogermanischen Sprachen vorliegenden Gebrauche den Nachweis zu liefern, dass etwa einer von den drei rein vocalischen Pronominalstämmen die Bedeutung von dieser, ein anderer die Bedeutung von jener hat, oder mit anderen Worten, dass der eine auf eine näher liegende, der andere auf eine ferner liegende Person oder Sache hinweist. Ueberhaupt giebt es keine einzige indogermanische Sprache, in welcher diese drei Pronominalstämme in ihrer einfachen Form für alle Casus und Numeri vorkommen, denn theils sind sie durch irgend ein später zu besprechendes Fulcrum erweitert, theils ist der eine oder andere von ihnen im lebendigen Gebrauche einer Sprache erloschen und hat nur in einzelnen Partikeln Reste der früheren Verwendung als Pronominalstamm zurückgelassen. Ohne Hinzunahme eines erweiternden Fulcrums kommt im Sanskrit blos der Pronominalstamm ä vor, aber auch dieser nur in einzelnen casus obliqui. Die Stämme i und ü werden im Sanskrit durch ein Fulcrum gestützt. Das Lateinische flectirt vollständig den Pronominalstamm i und macht denselben zu seinem Pronomen der dritten Person (Nominativ is, Gen. ejus u. s. w.) und mit dem Lateinischen kommt hier in einer fast auffallenden Weise das Germanische überein (goth. is, ahd. er). Die Pronominalstämme ä und ü besitzen beide Sprachen nur in Partikeln, im Griechischen hat sich auch der Pronominalstamm i als selbständiges Pronomen nicht mehr erhalten.

B.   Der Pronominalstamm besteht aus einem der drei Vocale ä, i, ü mit einem anlautenden Consonanten.

1) Pronominalstamm nä oder mä. Diese beiden mit einem dentalen oder labialen Nasal beginnenden Stämme haben gleiche Bedeutung, sie sind nämlich das Pronomen der ersten Person. Der dentale Nasal erscheint z. B. im lateinischen und indischen Plural: nōs, nās; im griechischen und indischen Dual: νώε, nau; der labiale Nasal erscheint in den Casus obliqui des Singular aller indogermanischen Sprachen με, mē, mich. mir. Ausser dem labialen Nasal m wird aber auch der labiale Halbvocal v als Anlaut des Pronominalstammes der ersten Person verwandt, z. B. in unserem Plural wir, goth. veis. Auch im Sanskrit und Avesta kommt dieser Pronominalstamm va vor, nicht aber im Griechischen und Lateinischen.

2) Der Pronominalstamm tu bezeichnet den Hinweis auf die zweite Person in allen indogermanischen Sprachen, doch ist hierbei zu bemerken erstens, dass der Stamm tu bei weitem in den meisten Casusformen durch ein erweterndes ä zu tva wird; es ist dies etwas ähnliches wie wenn der oben besprochene Pronominalstamm i zu iä erweitert wird, wie dies in den meisten Casus des lateinischen Pronomen is der Fall ist, wie z. B. in eum, ea, eam (aus ium, ia, iam). Zweitens: in dieser erweiterten Form tva geht der Halbvocal häufig verloren. Dies ist z. B. im Singular des Lateinischen der Fall, wo nur im Gen. tui das alte u sich erhalten hat; te und tibi dagegen stehen für tve und tvibi. Selbst im Sanskrit zeigt sich in der Locativ- und Genitivform te der Ausfall des Halbvocals. Drittens: es ist eine Eigenthümlichkeit der griechischen Dialecte, dass das anlautende t in s übergeht (σύ statt des dorischen τύ). Das Sanskrit und das Lateinische haben im Plural das anlautende t ganz verschwinden lassen: vōs, vās statt tvōs, tvās.

3) Der Pronominalstamm tă hat im Wesentlichen mit den rein vocalischen Pronominalstämmen ă, ĭ, ŭ dieselbe Bedeutung, er kann sowohl das „der" oder „dieser" wie auch das „er" bezeichnen. Der Wechsel des anlautenden t mit dem dentalen Zischlaut s, welcher in dem Pronominalstamm tu sich blos in einzelnen Dialecten zeigt, kommt für den Demonstrativstamm ta in allen indogermanischen Sprachen vor, jedoch so, dass er meist nur auf bestimmte Casus, am häufigsten auf den Nominativ beschränkt ist. So findet sich die sigmatisirte Form im masculinen und femininalen Nominativ singularis, während das Neutrum den dentalen Anlaut hat — sowohl im Sanskrit wie auch im Griechischen und Gothischen:

	msc.	fem.	neutr.
Skr.	sa	sā	tad
Gr.	ὁ	ἁ, ἡ	τό
Go.	sa	sô	thata

Das Hochdeutsche dagegen hat hier auch für das Masculinum und Femininum die dentale Muta und zwar zufolge der Lautverschiebung in der Mediaform:

	der	die	das.

Im Lateinischen war für die frühere Zeit die sigmatisirte Form auch für die Casus obliqui gebräuchlich, z. B. in den pluralen Accusativformen sōs, sās (gleichbedeutend mit eos, eas). Die mit der Muta anlautende Form hat sich in ihrer einfachen (nicht durch Fulcra erweiterten) Gestalt nur in Partikeln wie tam und tum erhalten.

4) Pronominalstamm ti. In seiner einfachsten Form kommt er im Griechischen als Fragepronomen vor: τίς, τί; das in den Casus obliqui erscheinende ν ist nur ein euphonisches Bildungselement, welches die Casusendung vom Stamme sondern soll: τί-νο-ς u. s. w. — Aber schon im Griechischen tritt neben dem einfachen ti, analog wie i zu ia und tu zu tva wurde, eine durch hinzutretendes ă erweiterte Form tia auf. Dieser Stamm tiā liegt den mit τίνος, τίνι gleichbedeutenden Formen τέου, τέῳ zu Grunde.

Auch das Germanische hat den Pronominalstamm ti oder vielmehr tiā, doch so, dass wie bei dem Pronominalstamm tä die dentale Muta auch mit der Sibilans vertauscht werden kann. Die Mutaform erscheint im Femininum „die" des Hochdeutschen (ahd. diu), die Form mit der Sibilans in dem Femininum sie (ahd. siu, goth.

si). Wohl zu bemerken ist die Bedeutung dieses Stammes im Germanischen: er ist nicht Interrogativ- (u. Indefinit.) Pronomen wie im Griechischen, sondern Demonstrativum, völlig coordinirt den Stämmen i und tä.

5) Die Pronominalstämme kä, ki, kü. Ihre Bedeutung ist die des Interrogativums (und Indefinitums), aber auch die des Relativums. In mehreren indogermanischen Sprachen wechselt die anlautende Gutturalis k dialektisch mit der Labialis dergestalt, dass den Stämmen kä, ki, kü die Stämme pä, pi, pú gegenüberstehen. Im Griechischen findet sich der Stamm kä im jonischen und äolischen, der Stamm pä im attischen und dorischen Dialecte, doch wird hier das Interrogativum gewöhnlich durch das schon vorher besprochene ti vertreten; von kä und pä haben sich theils derivirte Pronomina wie κόσος, πόσος, theils Partikeln wie κοῦ, ποῦ, κῶς, πῶς u. s. w. erhalten. Vollständig erhalten ist der Stamm kä als Interrogativ-(Indefinit-) Pronomen im Sanskrit, für einzelne Formen des Interrogativums und Indefinitums und namentlich für Interrogativpartikeln kommen aber im Sanskrit auch die Stämme ki und kä vor.

Von den italischen Dialecten, in welchen das Interrogativ und das Indefinitum zugleich für das Relativum gebraucht wird, bedient sich das Umbrische und Oskische der mit p anlautenden Form: pä, pi, pü, das Lateinische aber wendet den gutturalen Anlaut an und zwar geht hier das Pronomen von der Form kä aus, welche sich sowohl durch Hinzufügung des Vocals ä wie des Vocals i erweitert: quö, quä, quam, quod — quem, quid. Das Germanische steht, was die Form anbetrifft, mit dem Lateinischen auf demselben Standpunkte, denn es legt den Stamm kva zu Grunde, dessen gutturale Tenuis k zur gutturalen Spirans h werden muss: Gotisch hvas, ahd. hver, nhd. wer. Im Hochd. ist dieser Stamm auch für das Relativum verwandt, das Gotische gebraucht ihn nur als Interrogativ.

Wenn wir hierzu nun noch den Pronominalstamm svä hinzufügen, welcher in allen indogermanischen Sprachen als Reflexivpronomen gebräuchlich ist (sich, sibi u. s. w.), aber bisweilen auch Demonstrativbedeutung hat (z. B. in der gothischen Partikel své, nhd. so)*), dann haben wir die wichtigsten Pronominalstämme der

---

*) Der Relativstamm ja ist Erweiterung des einfach. Demonstrativstamms i. S. 125.

indogermanischen Sprache aufgeführt. Die noch übrig bleibenden sind grösstentheils Ableitungen aus den einfachen, z. B. Comparativbildungen, oder Zusammensetzungen wie das gothische hvê-leiks, unser hd. we-lcher. Doch auf eins muss hier aufmerksam gemacht werden, nämlich auf die paragogische Erweiterung der vorhergegangenen Pronominalstämme durch Fulcra. Diese Stützsylben können sowohl der Pronominalform vorausgesetzt wie auch nachgesetzt werden — ihre Bedeutung ist die der energischen Hervorhebung oder Verstärkung des Pronominalbegriffs. Die Frage nach ihrem Ursprung wird wohl so zu beantworten sein, dass sie grösstentheils nichts anderes als Pronominalstämme sind, obgleich nicht alle von ihnen sich als solche nachweisen lassen. Nur die hauptsächlichsten davon mögen hier aufgeführt werden:

1. Eins der häufigsten ist ĩ, welches im Griechischen den Demonstrativformen angehängt wird, um ihre hinweisende Kraft zu verstärken, im Gothischen dagegen, dem Demonstrativum angehängt, aus diesem ein Relativum macht,

Demonstr. masc. sa   fem. sö   neutr. thata

Relativ.   sa-ei   sö-ei   that-ei,

aber auch zu dem Pronomen der ersten und zweiten Person hinzugefügt werden kann, z. B. thu-ei. In den italischen Dialecten spielt es eine fast ebenso grosse Rolle, insbesondere hat es sich mit dem Nominativ des Relativ verbunden,

que-i zu qui   qua-i zu quae,

und wird im Umbrischen in gleicher Weise auch an das neutrale Relativum des Singular pod (dem lateinischen quod entsprechend) hinzugefügt.

2. Eine auf den Vocal i zurückzuführende Verlängerung finden wir als Praefix dem gleichbedeutenden Demonstrativstamme tá, sä vorausgesetzt. im Indischen ē-sä, ē-tád, ähnlich auch in den Nebendialecten des Lateinischen. Das Griechische gewährt statt des ē den auf ă zurückzuführenden Diphthongen αυ in αὐτός.

3. Nicht blos die Erweiterungen von i und ŭ, sondern auch der Vocal ă dient als stützendes Praefix und zwar kurzes ă (zu ĕ abgelautet) im Singular des ersten griechischen Personalpronomens ἐμέ neben μέ, ἐμοῦ neben μοῦ; die Bedeutung dieses Praefix ĕ ist dieselbe wie die des αυ in αὐτός und wie die des sogenannten i

demonstrativum. In der zu ä gedehnten Gestalt erscheint dieses
Praefix vor dem indischen Dual des ersten Personalpronomen ā-vām
(wir beide, von demselben Stamm wie unser wir, wie das gothische
veis).

4. Noch häufiger sind die Fulcra äs und äm (es, im). Des
am und im bedient sich das Sanskrit fast durchgängig, um die
rein vocalischen Pronominalstämme ä, ï, ü dadurch zu stützen, z. B.
Accusat. plur. im-ān *(τούς)*, im-ās *(τάς)*, am-ün *(τούς)*, am-ūs *(τάς)*,
am-išām (eorum), am-ūšām (earum) u. s. w. Seltner ist im Sanskrit
das suffigirende Fulcrum am: ij-am (ea), id-am (id), ferner iuvai-am
(wir).

Das Fulcrum as wird im Indischen als stützendes Präfix gebraucht im Plural des ersten Personalpronomens as-mē (wir). Ebenso
ist das griechische *ἄμ-μες* (aus *ἄσμες*) gebildet, doch ist hier
dialectisch auch eine Verlängerung des Vocals in dem Praefixe
üblich, vgl. *ἡ-μεῖς*.

Im Lateinischen ist is das Präfix für den Pronominalstamm tä:

(te)	(ta)	(tud)
zu is-te	is-ta	is-tud
vgl. *αὐ-τός*	*αὐ-τά*	*αὐ-τό*.

Von den übrigen Präfixen ist besonders das mit gutturaler
Muta gebildete hervorzuheben (in hi-c, isti-c u. s. w.), dem wir
auch bei der später zu gebenden Darstellung des germanischen Pronomens wieder begegnen werden.

Doch möge das hier Gesagte genügen, um einen vorläufigen
Ueberblick über das Gebiet der Pronominalbildung zu gewähren.
Wir haben hier in der That andere Gebilde vor uns als auf dem
Gebiete der Begriffswörter. Man wird zwar zunächst sagen müssen:
jene einfache Grundlage, aus der fast alle Pronominalformen hervorgehen, die Elemente ä, ï, iä, ü, mä. nä, tä, tü, ti. tiä, svä. kä, kï,
kü u. s. w. sind in ihrer Gestalt von den einfachsten Bewegungs-
oder Verbalwurzeln nicht verschieden; können wir auch eine Wurzel ä nicht mehr als Verbalwurzel nachweisen, so haben doch fast alle
übrigen der aufgeführten Pronominalstämme auch die Function von
Bewegungswurzeln, so z. B. bedeutet das ï und das daraus abgeleitete
iä, welches als Pronominalstamm ein demonstratives oder relatives ist,
als Verbalwurzel das Gehen oder den Gehenden u. s. w. Aber den

Unterschied anzugeben wird nicht schwer fallen. Die Pronominal-
elemente ă, ĭ, ŭ, tä, tĭ, tŭ u. s. w. stehen nämlich in ihrer Bedeutung und in ihrem ganzen Wesen nicht sowohl den Verbalwurzeln
als vielmehr den Substantiv- und Adjectivstämmen analog, denn
unmittelbar an sie tritt das Casuszeichen, wie z. B. Nom. sing. i-s,
dieser. Dies i-s entspricht in seiner Bedeutung einem auf den Nominativ is ausgehenden Nominalstamm, wie z. B. mati-s, muni-s,
aber nicht der Wurzel i. Freilich giebt es auch Wurzeln, welche
ohne dass ein erweiterndes Stammsuffix angefügt wird, die Bedeutung eines Nomens haben können, z. B. reg-s, pe(d)s, rē-s, nu-s,
(ϑ-)φρύ-ς, — aber zwischen diesen wurzelhaften Nominalstämmen
und jenen Pronominalstämmen besteht doch in der That ein Unterschied, welcher bedeutungsvoll genug ist, denn hier haben wir consonantisch geschlossene oder langvocalisch ausgehende Wurzelsylben,
dort aber bei den Pronominalstämmen haben wir überall eine kurze
offene Sylbe, die nur dann verlängert wird, wenn das Femininum
ausgedrückt werden soll. Nimmt man hierzu die weiteren Eigenthümlichkeiten in der Pronominalbildung, so müssen wir gestehen,
dass zwischen den Pronominalstämmen und den Verbalwurzeln aufs
Strengste zu scheiden ist — von einer Einheit der Pronominalstämme mit den etwa gleichlautenden Verbalwurzeln wird man erst
dann sprechen können, wenn man eine begriffliche Identität zwischen den beiden analog gestellten Elementen überzeugend nachgewiesen haben wird, wer aber wird im Ernste behaupten mögen, dass
ein solcher Nachweis irgend wann geliefert werden könne? Wie
die Pronominalstämme in ihrem Bau leichter und luftiger, von
materieller Substanz weniger beschwert sind als die Begriffswurzeln, so ist auch ihre Bedeutung in der That eine weniger mate-
rielle zu nennen. Sie nähern sich in ihrem ganzen Wesen viel mehr
den die Begriffswurzel bezeichnenden Flexions- und Stammbildungs-
elementen als der Begriffswurzel selber.

Diese nahe Beziehung der Pronominalstämme zu den Wortbil-
dungs- und Flexionselementen ist denn nun auch eine über allen
Zweifel erhabene und allgemein anerkannte Thatsache. Wollen wir
zunächst die einzelnen Analogien, die sich hier darbieten, summiren.

1) Zunächst ist es der Pronominalstamm nä, mä, vä (das Pro-

nomen der ersten Person) welcher mit dem lautlichen Ausdruck der
ersten Person am Verbum in direkter Beziehung steht, denn überall
in den indogermanischen Sprachen ist das für die Bezeichnung der
ersten Verbalperson gewählte Element entweder ein n oder m oder v.
Es besteht hier zwischen dem selbständigen Pronomen der ersten Person und der ersten Person des Verbum eine entschiedene Identität
in Beziehung auf das consonantische Element; für den Vocal indess tritt dieselbe nicht so unmittelbar und unbedingt hervor.

2) Derselbe Zusammenhang besteht auch für die zweite Person
zwischen der Verbalendung und dem Pronominalstamme. Freilich ist
hier das u oder v des Stammes tŭ (tvă) am Verbum noch viel häufiger verloren gegangen als im selbständigen Pronomen, aber es
hat dennoch im Sanskrit und im Avesta einige Spuren seiner Existenz zurückgelassen, z. B. in der Skr. medialen Imperativendung
sva, in der medialen Pluralendung dhvē, dhvam. Dass die alte
Tenuis t am Verbum häufig zur Aspirata oder zum Zischlaut geworden ist, kann den Grad der Verwandtschaft nicht verringern.

3) Der characteristische Consonant für die dritte Personalendung des Verbum ist t. Derselbe berührt sich mit dem Pronominalstamm tă. Es ist dieser letztere zwar nicht das eigentliche
Pronomen der dritten Person, welche vielmehr gewöhnlich durch
den Pronominalstamm i vertreten wird, sondern nur ein schlecht-
weg hinweisendes oder demonstratives Pronomen, welches zunächst
die Bedeutung unseres „dieser“ und weiterhin die des bestimmten
Artikels hat, aber dieser Unterschied in der Bedeutung zwischen
dem t der verbalen Personalendung einerseits und dem Pronominalstamm tă andererseits ist durchaus kein derartiger, welcher die
zwischen beiden Elementen bestehende Beziehung aufheben könnte.

4, 5, 6) Die Pronominalstämme ă, i, ŭ sind in Zusammenhang
gebracht worden mit den zur Stammbildung verwandten Vocalen ă,
i, ŭ und auch hier ist der Zusammenhang anzuerkennen; schon oben
(S. 83) musste ich bemerken, dass in den genannten drei Stammbil-
dungssuffixen ă, i, ŭ eine gewisse demonstrative Bedeutung enthalten ist, indem die durch sie erweiterte Thätigkeitswurzel auf eine
bestimmte Person oder Sache oder eine bestimmte Gattung von
Personen oder Sachen hingewiesen und bezogen wird, an welchen
die Thätigkeit oder Bewegung vorzugsweise zur Erscheinung kommt,

dergestalt, dass dieselbe als ein bleibendes Merkmal dieser Dinge gefasst wird.

Andere Pronominalstämme als die 6 hier genannten weiss ich aber nicht zu nennen, wenn es sich um die Verwandtschaft von Pronominalstamm und Flexions- oder Ableitungselementen handelt. Aber schon für jene sechs Fälle ist der Zusammenhang der Flexionselemente mit Pronominalstämmen eine für unsere indogermanische Sprache so wichtige Thatsache, dass die Erklärung dieses Zusammenhanges eine der ersten und nothwendigsten Fragen ist, welche die Sprachwissenschaft zu beantworten hat.

Bei dem von mir eingeschlagenen Weg, die Genesis der Sprache zu begreifen, wird sich diese Frage folgendermassen beantworten.

A. Die Pronominalstämme ă, ĭ, ŭ. — Die Verbalwurzeln sind, um als Ausdruck von bestimmten Personen oder Sachen zu dienen, entweder durch den Vocal ă, oder durch ĭ, oder durch ŭ erweitert und dadurch zu zweisylbigen Nominalstämmen geworden; in welcher Weise diese Bereicherung der Wurzel mit dem zu bezeichnenden Begriff congruent, ist auf S. 81 ff. ausführlich erörtert worden. Wenn ich das dort Gesagte hier kürzlich recapituliren soll, so darf ich mich vielleicht folgendes Ausdruckes bedienen: die nicht erweiterte einsylbige Verbalwurzel ist der Ausdruck für jegliches Sein, an welchem die durch sie bezeichnete Thätigkeit oder Bewegung zur Erscheinung kommt — sie ist das Prädicat, welches gar mannigfachen Dingen und Personen, die unter sich gar keine Aehnlichkeit zu haben brauchen, beigelegt werden kann; indem ich aber die einsylbige Wurzel durch ein hinzugefügtes ă, ĭ, ŭ bereichere, hebe ich sie aus ihrer Allgemeinheit zu einem bestimmteren und individuelleren Worte hervor und beziehe sie auf bestimmte Personen oder Dinge, an denen jene Thätigkeit oder Bewegung ganz vorzugsweise und mehr als an anderen Dingen zur Erscheinung kommt und daher als bleibendes Merkmal dieser Dinge gefasst wird.

Immer aber ist das so gewonnene, auf ă, ĭ oder ŭ ausgehende Wort nur der Ausdruck für eine ganze Classe von Dingen, denn nicht ein einzelner und bestimmter Berg, ein einzelner Baum, ein bestimmtes Haus ist es, was ich durch diese Substantiva bezeichne, sondern ein jeder Berg, ein jedes Haus, ein jeder Baum kann mit diesem Ausdruck bezeichnet werden. Will ich nun aber das Sub-

stantiv von einem individuellen, bestimmten Gegenstande verstanden
wissen, dann wiederhole ich das sprachliche Element, durch dessen
Anfügung an die Wurzel ich bereits den allgemeinen Thätigkeitsbegriff
auf eine bestimmte Kategorie von Gegenständen bezogen und dadurch
individualisirt habe — ich spreche neben der mit dem individualisiren-
den Vocale ä, i, ü versehenen Wurzel diesen Vocal noch einmal aus und
setze dadurch das Individualisiren noch weiter fort, werde in meinem Ausdrucke noch bestimmter, oder, denn wir können uns auch
so ausdrücken, ich gebe dem Individualisiren noch eine grössere
Schärfe, eine grössere Energie. Der hier entwickelte sprachliche
Process stimmt in seinem Wesen und in seiner innersten Bedeutung
mit der Reduplication der Wurzelsylbe überein, wenn auch die
äussere Erscheinung eine andere ist. Das Substantivum, dessen
Stamm auf ä, i, ü ausgeht, hat hinter diesen vocalischen Affix auch
noch seine Casusendung, wiederhole ich das individualisirende
Stammsuffix, so muss es auch in dieser Wiederholung gleich dem
Substantivum, welches es zu individualisiren hat, eine bestimmte
Casusendung annehmen. Es lässt sich dies für den Nominativ
singularis folgendermaassen bezeichnen:

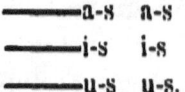

$$\text{———a-s \quad a-s}$$
$$\text{———i-s \quad i-s}$$
$$\text{———u-s \quad u-s.}$$

Der dem ersten as, is, us vorausgehende Strich soll die Wurzel
bezeichnen, welche sich durch Anfügung des Vocales ä, i, ü zum
Nominalstamm bildet; das zweite as, is, us ist das aus Wiederholung der Endung hervorgegangene Pronomen. Selbstverständlich
war es, nachdem sich die Wiederholung des Stammsuffixes zum selbständigen declinirten Demonstrativ gestaltet hatte, ganz und gar nicht
nothwendig, dass dies Demonstrativ unmittelbar hinter dem Substantivum seine Stelle haben musste, es konnte auch vor demselben,
es konnte auch, als sogenanntes Substantivpronomen, ohne ein Substantiv gesetzt werden, und da diese Pronomina ä, i, ü in der Bedeutung einander gleich waren (denn ein jedes von ihnen bezeichnete nur die Hinweisung auf einen speciellen Gegenstand), so konnte
der Sprechende willkürlich das eine oder das andere wählen, und der
hier bestehende Ueberfluss an identischen Formen musste dann im
weiteren Verlaufe dahin führen, dass die Sprache das eine oder das

andere von ihnen aufgab, — das Lateinische und Germanische hat
sich blos mit dem Pronomen is begnügt, aber selbst nicht einmal
das Sanskrit hat alle diese Formen vollständig behalten.

Ich sagte, dass keine Nothwendigkeit vorgelegen hätte, die
Pronomina a-s, i-s, u-s hinter das Substantiv, auf welches sie sich
beziehen, zu stellen, dennoch aber muss dies zunächst der Fall
gewesen sein, wie sich aus der von uns gegebenen Erklärung zunächst ergiebt: auch die späteren Sprachen lassen diesem Pronomen gewöhnlich das Substantiv, auf welches es sich bezieht, vor-
ausgehen, — so macht es das Lateinische und das Germanische, in
welchem das hier allein festgehaltene Pronomen is dasselbe wie
unser er bedeutet. Es ist schon oben bemerkt worden, dass das
Lateinische die meisten Casus dieses Pronomen so bildet, dass es
den Stamm i durch ein folgendes ä erweitert (eum, eam aus ium,
iam); in dieser erweiterten Form nun bedient sich desselben sowohl
das Sanskrit wie das Griechische für alle Casus und giebt ihm als
solchem die Bedeutung des Relativum :

Latein. i-s   i-a (zu ea)   i-d
         i-um (zu eum) i-am (zu eam)
Sanskr. i-as   i-ā   i-ad
Gr.   ὅς,   ἅ, ἥ   ὅ(δ).

Das Relativum ist aber im Grunde nichts Anderes als ein „er".
„Der Baum, er ist grün" ist die Grundanschauung, aus welcher
„der Baum, welcher grün ist" hervorgegangen ist. Das indische
und griechische Relativum jas und ὅς ist in der That dasselbe
Wort wie unser „er", gothisch is, denn die Erweiterung des Stammes i durch ein antretendes ä ist an sich ein für den Grundbegriff
des Wortes gerade so unwesentliches Element, wie das erweiternde
ä, welches zum Pronomen der zweiten Person tu in den meisten
Casus obliqui hinzugefügt wird.

Freilich hat das Sanskrit auch ein nicht durch hinzugefügtes
ä erweitertes Pronomen i, ebenso wie ein Pronomen ä und u; diese
erhalten wie schon oben gesagt, in den meisten Fällen ein
Fulcrum as, am oder in, durch welches die an sich so leichte Form
eine grössere Energie und Kraft gewinnt.

B. Der Pronominalstamm mä (vä, nä), tä (tvä), tä. — Es
ist im Allgemeinen schon auf S. 96 angedeutet worden, wie

es gekommen ist, dass die Wurzel durch einen Nasal (m
oder n) erweitert wird, wenn das denkende und sprechende Ich
bezeichnen will, dass das durch die Wurzel ausgedrückte thätige
oder bewegte Sein mit ihm selber identisch ist. In dem Abschnitte
von der Verbalflexion wird dies im Einzelnen weiter ausgeführt
werden und zugleich wird dort anzugeben sein, wie es gekommen
ist, dass die Erweiterung der Wurzel durch tu die zweite Person,
die Erweiterung durch bloses t die dritte Person ausdrückt. Die
Pronominalstämme der ersten und zweiten Person mä und tü und
ebenso das Demonstrativum tä können meiner Ansicht nach jene
Verbalendung nicht hervorgerufen haben, vielmehr ist die Existenz
dieser Pronominalstämme jüngeren Ursprungs als die verbale Personalendung, und der Zusammenhang, der hier zwischen Verbalflexion und Pronominalstamm besteht, erklärt sich wieder in ähnlicher Weise wie oben bei den Pronominalstämmen á, i, ü. Bei
welcher Gelegenheit hat denn auch wohl der redende Indogermane
zum ersten Male den Begriff seines eigenen Ich in der Sprache
ausgedrückt? Wir brauchen hier nur die uns vorliegenden älteren
indogermanischen Sprachen zu betrachten. Wir modernen Menschen
sind freilich mit dem Worte „ich" ausserordentlich freigebig, der
Redende kann niemals von sich aussagen, dass er sich in einem
Zustande oder in einer Thätigkeit befindet, ohne zu dem hierbei
gebrauchten Verbum auch noch ein besonderes „ich" ausdrücklich
hinzuzusetzen. Aber die alte indische, die alte iranische, die griechische, die lateinische Sprache lässt sich an dem blosen Verbum
genügen, welches zum Zeichen, dass das redende Ich sich selber
als das thätige oder bewegte Sein hinstellt, durch das characteristische Element n oder m erweitert wird, und selbst da, wo dieses
abgefallen ist, wie in der bindevocallosen Conjugation des Griechischen, selbst da fühlt man noch nicht das Bedürfniss, das Ich ausdrücklich hinzuzufügen. Hiermit ist nun auch schon gesagt, dass
in der frühesten Periode der indogermanischen Sprache der Begriff
des Ich zuerst am Verbum ausgedrückt ist. Das Ich als Subject
durch ein selbständiges Wort auszudrücken, war zunächst noch
keine Veranlassung, vielmehr waren es gerade die Casus obliqui,
der Begriff des Mich und Mir u. s. w., für welche die Verbalflexion nicht ausreichte und daher ein selbständiges Prono-

minalwort erforderlich war. Wenn freilich das Mich oder das Mir
im unmittelbaren Zusammenhange mit der als Subject gesetzten
ersten Person stand (ein reflexives Mir und Mich), dann gab es
auch eine Verbalform, welche hierfür den Ausdruck gewährte,
nämlich das Medium, dessen ursprüngliche Endungen für die drei
Personen des Singulars in den Sylben mä, tvä oder svä und tä bestanden, während die entsprechenden Activformen ursprünglich auf
m, tü, t auslauteten*). „Ich schlug mich" oder „ich schlug in
meinem Interesse" lautete ursprünglich atuda-ma; hier brauchte
man kein besonderes selbständiges Pronomen, um das Mich oder
Mir auszudrücken. Aber wie, wenn man sagen wollte: „du schlägst
mich" oder „du schlägst in meinem Interesse"? Hierfür gab es
in der Verbalflexion keinen Ausdruck; denn wenn die zweite Person Subject war, dann verstattete die Medialform atuda-sva nur für
den Begriff „du schlugst dich" oder „du schlugst in deinem Interesse" einen Ausdruck.

tuda-m ich schlug   tuda-ma ich schlug mich oder in meinem Interesse
tuda-s du schlugst   tuda-tva du schlugst dich oder in deinem Interesse.

Um den Begriff „du schlugst mich" oder „er schlug mich" auszudrücken, nahm man die active Form tudas oder tudat und bezeichnete das dazu gehörige „Mich" oder „in meinem Interesse" durch
dasselbe lautliche Element, durch welches in der Medialform das
reflexive „mich" oder „in meinem Interesse" ausgedrückt wurde,
nämlich durch die Sylbe mä. So gelangte man denn nun von der
Medialendung des Verbum aus zu einem Pronominalstamm, welcher
das Mir, Mich, Mein u. s. w. als selbständiges Wort darstellte;
natürlich musste dieser neu gewordene Stamm mä, da es ein selbständiges isolirtes Wort geworden, nun ebenso gut der Casusbe-
zeichnung theilhaftig werden, wie die Nominalstämme.

Ganz in der nämlichen Weise gelangte man von der medialen
Endung tvä aus (denn dies ist die ursprüngliche Form für svä oder
sä) zu einem selbständigen declinirbaren Pronomen der zweiten
Person; das tä der dritten Person wurde der Ausdruck für „er"
und weiterhin ein Demonstrativpronomen und zuletzt bestimmter
Artikel.

---

*) Vergl. hierüber I. A.

Auch diejenigen Sprachforscher, welche die Verbalform für eine Combination der Wurzel mit einem Pronominalstamm halten, werden den eben beschriebenen ihrer Ansicht entgegengesetzten Sprachprocess für möglich gelten lassen. Etwas Anderes freilich ist es, ob sie mir darin beistimmen, dass die ursprünglichsten Endungen des Activ auf m, s, t und die Medialformen auf mä, tä, svä ausgingen. Doch hoffe ich, dass die späterhin im Abschnitte von den Verbalendungen zu gebende Erörterung die Berechtigung, die ich für diese meine Annahme habe, erkennen lassen wird. Aber nicht blos als möglich möchte ich die im Obigen gegebene Entstehungsart der gegebenen Pronominalstämme mä, tä, svä hinstellen, denn ich habe noch ein ganz specielles Indicium, welches ich dafür geltend machen muss. Bei dem von mir eingeschlagenen Wege, den Zusammenhang der in Rede stehenden Pronominalstämme mit der Verbalendung genetisch zu erklären, ergiebt sich, dass zunächst blos die Casus obliqui der drei persönlichen Pronomina mit den entsprechenden Verbalendungen identisch sind; von einem Subjectscasus derselben ist hier noch keine Rede, denn das Subject der drei Personalpronomina wird zunächst lediglich durch die Verbalform ausgedrückt oder ist vielmehr zugleich in ihr enthalten, — wir haben nur für das Mir, das Mich, das Meiner einen selbständigen Pronominalstamm, aber nicht für das nominativische Ich, dessen Ausdruck noch an dem Verbum selber haftet. Und diese Fähigkeit, blos die Casus obliqui, aber nicht den Subjectscasus durch einen selbständigen Pronominalstamm ausdrücken zu können, scheint lange Zeit fortgedauert zu haben. Als dann schliesslich auch die Nothwendigkeit sich ergab, für das als Subject gesetzte Ich einen selbständigen Ausdruck zu haben, da wandte man sich nicht dem für die obliquen Casus geltenden Pronominalstamm mä zu, sondern nahm zu einem ganz heterogenen Sprachelemente seine Zuflucht. Keine einzige ältere indogermanische Sprache drückt den singularen Nominativ Ich durch den Stamm mä aus. Das Sanskrit sagt dafür aham, ähnlich die Avesta-Sprache azem, das Alt-Persische adam, das Griechische ἐγών und ἐγώ, das Lateinische ego, das Gothische ik, das Hochdeutsche ich u. s. w. Das sind in der That nicht leicht zu erklärende Formen, am liebsten möchte ich der Ansicht beistimmen, die darin ein altes Perfectum eines Verbalstammes von der Bedeu-

tung sprechen erblickt, dem lateinischen inquam analog und mit
ihm wurzelhaft verwandt; um den Begriff des Ich, der bereits in
dem ausgesprochenen Verbum der ersten Person enthalten ist, bestimmter zu markiren und hervorzuheben, setzt man gleichsam
parenthetisch ein: „ich sage es" oder „ich habe es gesagt" oder
„ich der Sprechende bin es" hinzu.

Nach dem von mir aufgestellten System der Flexionsformen erklärt es sich von selber, dass die gesammten indogermanischen Völker
nur für die Casus obliqui einen mit der ersten Personalendung zu-
sammenhängenden Pronominalstamm gebrauchen, während für den
Nominativ ein gänzlich davon verschiedener Ausdruck gebraucht
ist, welcher allem Anschein nach eine Verbalform der ersten Person ist und jedenfalls viel späteren Ursprungs sein muss. Diejenigen aber, welche umgekehrt wie ich die Endung der ersten Verbalperson aus dem Hinzutritt eines Wortes, welches schon an sich
„ich" bedeutet, erklären, gerathen in einen argen Widerspruch,
denn der Stamm mâ, auf welchen sie recurriren, hat ja nur die
Bedeutung von „mich, mir", aber niemals die Bedeutung von „ich".
Sie werden sich gezwungen sehen, diesem Einwurfe gegenüber
wieder an eine hypothetisch vorauszusetzende ältere Sprachperiode
zu recurriren, in welcher auch der Nominativ ich durch den Stamm
mâ ausgedrückt worden sei: — nachdem dies Wort mâ, welchem
die Bedeutung von „ich" vindicirt wird, an das Verbum angetreten
sei — müssen sie weiter sagen —, sei dasselbe für den Nominativ
verschollen und dann ein neues Wort aham u. s. w. für den Nominativ
gebildet worden. Einen Grund für diesen angeblichen Untergang
des älteren Nominativ und für den Ersatz desselben durch ein
neues Wort werden sie freilich nicht angeben können. Die von
mir aufgestellte Methode hat nicht nöthig, zu dergleichen Hypothesen von nicht mehr nachweisbaren Sprachzuständen ihre Zuflucht zu nehmen, sie hält die uns thatsächlich in der Sprache
entgegentretende Form fest, sie geht über den Kreis des der Beobachtung unmittelbar vorliegenden Sprachgutes nicht hinaus — sie
weiss auch den Grund anzugeben, weshalb der Nominativ „Ich"
nicht durch denselben Pronominalstamm wie die obliquen Casus,

9

sondern durch eine Form von offenbar späterem Ursprung ausgedrückt ist. *)

Die lautgeschichtliche Gestaltung der Flexionselemente.

Wir haben in dem vorausgehenden Capitel in einer raschen Uebersicht die Genesis der Flexionsform überblickt und die einzelnen aufeinander folgenden Entwickelungsmomente wenigstens in ihren Grundzügen festzustellen gesucht. Wie lange Zeit die Sprache der alten indogermanischen Urväter gebraucht hat, um von den primären Anfängen des Sprechens, von der Begriffswurzel bis zum vollständigen System der Verbal- und Nominalflexion und den aus bestimmten Flexionen gewonnenen Pronominalstämmen zu gelangen, davon haben wir wenigstens bis jetzt ganz und gar keine Vorstellung: es kann diese Thatsache schon in der ersten Generation des indogermanischen Lebens vollzogen sein, es kann aber dieselbe auch längerer Zeit, ja ganzer Jahrhunderte bedurft haben. Dem Geiste des indogermanischen Urstammes war hierbei allerdings in vielen Stücken seine Freiheit gestattet, aber in allen wichtigeren und massgebenderen Momenten, namentlich im Ausdruck der eigentlich geistigen Kategorien folgte er überall einem ihm selber unbewussten Drange nach Ordnung, Gesetzmässigkeit und Vernünftigkeit, womit der im gesammten Kosmos waltende Geist etwa in analoger Weise ihn beanlagt hatte, wie mit dem in die Brust oder vielmehr in das Gehirn des Menschen gelegten Sinn für rhythmische Schönheit und Ordnung. Denn auch des ihm immanenten Sinnes für rhythmische Schönheit und überhaupt für Kunst wird sich der Poet, der Musiker noch nicht bewusst, wenn er demselben nachgebend eine Melodie, einen poetischen Text nach Tacten, rhythmi-

---

*) Auch für das Pronomen der dritten Person, welches mit der Verbalendung tû zusammenhängt, darf hier auf eine Eigenthümlichkeit des Gebrauches hingewiesen werden, die mit dem Verhältniss des Stammes ma zu dem nominativischen aham in einem gewissen Zusammenhang steht. Der Grieche hat den Stamm tá, um das Ihm, Ihn zu bezeichnen, durch das Präfix au verstärkt (vergl. S. 119), aber er wendet diesen seinen Stamm aúrú gewöhnlich nur für die obliquen casus, nicht aber für den Nominativ „er" an.

schen Reihen und Perioden ordnet, erst die spätere Zeit der ästheti-
schen Kunstkritik gelangt hier zur Kenntniss der Gesetze, denen
der schöpferische Künstler gefolgt ist. Mit diesem dem menschlichen
Geiste immanenten künstlerischen Schöpfungsvermögen muss der
sprachbildende Geist unserer indogermanischen Urväter zunächst
verglichen werden.

Irgend einmal — wir wissen nicht wann — war die Zeit eingetreten, wo das vollständige Flexionssystem der indogermanischen Sprache
entwickelt war, die Zeit der höchsten sinnlichen Formfülle und Schönheit, ja wir dürfen sagen, der Vollkommenheit unserer indogermanischen Ursprache. Die Periode, welche von den ersten Regungen des
Sprachgefühls bis zu dieser Epoche der Formvollendung reicht, nennen wir die Zeit der Sprachentwickelung — schliesst doch das
Wort Entwickelung den Begriff des Fortschrittes von beschränkteren
Anfängen zu immer reicherer Entfaltung und Vollendung in sich
ein. Sicherlich ist diese Periode der Sprachentwickelung schon erreicht worden, so lange es noch einen ungetrennten, in Asien
wohnenden indogermanischen Urstamm gab.

Dann aber kam die Zeit, wo dem diese Sprache redenden Ur-
stamme die alten Sitze zu eng wurden. Zuerst drängt der eine Theil,
dann wieder ein anderer Theil des Volkes weiter vor nach Westen
und Norden. Schon in Asien selber müssen die ersten Schritte zu
einer Trennung verschiedener indogermanischer Stämme geschehen
sein, die dann späterhin in lange dauernder Wanderung sich nach
Europa wenden und die Ahnen der späteren indogermanischen Völkerschaften, von denen jede schliesslich zu einer besondern Sprache
gelangt, geworden sind. Blos ein einziges Volk behauptet die
Gegend, wo einst der indogermanische Urstamm gewohnt hat —
dies sind die Iranier; ein einziger nur, die Inder, sind nach Süd-
osten gezogen.

Die sich durch die Völkertrennung ergebende Sonderung und
Verschiedenheit der einzelnen indogermanischen Sprachen geht
schliesslich darauf zurück, dass jeder einzelne Volksstamm, sowie
er in ein bewegtes geschichtliches Leben eintritt, wo er ringen
muss mit den Beschwerlichkeiten des Daseins, wo er kämpfen

muss mit den Hemmnissen, die ihm Klima, Localitäten und Nachbarvölker, die er auf seinen Wanderungen antrifft, bereiten, — wo er
gezwungen wird, eine grössere Energie des Handelns und des Denkens zu entfalten — dass ein jeder indogermanische Volksstamm
in diesem körperlichen und geistigen Kampfe sein früheres Interesse für seine Sprache verliert, dass ihm dieselbe nicht mehr
wie ehedem ein Hauptzweck seines geistigen Lebens ist, sondern ein blosses Mittel wird, sein Denken Andern mitzutheilen
und durch diese Mittheilung zu fördern. Da beginnt der grosse
Reichthum von sprachlicher Formfülle ein Hinderniss für die Leichtigkeit des Ausdrucks zu werden; was liegt dem Redenden daran,
für eine jede logische Kategorie immer einen besondern lautlichen
Träger zu haben? Es genügt ihm, wenn das Verhältniss, in welchem die Wörter des Satzes unter einander stehen, vom Hörer verstanden wird, und der Raschheit des Denkens, der Leichtigkeit des
Verkehrs müssen die vielsylbigen Flexionen der Wörter zum Opfer
fallen. Die von einander getrennten Völker haben deshalb ein jedes
eine besondere indogermanische Sprache gestaltet, weil ein jedes
auf seine eigene Weise die ursprüngliche Sprachfülle corrumpirt
hat. Indess ist diese Corruption, denn diesen Ausdruck dürfen
wir wohl gebrauchen, nur eine sehr allmählige. Sie wird oft auf
Jahrhunderte durch die schriftliche Fixirung einer bestimmten
Sprachepoche aufgehalten, entzieht sich auch oftmals Jahrhunderte
lang dem Blicke des Sprachforschers, aber überall wo dieser die
Sprache eines Volkes wieder in einer neuen Periode ihres Daseins
antrifft, da ist die Corruption um so grösser geworden.

Von den indogermanischen Völkern unserer Tage sind für einen
jeden bis jetzt abgetrennten Sprachzweig immer diejenigen am weitesten in der Corruption gegangen, welche am tiefsten ins eigentliche
geschichtliche und Culturleben eingedrungen sind. Von den romanischen Nationen haben das alte Stammgut der lateinischen Sprache
am meisten die Franzosen verstümmelt, viel weniger die Italiener,
Spanier und Portugiesen. Von den einzelnen Zweigen der Germanen sind die Engländer am weitesten gegangen, wir Deutsche haben
zäher an der alten Sprache der Vorfahren festgehalten, am conser-
vativsten aber sind hier unsere nordischen Nachbarvölker, die Scan-
dinavier, und von diesen haben wieder die Norweger in ihrem

volksthümlichen Dialecte mehr als die Dänen und Schweden, und am meisten die Bewohner des abgesonderten Island die Flexionen der älteren Sprache in grösserer Reinheit festgehalten. Noch conservativer aber als Romanen und Germanen sind die Slaven in ihrer Sprache geblieben. Sie haben heut noch sieben durch tönende Endungen von einander geschiedene Casus, während freilich ihr Conjugationssystem grössere Einbusse erlitten hat. Dasjenige indogermanische Volk aber, welches heut zu Tage noch auf einem dem alten Sanskrit gar nicht so weit abstehenden Standpuncte der Sprache sich gehalten hat, sind die schon viele Jahrhunderte lang der Cultur und geschichtlichen Bewegung fern stehenden Litauer im östlichen Preussen. Solche Reste von treuer Bewahrung des alten indogermanischen Sprachgutes sind höchst interessant für den Sprachforscher, aber im Allgemeinen gibt ein solcher Sprachzustand der Cultur und der politischen Bedeutung des betreffenden Volkes kein gutes Zeugniss, und gerade die grössere Abschleifung der Endungen bei Engländern, Deutschen und Franzosen ist ein Beweis, dass eben diese Völker auch fernerhin für die Geschichte eine grössere Bedeutung haben werden, als die an Flexionen und klingenden Endungen ungleich reicheren Italiener, Spanier, Nordländer und Slaven.

Indess auch in dieser Depravation der Wörter und zunächst der Endungen lassen sich bestimmte Gesetze ausfindig machen. Wir können die Zeit der Sprachgeschichte, in welcher die Gesetze der Depravation beginnen, als den Anfang der Sprachfortbewegung bezeichnen. Diesen Ausdruck wählen wir im Gegensatze zu dem oben angewandten Worte Sprachentwickelung. Was sich entwickelt, wird reicher und vollkommener; es gleicht der Entwickelungszeit des menschlichen Individuums bis zur Periode seiner gesammten körperlichen Kraftentfaltung; von da an aber findet nur eine Fortbewegung in den einmal eingeschlagenen Bahnen statt, die bei gleichzeitiger Zunahme der geistigen Vertiefung die Körperkraft immermehr abschwächt und schliesslich zum immermehr dahinwelkenden und absterbenden Greisenalter führt.

Auslautende Vocale und Consonanten und inlautende Vocale der Endsylben.

Die Sprachen des indogermanischen Stammes suchen gewisse Laute und Lautverbindungen, die dem Sprachgefühle hart erscheinen, zu vermeiden. Aus diesem Grunde muss oftmals in einer inlautenden Consonantengruppe eine Veränderung des einen oder des anderen der zusammenstehenden Consonanten statt finden. Noch zarter ist die Sprache im Auslaute; Consonantenverbindungen, die im Inlaute geduldet werden, scheinen hier anstössig; selbst mancher einfache Consonant gilt hier als Härte und wird nicht beibehalten.

Durch dieses euphonische Princip geschieht der alten Ursprünglichkeit der Flexionen Eintrag. Consonanten, welche zur Bezeichnung von Begriffsbestimmungen und Beziehungen dienen, müssen abfallen, weil sie nach den im Verlaufe der Sprache eingetretenen euphonischen Gesetzen im Auslaute nicht stehen können.

In den Sprachen unseres Stammes ist der lateinische Auslaut von dem euphonischen Principe am freisten geblieben, daher hier am meisten die ursprünglich auslautenden Flexionsconsonanten sich zeigen. Jeder Consonant kann auslauten; kein anderes Gesetz gilt für den consonantischen Auslaut als für den Inlaut. — Dem Lateinischen steht das Zend am nächsten. Hier wird nur der Auslaut nt auf n beschränkt. — Das Sanskrit duldet im Auslaute bis auf wenige Fälle nur einen Consonanten; von zweien muss daher der zweite, von dreien der dritte abfallen. — Das Griechische duldet hier nur eine solche Verbindung zweier Consonanten, deren letzter ein s ist, ξ, ψ. Auch an νς und ϱς nehmen wenigstens einzelne Dialekte keinen Anstoss. Ferner kann auch nicht jeder einfache Consonant als Auslaut stehen bleiben, τ und δ muss stets abfallen, ἔλεγετ muss zu ἔλεγε, τόδ zu τό werden, nur ς, ϱ, ν widerstrebt dem griechischen Organe nicht; in οὐκ und ἐκ erscheint auch κ als Auslaut. — Mit dem Griechischen kommt in den meisten Fällen das Altpersische überein, wo ein auslautendes t und d sich ebenfalls nicht behaupten kann. — Im Altslavischen ist die Weichheit des Auslautes am weitesten vor-

geschritten; hier ist jede Doppelconsonanz unstatthaft, und von
einfachen Consonanten muss nicht blos, wie im Griechischen t,
d abgeworfen werden, sondern auch r und s wird nicht geduldet;
der einzige consonantische Auslaut, der sich behaupten kann, ist
der Nasal.

Zu diesen Sprachen steht der Auslaut des Gotischen wie
überhaupt der germanischen Dialekte in einem auffallenden Gegensatze. Während dort eine jede harte Doppelconsonanz
und mancher einfache Consonant vom Auslaute entfernt wird,
kommen im Gotischen die härtesten Consonantenverbindungen
vor, welche vielleicht je eine Sprache aufzuweisen hat. So hilms,
balgs, halbs, vulfs, hulþs. blinds, brunsts, bansts, framaldrs, spais-
kuldrs, bairhts, fingrs, tungl, smairþr, vaurstv, usbeisns, garéhsns,
rôhsns, haifsts, maiþms, sköhsl, svumsl und svumfsl. Die härtesten
Combinationen von drei und vier Consonanten hat die gotische
Sprache nicht zu vermeiden gesucht. Jede Consonantenverbindung
ist möglich, mit der einzigen Beschränkung, dass das singulare
Nominativzeichen s hinter einem vorhergehenden s und oft auch
hinter r nicht gesprochen werden kann, obgleich ein auf andere
Weise entstandenes ss wie in qviss, viss, stass im Auslaute geduldet wird. Selbst die Ausgänge, die am wenigsten den Eindruck
der Härte machen, wie blinds, salbônds wären in keiner anderen
indogermanischen Sprache möglich; sogar die lateinische, welche
am wenigsten empfindlich ist, kann diesen Auslaut nicht dulden
und muss nts in ns verwandeln wie in mens, amens. Grössere
Ursprünglichkeit in Erhaltung der Flexionen kann nicht als Grund
dieser Consonantenhärten geltend gemacht werden, vielmehr ist
unter den angeführten Wörtern kein einziges, in welchem nicht
ein Flexionslaut abgefallen ist. Auch die übrigen Sprachen bewahren nicht immer ihre Flexionslaute, aber wo ihnen ein solcher
fehlt, da haben sie denselben, wie wir oben bemerkten, meist im
Streben nach Weichheit aufgegeben. Im Gotischen hingegen hat
der Verlust des Flexionslautes keinen euphonischen Grund, sondern vielmehr der Sprache gerade jenen harten Charakter des
Auslauts verliehen; wäre sie hier im Festhalten der Flexionen
zäher gewesen, so würde sie jene auffallenden Härten nicht darbieten.

Es versteht sich von selbst, dass früher in der gotischen
Sprache ein anderes Auslautsverhältniss gewaltet haben muss; die
Sprachvergleichung vermag mit ziemlicher Wahrscheinlichkeit den
ursprünglichen Auslaut herzustellen. So hat J. Grimm in seiner
Geschichte der deutschen Sprache (S. 912) die ursprünglichen Endungen aufgestellt, aus denen sich die jetzt vorliegenden entwickelt
haben müssen. So lassen sich auch die Conjugationsendungen auf
ursprünglichere Formen zurückführen. Damit ist aber die Geschichte des gotischen Auslautes nicht erledigt. Denn es drängt
sich die Frage auf, ob das Gotische auf einer früheren Stufe nicht
ein Gesetz des Auslautes gehabt habe wie das Griechische und die
übrigen Sprachen, ob nicht auch einmal im Gotischen ein Streben
nach Weichheit des Auslautes bestanden hat, welches auf Kosten
der Ursprünglichkeit der Endungen gewisse einfache Consonanten
und Consonantenverbindungen am Wortende nicht duldete?

Die Form des Gotischen, welche im Ulfilas vorliegt, zeigt
eine reiche Zahl von eigenthümlichen Erscheinungen, welche uns
nicht blos nöthigen, jene Frage im Allgemeinen zu bejahen, sondern uns auch in den Stand setzen, das frühere Verhältniss noch
im Einzelnen zu erkennen. Ich will bei der Darlegung dieser
Verhältnisse nicht den analytischen Weg einschlagen, welchen ich
bei der Auffindung derselben zu gehen hatte, sondern es mag mir
gestattet sein, das Resultat meiner Untersuchung, die Gesetze des
gotischen Auslautes, voranzustellen und sie dann an dem Flexionssysteme nachzuweisen.

I.

Einbusse des ursprünglich auslautenden Consonanten.

Von ursprünglich auslautenden Doppelconsonanten hat das Gotische blos diejenigen geduldet, deren
zweiter Consonant ein s ist; von allen übrigen muss
der zweite abgeworfen werden.

Von auslautenden einfachen Consonanten, mögen
sie ursprünglich oder auf die eben angegebene Weise
aus einer Doppelconsonanz entstanden sein, hat das
Gotische blos s und r, aber keine Muta und keinen
Nasal geduldet. Jeder andere Consonant als s und r

erscheint dem Gotischen am Ende der Wörter als Härte
und wird auf zwei Weisen vermieden:
entweder wird er abgeworfen,
oder: er wird durch Annahme eines auslautenden
Hülfsvocales a zum Inlaut.

Das Gotische steht hierin ungefähr auf derselben Stufe, in
welcher das Griechische uns vorliegt. Die auslautenden Doppelconsonanten werden in beiden Sprachen auf gleiche Weise behandelt. In Beziehung auf den einfachen ist aber das Gotische noch
weicher als das Griechische, da nicht blos die auslautende dentale
Muta, sondern auch der dentale Nasal als Härte erscheint, während das Griechische blos die dentale Muta τ oder δ vom Laute
entfernt, dagegen an dem Nasale ν keinen Anstoss nimmt. Auch
in der Art, wie die Härte des Auslautes vermieden wird, zeigen
beide Sprachen einen Unterschied, da das Gotische hier nicht
immer Abfall eintreten zu lassen braucht, sondern auch durch
Annahme eines Hülfsvocales die ursprünglichen Endconsonanten erhalten kann.

II.

Einbusse des ursprünglichen Vocales in der Endsylbe.

Hierzu tritt nun noch folgendes Gesetz über die Behandlung
von Flexionsvocalen.

In ursprünglichen Endsylben mehrsylbiger Wörter
wird kein ursprünglich kurzes a und i geduldet, sondern es tritt Apokope oder Aphäresis ein, je nachdem
der Vocal den Auslaut bildet oder ein einfacher Consonant darauf folgt. Auch der Diphthong ai kann, wo
er ursprünglichen Auslaut bildet, in den meisten Fällen
sein i nicht behalten, sondern muss zu a werden. Dagegen bleiben u und au, und ebenso auch a und i, wenn
diese letzteren aus â oder ja, jâ entstanden sind.

Das zweite Gesetz scheint mit dem ersten im Widerspruche
zu stehen. Jenes wirft Consonanten ab und fügt Vocale hinzu,
um Weichheit des Auslautes hervorzurufen, dieses verlangt Aus-
und Abfall von Vocalen und bewirkt hierdurch Härten, die in anderen Sprachen unerhört sind. Die nach dem ersten Gesetze ein-

tretende Euphonie wird durch das zweite aufgehoben, dessen
Resultat eine grosse Zahl schwer auszusprechender und man darf
wohl sagen, misslautender Consonantenverbindungen ist. Wie
kommt es, dass in derselben Sprache zwei so entgegengesetzte
Principien neben einander bestehen?

Die Antwort darauf ergiebt sich von selbst. Beide Gesetze
sind nicht neben einander, sondern nach einander aufgekommen, das erste ist das frühere, das zweite das
spätere. Auf einer früheren Stufe hat auch die gotische Sprache
dem in jeder indogermanischen Sprache auftretenden Streben nach
Euphonie und Weichheit des Auslautes die Ursprünglichkeit mancher Endungen opfern müssen. Das Streben nach Kürze kann
um so weniger der Grund dieser Erscheinung sein, als nicht blos
Abfall des Consonanten, sondern auch Hinzufügung eines Hülfsvocals statt findet.

Erst auf einer spätern Stufe hat sich das zweite Auslautsgesetz entwickelt. Dieses ist lediglich hervorgegangen aus dem
Streben nach Kürze der Formen, welches früher oder später in
einer jeden Sprache eingetreten ist und die Flexionen verdrängt
oder abgestumpft hat. Während andere Sprachen in ihrem weiteren Verlaufe hauptsächlich die Flexionsconsonanten einbüssen,
wie das Prakrit und das Italienische, hat sich im Gotischen diese
Verkürzung der Formen besonders auf die kurzen positionslosen
Vocale bezogen und dadurch jene dem Gotischen eigenthümliche
Härte des Auslauts veranlasst. Die Weichheit des Auslautes,
welche sich auf einer früheren Stufe entwickelt hatte, ging unter,
und nur aus einzelnen Erscheinungen lässt sich das frühere Verhältniss erkennen.

Wir wollen hier die aufgestellten Lautgesetze am Auslaute der
altgermanischen, speciell der gotischen Nominal- und Pronominalformen (an den Casus- und Numerus-Endungen) nachweisen.

Bei einer Nominalform haben wir zwischen der Casusendung
und dem Stamme zu scheiden, der in den germanischen Dialekten
stets aus einer Wurzel und einer an dieselbe tretenden ein- oder
mehrsylbigen Stammendung (Stammsuffixe) besteht. So ist in den
pluralen Accusativen vigans, matins, fötuns das gemeinschaftliche

ns die plurale Accusativendung, viga, mati, fôtu sind die Nominalstämme, welche in die Wurzeln vig, mat, fôt (vah, mad, pad) und
die Stammsuffixe a, i, u zu zerlegen sind, und in einer Composition ohne Casusendung erscheinen: viga-deina, mati-balgs, fôtu-
band. Bei weitem die meisten Nominalstämme des Gotischen
haben ein vocalisches oder wenigstens vocalisch auslautendes Stammsuffix. Es giebt Stämme auf a, i, u, â. Die auf a sind masc.
oder neutr. (Grimm's erste starke Masculin- und Neutral-Deklina-
tion), die auf i masc. oder femin. (Grimm's vierte), die auf u masc.,
neutr. oder femin. (Grimm's dritte), die auf â femin. (Grimm's
erste Femininal-Deklination); das â der letzteren ist sowohl in
Compositionen als auch im Nom., Acc., Voc. sing. zu a verkürzt
worden. Von consonantisch ausgehenden Stämmen kennt das Gotische blos Stämme auf an und tar, wie naman (nomen), guman
(homon), auhsan (Sankr. uxan), fadar (pater), brôþar (frater).
Stämme mit anderem consonantischen Auslaute giebt es nicht,
denn die in den verwandten Sprachen vorkommenden auf ant, ljas
sind im Gotischen durch einen vocalischen Zusatz in die vocalisch
auslautenden Stämme auf anda, iza und ôza umgewandelt worden.
Die Pronominalstämme zeigen keinen anderen Auslaut als a, â, i;
sonst gilt auch von ihnen das über die Nomiualformen Gesagte.

Nur in einer Composition, im singularen Vocativ und für
einige Fälle auch im singularen Nominativ erscheint der reine
Stamm, sonst ist an denselben immer eine Casusendung getreten.
Die im Germanischen gebräuchlichen Casusendungen gehen entweder auf einen Vocal oder auf n, s, t aus. Da nun der Stamm,
wie oben bemerkt, keinen anderen consonantischen Auslaut als n
und r darbietet, so können für die Nominal- und Pronominalformen entweder nur Vocale oder nur die Consonanten n, s, t, r als
ursprünglicher Auslaut erscheinen.

Auslautendes t.

Die dentale Media bildet in den verwandten Sprachen die singulare Accusativ- und Nominativendung der neutralen
Pronomina. Skr. ta-d, êta-d, zend. ta-t, lat. istu-d, i-d. Im Griechischen und Slavischen wird eine Dentalis als Auslaut nicht ge-

duldet, daher zeigen hier die genannten Formen den blosen Stamm, griech. τό, τί statt τόδ, τίδ, altslav. to, ono statt tod. onod. Im Gotischen muss das Casuszeichen d zu t, hochd. zu ß werden; der Gebrauch desselben ist von den Pronominalstämmen auch auf die neutralen Adjectivstämme ausgedehnt, wie überhaupt in den germanischen Dialekten die Adjectivdeklination mit der pronominalen identisch geworden ist. Das Gotische kommt nun darin mit dem Griech. und Altslav. überein, dass es eine dentale Muta im Auslaute nicht stehen lässt, aber es bedient sich zur Vermeidung dieses Lautes nicht blos der Apokope. sondern auch der Hinzufügung eines auslautenden Hülfsvocals a. that, hvat kann im Gotischen eben so wenig gesprochen werden, wie im Griechischen τόδ, im Slavischen tod; es muss der Auslaut entweder abfallen oder durch Zutritt eines Hülfsvocals a zum Inlaut werden. So entsteht aus hvat ein hva, aus that ein thata, aus it, dem lat. id, ein ita. Im ersteren Falle schwindet bei mehrsylbigen Stämmen ausser der Endung auch der Vocal der Endsylbe nach dem unter II. aufgeführten Gesetze: allat, mikilat sinkt nicht blos zu alla, mikila, sondern zu all, mikil herab. Beide Behandlungsarten des auslautenden t können in den meisten Fällen willkürlich neben einander angewandt werden; so stehen allata und all, mikilata und mikil, wairthata und vairth. jungata und jung, svaleikata und svaleik neben einander. Während die Vermeidung des dentalen Auslauts unverbrüchliches Gesetz ist. bleibt der Sprache die Freiheit. von jenen zwei Mitteln das eine oder andere nach Belieben anzuwenden. Wenn das Neutrum thata mit folgender Kopula ist verbunden in der Form that-ist erscheint, — und dies ist der gewöhnliche Fall —, so haben wir darin wohl kaum eine Ausnahme von unserem Gesetze zu erblicken; ist scheint sich hier in ähnlicher Weise wie uh in thatuh als Enklitika mit dem Pronomen verbunden und die einfache Form desselben geschätzt zu haben.

Auslautendes n oder m.

Der Nasal bildet den ursprünglichen Auslaut in den Endungen des Accusativ sing. und Genitiv plur., sowie für einige Formen der Stämme auf an.

1) **Als Endung des Accus. sing.** erscheint der Consonant n in den masculinen und femininalen Nominalstämmnen der meisten indogermanischen Sprachen, nur die Neutralstämme auf i und u sind endungslos, während die auf a ausgehenden der Accusativbildung der Masculina und Feminina folgen und auch für den Nom. sing. sich dieses Casuszeichens bedienen. Mit Recht hat Grimm a. a. O. auch für den gotischen Accusativ sing. der vocalischen Stämme die Endungen an, in, un als die ursprünglicheren aufgeführt. Aber das auslautende n schien dem gotischen Sprachorgane von nicht minder unerträglicher Härte, als die auslautende dentale Muta; es muss wie diese entweder abfallen oder durch Annahme eines Hülfsvocales a zum Inlaute werden. Wo Abfall eingetreten ist, da ist in mehrsylbigen Wörtern auch der vor dem n stehende Vocal a und i geschwunden, während sich u unverletzt erhalten hat. Apokope und Annahme des Hülfsvocals sind aber für das Accusativzeichen nicht willkürlich bei demselben Worte gebräuchlich, wie dieses bei dem neutralen t der Fall ist, sondern die Apokope ist auf die Substantivstämme und die weiblichen Pronomina und Adjectiva die Annahme des Hülfsvocals auf die männlichen Pronominal- und Adjectivstämme beschränkt. So wird than, hvan, gôdan zu thana, hvana, gôdana, die Substantiva giban (statt gibân), sunun, handun zu giba, sunu, handu; stôlan, vaurdan, munin, mahtin zu stôl, vaurd, mun, maht, indem hier ausser den auslautenden n auch der kurze Vocal a und i abfallen muss. Auch in den übrigen germanischen Dialekten scheint dieselbe Behandlung des Accusativzeichens stattzufinden. Dafür spricht wenigstens der altsächsische und angelsächsische Dialekt, wo das männliche Pronomen und Adjectivum im Accus. sing. auf na oder ne auslauten. Alts. thaua, thena, thane, thene, blindana, blindane, ags. thone, thäne, blindne.

2) **Die Endung des Genit. plur.** ist âm oder sâm, jenes im Nomen (Skr. uxanâm, gr. πατέρων), dieses vorzugsweise im Pronomen (Skr. têshâm, tâsâm). Ebenso sind auch im Gotischen diese Endungen unter die Nomina und unter die Pronomina und die damit gleich flektirten Adjectiva vertheilt; ihr langes â ist zu ê und bei Femininalstämmen auch zu ô geworden. Aber von den so entstehenden Endungen êm, ôm, sêm, sôm oder ên, ôn,

sên, sôn wird der auslautende Nasal nicht geduldet, daher die Formen stôlê, gôdaizê, gibô, gôdaizô, munê, mahtê, sunivê, handivê, brôþrê, auhsnê, abnê. Die Vermeidung des nasalen Auslautes durch Annahme eines auslautenden Hülfsvocals findet hier nicht statt; vielleicht ist die grössere Schwere der langvocalischen Endung der Grund davon.

3) Die Stammendung n zeigen die Mascul. auf an im Nom., Voc. sing., die Neutr. ausserdem auch im Accus. Im Voc. und im Nom.-Accus. der Neutra kann hier niemals ein Flexionszeichen gestanden haben, und auch der Nom. des Masculinums bietet bis auf das griech. μέλας und τάλας (statt μέλαν-ς, τάλαν-ς) in keiner der verwandten Sprachen eine Nominativendung, so dass dieselbe, wenn sie hier ursprünglich bestanden hat, schon in der Urzeit aufgegeben sein muss, und dass also von dem Standpunkte des Gotischen aus in allen genannten Formen der an-Stämme der Consonant n als ursprünglicher Auslaut anzusehen ist. Ein ursprüngliches n wird aber im gotischen Auslaut nicht geduldet, und daher ist der Abfall des n, der in manchen der hierher gehörigen Formen auch für das Griech. und Latein. und überall im Sanskrit stattfindet (homo neben nomen, ὄνομα neben τίκτων, nâma, taxâ) im Gotischen durchgehendes Gesetz. So werden die Stämme guman, auhsan im Nom. Voc. sing. zu guna, auhsa; naman, augan im Nom. Acc. Voc. zu namô, augô. Die Verlängerung des a zu ô in den neutralen Stämmen ist eine dem Gotischen eigenthümliche Erscheinung, welche von der Analogie aller anderen Sprachen abweicht. Denn diese lassen die Verlängerung vielmehr in den männlichen Stämmen eintreten, bewahren dagegen in den neutralen die Kürze des Vocals. Wir vermögen diese Erscheinung nur so zu erklären, dass wir für das Gotische eine Ausdehnung der Vocalverlängerung auf alle an-Stämme annehmen, sowohl auf die neutralen als die männlichen; es muss im Gotischen einst gumâ und namâ gesprochen worden sein. Das lange â ist bei Neutr. zu ô, bei Masc. zu â geworden, ähnlich wie die auf â auslautenden Feminina diesen Vocal bald zu a, bald zu ô verändert haben. Somit ergiebt sich auch der Grund, weshalb in guna, ausha das a der Endsylbe nicht abgeworfen ist: es ist wie in giba aus â entstan-

den und wird deshalb beibehalten; denn nur das ursprünglich
kurze a muss in einer Endsylbe weichen.

Auslautendes s.

s erscheint in den ursprünglichen Endungen des Nom. sing.,
Genit. sing., Nom. plur., Acc. plur., Dat. plur.

1) Die Endung des Nomin. sing. ist s bei den männlichen a-, und den männlichen und weiblichen i- und u-Stämmen,
in Uebereinstimmung mit den verwandten Sprachen. Auslautendes
s wird im Gotischen geduldet, weshalb sich in den genannten Stämmen das Nominativzeichen erhalten kann. Es fehlt in einigen
Pronominalstämmen wie sa, thu, wo auch die meisten übrigen Sprachen den Casus unbezeichnet lassen, ó, Skr. sa, lat. tu, σύ. Von
den Endungen as, is, us behält aber nur die letztere ihren Vocal,
z. B. sunus, handus, fôtus; as und is müssen nach dem oben genannten Lautgesetze den Vocal aufgeben und daher wird vigas,
stôlas, matis, mahtis zu vigs, stôls, mats, mahts synkopirt. Nur
in dem einen Falle kann a nicht synkopirt werden, wenn es mit
einem vorhergehenden j zu ei oder ji sich vereinigt hat: hairdeis,
bôkareis, harjis statt hairdjas, bôkarjas, harjas. Tritt durch diese
Synkope das Nominativzeichen mit einem vorhergehenden s in unmittelbare Verbindung, so wird anstatt des ss nur einfaches s gesprochen, also ans, drus, hals statt anss, druss, halss. Derselbe
Wegfall des Nominativzeichens tritt auch oft bei vorhergehendem
r ein: vair, gabaur, stiur, hvaþar, unsar statt vairs u. s. w. Wir
können die durchgängige Uebereinstimmung nicht unerwähnt lassen, worin das Gotische in seiner singularen Nominativbildung mit
dem Umbrischen, Oskischen, zum Theil auch mit dem Lateinischen
steht. o (aus a) und i fällt aus vor s: Pompaiians, horz, cevs, —
Ikuvins, pihaz, fons statt Pompaiianos, hortos, cevis, Ikuvinos, pi-
hatos, fonis, ausser wo j vorhergeht: Aadiriis, Trutitis statt Aadir-
jos, Trutitjos. Hinter r schwindet auch das s: pacer. Ebenso im
Lateinischen: mens statt mentis, vir statt virus.

Stämme auf â, an, tar haben im Gotischen kein Nominativzeichen. Der Grund davon ist nicht in den Lautgesetzen des Gotischen zu suchen, da dieser Mangel des Nominativzeichens auch

in den übrigen Sprachen sich findet, und mithin der Standpunkt des Gotischen als ein ursprünglicher sich darstellt. In den übrigen Sprachen zeigt der singul. Nominativ dieser Stämme Verlängerung des Vocals; griech. χώρᾱ, τιμή, ποιμήν, δαίμων, πατήρ. ῥήτωρ; das Gotische hat die Länge nur bei den neutralen Stämmen auf an bewahrt, während sonst Verkürzung des â zu a eingetreten ist: giba, guma, fadar wie im Griech. Μοῦσα, Λίαινα. Die ursprüngliche Länge zeigt sich darin, dass der Vocal nicht verschwunden ist; denn ursprünglich kurzes a hätte in der Endsylbe Apokope erleiden müssen.

2) Endung des Genitiv sing. ist s sowohl für vocalisch als consonantisch auslautende Stämme. Meist unterscheidet die Verstärkung des vorhergehenden Vocals oder Einschiebung eines a den Genitiv von dem Nominativ: Skr. Nom. aris, paçus, Genit. arés, paçôs, in den Veden auch aryas, paçvas, griech. Nom. πόλις, πῆχυς, Gen. πόλεως und πόλιος, πίχεως, ἐγχέλυος. So unterscheidet auch das Gotische den Genit. anstais, sunaus, handaus von dem Nomin. anst(i)s, sunus, handus. Das Nordische schiebt hier wie das Griechische und die angeführten Vedaformen ein a ein: belgjar, son(v)ar, wobei j häufig und v durchgängig ausfällt. Weibliche Stämme auf â behalten im Genit. ihren langen Vocal: gibôs. Die consonantisch auslautenden müssen die Endung as zu s werden lassen, weil kurzes a sich in der Endsylbe nicht halten kann: fadrs (πατρός), namins (nominis). Die Stämme auf a haben im Gotischen die Endung is, im Sächsischen as: ambahtas, ulthas. Grimm Gesch. d. d. Spr. S. 647 setzt für das gotische dagis hiernach ein älteres dagas voraus. S. 914 verwirft er diese Annahme, weil wenn der Genitiv ursprünglich dagas gelautet hätte, er sich vom Nomin. sing. dagas nicht unterschiede. Wir glauben mit Unrecht, vielmehr muss sich der Genitiv dagas von dem für den Nominativ anzunehmenden dagas durch ursprüngliche Länge der Endsylbe unterschieden haben, so dass hier dasselbe Verhältniss gewaltet hat, wie in sunus und sunaus. Die ursprüngliche Länge der Genitivendung ist zugleich der Grund, dass hier der Vocal nicht synkopirt werden konnte, während das kurze a im Nominativ dagas sich nicht zu halten vermochte. Auch für das gotische dagis müssen wir eine ursprüngliche Länge der Endsylbe voraussetzen,

weil sonst das i hätte synkopirt werden müssen. Doch sei es noch
dahin gestellt, ob dagis aus dem im Alts. erscheinenden dagas
hervorgegangen ist, oder ob das i hier einen ähnlichen Ursprung
hat, wie im Lat. illius, Umbr. puplês, Gr. ἐμεῖο. Dasselbe gilt
auch von dem Genitiv der männlichen i-Stämme, die hier den
a-Stämmen analog ein is darbieten.

3) Endung des Nominativ plur. ist s für männliche und
weibliche Stämme, vor welchem wie im Genitiv sing. entweder
verlängerter Vocal oder eingeschobenes a erscheint: stôlôs, gibôs,
muneis, sunjus, Skr. pâdâs, sûnavas. Consonantisch auslautende
Stämme haben die Endung as: Skr. uxânas; im Gotischen kann
aber der kurze Vocal der Endsylbe nicht bleiben, daher die Form
auhsans. Statt des hier zu erwartenden fadars finden wir aber
fadrjus, indem die tar-Stämme im Plural meist nach Analogie der
u-Stämme flektirt werden.

4) Die Endung des Accus. plur. ist ns bei männlichen
und weiblichen i- und u-Stämmen: stôlans, munins, mahtins, su-
uuns, handuns. Lang vocalisch auslautende Feminina haben s wie
im Skr.: gibôs; consonantisch auslautende Stämme nehmen vor s
den Bindevocal a an. Skr. uxanas, der aber im Gotischen als kurzer Endsylbenvocal sich nicht halten kann.

5) Die Endung des Dativ plur. war im Germanischen
ursprünglich mis, entsprechend den litauischen instrum. plur. ran-
kômis, avimis, sunumis. Im Altslavischen erfährt diese Endung
Apokope des auslautenden Consonanten, daher die Formen gostImi,
slugami, im Germanischen Synkope des kurzen Vocals, und so entsteht
hier die Endung ms, die sich im Altnordischen tveimr und thrimr
erhalten hat. Sonst ist im Nordischen und überall im Gotischen
das ms zu m verkürzt: fiskam, gôdaim, gibôm, munim, sunum;
bei Stämmen auf an mit Bindevocal a: abu-a-m, vatn-a-m. Der
Abfall des s scheint vielmehr in dem allgemeinen Streben der
Sprache nach Kürze der Formen, als in einem bestimmten Lautgesetz seinen Grund zu haben, da eine auf s auslautende Doppelconsonanz in stôlans, saihs, gibats sich findet. Eine Spur der ursprünglicheren Endung ms haben wir in dem Beharren des kurzen
Vocals a und i; denn in einer Endsylbe kann sich kurzes a und i,
wie es in fiskam, munim und besonders in abnam, vatnam sich

zeigt, nur dann erhalten, wenn dieselbe auf eine Doppelconsonanz ausgeht oder ursprünglich nicht Endsylbe war, sondern hinter ihr eine andere Endsylbe verschwunden ist.

Auslautendes r.

r begegnet uns im Nomin. und Voc. sing. der Stämme auf tar: brôthar, fadar; r ist neben s der einzige Consonant, welcher im Auslaute stehen bleiben kann, daher ist auch hier die volle Endung thar und dar bewahrt. Nur insofern hat diese die ursprünglichere Form verloren, als der lange Vocal â, welcher hier wie bereits oben bemerkt, seine Stelle hatte, zu a verkürzt ist. Die frühere Länge ist der Grund, weshalb das a keine Synkope erlitten hat, denn ursprünglich kurzes a hätte nach gotischem Lautgesetze aus der Endsylbe weichen müssen.

Auslautende Vocale.

1) Wo ein Stamm auf a, i, u als erstes Glied eines Compositums erscheint, ist das auslautende a, i zum Inlaute geworden und daher findet hier das Lautgesetz vom Abfall der Endvocale keine Anwendung. Nur ausnahmsweise tritt Synkope ein: guthblôstreis statt guthablôstreis, gudhus, veindrunkja, thiumagus, allvaldans, hauhhairtei, bruthfaths.

2) Der Vocativ sing. ist bei consonantisch auslautenden Wörtern und bei Adjectiven und Pronomen dem Nominative gleich, wie dies auch mehr oder weniger in anderen Sprachen der Fall ist. Bei Substantivstämmen auf a, i, u sind Nom. und Voc. von einander unterschieden, indem der letztere das Casuszeichen des Nominativs nicht annimmt. Daher erscheint hier bei den genannten Stämmen vocalischer Auslaut a, i, u, von welchem der letztere ähnlich wie im Skr. zu au verstärkt werden kann, so dass z. B. sunu und sunau mit einander wechseln. Die Wörter auf a und i können ihren Endvocal nicht behalten, daher stôl, vaurd, maht statt stôla, vaurda, mahti.

3) Nom., Voc. sing. der Feminina auf â. Das lange â erscheint nur in sô und hvô, sonst wird es zu a verkürzt, das aber seines Ursprungs wegen keine Apokope erleiden kann.

4) Nomin., Accus. plural. der Neutra hat überall a zur
Endung, vaurda, gôda, ija, thrija, namna, hairtôna, gôdôna. Das
Beharren des a weist auf ursprüngliche Länge hin, und diese wird
bestätigt durch die Pronominalform thô.

5) Der Instrumentalis sing. hat die Endung â, welche
im Althochdeutschen zu u wird. Im Gotischen erscheint der Instrumental nicht als besonderer Casus, sondern nur in einigen Ad-
verbialwurzeln mit Modalitätsbedeutung wie thê, svê, hvê, svarê,
simlê. Ausserdem sind hierher noch eine Reihe anderer Formen
zu rechnen, welche sich zu den genannten verhalten wie die griechischen Dat.-Locat. auf φι zu denen auf ι. Zwischen die Stamm-
und Instrumentalendung â ist hier der dem griechischen φ entsprechende Consonant b getreten. Der Auslaut â ist zu a verkürzt: abraba, bairhtaba, balthaba, hauhaba, vairthaba, agluba,
harduba.

6) Den Dativ sing. hält Bopp vergl. Gramm.[1] S. 190 für
ursprünglich identisch mit dem Instrumental und sieht demnach in
vulfa, sunau, abmin, brôthr, gibai, thizai keine eigentlichen Dative,
sondern Instrumentale, als deren ursprüngliche Formen er vulfâ,
sunavâ, abminâ, gibaiâ, thizaiâ aufstellt. Wir können hiermit besonders aus dem Grunde nicht übereinstimmen, weil das Ahd. und
Skr. beide Casus, den Dativ und Instrumental, für die männlichen
Stämme durch besondere Formen unterscheiden, Dat. fiska, palka.
Instrum. fiskû, palkû. In diesen Dialekten wird man doch sicher
nicht den Dativ als ursprüngliche Instrumentalform auffassen und
den vedischen und zendischen Formen wie savjâ, bhrâtrâ, bâhavâ,
paçvâ. mit dem griechischen πάντη, πῇ, dorisch παντᾶ, πᾶ identificiren wollen, da diesen Instrumentalformen der verwandten
Sprachen vielmehr das ahd. und sächs. fiskû, palkû nicht blos der
Form, sondern auch der Bedeutung nach entspricht. Für den ahd.
und Skr.-Dativ muss eine andere Erklärung gesucht werden. Da
nun aber der Dativ des Gotischen mit dem ahd. und skr. Dativ
identisch ist, so dürfen wir auch den gotischen Dativ nicht als Instrumental auffassen.

Wir haben in den Dativen des Gotischen und seiner Neben-
Dialekte den Vocal i als ursprüngliche Casusendung anzunehmen,
dessen sich auch das Griech. als Dativzeichen der meisten Stämme

bedient. Dies geht aus dem Altnordischen hervor, harmi, gammi; barni, fati; syni, megi; belg; femin. giöfu, grönu; tönn, hönd; åst(u). Wie verhalten sich zu diesen nordischen Dativen die gotischen? In den a-Deklinationen tritt dem nordischen armi, stöli, þiofi ein arma, stöla, þiuba, dem neutralen barni, orði ein barda, vaurda gegenüber. Grimm Gesch. d. deutsch. Spr. S. 915 setzt dem Nordischen zufolge auch für das Gotische eine ursprünglichere Casusendung i an. Aber wie soll aus i ein a hervorgegangen sein? Grimm selber findet dies auffallend. Wir müssen sagen, es steht im Widerspruche mit allen bis jetzt bekannten Lautgesetzen, welche man zu Gunsten einer Erklärung umzustossen kein Recht hat, wenn die Form auf anderem Wege gedeutet werden kann. Einen solchen Weg zeigt die nordische Form. Grimm erklärt a. a. O. das nord. Dativzeichen i für ein ächtes, also für ursprüngliches i und findet hierfür den Beweis in dem Umlaute, welcher ausnahmsweise in degi erschiene. Wir können uns dieser neuen Ansicht Grimm's nicht anschliessen und müssen vielmehr zu der zurückkehren, welche er D. Gr. I, 651 aufgestellt hat. Hiernach ist das Dativ-i unorganisch, weil es keinen Umlaut bewirkt; ursprüngliches i hätte nothwendig die Dative hermi, gemmi, hlynni, doemi hervorgerufen; statt dessen lauten sie ohne Umlaut harni, gammi, hlunni, dômi. Die Ausnahme degi statt dagi rechtfertigt Grimm durch den auch bei anderen a-Stämmen vorkommenden Uebergang in die u-Deklination. — Es fragt sich nun, woraus dieses nicht umlautende i hervorgegangen ist. Zunächst vergleicht es sich dem i präsentischen Optativs, fari, farir, galli, blåsim, blötið, gioti. Auch hier bewirkt i keinen Umlaut, während von den gleichlautenden Endungen des optativischen Perfects der Umlaut eintritt: foeri, foerir, gyti, gytim u. s. w. Diese verschiedene Geltung des i hat ihren Grund in der verschiedenen Entstehung desselben. Das umlautende ist ursprüngliches i (gotisch ei, ahd. 1: föreis, föreinna, fuorîmes, fuorîs), das nicht umlautende ist aus dem Diphthongen ai hervorgegangen (vgl. farir mit got. farais, ahd. farês).

Nach dem Gesagten kann kein Zweifel sein, dass auch das i jener nordischen Dative der a-Declination aus ai hervorgegangen ist und dass wir demnach für stöli, barni, thiofi ein älteres stölai, barnai, thiofai anzusetzen haben. Das Nordische hat hier das ai

wie im Optat. präs. zu i kontrahirt, aber in dem fehlenden Umlaute die Reste der früheren Form erhalten.

Die Form ai stellt sich demnach auch für das Gotische als die
ursprüngliche Endung der männlichen und neutralen a-Stämme
dar; sie ist in der uns vorliegenden Gestalt ihres i verlustig gegangen und zu a verkürzt, stôlai, barnai, vaurdai sind zu stôla,
barna, vaurda geworden. Ebenso sind auch die Pronominal- und
Adjectivformen þamma, gôdamma aus þammai, gôdammai hervorgegangen. Entsprechen diese gotischen Dative ihrer Form nach
den griechischen Locativen οἴκοι, μυχοῖ, ποῖ, Ἰσθμοῖ, oder den
Dativen οἴκωι, μυχῶι, Ἰθμῶι? Ist das a in stôlai ein ursprünglich kurzer dem griech. ο analoger, oder ein ursprünglicher langer
dem griech. ω analoger Vocal? Das Letztere haben wir wenigstens
für die pronominalen Dative anzunehmen. Die Dative von hva,
hvarja, hvaþara und aina lauten nämlich mit folgendem h und
hun verbunden hvamméh, hvarjamméh, ainumméhun, hvaþaramm-
méh. ohne Zweifel ursprünglichere Formen als die einfachen hvam-
ma, hvarjamma, ainamma, da auch in anderen Fällen vor diesen
Partikeln die ältere Form gehalten ist. Hiernach müssen die
pronominalen Dative auch im isolirten Zustande die Endung ammé
oder ammâ statt amma gehabt haben, und somit ergiebt sich nicht
ammâi, sondern ammâi als ursprüngliche Dativendung, welche genau mit der pronominalen Dativendung des Skr. asmâi überein-
stimmt. Ob auch die Dativendung der Substantiva ein ursprüngliches âi statt ai gewesen ist, mögen wir nicht entscheiden.

Ist aber — wie wir erwiesen haben — das masculine thamma,
imma mit dem Skr. tasmâi, asmâi seiner Endung nach völlig identisch. so hat auch das femininale thizai, izai mit dem Skr. tasjâi,
asjâi ein und dieselbe Endung. Das Skr. ai ist also im gotischen
Fem. geblieben, im Masc. und Neutr. mit Abfall des i zu a oder
é geworden. Und hat in dem pronominalen Femininum thizai,
izai kein Abfall eines Casuszeichens stattgefunden, so darf dies
auch nicht für das substantivische Femininum gibai statuirt werden,
sondern wir haben vielmehr in ai die Combination des Casuszeichens mit dem Stammsuffixe zu sehen. gibai, gôdai entspräche
demnach dem griech. σκιᾶι, ἀγαθῆι. — Hiernach würde das gotische Lautgesetz, dass schliessendes ai zu a wird, im femininalen

Dativ eine Ausnahme erleiden. Vergebens sehen wir uns nach irgend einer Thatsache um, welche diese Ausnahme rechtfertigt. Muss man da nicht annehmen, dass für thizai, gibai eine andere Urform als Skr. tasjâi, gr. σκιᾶι vorauszusetzen ist? Muss man nicht sagen: thizai, gibai hatte ursprünglich hinter dem ai noch einen anderen Vocal, nämlich a, welcher nach dem Lautgesetze apocopirt worden ist? Dieselbe Dativendung âia zeigt sich bei den Skr. Masculinstämmen auf a und liegt auch der altlateinischen Form aulâi (mit langem i) zu Grunde.

Für die gotischen a- und â-Stämme besteht die Dativendung also in dem Vocale i, welcher mit dem Stammsuffixe zu ai zusammentritt. Die â-Stämme haben die Dativendung ai unverletzt bewahrt, die a-Stämme dagegen das i eingebüsst und somit den für den Dativ charakteristischen Laut verloren. Eine gleiche Apokope hat bei den consonantisch auslautenden Stämmen stattgefunden. gumin, namin, fadr steht statt gumini, namini, fadri, entsprechend dem lateinischen homini, nomini. patri. dem griechischen πατρί, ποιμένι. Nach gotischem Lautgesetze musste das kurze i in der Endsylbe abfallen. — Hiernach ist auch in sunau der Abfall eines i zu statuiren. Nur dem Anscheine nach ist es dem skr. Locativ sunau identisch, wie bereits Bopp vergl. Gr. [1] S. 191 bemerkt hat. Doch können wir seiner Annahme von dem Abfalle eines â nicht beistimmen, da nach Analogie von gibai vielmehr die Form sunavi vorauszusetzen ist, eine Dativbildung. welche dem griech. ἄστει, πήχει statt ἄστεϝι, πήχεϝι gleich kommt. Hier hat den Lautgesetzen der Sprache gemäss Synkope des ϝ, dort Apokope des i stattfinden müssen. Für das ursprüngliche Vorhandensein des i im Dativ der u-Stämme legt das nordische syni unabweisbares Zeugniss ab, welches ebenso aus synvi, wie der Genitiv sonar aus sonvar entstanden ist.

Wie verhält es sich endlich mit dem Dativ der femininalen Stämme auf i, denn die entsprechenden Masc. können hier unberücksichtigt bleiben, da sie im ganzen gotischen Singular nach Analogie der a-Stämme flektirt werden? Wir glauben nicht, dass vistai, mahtai, dêdai u. s. w. einen Abfall des Dativzeichens erlitten haben, sondern stellen die Form mit dem Genitiv plur. vistê, mahtê, dêdê zusammen. Hier ist von der Genitivendung ê der

Stammvocal i verdrängt, dêdê steht statt dêdiê oder wie Grimm will (Gesch. d. d. Spr. S. 912), statt dêdijê. Ebenso hat auch im Dativ eine Synkope des Stammvocals stattgefunden, vistai ist aus vistiai oder vistjai hervorgegangen und mit dem sanskr. Dativ vastjâi identisch.

Fassen wir das Gesagte zusammen, so ergiebt sich folgendes Resultat. Die gotische Dativendung ist ai oder i. Nach den Lautgesetzen aber muss i weichen, daher die Formen fadr, gumin statt fadri, gumini; sunau statt sunavi. Auch in ai weicht das i bei männlichen und neutralen Stämmen. stôla, vaurda, thamma statt stôlai, vaurdai, þammai, bleibt dagegen in den weiblichen auf â und i unversehrt: gibai, thizai, dêdai.

7) Den Abfall eines auslautenden Vocals haben wir endlich noch in einigen Pronominalformen mis, þus, vit, jut, mik, þuk, ik anzunehmen. mis und þus ist, wie Bopp nachgewiesen hat, eine Verstümmelung von mismai und þusmai. Das t in vit und jut ist der Anlaut des Zahlwortes tvai, wie Grimm in seiner Gesch. d. d. Spr. dargethan hat. mik und þuk ist eine Combination von den Accusativen mi und ðu, die ihr Casuszeichen n verlieren mussten und einer Enklitika, welche im Griechischen mit auslautendem Vocale γα oder γε lautet: ἐμίγγα, σύγε, ἔγωγε. — Die Form ik verhält sich zu dem sanskr. aham in Beziehung auf ihren Auslaut ebenso, wie die consonantisch auslautenden Accusative sing. der gotischen a-Stämme zu den auf am auslautenden des Sanskrit; wie im Accusativ stôl musste auch in ik die Endung am nach den Lautgesetzen verloren gehen.

II.

Das Verbum.

Genetische Entwicklung der Verbalflexionen.

Die Bedeutung der Verbalflexion lässt sich ihrer wesentlichen Grundlage nach dahin bestimmen, dass die durch die Verbalwurzel ausgedrückte Thätigkeit zu dem denkenden oder, was dasselbe ist, zu dem sprechenden Ich in eine bestimmte Beziehung gesetzt wird. Auf solche Beziehungen zum denkenden Ich gehen wenigstens die wesentlichsten oder, wie wir auch wohl sagen können, die primären Verbalflexionen zurück, es ist damit aber keineswegs ausgeschlossen, dass durch eine Verbalflexion auch noch irgend eine andere Beziehung als die zum denkenden Ich ihren Ausdruck findet.

Wir wollen hier gleich zu Anfang die wesentlichen Kategorien, welche sich in den Beziehungen der Thätigkeit zum denkenden Ich sondern lassen, aufstellen. Sie sind identisch mit den drei metaphysischen Kategorien des Raumes, der Zeit und der Causalität. Der menschliche Geist hat langer Zeit bedurft, ehe er sich diese drei Kategorien zum festen Bewusstsein bringen konnte; dennoch aber gehört der sprachliche Ausdruck derselben durch bestimmte Flexionslaute zu den frühesten Elementen der Sprache, wie sich weiterhin unläugbar ergeben wird. Wir sind weit entfernt davon zu behaupten, dass die alten Vorfahren unseres germanischen Stammes, aus deren Munde die lautlichen Exponenten jener drei Kategorien noch in ihrer ursprünglichen Vollständigkeit und ohne die vielfachen Verstümmelungen ertönten, welche diese Verbalformen bei den später getrennten Zweigen der indogermanischen Völker-

familie erlitten haben, bereits ein Bewusstsein von den Kategorien
des Raumes und der Zeit gehabt und in diesem festen Bewusstsein
für die eine oder die andere Kategorie bestimmte Laute gewählt
hätten. Wir können vielmehr nicht umhin die hier in der Sprachbildung sich manifestirenden Kategorien mit den inneren Lebens-
elementen zu vergleichen, welche z. B. den Formen der krystalli-
nischen Mineralien zu Grunde liegen. Die auf bestimmte mathe-
matische Functionen zurückgehenden Krystallisationsformen sind in
gleicher Weise wie jene auf metaphysische Kategorien basirten
Verbalformen sicherlich das Product eines bewussten Denkens, aber
keineswegs des menschlichen Denkens, denn der menschliche Geist
wird sich ja aller dieser Kategorien erst in einer verhältnissmässig
späten Zeit und mit vieler Mühe und Anstrengung bewusst. Derselbe Demiurgos, um den platonischen Ausdruck zu gebrauchen,
dessen Geist der Inbegriff aller der Urbilder ist, welche in dem materiellen Stoffe des räumlichen Ekmageions ihre Abbilder gefunden haben, derselbe Demiurgos ist auch der Bildner der den Flexionen der
menschlichen Sprache zu Grunde liegenden Kategorieen und der sprachbildende Mensch steht als solcher noch keineswegs auf dem Boden
der erst späterhin für ihn eintretenden geistigen Freiheit, er folgt
hier demselben Winke wie bei der Ausführung der in das Bereich
seines körperlichen Seins fallenden physiologischen Processe der
Ernährung und der Fortpflanzung.

Die Kategorien des Raumes, der Zeit und der Causalität, auf
die Beziehung der gedachten Thätigkeit zum denkenden Ich angewandt, ergeben nun zunächst folgende drei Beziehungen:

1) Räumliche Identität zwischen Denkendem und Gedachtem: das denkende (das sprechende) Ich stellt sich selber als dasjenige hin, an welchem die Thätigkeit zur Erscheinung kommt,
wobei es zunächst einerlei ist, ob dies in activem oder passivem
Sinne geschieht — also einerlei, ob das denkende Ich der Träger
oder Ausgangspunkt der Thätigkeit ist (activisch), oder ob es durch
eine Thätigkeit betroffen oder modificirt wird (passivisch).

2) Zeitliche Identität zwischen dem Denken des Ichs und
der gedachten Thätigkeit: die durch die Wurzel bezeichnete Thätigkeit wird als eine mit dem Denken gleichzeitige hingestellt, sie
kommt im Augenblicke des Denkens zur Erscheinung.

3) Causale Identität zwischen der gedachten Thätigkeit und ihrem Gedachtwerden: die Thätigkeit wird hingestellt als eine durch das Denken und das Aussprechen derselben von Seiten des Ichs zur Erscheinung kommende, — das Aussprechen ist der Grund der von dem denkenden Ich erwarteten Realisirung der Thätigkeit.

Die diesen drei Kategorien entsprechenden grammatischen Formen sind 1) die erste Person, 2) die Gegenwart oder das Präsens, 3) der Imperativ oder, wenn wir uns allgemeiner ausdrücken wollen, der modus subjectivus. Sie sind es, welche für das gesammte System der Verbalflexion die primäre Grundlage bilden.

Eine jede positive Bestimmtheit, wie wir sie in den drei Identitätsbeziehungen der gedachten Thätigkeit und des denkenden Ichs und in den ihnen entsprechenden grammatischen Erscheinungen uns gegenübertreten sehen, ruft sofort eine negative Bestimmtheit hervor, welche darin besteht, dass die räumliche, zeitliche oder causale Identitätsbeziehung zwischen der gedachten Thätigkeit und dem denkenden Ich in Abrede gestellt wird.

1) Räumliche Nichtidentität: Nicht ich bin es, an welchem die Thätigkeit zur Erscheinung kommt, sondern etwas anderes ausser mir, einerlei ob eine lebendige Person oder ein lebloser Gegenstand. Die Grammatik bezeichnet dies als dritte Person. Sie ist schlechthin das von dem denkenden Ich verschiedene; an ein bestimmtes Dieses oder Jenes, an eine bestimmte demonstrative Bedeutung wird bei der das Nicht-Ich bezeichnenden Verbalform zunächst nicht gedacht. Wohl aber kann es der Fall sein, dass ein Nicht-Ich zu dem Denken des Ich in bestimmte Beziehung tritt, dass es in den Kreis des Denkens und Sprechens hineingezogen wird, dass es unmittelbar an meinem Denken participirt, indem ich mich beim Aussprechen der gedachten Thätigkeit an dasselbe wende. Die Grammatik bezeichnet dasselbe als zweite Person. Indem dieselbe von dem Ich verschieden ist, bildet sie zusammen mit der dritten Person einen directen Gegensatz zur ersten, aber als Theilnehmer an meinem Denken und Sprechen nimmt sie zugleich gewissermassen eine vermittelnde Stelle zwischen erster und dritter Person ein.

2) Zeitliche Nicht-Identität: Die von dem Ich ausgesprochene Thätigkeit wird als eine solche hingestellt, welche nicht

in dem Augenblicke des Denkens zur Erscheinung kommt und
welche deshalb als eine Nicht-Gegenwart, als etwas Nicht-Gegen-
wärtiges bezeichnet werden kann. Was nicht gegenwärtig ist, gehört entweder der Vergangenheit oder der Zukunft an; man sollte
daher denken, dass der Gegenwart im ursprünglichen sprachlichen
Ausdruck zunächst zwei andere Zeitformen gegenüberständen. Aber
dies ist im Gebiete des Indogermanischen nicht der Fall. Eine der
Gegenwartsform coordinirte Form zur Bezeichnung des Zukünftigen
kommt hier nicht vor, vielmehr erhält das Zukünftige erst auf ab-
geleitetem Wege einen bestimmten zeitlichen Ausdruck, indem man
dafür sich entweder einer Modus-Subjectiv-Form oder einer Verbal-
Derivation oder einer zusammensetzenden Umschreibung bedient.
So verbleibt denn für die der Gegenwart direct als deren Gegensatz gegenüberstehende Zeitform nur eine einzige, nämlich diejenige,
welche wir als Vergangenheit bezeichnen, die aber, um dies hier
gleich zu bemerken, keineswegs immer die Function der Vergangenheit hat, sondern auch ohne eine wesentliche Formveränderung
zugleich die Function der als nicht gegenwärtig gedachten Irreali-
tät der Handlung oder auch eines Modus subjectivus übernehmen
kann. — Gerade so wie sich oben für das Personalverhältniss im
letzten Grunde nur ein Dualismus aussprach, so liegt auch den
Tempusformen ein Dualismus zu Grunde, nämlich einmal die Gegenwart und sodann die gewöhnlich, aber keineswegs durchgängig
für die Bezeichnung der Vergangenheit verwandte Nicht-Gegenwart.

3) Causale Nicht-Identität. Die von dem denkenden Ich
gedachte und ausgesprochene Thätigkeit wird als eine solche hingestellt, welche des subjectiven Denkens und Sprechens von Seiten
des denkenden Ichs nicht bedarf, um zur Erscheinung zu kommen,
deren Vorhandensein also nicht durch mein Denken und Sprechen
bedingt ist. Die Verbalform, welche diesem Verhältniss zwischen
dem Denken und der gedachten Thätigkeit entspricht, bezeichnen
wir als den Modus indicativus.

Nur wenige Erscheinungen gibt es im Bereiche der Verbalflexionen, die nicht schliesslich auf die hier angegebenen Kategorien
zurückgehen. Es wird nicht unzweckmässig sein, dieselben der
leichteren Uebersicht wegen auf einer Kategorientafel zu vereinigen.

Das denkende Ich setzt die gedachte Thätigkeit zu sich in Beziehung	Positive Bestimmtheit	Negative Bestimmtheit
1) in räumliche Beziehung	Erste Person	Dritte Person
	Zweite Person	
2) in zeitliche Beziehung	Gegenwart	Nicht-Gegenwart (gewöhnlich Vergangenheit)
3) in causale Beziehung	Imperativus (Modus subjectivus)	Modus indicativus.

Was wir hier als positive Bestimmtheit bezeichnet haben, bedarf in der Sprache stets eines lautlichen Ausdrucks. Die negative Bestimmtheit hat streng genommen einen dieselbe lautlich ausdrückenden Exponenten nicht nöthig. Es ist z. B. bei der ersten Person unerlässlich, dass hier die Verbalwurzel um ein lautliches Element bereichert wird, welches die Identität des thätigen und des denkenden Ichs bezeichnen soll, aber für die dritte Person würde ein ihr eigenthümliches Zeichen unnöthig sein, es würde hier die blosse Wurzel genügen; denn schon das blosse Nichtvorhandensein des die Identität zwischen dem Thätigen und dem Ich ausdrückenden Lautes wäre im Stande, die Nicht-Identität zwischen dem Thätigen und dem Ich auszudrücken.

Aber es ist ein in der Sprache beliebtes Verfahren, dass auch die negative Bestimmtheit nicht minder wie die ihr direct gegenüberstehende positive Bestimmtheit einen sie von der letzteren unterscheidenden lautlichen Exponenten als das ihr eigenthümliche Flexionszeichen erhält. In einem solchen Falle, müssen wir sagen, hat auch das negativ Bestimmte ein ausdrückliches positives Flexionszeichen erhalten.

Welcher Weg ist nun aber eingeschlagen worden, um die den von uns angedeuteten Kategorien entsprechenden Bestimmtheiten, welche zu dem abstracten Wurzelbegriffe hinzukommen, durch lautliche Elemente zu bezeichnen? Wir wiederholen aus dem Früheren: Wie der abstracte Wurzelbegriff durch eine zu ihm hinzukommende

Beziehung auf das denkende Ich concreter und gleichsam reicher
wird, so wird jedesmal auch die einsylbige Wurzel um ein in ihrem
Auslaute hinzutretendes consonantisches oder vocalisches Element
bereichert. Und zwar werden hierzu die drei alten ursprünglichen
Vocale a, i, u oder die den Sprachorganen zunächst liegenden und
deshalb überhaupt am meisten vorkommenden consonantischen Elemente benutzt, nämlich einerseits der Nasal und andrerseits die
dentale Tenuis, welche sowohl mit der verwandten dentalen Aspirate, als auch mit dem dentalen Zischlaute vertauscht werden
kann. Hierbei mag es zunächst als ein Axiom gelten, dass in der
triadischen Vocalreihe a, i, u das a der nächstliegende, das i der
ferner liegende und endlich das u der am weitesten abliegende
Vocal ist und dass ebenso von den beiden in der Flexion auftretenden consonantischen Elementen der Nasal der nähere, die dentale Muta und die sich daraus entwickelnde Sibilans der ferner
liegende Laut ist.

$$
\begin{array}{c|l}
a & n,\ m \\
i & \\
u & t\ (th),\ s.
\end{array}
$$

Eine jede der oben besprochenen positiven Bestimmtheiten
muss nothwendig einen dieser Vocale oder Consonanten zu ihrem
Exponenten erhalten. Auch für eine negative Bestimmtheit kann
einer dieser Laute den Ausdruck gewähren, aber es ist dies, wie
schon gesagt, nicht immer nothwendig, denn an sich genügt es
schon, wenn die negative Bestimmtheit des lautlichen Exponenten,
welcher der ihr direct entgegenstehenden positiven Bestimmtheit
zukommt, entbehrt.

Zunächst sind es nicht die Vocale, sondern die Consonanten,
welche in der Verbalflexion verwandt sind. Einen bestimmten
Grund für diese Erscheinung ausfindig zu machen, habe ich Seite
102, 103 versucht. Es handelt sich jetzt darum, in welcher
Weise jeder einzelnen von jenen positiven, respective negativen
Bestimmtheiten ein jeder der fünf Laute zugetheilt worden ist.

1.

Räumliche Beziehung des Thätigen auf das denkende Ioh.

(Personal - Flexionen.)

1) Die blosse Wurzel ist der Ausdruck für ein jedes Ding oder eine jede Person, an welcher die durch sie bezeichnete Thätigkeit zur Erscheinung kommt. Dabei müssen wir das Wort Thätigkeit nicht in der Weise urgiren, als ob darunter immer nur eine wirklich active Bewegung zu verstehen sei, auch die passive Ruhe mag unter die Kategorie der Thätigkeit gehören, einerlei ob sie das Resultat oder das Endziel einer activen Bewegung ist oder nicht.

Die blose Wurzel sta ist also der Ausdruck für alles, was steht oder gestellt ist, und bedarf als Ausdruck dieses schlechthin allgemeinen Begriffes zunächst keines weiteren hinzutretenden lautlichen Elementes. Aber dies wird anders, sowie das denkende Ich gleichsam selbstbewusst in den Kreis der der Aussenwelt angehörigen Begriffe hineintritt und sich gewissermassen insofern zum Mittelpuncte derselben macht, als es die äussern Erscheinungen auf sich bezieht. Ich bin es, an welchem das Stehen zur Erscheinung kommt, ich selber bin der Stehende. Das Thätigkeitswort sta kann nicht mehr in seiner ursprünglichen Wurzelform zum Ausdrucke dieses Verhältnisses benutzt werden, es verlangt die Bereicherung um ein lautliches Element, welches dem bereichernden Begriffe commensurabel ist. Und dies lautliche Element ist der Nasal, einerlei ob der dentale oder labiale; das einfache sta hat sich zu sta-m entwickelt und bezeichnet nun nicht mehr schlechthin ein Ding oder eine Person, welche steht, sondern sagt ausdrücklich, dass das Stehende identisch gefasst werden soll mit dem denkenden und sprechenden Ich. An sich besteht zwischen dem Nasal und dem Begriffe des Ich ganz und gar keine Commensurabilität, in seiner sprachphysiologischen Bedeutung enthält das m oder n ganz und gar nichts, welches auf den Begriff des Ich hindeutet. Vielmehr ist das m blos in seinem Gegensatze zu anderen Lauten und hier zunächst im Gegensatze zu der unerweiterten abstracten Wurzelform im Stande, der lautliche Exponent einer bestimmten logischen Kategorie zu sein: — die räumliche Identität des gedachten

Thätigen mit dem denkenden Ich ist dasjenige, was in erster Instanz einen lautlichen Ausdruck verlangt, ist das zunächst zu
Bezeichnende und eben deshalb ist das zunächst liegende consonantische Element als die äussere Andeutung dieses Verhältnisses
gewählt. Wenn bei diesem genetischen Processe noch ein Bedenken bleibt, so ist es blos dies: weshalb zum Ausdrucke der
zunächst liegenden Beziehung der zunächst liegende Consonant und
nicht der zunächst liegende Vocal a gewählt ist; aber auch diese
Frage wird sich nach S. 102 befriedigend beantworten lassen.

2) Kommt die Thätigkeit des Stehens an Etwas zur Erscheinung, welches als nicht identisch mit dem denkenden Ich oder dem
Redenden hingestellt werden soll, so darf natürlich zu der Wurzel
sta der Laut m oder n nicht hinzutreten. Die einfache Wurzelgestalt sta ohne jegliche Erweiterung würde an sich schon alles
Stehende, was mit dem Ich nicht identisch ist, bezeichnen und mithin könnte die dritte Person eines sie als solche bezeichnenden
Lautes füglich entbehren. Dies ist in der That der Weg, den hier
die semitischen Sprachen eingeschlagen haben, wo die dritte Person
einer sie als solche charakterisirenden Endung entbehrt: die negative Bestimmtheit haben sie gegenüber der ihr direct entgegenstehenden positiven Bestimmtheit nicht weiter ausgedrückt. Anders
aber hat das Indogermanische verfahren. Die negative Bestimmtheit, ein Nicht-Ich zu sein, ist hier durch einen bestimmten Laut
gekennzeichnet. Da für das Ich als das zunächst zu Bezeichnende
der zunächst liegende Consonant, nämlich der Nasal, verwandt
worden ist, so muss das als dritte Person hingestellte Nicht-
Ich, für welches die Nothwendigkeit des lautlichen Ausdrucks erst
durch die Bezeichnung des Ich bedingt ist, in dem ferner liegenden
Consonanten, nämlich in der dentalen Muta t, seinen Ausdruck
finden.

sta-m das stehende als Ich (erste Person).

sta-t das stehende als Nicht-Ich (dritte Person).

Die ursprüngliche unerweiterte Wurzelform sta ist hierdurch aus
der indogermanischen Sprache als Verbum finitum geschwunden —
im Semitischen würde sie dritte Person sein.

3) Aus der grossen Classe derjenigen als stehend zu bezeichnenden Personen (oder Gegenstände), welche mit dem Ich nicht

identisch sind, können nun diese oder jene wieder besonders hervorgehoben werden als solche, welche zu dem Ich dadurch in bestimmte Beziehung gesetzt werden, dass sich dieses mit seinem
Denken und Sprechen an dieselben wendet. Dies sind die zweiten
Personen — strenggenommen nur eine bestimmte, gewissermassen
bevorzugte Auswahl aus den dritten Personen. Der Indogermane
hält in seiner Sprache diese hiermit angegebene Bedeutung der
zweiten Person fest. Er legt für sie das die dritte Person bezeichnende sta-t zu Grunde; aber eben dasjenige, was dieses durch sta-t
bezeichnete Nicht-Ich zu einem besonders hervorzuhebenden macht,
dass es nämlich nicht schlechthin ein Nicht-Ich, sondern eine durch
sein Participiren mit dem denkenden Ich aus der Allgemeinheit zu
concreterer Bestimmtheit hervortretende Species ist, eben diese Bereicherung des Begriffes muss durch die Bereicherung der Form
sta-t um ein lautliches Element bezeichnet werden. Dies lautliche
Element ist ein Vocal und zwar scheint ursprünglich jeder der drei
Vocale a, i, u hier im gleichen Rechte gewesen zu sein. Aber
der Vocal u ist hier vor den beiden übrigen bevorzugt, so dass
von den ursprünglichen Ausdrucksweisen der zweiten Person die
Form sta-tu die vulgärste ward und sich in den meisten späteren
Bildungen erhalten hat. Indess lassen sich ausser sta-tu auch noch
sta-ta und sta-ti als Grundformen der zweiten Person nachweisen,
freilich so, dass überall irgend eine Modification des ursprünglichen
sta-ta, sta-ti, sta-tu stattgefunden hat. Während nämlich das t
der dritten Person zunächst seine ursprüngliche Gestalt als dentale
Tenuis bewahrt hat, ist das ursprünglich damit identische t der
zweiten Person schon in der Zeit vor der Sprachtrennung bald zur
dentalen Aspirate, bald zum dentalen Zischlaute herabgesunken
und so hat denn z. B. im Griechischen die alte zweite Personalendung ta und ti die Aspirataform ϑα und ϑι angenommen, wie
in οἶσϑα, κλῦϑι. Die Umwandlung der Tenuis in den Zischlaut
ist für den Singular fast durchweg Gesetz, sowie dieselbe als Endung der zweiten Person nicht mit dem Vocale a oder i, sondern
mit dem dritten hier fungirenden Vocal verbunden war: also das
alte sta-tu hat sich zu sta-su abgeschwächt. Dabei ist aber ein
Abfall des auslautenden u regelmässig dann eingetreten, wenn auf
dasselbe nicht ein irgend eine andere Bestimmtheit bezeichnender

Vocal, von welchem wir sogleich in dem Folgenden reden werden,
folgte. Ohne einen solchen Vocal also hat sich das aus stâ-tu her-
vorgehende sta-su zu einem einsylbigen sta-s verändert:

Erste Person: stâ-m
Dritte Person: stâ-t
Zweite Person: stâ-s (aus stâ-tu).

Rückbeziehung der Thätigkeit auf das thätige Sein.

(Mediale Personal - Endungen.)

Die Vocale a, i, u werden aber nicht bloss für die Unterscheidung der zweiten von der dritten Person, sondern auch für die
noch weiterhin zu bezeichnenden Bestimmtheiten verwandt. Man
sollte nach den S. 156—159 aufgestellten Kategorieen erwarten, dass der zunächstliegende Vocal a für die zunächst zu
bezeichnende Bestimmtheit aus der Reihe der temporalen Beziehungen hätte verwandt werden müssen, so dass also der
Vocal a der Ausdruck der zeitlichen Identität zwischen dem
Denken und der von ihm gedachten Thätigkeit geworden sei. Aber
dies ist nicht der Fall. Es hat sich nämlich zwischen die Kategorie der räumlichen und der zeitlichen Beziehung auf die denkende
Person eine sich zunächst an das Personalverhältniss anschliessende
und dasselbe gleichsam bis zu Ende führende Kategorie eingedrängt.
Dies ist diejenige Kategorie, deren grammatischen Ausdruck wir
als Medialform bezeichnen. Durch Anfügung des m an die
Wurzel sagt der Redende, dass er selber es ist, an welchem die
Thätigkeit zur Erscheinung kömmt, durch den Consonanten t drückt
er das Gegentheil davon aus. Der zunächst folgende Process in
der Genesis der Verbalformen ist der, dass er ausdrückt: ich bin
es zugleich, in dessen Interesse die von mir ausgehende Thätigkeit
wirksam ist, auf den sie sich in ihren Folgen bezieht, ich selber
bin es, der durch sie irgend wie modificirt wird — ich thue etwas
für mich oder durch meine eigene Kraft. Denn dies alles kann in
der sogenannten Medialform enthalten sein. Und in derselben
Weise wie auf das redende Ich (erste Person) wird dann auch auf
ein als thätig hingestelltes Nicht-Ich (dritte oder zweite Person)
die Wirkung der Thätigkeit zurückbezogen.

Als Ausdruck dieser Bestimmtheit dient in der Sprache der zunächstliegende Vocal a. In seiner ursprünglichen Gestalt hat sich derselbe für die dritte und zweite Person erhalten: dem activischen t steht ein mediales ta gegenüber, welches sich im Griechischen zu o abgelautet, aber im Sanskrit seine unabgelautete Form bewahrt hat:

Skr. Act. atuda-t   Med. atuda-ta
Gr. Act. ἔλεγε-(τ)   Med. ἐλέγε-το.

In gleicher Weise steht für die zweite Person des Griechischen dem Activ ἔλεγες ein zu ἐλέγεο verkürztes ἐλέγε-σο gegenüber, dessen σο, wie das Skr. nachweist, aus einem älteren sva hervorgegangen ist, so dass also der im Activ geschwundene u-Vocal, welcher der zweiten Person im Gegensatze zur dritten eigenthümlich war, sich vor dem medialen a im Medium länger als im Activum erhalten hat.

Dem activischen m der ersten Person sollte analog ein mediales ma gegenüberstehen, also im Griechischen ἔλεγον zunächst ein mediales ἐλέγο-μα (oder mit Ablaut nach Analogie der zweiten und dritten Person ein ἐλέγο-μο), aber es ist hier aus dem μα ein verstärktes μᾶν (attisch und jonisch μην) hervorgegangen, von dessen schliessendem Nasal hier zunächst noch nicht die Rede zu sein braucht. -- Im Griechischen sind die meisten Medial-Formen auch der Ausdruck für den Passiv-Begriff geworden; fast ausnahmslos ist dies im Germanischen geschehen.

Von den germanischen Dialecten bietet das Gotische die mit a gebildeten Medialendungen dar. Dem activen t der dritten Person steht ein mediales da (aus ta), dem activen s der zweiten Person ein mediales za (Erweichung aus sa) entgegen. Für die mediale erste Person erscheint aber im Gotischen kein mediales ma, welches hier nach Analogie von ta und sa als ursprünglich vorausgesetzt werden muss, sondern es ist die Medialendung der dritten Person auch auf die erste Person übertragen worden, so dass die Medialendung da nicht blos für die dritte, sondern auch für die erste Person steht. So auffallend eine solche gewiss erst einer verhältnissmässig späten Zeit angehörenden Uebertragung des einen Personalzeichens auf eine andere Person, mit der es ursprünglich durchaus nichts gemein hat, erscheinen mag, so ist dasselbe

für die germanischen Dialekte dennoch als eine auch sonst vielfach
sich geltend machende Spracherscheinung nachzuweisen. Wir verweisen hierbei auf die später zu erörternden Pluralformen des gotischen und niedersächsischen Verbums und auf den Singular des
skandinavischen Verbums.

Das Bereich der bisher betrachteten Verbalflexionen wird also
folgendes sein:

	Activ	Medium (Passiv)
1.	m	(ma), gotisch durch 3 vertreten.
3.	t	ta, gotisch da.
2.	(ta, ti, tu) zu tha, thi, s u)	sva, gotisch za.

2.

Zeitliche Beziehung der gedachten Thätigkeit auf das Denken.
(Tempus - Bezeichnung.)

1) Das denkende und redende Ich bildet den eigentlichen He-
bel für die gesammte Verbalflexion. Wenn es die von ihm ausgesprochene Thätigkeit der Zeit nach auf sein eigenes Denken und
Sprechen bezieht, so muss es zunächst die Gleichzeitigkeit
zwischen der Thätigkeit und seinem Denken bezeichnen: die Zeit
meines Denkens und der von mir gedachten Thätigkeit ist identisch.
Dieselbe Zeitform, welche die indogermanische Grammatik an
die Spitze stellt, das Präsens oder die Gegenwart, ist also diejenige, welche auch in der Genesis des Verbums bei der Unterscheidung des Zeitverhältnisses zuerst einen bestimmten Ausdruck
erhalten hat. Da von der Vocalreihe a, i, u das zunächst liegende
a bereits der lautliche Exponent der medialen Bestimmtheit ist, so
ist es der Vocal i, welcher die Function übernehmen muss, die
zeitliche Identität zwischen Denken und Gedachtem zu bezeichnen.
Dieser Vocal i muss sich natürlich an die bereits vorhandenen
Verbalflexionen als Auslaut anschliessen. Mithin muss eine jede

der auf der vorausstehenden Tafel vereinten sechs Verbalendungen, um als positiver Ausdruck der Gegenwart zu fungiren, durch ein hinzutretendes i bereichert werden.

1) Zeitliche Indifferenz.

	Activ	Medium (Passiv)
1.	m	(ma)
3.	t	ta
2.	s(n)	svn

2) Gegenwart.

	Activ	Medium (Passiv)
1	mi	mai
3.	ti	tai
2.	s(v)i	s(v)ai.

Die nicht mehr direct nachzuweisenden Laute und Endungen sind auf dieser Tafel in Klammern eingeschlossen. Nichtsdestoweniger dürfen sie für eine frühere Sprachstufe mit Sicherheit vorausgesetzt werden, wie sich schon durch die gegenseitige Beziehung der analogen Verbalflexionen ergibt. Nachweisbar sind die sämmtlichen hier vorstehenden Endungen der dritten Person t, ta, ti, tai. Das dem Charakter der zweiten Person zukommende u oder v (u, wenn kein Vocal folgt, der Halbvocal v, wenn ein weiterer Vocal sich daran anlehnt) ist blos nachweisbar in der Skr. Medialendung sva, wo sowohl das Griechische wie das Gotische das v aufgegeben hat; ein su, svi, svai hat sich bei keinem indogermanischen Volke, selbst in den ältesten Sprachdenkmälern nicht erhalten, sondern zeigt sich zu s, si, sai verkürzt, nichtsdestoweniger gibt uns jenes glücklich erhaltene Skr. sva das sichere Kriterium, dass das u oder v auch in jenen übrigen drei Formen der zweiten Personalendung ursprünglich seine Stelle gehabt haben muss. — Für die erste Person ist blos die mediale Flexionsform ma in dieser ihrer ursprünglichen Gestalt nicht mehr nachzuweisen. Dagegen

hat sie sich da erhalten, wo das auslautende mediale a mit dem i
der Gegenwart combinirt wird, in dem medialpräsentischen ma-i,
welches in derselben Weise nothwendig ein ma zu seiner Voraussetzung haben muss wie das ta-i ein ta.

2) Nicht blos das gegenwärtige, sondern auch das als nicht
gegenwärtig Gesetzte bedarf eines lautlichen Ausdrucks, wenigstens
muss der lautliche Ausdruck desselben von dem der Gegenwart
verschieden sein. Das Indogermanische hat hier nun folgendermassen verfahren. Eine jene Verbalflexion, welcher das präsentische
i nicht gegeben wird, ist eben durch den Mangel dieses Gegenwart-
zeichens der Ausdruck für das nicht Gegenwärtige — oder, um
uns des früher von uns gewählten Ausdrucks zu bedienen, — die
negative Bestimmtheit, nicht gegenwärtig zu sein, bedarf keines
positiven Ausdrucks.

So erhalten denn diejenigen activischen und medialen (passivischen) Verbalformen, welche in ihrer Genesis weiter nichts als die
räumliche Identität oder Nicht-Identität zwischen dem denkenden
Ich und dem Thätigen bezeichnen, welche an sich nur dazu dienen,
das Personalverhältniss auszudrücken, nunmehr im Gegensatze zu
den aus ihnen durch auslautendes i hervorgegangenen Präsens-
formen eine bestimmte Zeitbedeutung, nämlich diejenige, dass sie
eine solche Thätigkeit bezeichnen, welche nicht der Gegenwart
angehört.

Es ist schon S. 158 angedeutet, dass die Nicht-Gegenwart gewöhnlich die bestimmte Beziehung auf die Vergangenheit erhält. Der Gegenwart sind die Endungen mi mai, ti tai, s(v)i s(v)ai
eigenthümlich; ihnen gegenüber wird die Vergangenheit durch die
des i entbehrenden Endungen m (ma), t (ta), s (sa) ausgedrückt.
Der Gegenwart ἴστημι steht die Vergangenheit ἴστην (dessen ν von
dem μι in ἴστημι nur euphonisch verschieden ist) gegenüber und
dieser Gegensatz zwischen einem präsentischen mi und einem die
Vergangenheit bezeichnenden n oder m, welches des i entbehrt, ist
so alt in den indogermanischen Sprachen wie überhaupt die Unterscheidung der verschiedenen Tempora: das i der Gegenwart ist
vielfach abgefallen, aber umgekehrt ist nicht eine einzige Vergangenheitsform, nicht ein einziges Imperfectum, Plusquamperfectum
oder Aorist nachzuweisen, welches auf mi, si, ti, mai, sai, tai aus-

lautet. Den Vocal i auch den Vergangenheitsformen für die früheste
Sprachstufe zu vindiciren, ist eine Willkür, zu welcher jede Analogie und jede Urkunde fehlt. Gerade der Mangel des i ist es, welcher die Vergangenheit im Gegensatze zur Gegenwart bezeichnet.

Wiederholen wir es: die Vergangenheitsform ist von der Sprache
zunächst als eine negative Bestimmtheit gefasst. Aber es hat sich
in der Sprache der Trieb entwickelt, auch diese negative Bestimmtheit noch durch ein ausdrückliches positives Zeichen auszudrücken.
Wir begegnen hier wieder demselben Standpuncte wie bei der
räumlichen Identität und Nicht-Identität zwischen dem Denkenden
und dem als thätig Gedachten. Dort war für die Identität ein
positiver sprachlicher Ausdruck unerlässlich, die Nicht-Identität
(dritte Person) konnte wenigstens unbezeichnet bleiben und ist in
der That von den Semiten, nicht aber von den Indogermanen unbezeichnet gelassen worden, denn die letzteren haben auch diese
räumliche Nicht-Identität des Denkenden und Gedachten durch ein
sprachliches Element ausgedrückt. In zeitlicher Beziehung hat ebenfalls das Identitätsverhältniss zwischen Denken und gedachter Thätigkeit einen besonderen lautlichen Ausdruck durchaus nothwendig, die
zunächst als Vergangenheit zu fassende Nicht-Identität zwischen
der Zeit des Denkens und der Zeit der Thätigkeit hat schon einen
genügenden Ausdruck gefunden, wenn die Verbalform des die Identität bezeichnenden Vocales i ermangelt. Aber auch hier, können
wir sagen, hat der Indogermane mehr als das unumgänglich Nothwendige gethan. Er hat auch hier die des Vocals i entbehrende
Verbalform noch durch ein lautliches Element erweitert, welches
die negative Bestimmtheit derselben, das Nicht-Gegenwärtige zu
bezeichnen, dem sprachlichen Ausdrucke nach zu einer positiven
Bestimmtheit macht. Es ist hierzu ein die Wurzel im Anlaute
erweiternder Vocal a verwandt worden, das sogenannte Augment,
welches im Skr. und der Avesta-Sprache seine unabgelautete
Vocalgestalt behalten hat, im Griechischen aber überall da, wo es
nicht mit einer vocalisch anlautenden Wurzel coalescirt, die Ablautform ε angenommen hat. Dies Augment aber ist keineswegs etwas
Unerlässliches zur Bezeichnung der Vergangenheit, denn gerade in
den ältesten Sprachdenkmälern kann es ganz nach Willkür der
Wurzel präfigirt oder fortgelassen werden und erst im weiteren

historischen Verlaufe der Sprache ist die Annahme desselben zur
festen Regel geworden. Aus der bisher gegebenen Auffassung erklärt sich dieses Schwanken im Gebrauche und Nicht-Gebrauche
des Augmentes von selber, denn dasjenige, wodurch eine Verbalform sich als eine der Vergangenheit angehörige zunächst und vor-
nehmlich darstellt, ist der Mangel des die zeitliche Identität zwischen dem Denken und der gedachten Thätigkeit ausdrückenden i.
Das Augment ist erst ein secundäres Element, durch welches die
negative Bestimmtheit, dass eine Thätigkeit nicht der Gegenwart
angehört, auch noch als positive Bestimmtheit ausgedrückt wird,
obgleich dieser positive Ausdruck streng genommen nicht nöthig
war. Ein Analogon hiefür lässt sich bei der Betrachtung der
Mehrheitsformen auch noch für die Bezeichnung der dritten Person
geben: im Singular ist die Nicht-Identität des als thätig Gedachten mit dem denkenden Ich durchweg durch ein an die Wurzel
tretendes t ausdrücklich und positiv bezeichnet worden, für den
Plural dagegen kommt es häufig genug vor, dass das charakteristische t fortgelassen und gerade wie im Semitischen nur der Numerus nebst den übrigen Verbalbeziehungen durch eigene Laut-
elemente ausgedrückt sind — das Fehlen eines bestimmten Personalzeichens deutet bereits die negative Bestimmtheit an, dass das
Verbum nicht die erste, beziehungsweise zweite Person bezeichnen soll.

In ihrer früheren geschichtlichen Periode hat eine jede indogermanische Sprache ein Gegenwartstempus und ein von demselben
in der eben angegebenen Weise verschiedenes Vergangenheitstempus
besessen. So weit aber die germanischen Dialekte durch Denkmäler vertreten sind, zeigt sich darin von jenem Vergangenheitstempus keine Spur mehr. Der Verlust desselben kann hier vielleicht
sehr frühzeitig eingetreten sein. Es ist dem Deutschen gerade so
wie dem Lateinischen und dem Sanskrit ergangen, dass es eine aus
dem Präsens abgeleitete Verbalform, das reduplicirende Perfectum,
welches ursprünglich nur die Bedeutung der vollendeten Gegenwart
hat, über diese alte Bedeutung hinaus auch noch zum Ausdrucke
für die Vergangenheit gemacht hat. Das Sanskrit hat neben diesem zum Vergangenheitstempus erhobenen Perfectum auch noch
seine ursprünglichen Vergangenheitstempora, das Imperfectum und

den Aorist, bewahrt. Das Lateinische hat seinem Perfectum blos
die Bedeutung des historisch referirenden Vergangenheitstempus,
welche ursprünglich dem Aorist eigenthümlich war, übertragen,
dagegen für die dauernde Vergangenheit sich ein eigenes Imperfectum bewahrt. Das Gotische hat sein Perfectum nicht blos für
den Ausdruck der momentanen Vergangenheit (Perfectum histori-
cum), sondern auch für die dauernde Vergangenheit (lateinisches
Imperfectum) verwandt und hiermit die alten Vergangenheitstempora als eine nunmehr überflüssige Form ganz und gar aufgegeben.

Indess auch das germanische Präsens erscheint im Germanischen des auslautenden i, dessen eigentliche Bedeutung es ist, die
Handlung als gegenwärtig hinzustellen, sowohl im Activ wie im
Medium ganz und gar beraubt. Es ist dies eine nothwendige
Folge des germanischen Auslautsgesetzes, nach welchem jedes wort-
schliessende kurze i, einerlei, ob es hinter einem Consonanten steht
oder mit einem vorausgehenden Vocale zu einem Diphthongen verbindet, apokopirt werden muss (S. 137). Hiernach wird

Act.

1. altes mi zu m
3. altes ti zu t
2. altes si zu s.

Med.

1. [altes mai zu ma]
3. altes tai zu ta
2. altes sai zu sa (za).

Dies das präsentische i tilgende Auslautsgesetz hat es bewirkt,
dass die uns vorliegenden gotischen Präsens-Endungen sowohl im
Activ wie im Medium (Passivum) identisch geworden sind mit den
ursprünglichen Praeteritums-Endungen, die einst auch das Gotische
besessen haben muss. Die gotischen Präsens-Endungen des Mediums da und za sind lautlich identisch mit den Skr.-Endungen
ta und sva, mit den griechischen το und σο, aber dennoch ist ihre
Bedeutung eine von den gleichlautenden sanskritischen und griechischen verschiedene, denn jene bezeichnen das Präsens, diese das
Präteritum, dort im Gotischen hat hinter dem da und za ursprüng-

lich noch der Vocal i gestanden, hier im Indischen und Griechischen aber nicht. Und ebenso verhält es sich mit dem activischen
m, t, s des althochdeutschen Präsens stâ-m, stâ-s, stâ-t zum
griechischen Präteritum ἵστη-ν, ἵστη-ς und ἵστη-(τ): das althochdeutsche Präsens hat die dem griechischen Präteritum gleichlautenden Endungen erhalten, nachdem das Auslautsgesetz das
schliessende i apokopirt hat; — für stâ-m, stâ-s, stâ-t ist nothwendig ein ursprüngliches stâ-mi, stâ-si, stâ-ti vorauszusetzen, welches dem griechischen Präsens ἵστη-μι und ἵστη-σι (ἵστᾱμι, ἵστᾱ-τι)
entspricht. Eine germanische Form stâ-m und stâ-t würde bei dem
in den ältesten Denkmälern uns vorliegenden Zustande der germanischen Sprache überhaupt nicht zu denken sein, wenn nicht in
einer früheren Sprachperiode hinter dem m und t noch ein Vocal
gestanden hätte; ein ursprüngliches stâ-m und stâ-t, in welchem
das m und t von Anfang an den Auslaut gebildet hätte, müsste dem
germanischen Lautgesetze zufolge S. 136 ganz nothwendig den auslautenden Consonanten verloren haben und zum blossen stâ geworden sein.   Nach diesen Lautgesetzen müsste das Präteritum des
Germanischen, wenn es erhalten wäre, folgendermassen lauten (wir
wollen uns als Beispiel der Wurzel stâ bedienen, obwohl diese im
Medium (Passivum) nicht vorkommt):

Erloschenes Präteritum:

Activum.	Medio - Passivum.
1. (stä-m zu) stä	1. (stä-ma zu) stâ-m; [statt dessen 3]
3. (stä-t zu) stä	3. (stä-ta zu) sta-t
2. stä-s	2. (stä-sa zu) stâ-s.

Präsens:

1. (stä-mi zu) stä-m	1. (stä-mai zu) stä-ma; [statt dessen 3]
3. (stä-ti zu) stä-t	3. (sta-tai zu) stä-ta
2. (stä-si zu) sta-s	2. (sta-sai zu) sta-za.

Wir haben in der vorstehenden Tabelle die erloschenen Präteritums-Formen absichtlich nicht mit dem Augmente versehen,
denn es ist anzunehmen, dass das Gotische zu der Zeit, als in ihm
noch die Präteritums-Formen lebendig waren, in Beziehung auf
Augment-Setzung dieselbe Freiheit gehabt hat wie das alte Indisch,

das alte Griechisch und die Avesta-Sprache, und wenn wir die Prä-
teritums-Reste im Lateinischen und Altslavischen herbeiziehen, wo
das Augment niemals gebraucht, sondern überall eine unaugmen-
tirte Präteritums-Form angewandt wird, so wird es auch wohl am
Gerathensten sein, sich die germanischen Präterita in der ihrem
Erlöschen zunächst vorausgehenden Zeit als unaugmentirt zu denken.

Ein Blick auf die vorstehende Tabelle zeigt uns, dass zu der
Zeit, welche dem gänzlichen Erlöschen des Präteritums zunächst
vorauslag, die Form stâ-s drei verschiedene Bedeutungen hatte:
1) als actives Präteritum, 2) als mediales Präteritum (aus stâ-sa
apokopirt), 3) als actives Präsens (aus stâ-si apokopirt). Die
Form stâ-t hat wenigstens zwei verschiedene Bedeutungen: als
mediales Präteritum (für stâ-ta) und als actives Präsens (für
stâ-ti), und in gleicher Weise wie die dritte Person auch die erste
stâ-m, so lange noch im Medio-Passiv das Flexionszeichen der
dritten Person nicht auf die erste übertragen war. Diese in Folge
der Lautgesetze eingetretene Identität der Präsens- mit den Präteritums-Formen wird wohl der vorwiegendste Grund gewesen sein,
dass das Germanische, sobald es einmal gleich dem Lateinischen
und dem Sanskrit seinen Perfectformen die Bedeutung des Präteritums verlieh, von den nunmehr zur Bezeichnung der Vergangenheit dienenden Formen die ursprünglichen Präterita, die lautlich so vielfach mit dem Präsens zusammenfielen, ganz und gar
aufgegeben und nur das Perfectum zum Ausdruck der Vergangenheit beibehalten hat.

3.

Causale Beziehung der gedachten Thätigkeit auf das Denken.
(Imperativ, Modus subjectivus.)

Setzt das denkende und redende Ich die von ihm gedachte
Thätigkeit zu seinem eigenen Denken und Sprechen in causale Beziehung, so ergibt sich eine grammatische Form, welche wir zunächst als Imperativ zu bezeichnen gewohnt sind. Die Thätigkeit,
die ich mir denke, existirt noch nicht in dem Augenblicke, wo ich
sie denke und ausspreche, sie wird hingestellt als eine, welche erst
nach dem Augenblicke des Denkens und Aussprechens zur Erschei-

nung kommt (also der Zukunft, wenn auch der allernächst folgenden
Zukunft angehört), aber zugleich nicht blos als eine zukünftige, sondern auch als eine meinem Wunsche entsprechende hingestellt: eben
deshalb, weil ich sie wünsche, finde ich mich veranlasst, die Thätigkeit auszusprechen. Dies sind die beiden begrifflichen Momente,
welche dasjenige, was wir Imperativ nennen, in sich einschliesst,
die Zukunft und der Wunsch, und zwar ein nicht nur realisirbarer
Wunsch, sondern auch ein solcher, dessen Realisirung wir mit Bestimmtheit voraussetzen, zu dessen Realisirung aber nothwendig
ist, dass wir die Thätigkeit aussprechen. In der ersten Person ist
der Imperativ eine Selbstermunterung, die sich im Plural hauptsächlich auf die uns zur Seite stehenden Genossen erstreckt, aber
auch für die erste Person Singular seine volle Berechtigung hat,
insofern ich durch das Aussprechen der Thätigkeit, die ich durch
mich selber realisirt wünsche, mich zu grösserer Energie für die
Ausführung derselben emporhebe. Häufiger wird natürlich der Imperativ für die zweite und auch für die dritte Person an seiner
Stelle sein.

Da der Imperativ, um zunächst bei diesem Ausdrucke zu bleiben, eine Thätigkeit nicht als gegenwärtig hinstellt, so kann die
Verbalform, welche diese Bedeutung haben soll, nicht auf den
Präsens-Vocal i ausgehen. Als lautlicher Exponent derselben wird
der dritte und letzte Laut der für die Flexion zu Gebote stehenden Vocal-Trias verwandt, nämlich u. Im Activum tritt derselbe
unmittelbar hinter das zur Personalbezeichnung dienende Lautelement, also für die dritte Person an den Consonanten t. Im
Medium schliesst er sich in derselben Weise wie das i des Präsens
an die bereits durch das mediale a erweiterten Personalzeichen, es
wird also der imperativischen dritten Personalendung tu ein medial-
passives tau gegenüberstehen, genau wie dem activen Präsens ti
ein mediales tai entspricht. Und ebenso wird für die zweite Person des Imperativs, analog dem präsentischen si und sai, ein
activisches su (aus svu) und ein mediales sau (aus svau), für die
erste Person ein mu und mau zu erwarten sein.

Soll der im Vorausgehenden beschriebene Sprachprocess, dass
bestimmte logische oder vielmehr metaphysische Kategorien, die

Kategorien des Raumes, der Zeit und der Causalität der Genesis der Verbalformen zu Grunde liegen und dass bestimmte consonantische und vocalische Elemente vom näher liegenden bis zum ferner und fernest liegenden in einer genau einzuhaltenden Reihe die lautlichen Exponenten der näher und ferner liegenden Kategorien sind, richtig sein, dann muss, nachdem der Vocal i und ai für die zeitliche Identität des Denkens und des Gedachten in Anspruch genommen ist, für die causale Identität nothwendig der Vocal u und au verwandt worden sein. Der Nachweis einer solchen Verwendung des u und au wird das Kriterium für die Richtigkeit des von mir angewandten Verfahrens, die Genesis der Verbalflexion zu ermitteln, enthalten.

Zwei indogermanische Sprachen, die auch sonst auf hohes Alter ihrer Flexionsformen Anspruch machen, sind es, welche für die active dritte Person den Imperativ durch tu ausdrücken, das Sanskrit und die Avesta-Sprache: tudatu er soll schlagen.

Diesem activen tu des Indischen und Altiranischen steht die im Gotischen erhaltene Medialform dau, aus tau erweicht, gegenüber. In seiner Anwendung geht dies dau über das engere Gebiet des Imperativ hinaus und wird, wovon weiter unten zu sprechen sein wird, auch noch für andere Kategorien des Modus subjectivus gebraucht, immerhin aber muss demselben auch die Bedeutung des eigentlichen Imperativ vindicirt werden, so dass es sich nicht blos formell, sondern auch begrifflich zu dem activen Imperativ tu, den das Sanskrit und der Avesta darbietet, genau in derselben Weise verhält, wie das medialpassive tai zu dem activischen ti.

Das Gotische hat ferner auch für die medialpassive zweite Person eine dem dau analog gebrauchte Endung zau (aus svau). Ihr würde als entsprechende Activendung ein su (aus svu) gegenüberstehen, eine Imperativendung, die zwar in keiner indogermanischen Endung erhalten ist, aber genetisch in derselben Weise die Voraussetzung für sau bildet wie das complicirtere sai des Präsens das einfachere activische si zur Voraussetzung hat.

Für die erste Person sollte man dem dau und zau analog ein gotisches mau erwarten. Aber das Gotische wendet auch hier im Medio-Passivum die Endung der dritten Person zur Bezeichnung der ersten an, gerade wie es auch im medio-passiven Präsens das

vorauszusetzende ma der ersten Person durch das da der dritten
ersetzt hat. In einer früheren Sprachperiode aber dürfen wir um
so eher dem Gotischen für die erste medio-passive Person ein mau
vindiciren, als sich in der analogen ersten Person des Activums ein
unverkennbarer Rest einer Endung mu erhalten hat, welche in
Form und Bedeutung dem tu des Sanskrit und Avesta analog steht.
Von diesem mu wird sogleich beim Conjunctiv näher die Rede
sein. Des Zusammenhangs wegen aber wollen wir aus dem Folgenden wenigstens dies anticipiren, dass das m des alten impara-
tivischen mu seinen Personalcharakter m eingebüsst hat, wofür
analoge Bildungen des Sanskrit und Avesta mehrere Parallelen
darbieten. Nach Verlust des m ist das auslautende u und der dem
alten m unmittelbar vorausgehende Vocal a zu dem Diphthongen
au coalescirt; wir lassen noch dahingestellt, ob dieser Vocal a als
bloser Bindevocal oder als Conjunctiv-Vocal zu fassen ist.

Summiren wir nunmehr die bisher durchgemusterten Endungen auf einer tabellarischen Uebersicht:

Activum.	Medio - Passivum.
I. Nicht-Gegenwart, Vergangenheit	
1. m 3. t 2. tha, thi, s'u) } im Got. erloschen	1. (ma) 3 ta 2. sva } im Got erloschen
II. Gegenwart	
1. mi, got. m 3. ti, got. t 2. s(v)i, got. s	1. mai, got. (ma), statt dessen 3 3. tai, got. da 2. s(v)ai, got. za
III. Imperativ, Modus subjectivus	
1. got. (m'u 3. skr. tu 2. [s(v)u fehlt]	1. got. (mau), statt dessen 3 3. got. dau 2. got. zau.

Den auslautenden Vocal ā und i lässt das Gotische regelmässig
schwinden, der Vocal u hatte für das Sprachorgan des Goten grössere
Festigkeit und Bestimmtheit und hat sich deshalb überall im Wort-

ende erhalten. wenn er hier ursprünglich seine Stelle hatte (S. 137).
Dies ist der Grund, weshalb die mit 3 bezeichnete Kategorie der
vorstehenden Tafel fast in ebenso zahlreichen Formen für das Indogermanische nachzuweisen ist wie die erste und zweite Kategorie.
Das Indische und Iranische steuert für die dritte Kategorie nur
die dritte Activ-Person auf u bei. Weit überlegen ist ihm unser
ältestes Germanisch in treuer Bewahrung der hierher gehörigen
Formen. Es macht hier gegenüber den beiden asiatischen Schwestersprachen, die sonst als die treueste Pflegstätte altindogermanischen
Sprachgutes angesehen werden, dieselbe Ueberlegenheit geltend wie
z. B. im Plural-Accusativ, wo es ebenfalls von allen indogermanischen
Sprachen allein und einzig überall die primären Endungen ans,
ins, uns gewahrt hat, die schon im alten Veda-Sanskrit sich
Verstümmelungen gefallen lassen müssen. In der That sind die
gotischen Verbalformen auf u das schönste Kleinod unseres altgermanischen Sprachschatzes und nur der grösseren Zähigkeit, welche
dort das auslautende u vor den übrigen Vocalkürzen voraus hat,
verdanken wir, das müssen wir gestehen, den Einblick in das volle
lebensfrische Gebilde des ursprünglichen indogermanischen Verbal-
systems. So lange man sie unbeachtet liess, redete die Grammatik
nur von einem Dualismus der Verbalendungen, von stumpferen und
volleren, von Endungen der historischen und der Haupt-Tempora;
die Endungen unserer ersten Kategorie wie t und ta gehörten der
einen Klasse, den stumpfen Endungen, — die Endungen unserer
zweiten Kategorie wie ti und tai bildeten als vollere Endungen die
andere Klasse. So hatte schon die griechische Specialgrammatik
geschieden und es darf nicht auffallen, dass der Begründer der
vergleichenden Grammatik auch die dem Griechischen verwandten
Sprachen in das Netz dieses Dualismus einspannte und auch für
das Sanskrit, ohne dessen nur spärlich vertretene Flexion auf u
zu berücksichtigen, blos die Endungen des Präteritums und der
Gegenwart unterschied. Wo uns ein Dualismus entgegentritt, da
suchen wir billig nach einer höheren Einheit für die zwei sich von
einander sondernden Kategorien. und wer will es dem verehrten
Meister der modernen Sprachwissenschaft zum Vorwurf machen,
dass er in den stumpferen, in den kürzeren Verbalendungen „abge-
stumpfte" Verbalendungen erblickte und die eine Klasse der

Conjugations-Suffixe aus der anderen Klasse durch Verstümmelung
enstanden glaubte? Den Lautgesetzen der indogermanischen Sprachen, die gerade Bopp zuerst erkannt hatte und für den Inlaut des
Wortes mit solcher Meisterschaft zu handhaben wusste, war freilich
durch diese seine Erklärung des Auslautes der Verbalendungen
keine Rechnung getragen. Derselbe Vocal a, den wir in den
vorliegenden Sprachformen im Medium des Präteritums antreffen,
soll ursprünglich allen Verbalformen gemeinsam gewesen sein. Im
activen Präteritum, so sagt Bopp, ist er abgefallen, und zwar deshalb abgefallen, weil die Wurzel im Anlaute durch das Augment
erweitert wird. Doch wird das Recurriren auf die augmentirende
Wurzelerweiterung wohl schwerlich als Grund des Verlustes gelten
können, sehen wir doch, dass die noch stärkere Reduplications-
Erweiterung nicht blos den sogenannten volleren Endungen nicht
widerstrebte, sondern ihrer Erhaltung durchaus förderlich war,
wie uns ein Blick auf die Medialform des reduplicirenden Perfects
sofort belehrt. Ist im activen Präteritum ein auslautendes a nach
Bopp abgefallen, so ist es, wie er weiter annimmt, im activen Präsens zu i geworden. Der Uebergang von a zu i, eine Lautverände-
rung, für welche wir die von Grimm aufgebrachte Terminologie
„Ablaut" mit Recht beibehalten, ist eine Erscheinung, welche sich
im Inlaute des Wortes und speciell im Inneren der Wurzel nicht
blos für das Germanische, sondern auch für andere der verwandten
Sprachen als ein fundamentales Lautgesetz hinstellen lässt, dem
auch das Sanskrit, hauptsächlich wenn auf das a ein r oder l folgte,
bisweilen Rechnung getragen hat. Aber wo haben wir eine Paral-
lele, dass im Germanischen oder Lateinischen oder Griechischen
oder im Sanskrit oder in irgend einer anderen älteren indogermanischen Sprache ein ursprünglich auslautendes a die Ablautung zu
i erlitten hätte? Und insonderheit wo ist im Sanskrit jemals ein
auslautendes a zu i abgeschwächt? — blos vor folgendem r und l
und blos im Inlaute kommt eine solche Veränderung des a vor.
Noch gewaltsamer sind die Verstümmelungen, welche Bopp für die
Medialformen ta und tai voraussetzen muss: ta soll einst ein tata,
tai ein tati und, noch weiter zurücksteigend, ebenfalls ein tata
gewesen sein, dessen zweites ta, gleich der entsprechenden Activform, zu i geschwächt worden sei.

Solche entschieden gegen die Lautgesetze verstossende Um-
änderungen müssen vorgenommen werden, um den Dualismus präsentischer und historischer Verbalendungen auf eine Einheit zurückzuführen. Es kommt nun aber noch hinzu, dass uns in den indogermanischen Sprachen nicht eine Zweiheit, sondern eine Dreiheit
von Verbalformen vorliegt, denn zu dem t ta des Präteritums, dem
ti tai des Präsens kommt noch das tu tau des Imperativ und Modus
subjectivus hinzu. Bopp hat diese Formen der dritten Kategorie
in ihrem durch gleichmässigen Lautausgang sich ergebenen Gegensatze zu denen der ersten und zweiten Kategorie kaum beachtet.
Die Imperativ-Endung tu ist ihm wiederum eine Abschwächung
aus altem ta, das tau und zau soll aus tam und sām und die erste
activische Person des Gotischen auf au sogar aus einem Optativ aimi
oder ajam entstanden sein. Das sind geradezu lautliche Unmöglichkei-
ten und merkwürdig genug ist es, dass Bopps Nachfolger diese seine
Erklärungsversuche fast durchweg ohne merkliche Modificationen
haben wiederholen können. Die Summe der Boppschen Theorie ist
die, dass von den sämmtlichen in den ältesten Denkmälern uns
vorliegenden Verbalendungen nicht eine einzige den ursprünglichen
Auslaut behalten haben soll, und dass für eine jede von ihnen eine
ältere statuirt wird, zu deren Annahme die Lautgesetze ganz und
gar keine Berechtigung geben. Am wunderlichsten aber wird uns
Folgendes erscheinen müssen. Erst dadurch, dass die ursprünglichen
Auslaute zerschlagen und zertrümmert worden sind und nicht einer
einzigen Form ihr ursprünglicher Bestand gelassen ist, erst durch
diese zufällige Vernichtung des ursprünglichen Zustandes soll jener
in sich so ganz und gar consequente Organismus der Endungen t ta,
ti tai, tu tau u. s. w., der doch sicherlich ein festes und vernünftiges
Princip zeigt, entstanden sein? Erst durch Depravation und Corruption
soll es gekommen sein, dass die Endungen in ihrem Gegensatze zu
einander als Träger logischer oder metaphysischer Kategorien da-
stehen und als solche mindestens dieselben Ansprüche auf Schönheit,
ja auf unsere Bewunderung erheben, wie die bestimmten mathematischen Functionen folgenden Krystallformen der anorganischen Welt?
Wenn Bopp jeden Verbalauslaut als eine Depravation ansieht
und in seinem Versuche, die ältere Grundform zu statuiren, fast
immer im Widerspruch zu den indogermanischen Lautgesetzen sich

befindet, so ist die von uns gegebene Darstellung dieser Formen
eine wesentlich conservative, die zunächst unmittelbar an den in
der Sprache wirklich uns vorliegenden Thatsachen festhält und die
verschiedenen Auslaute unangetastet lässt. Dies conservative Verfahren hat dazu geführt, in den verschiedenen auslautenden Elementen die Träger bestimmter begrifflicher Kategorien zu finden.
Der Reichthum, ja die Schönheit der Kategorien und ihrer Beziehung zu den Lauten ist so überraschend gross, dass wir uns mit
dem unmittelbaren Festhalten der praktisch vorliegenden Thatsachen
begnügen dürfen und wahrlich nicht nöthig haben, uns darüber hinaus in eine nur durch Hypothese zu findende frühere Welt der Spracherscheinungen zu begeben. Sind doch die in der Sprache thatsächlich
vorliegenden Formen so reichhaltig und wieder durch so feste Beziehungen mit einander verknüpft, dass für die genetische Bildung
dieser Formen die alleinige Thätigkeit des Geistes unserer alten indogermanischen Urväter nicht ausreichend erscheinen will und dass
wenigstens ein guter Theil davon und gerade die oberste Grundlage
demselben Geiste anheimfällt, dem die gesammte im Kosmos sich
manifestirende Ordnung und Vernünftigkeit entstammt.

Die übrigen Formen des Modus subjectivus.
(Conjunctiv und Optativ.)

An die durch auslautendes u bezeichnete Kategorie, dass die
gedachte Thätigkeit das Denken zu seiner causalen Voraussetzung
hat, schliesst sich nun noch eine weitere Beziehung des als thätig
Gedachten auf das Denken des Ich, nämlich diejenige, dass die
ganze Existenz der Handlung in den Bereich des Gedankens versetzt wird, ohne zunächst Rücksicht darauf zu nehmen, ob die Handlung zugleich in der Realität zur Erscheinung kommt oder nicht.
Die grammatischen Formen, welche der Ausdruck für diese Beziehungen sind, nennen wir die Conjunctiv- und Optativ-Formen.
Um die Bedeutung derselben hier etwas näher zu specialisiren,
müssen wir zunächst hervorheben, dass der Conjunctiv oder Optativ
irgend einer Thätigkeit, z. B. des Gehens, des Schlagens u. s. w., die
Bedeutung hat: „ich denke, er geht oder wird gehen, er schlägt

oder wird schlagen"; — die Zeit, in welcher die dem Gedanken angehörige Thätigkeit gesetzt wird, kann, ohne dass die Form des Conjunctivs oder Optativs eine doppelte wird, entweder die Gegenwart oder die Zukunft sein, — auf die Vergangenheit wird eine blos dem Denken angehörige Handlung zunächst nicht bezogen. Hierbei kann sich aber das Denken auch als ein Wunsch, als ein Wollen darstellen und insofern Conjunctiv und Optativ die Bedeutung haben: „meinem Wunsche entsprechend kommt er oder wird er kommen". Diese zweite Bedeutung des Conjunctivus und Optativus können wir als den Modus voluntativus, die erstere als den Modus cogitativus bezeichnen.

In ihrer formellen Bildung kommen Conjunctiv und Optativ darin überein, dass die Verbalformen durch eine inlautende Erweiterung, nämlich durch einen zwischen Wurzel und Personalcharakter eingefügten Vocal bereichert werden. Nur zwei Vocale sind es, die in dieser Weise fungiren, der Vocal a und der Vocal i. Den durch den Vocal i gebildeten Modus subjectivus nennen wir den Optativ, den durch den Vocal a gebildeten den Conjunctiv.

Für den Conjunctiv zeigt sich gewöhnlich langer Vocal ā, seltener ein kurzes a, aber gerade die älteren Sprachen sind an Conjunctiven mit kurzem a reicher als die späteren. Der homerische Dialekt zeigt in Uebereinstimmung mit dem Sanskrit und dem Avesta eine gar nicht unbedeutende Zahl von Resten kurzer Conjunctivbildungen, während dieselben aus der späteren Gräcität spurlos verschwunden sind. Es ist nachzuweisen, dass kurzer Conjunctiv da angewandt wurde, wo man in der entsprechenden Indicativform das Personalzeichen unmittelbar an die Wurzel anfügte (in der bindevocallosen Conjugation). langes conjunctivisches ā ist da in seinem Rechte, wo im Indicativ die Endung vermittelst des Bindevocales a an die Wurzel oder den Stamm tritt. Der lange Conjunctiv-Vocal ā oder der daraus entstandene Ablaut enthält also seiner Genesis nach zwei Elemente in sich vereint, nämlich ausser dem eigentlichen Conjunctiv-Vocale a auch noch den Bindevocal a. Auch für den Optativ bestehen zwei Formen, je nachdem die entsprechende Activform den Bindevocal a annimmt oder nicht. Im ersteren Falle coalescirt der Optiv-Vocal i mit dem Bindevocal a zum Diphthongen ai, im zweiten erscheint er als bloses i oder als ein iā; das letztere als eine Erweiterung des ursprünglichen i anzusehen, worüber später noch das Nähere zu sagen sein wird.

Welche Form der Personalendung aber wird hinter dem Conjunctiv- und Optativ-Vocale angenommen? Man sagte früher, dass für den Conjunctiv die präsentischen, für den Optativ die Vergangenheits-Formen gebraucht würden, und wo man sich hierbei im Widerspruch mit der Thatsache der Sprachformen befand, da nahm man seine Zuflucht zur Annahme einer unorganischen Uebertragung und sah z. B. in dem griechischen λάβοιμι eine secundäre unorganische Bildung, durch welche das als ursprünglich hingestellte λάβοιν fast gänzlich verdrängt sei. Wollen wir aber, wie es recht und billig ist, den uns vorliegenden thatsächlichen Sprachbestand so hinnehmen, wie er uns in Wirklichkeit vorliegt, und es vorerst verschmähen, das Gegebene, weil es irgend einer vorgefassten Theorie nicht entspricht, als etwas Nicht-Ursprüngliches zu beseitigen, dann werden wir zunächst nicht umhin können, folgenden Satz auszusprechen: sowohl der Conjunctiv- wie der Optativ-Vocal kann mit jeder Klasse der in den obigen durchmusterten Verbalendungen verbunden werden, also in der dritten Person mit t und ta, mit ti und tai, mit tu und tau. Somit würden sich für den Conjunctiv und Optativ der gewöhnlichen bindevocalischen Conjugation folgende Endungen ergeben:

Activum		Medio - Passivum	
I. Mit den Endungen der Nicht-Gegenwart			
1. Conj. ām,	Opt. aim	1. Conj. (āma),	Opt. aima
3. āt,	ais	āta,	aita
2. ās,	ait	āsa,	aisa.
II. Mit den Endungen der Gegenwart			
1. Conj. āmi,	Opt. aimi	1. Conj. āmai,	Opt. aimai
3. āti,	aiti	ātai,	aisai
2. āsi,	aisi	āsai,	aitai.
III. Mit den Endungen des Imperativs			
1. Conj āmu,	Opt. (aimu)	1. Conj. (āmau),	Opt. (aimau)
3. (ātu),	(aitu)	(ātau),	aitau
2. (āsu),	(aisu)	(āsau),	aisau.

Der Conjunctiv des Singular (denn nur vom Singular ist hier einstweilen die Rede) hat im Griechischen die Endungen der zweiten Klasse, im Veda und Avesta sind für die zweite und dritte Person die Endungen der ersten ebenso häufig, als die der zweiten. Im griechischen Optativ ist für die erste Person die Endung der zweiten Klasse häufiger als der ersten, für die zweite und dritte Person kennt das Griechische nur Optative mit den Endungen der ersten Klasse. Das Sanskrit wendet für den Optativ ausschliesslich die Endungen der ersten Klasse an, aber im Zend begegnen uns auch Optative mit den Endungen der ersten Klasse und zwar auch mit dem medialen Auslaute ai.

Vom Germanischen hat man bisher angenommen, dass es von den beiden in Rede stehenden Modusformen nur eine einzige, und zwar die mit i gebildete besässe (also den Optativ, obwohl gerade diese mit i gebildete Modusform in den deutschen Specialgrammatiken fast durchgängig mit dem Terminus Conjunctiv bezeichnet wird, aber billig gegen den Namen Optativ vertauscht werden sollte). Aber das Germanische ist hier lange nicht so arm, wie die bisherigen Grammatiker vermeinen, vielmehr steht dem mit i gebildeten Optativ des Germanischen auch ein mit a gebildeter Conjunctiv zur Seite.

	1. Person.	2. Person.	3. Person.
Conjunct. act.	ä(m), ahd. alts. â â.m)u, got. au	âs alts.	â(t), alth. alts. â
Optat. act.	ai m·, ahd. alts. è iâ(m)u, got. iau	ais got.; ahd. alts. ês	ait; got. ai, ahd. alts. ê aiti; got. aith
Optat. med.	(aimau); statt dessen 3. sg im Got.	aizau got.	aitau; got. aidau

Für den Conjunctiv liegen im Germanischen zunächst solche Formen, welche der ersten Klasse der Endungen angehören, zu Grunde: bindam, bindas, bindat (vergleiche lateinisch findam, findas, findat). Nach dem Lautgesetze S. 136 musste das m und t der ersten und dritten Person abfallen und die germanischen Conjunctive haben sich hiernach zu bindā, bindās, bindā verkürzt. Ausserordentlich häufig sind diese Conjunctive im altniederdeutschen Heliand, viel seltener im Althochdeutschen, wo sie sich nur für die erste und dritte Person, und auch hier nur spärlich, nachweisen lassen. Dem Gotischen fehlt diese Conjunctivbildung wenigstens für den Singular gänzlich, denn die 1 Sing. des gotischen Conjunctivs folgt anderen Bildungsgesetzen und die 1 Plur. des gotischen Conjunctivs wird später zu besprechen sein.

Den Conjunctiv-Formen ām, ās, āt stehen als analog gebildete Optative für die bindevocalische Conjugation die Ausgänge aim, ais, ait entgegen. Da sich auslautendes m und t nicht halten kann, so müssen sie zu ai, ais, ai sich verkürzen. Von diesen bindevocalischen Optativ-Formen des Singulars kennt das Gotische blos die zweite und dritte Person bindais, bindai, dem Althochdeutschen und Altniederdeutschen sind alle drei Personen verblieben, doch so, dass das alte diphthongische ai zu langem e contrahirt ist: beiden deutschen Dialecten sind die Optative bindē, bindēs, bindē gemeinsam, deren e natürlich zunächst als lang anzusetzen ist, wenn es auch gleich dem a des Conjunctivs für die erste und dritte Person der Verkürzung unterlegen ist.

Conjunctiv mit den Endungen der Nicht-Gegenwart.

		Gotisch	Altniederdeutsch	Althochdeutsch
1.	bindam	fehlt	bindā, bindā	bindā, bindā (selten).
2.	bindas	fehlt	bindās	fehlt
3.	bindat	fehlt	bindā, bindā	bindā, bindā (selten).

Optativ mit den Endungen der Nicht-Gegenwart.

1.	bindaim	fehlt	bindē, bindē	bindē, bindē
2.	bindais	bindais	bindēs	bindēs
3.	bindait	bindai	bindē, bindē	bindē, bindē.

Die zweite Person dieses Conjunctivs und Optativs könnte möglicherweise auch eine Apokopirung aus asi und aisi sein und mithin ursprünglich der Kategorie der Gegenwartsformen angehören; aber für die erste und namentlich die dritte Person ist das Fehlen des Personalzeichens m und t ein Kriterium, dass hier eine Form

auf am āt, aim ait, nicht auf āmi āti, aimi aiti zu Grunde liegt
(im letzteren Falle würden uns die Endungen am āt, aim ait vorliegen). Vergleiche auch das später über den Plural des Conjunctiv und Optativ Beizubringende.

Wenn man nun sagen will, dass die vorliegenden Conjunctive
und Optative die Endungen des Präteritums trügen, so ist dies
freilich nicht geradezu falsch, aber doch in Bezug auf die Genesis
der Formen nicht scharf genug ausgedrückt. Es ist oben erläutert,
dass die als Präteritum dienende Form nicht lediglich auf die Bedeutung der Vergangenheit beschränkt ist, sondern zunächst einen
umfassenderen Begriff hat; es ist der Ausdruck für die Thätigkeit,
welche nicht im Augenblick ihres Gedachtwerdens zur Erscheinung
kommt, und diese zunächst nur negirende Bedeutung haben die
des Vocales i entbehrenden Endungen m, s, t in dem uns vorliegenden Falle, wo sie dem Modusvocale a oder i angefügt sind.
So lange man der Ansicht war, dass die des i entbehrenden Personalzeichen ursprünglich dem Optativ, die durch i erweiterten ursprünglich dem Conjunctiv angehörten, konnte man allerdings darauf
kommen, in den dem Optativ vindicirten Endungen eine directe
Hinweisung auf die Vergangenheit zu finden im Gegensatze zu den
präsentischen Ausgängen des Conjunctivs, — war doch in den ab-
hängigen Sätzen des Griechischen der Optativ der Begleiter der
Vergangenheitstempora, der Conjunctiv dagegen der Begleiter der
präsentischen Tempora. Daher hat man sogar wohl geradezu den
Conjunctiv als Conjunctiv des Präsens, den Optativ dagegen als
Conjunctiv des Präteritums bezeichnet. Aber die ganze Voraussetzung, auf welcher diese Annahme beruht, ist völlig grundlos.
Denn die indogermanische Sprache gibt nicht blos dem Optativ,
sondern auch dem Conjunctiv die des i entbehrenden Personalendungen, wie sie insonderheit auch aus den von uns zunächst besprochenen altgermanischen Conjunctiven und Optativen ganz entschieden hervorgeht. Wiederholen wir noch einmal, dass wir diese
Formen folgendermassen zu definiren haben: Der Conjunctiv-Vocal
a, der Optativ-Vocal i ist hier mit denjenigen Endungen verbunden, welche das Nicht-Gegenwärtige bezeichnen — auf die
Vergangenheitsbedeutung zu recurriren, ist hier unstatthaft.

Der Conjunctiv und Optativ versetzt, wie schon im Eingange dieses Abschnittes bemerkt ist, die ganze Existenz der Thätigkeit in das Gebiet des Denkens, ohne zunächst auf die Realität derselben Rücksicht zu nehmen. Der Zeit nach aber wird eine solche Thätigkeit entweder in die Zukunft oder in die Gegenwart verlegt. Am deutlichsten lässt sich dies bei dem so häufig gebrauchten Optativ mit *ἄν* erkennen: *οὐκ ἄν ἔχοις* kann sowohl heissen: „ich denke, du hast nicht", wie auch: „ich denke, du wirst nicht haben". Ebenso ist es auch mit dem ähnlich gebrauchten Conjunctiv oder Conjunctiv mit *ἄν (κε)* der homerischen Sprache. Daher ist es gerechtfertigt, wenn zu dem conjunctivischen a, wenn mit dem optativischen i nicht bloss die des i entbehrenden, sondern auch die mit i erweiterten präsentischen Endungen verbunden werden. Am häufigsten kommen diese Präsensendungen beim Conjunctiv vor, wie dies insbesondere im Griechischen der Fall ist. Aber sie sind keineswegs dem Optative etwas Fremdes. Wir haben schon früher bemerkt, dass die Sprache des Avesta sogar die Medialendungen auf ai für den Conjunctiv anwendet. Das Griechische begünstigt wenigstens in der ersten Person des Optativs den Vocal i, denn nur die immerhin selteneren bindevocallosen Optative wie *διδοίην* verschmähen denselben, die bindevocalischen dagegen wie *τρέφοιμι* haben für ihn eine ganz entschiedene Vorliebe und nur ganz ausnahmsweise kommen die des i entbehrenden Bildungen wie *τρέφοιν* vor. — Dem Gotischen muss für die dritte Person ausser dem alten ait auch noch eine Optativendung aiti vindicirt werden, die sich zu jenem gerade so verhält wie *τρέφοιμι* zu *τρέφοιν*. Das dem *τρέφοιν* entsprechende bindaith musste nach den Lautgesetzen eine Apokope des Schlussconsonanten erfahren, das dem *τρέφοιμι* entsprechende bindaiti musste sein schliessendes i aufgeben.

I. Endungen der Nicht-Gegenwart.	II. Endungen der Gegenwart.
1. *τρέφοιν*	*τρέφοιμι*
3. bindai(th) zu bindai	bindaith(i) zu bindaith.

Im Gebrauche aber sind die formell entsprechenden Optative des Gotischen und Griechischen gerade einander entgegengesetzt. Im Griechischen ist der Optativ der Klasse I die seltene, der Optativ der Klasse II die gebräuchliche Form. Umgekehrt ist im

Gotischen die Optativbildung I (auf ai aus altem aith) die vulgäre,
die Optativbildung der Klasse II (auf aith aus altem aithi) ist nur
durch spärliche Reste vertreten. Es ist aber vorauszusetzen, dass
auf einer früheren Stufe des Gotischen auch diese Optative auf ursprüngliches i häufiger waren und sich nicht blos auf die dritte
Person beschränkten.

Ist nicht auch die vereinzelte dritte Optativperson παραφϑαιησι
Il. K 346 noch ein letztes Document, dass das Griechische das
auslautende i nicht blos für die erste, sondern auch für die dritte
Person des Optativ verwandt hat?

Endlich sind nun im Gotischen auch die Personalendungen der
dritten Klasse auf u und au, die schon an sich den Modus subjectivus ausdrücken, hinter dem Conjunctiv- und Optativ-Vocale a
und i gebraucht worden. Durchgängig ist dies für das Medium
des Optativ geschehen. Dem präsentischen Indicativ bindada (aus
bindadai) steht als Optativ ein bindadau, dem bindaza (aus binda-
zai) ein bindazau gegenüber. Die dritte Person bindadau ist dann
weiterhin gleich dem indicativischen bindada auch zum Ausdrucke
der ersten Person verwandt worden. Ein hier ursprünglich voraus-
zusetzendes bindaimau ist untergegangen. Dagegen ist eine dem
medialen Optativ auf mau entsprechende activische Optativform
auf mu für das Gotische nachzuweisen. Diese Form liegt nämlich
der ersten Person des bindevocallosen Optativs, welcher namentlich
im Perfectum seine Stelle hat, zu Grunde. In der uns vorliegenden Periode des Gotischen lautet dieselbe bundjau, viljau. Das
u derselben kann nicht, wie man wohl angenommen hat, eine Vo-
calisation des Personalzeichens m sein, denn das würde den Lautgesetzen ganz und gar widerstreben, wir dürfen also bundjau nicht
auf ein bundjam, dem griechischen διδοίην entsprechend, zurückführen. Gleichwohl muss das erste Personalzeichen m oder n
sicherlich einmal auf einer früheren Stufe des Gotischen in dieser
ersten Person des Optativs seine Stelle gehabt haben. Die Analogie des Sanskrit belehrt uns, dass auch das inlautende m der ersten
Person häufig eine Synkope erlitten hat: tudanmai ist zu tudai (tudê)
geworden etc. Der auslautende Vocal u hat sich erhalten und ist
mit dem Vocale â, welcher dem ursprünglich hier stehenden m vor-
ausging, vereint worden. Und so muss auch bundjau, wenn wir

nicht eine den Lautgesetzen widerstrebende Primärform hierfür
statuiren wollen, nothwendig aus bundjāinu hervorgegangen sein.
Das Lautelement ja in dieser Form ist das in der bindevocallosen
Conjugation übliche Optativzeichen, welches als iē in $\delta\iota\delta o$-$i\eta$-ν, s-ie-m
erscheint; das hinter demselben ursprünglich stehende mu, welches
seines m verlustig gegangen ist, tritt mit den medialen Optativ-
endungen dan und zau in eine Kategorie.

Dem aus ianu herzuleitenden ian der bindevocallosen Bildung
(bundjau, sijau, viljau) entspricht im bindevocalischen Präsens
die Endung au. Auch in diesem au hat man einen ursprünglichen Optativ erkennen wollen und dasselbe aus einem vorher
zu am verkürzten aim hergeleitet. Mit Unrecht. Der Form
nach haben wir die gotischen Formen bindan, bindais, bindai etc.
mit dem lateinischen Futurum legam, leges, leget etc. zusammen-
stellen, welches aus der ursprünglichen Bedeutung eines Modus
subjectivus ganz und gar auf die Zukunft übertragen worden ist.
Die bindevocallos gebildeten Formen bandjau, bandais, bandai haben wir mit den Formen sim, velim, duim zu coordiniren.

	Bindevocalisch		Bindevocallos	
Conj. {	legam	bindā(m)u	velim (aus velim)	viliā(m)u
	legēs	bindais	velis	vileis
	legēt	bindai(th)	velit	vilei
Optat. {	legamus	bindaima(s)	velimus	vileima
	legetis	bindaith(a)	velitis	vileit
	legent	bindain	velint	vileina.

Die in dieser Tabelle vorstehenden Formen der bindevocallosen
Flexion, sowohl die lateinischen wie die entsprechenden gotischen,
sind sämmtlich Optative, d. h. sie haben sämmtlich den Modusvocal i (iä). Die in der ersten Columne stehenden bindevocalisch gebildeten Formen dagegen, sowohl die lateinischen wie die ihnen
formell genau entsprechenden gotischen, gehören nur zum Theil
dem Optative an. Optativform nämlich zeigt der gesammte Plural,
vom Singular aber nur die zweite und dritte Person, die erste hingegen hat eine entschieden conjunctivische Formation, d. h. in
ihrer Bildung waltet nicht der Modusvocal, sondern der Modusvocal a. Wir können sagen, die erste Person des bindevocalischen

Optativs ist durch die erste Person des Conjunctivs verdrängt worden. Der Conjunctiv des Lateinischen lautet legam, legās, legāt, legāmus, legatis, legant, der als Zukunftstempus gebrauchte Optativ sollte lauten: legēm, legēs, legēt, legēmus, legetis, legēnt. Wir haben nun auch noch die sicheren Indicien, dass die ältere Latinität eine Form legem in der ersten Person im Gebrauch hatte; so ist uns aus Cato ein dicem, faciem bei Quint. I. 27, und ebenso durch Fest. ein attinge und recipie, d. i. ein um den auslautenden Nasal verkürztes attingem, recipiem für das vulgäre attingam, recipiam des Futurs bezeugt. Gerade die erste Person ist das Gebiet, auf welchem der Gebrauch des Conjunctivs am meisten ausgedehnt ist — hier hat er sich auch im Sanskrit noch in der späteren Zeit treu bewahrt, während er in der zweiten und dritten Person nur der älteren Veda-Sprache angehört, und so ist denn wohl die Thatsache nicht unerklärlich, dass gerade in der ersten Person die Conjunctivform sich an die Stelle der Optativform gedrängt hat. Die Thatsache selber steht jedenfalls fest sowohl für das Lateinische wie für das Gotische: dicam „ich werde sagen" ist ebensowohl wie ut dicam kein Optativ, sondern Conjunctiv, trotzdem dass die übrigen Personen Optative sind, und ebenso muss es ungerechtfertigt erscheinen, wenn man fernerhin das gotische ligau durch gewaltsames Verfahren zur Optativform machen will; es ist ein ganz entschiedener Conjunctiv, wenn auch die übrigen Personen Optative sind. In der bindevocallosen Bildung dagegen — und hierin besteht eine fernere Analogie zwischen Gotischem und Lateinischem — ist die Optativform auch für die erste Person singularis in ihrem alten Rechte verblieben (siam, velim — bundjau, sijau); hier ist der Conjunctiv nicht eingedrungen, und wenn die ältere Latinität neben dicam „ich werde sagen" auch noch die Form dicem gebrauchte, so lässt sich zwar für den gotischen Dialekt neben bindau kein bindai mehr nachweisen, aber was das Gotische verloren hat, haben die übrigen germanischen Dialekte, hat das Althochdeutsche und Altsächsische bewahrt, denn hier steht auch in der ersten Person neben dem Conjunctiv wesa (aus wesām) auch ein Optativ wesē (aus wesēm), gerade so wie in der älteren Latinität neben der Conjunctivform dicam die Optativform dicem.

Nicht blos in der ersten Singular-, sondern auch in der ersten Plural-Person hat das Gotische einen Conjunctiv aufzuweisen, von welchem später zu reden ist. Der singulare Conjunctiv aber lässt sich nicht aus bindäm erklären, sondern setzt ein seines Personalzeichens verlustig gegangenes bindämu voraus, gerade wie der Optativ bundjau nothwendig auf ein bundjāmu hinwies. Also sowohl Conjunctiv wie Optativ lässt die auf u auslautenden Personalendungen zu, im Medium sind die Endungen der u-Formation für den Optativ die allgemein geltenden.

Die vielfach angeregte Frage, was das a und i des Conjunctivs und Optativs bedeute, wird folgendermassen beantwortet werden müssen. Sie bedeuten nichts, so lange sie nicht ihre bestimmte Stelle zwischen Wurzel- und Personalendung haben, und auch in dieser ihrer Stelle sind sie nur die Bereicherung und lautliche Erweiterung der einfacheren Indicativform und sind als solche der Ausdruck dafür, dass der Begriff der Verbalform um eine neue Bestimmtheit, um eine neue Beziehung auf das Denken bereichert ist, deren die einfache Indicativform entbehrt. Im Auslaute ist die ganze Trias der Vocale a, i, u, im Inlaute sind nur die beiden ersten Vocale verwandt worden, weil es nicht drei, sondern nur zwei Gegensätze sind, welche die Sprache für den Modus cogitativus (beziehungsweise voluntativus) ausgedrückt hat. Und zwar bezeichnet, genau entsprechend der sonstigen Verwendung der Vocale, der zunächst liegende Vocal a eine dem Denken, der Vorstellung näher liegende Thätigkeit (Conjunctiv), der fernerliegende Vocal i bezeichnet eine ferner liegende (Optativ). Hierin ist der Grundbegriff für den Gebrauch des Conjunctiv und Optativ enthalten, wie er in der Syntax der griechischen Sprache sich darstellt. Wir sagen der griechischen Sprache, denn diese ist, soviel bis jetzt bekannt ist, die einzige, welche eine scharfe, überall durchgeführte Sonderung im Gebrauche des a- und i-Modus aufweist. Für die andern Sprachen, die des Veda und Avesta, das Lateinische, Germanische lässt sich eine Verschiedenheit im Gebrauche der Modi nicht nachweisen. Das Lateinische gebraucht seinen Conjunctiv legas, audias, moneas genau in derselben Bedeutung wie seinen Optativ ames; monere hat für das Präsens blos einen Conjunctiv, amare blos einen Optativ, die sich durchaus coordinirt stehen, und wenn von einem

Worte beide Modi gebildet werden, legas und leges, audias und
audies, so hat die Optativform ihre ursprüngliche Modus-subjectiv-
Bedeutung eingebüsst und ist zum indicativen Ausdruck der Zukunft
geworden. Für das Indische. Avesta und für die Sprache des
Heliand muss man nach den bisher gemachten Beobachtungen annehmen, dass diese Sprachen den ursprünglichen Unterschied der
beiden Modi ebensowenig festgehalten haben wie den Unterschied
zwischen Imperfectum, Perfect und Aorist. Nur das Griechische
macht, wie gesagt, einen für jedes Satzverhältniss gewahrten Unterschied zwischen dem a- und i-Modus und wenn in diesem Gebrauche auch manches individuell griechisch sein mag, so werden
doch die Hauptelemente desselben altindogermanisch sein.

Die früheren Deutungen der Conjunctiv- und Optativ-Form
sind die, dass der Optativ-Vocal ursprünglich eine Verbalwurzel
sei, welche etwa das Wünschen oder das Gehen oder irgend etwas
Anderes bezeichne. Für den Conjunctiv hat man zu einer dem
i analogen Verbalwurzel a seine Zuflucht nicht nehmen können,
weil es überhaupt keine solche Verbalwurzel gibt, und hat dann
gemeint, der Conjunctiv bestehe in der Verlängerung des Bindevocales zwischen Wurzel und Personalendung und solle sym-
bolisch die dem Conjunctiv vindicirte Bedeutung der zögernden
Handlung malen. Die kurzvocaligen Conjunctive der ohne Bindevocal flektirten Wörter werden dabei, wenigstens soweit sie in der
homerischen Sprache vorkommen, als eine Verkürzung ursprünglicher Länge „metri causa" hingestellt. Als ob Homer es jemals
gewagt hätte, eine ursprüngliche Länge vor folgendem Vocale aus
metrischen Rücksichten zur Kürze zu machen! — In neuester
Zeit hat man versucht, den Conjunctiv-Vocal a mit dem sogenannten Bindevocale zu identificiren: das o in φέρομεν sei principiell
dasselbe wie das o in ἴομεν. Dort bezeichne das o die dauernde
Gegenwart; das durative „wir sind in einer Thätigkeit begriffen"
sei verwandt dem conativen „wir gehen damit um, etwas zu thun"
und dies sei wieder eine synonyme Vorstellung mit dem Conjunctive: „wir wollen etwas thun". (Steinthal und Curtius). Principiell bin ich mit dieser Erklärung in so weit einverstanden, als
dieselbe im Conjunctiv keine Composition erblickt. Aber schliesslich kann eine für die beiden so ganz und gar coordinirten Modus-

formen, den Conjunctiv und Optativ, zu gebende Etymologie **nur**
dann als genügend erscheinen, wenn sie für beide Modusformen
ein gleichartiges oder wenigstens analoges Bildungsprincip aufweist.

Die ältesten Verbalflexionen sind auslautende: die **Personal-**
zeichen und die dieselben schliessenden Vocale a, i, u, ai, au. Die
inlautenden Modusvocale i und u nehmen sichtlich in der Sprachgenesis eine spätere Stufe ein. Für noch später müssen **wir die**
schon oben besprochene anlautende Wurzelerweiterung durch **das**
Augment halten, die hier noch eine auf den chronologischen **Zu-**
sammenhang sich beziehende Erörterung erheischt.

Nach einer Bedeutung, die dem für die Vergangenheit im Anlaute der Wurzel verwandten a an sich eigenthümlich wäre, zu
tragen, ist gerade so unnöthig, als wenn man eine ähnliche **Frage**
für das m der ersten, für das t der dritten Person, für das auslautende a des Mediums, für das i der Gegenwart aufwirft. **Man**
hat von der einen Seite her behauptet, das augmentative a sei mit
dem Alpha privativum identisch, von anderer her ist es als **ein**
Pronominalstamm mit der Bedeutung „jener, damals" aufgefasst
worden. Der von mir eingeschlagene Weg in der **Erklärung**
der Flexionen vindicirt so wenig dem für die Vergangenheit **präfi-**
girten a, wie dem für das Medium suffigirten a und dem für **das**
Präsens suffigirten i eine ihm an und für sich zukommende Bedeutung: es ist vielmehr der Gegensatz, in welchem diese Laute zu
einander auftreten, — bald am Ende des Personalzeichens, **bald**
im Anlaute der Wurzel, bald auch (beim Conjunctiv und Optativ)
im Inlaute der Verbalformen zwischen Wurzel und Personalzeichen,
— welcher jenen Lauten erst ihre bestimmten Bedeutungen
zuweist und sie als die lautlichen Exponenten bestimmter logischer
Kategorien erscheinen lässt. An und für sich genommen besteht
nirgends eine Congruenz zwischen dem Flexionslaute und seiner
Bedeutung, erst dadurch, dass er zur Wurzel an eine bestimmte
Stelle als erweiternder Laut hinzutritt, ergibt sich eine immer **nur**
symbolische Congruenz zwischen Laut und Begriff, welche im Allgemeinen sich folgendermassen aussprechen lässt: jede Bereicherung
des Wurzelbegriffes um irgend eine begriffliche Bestimmtheit ver-

langt zu ihrem sprachlichen Ausdruck eine Bereicherung der Wurzelform um ein lautliches Element aus der Reihe der den Sprachorganen zunächst liegenden consonantischen und vocalischen Laute,
die wir bereits oben aufgeführt haben: — die logisch näher liegende Begriffsbestimmtheit erfordert den näher liegenden, die ferner
liegende den ferner liegenden Laut — ist die Reihe der consonantischen Elemente durchlaufen, so wird die Reihe der Vocale herbeigezogen, die zunächst für den Auslaut verwandt werden, aber
weiterhin auch im Anlaute (Augment) und bei der Modusbestimmt-
heit auch zwischen Wurzel und Personalzeichen verwandt worden
sind. Man kann allerdings diesen Flexionslauten eine demonstrative Bedeutung vindiciren, denn sie weisen auf bestimmte
logische Kategorien hin, aber sie sind deshalb noch ganz und gar
nicht als ursprüngliche Demonstrativstämme aufzufassen und am
wenigsten ist man berechtigt, in einem Flexions-a einen Demonstrativstamm mit der Bedeutung „jenes", in einem Flexions-i ein
Demonstrativum „dieses" wiederzufinden und den mit jenen Flexionsvocalen a und i identischen Pronominalwurzeln a und i eine Bedeutung beizulegen, die sie nachweislich weder als Nominativ noch
als Casus obliqui, noch in Zusammensetzungen mit andern Pronominalstämmen gehabt haben. Und dasselbe, was von dem auslautenden Flexionsvocale a und i und dem anslautenden u des Modus
subject., was von dem Conjunctiv- und Optativ-Vocale a und i gilt,
dasselbe muss auch von dem anlautenden Augmentvocale a gelten:
haben jene nur eine symbolische Bedeutung, so ist dieselbe auch
für das Augment a zu statuiren. Nur eins kann hierbei auffallen:
Weshalb schlägt die Sprache bei der zeitlichen Identität und Nicht-
Identität nicht denselben Weg ein, welche sie bei dem ganz coordinirt stehenden Gegensatze der räumlichen Identität und Nicht-
Identität zwischen dem denkenden Ich und dem gedachten Thätigen
eingeschlagen hat? In der räumlichen Kategorie wurde für die
positive Bestimmtheit der zunächst liegende Consonant m oder n
verwandt, für die Negation derselben (dritte Person) der ferner
liegende Consonant t: hätte nicht in analoger Weise für die zeitliche Kategorie verfahren werden müssen? hätte nicht, nachdem
hier zum Ausdrucke der positiven Bestimmtheit (für die zeitliche
Identität des Denkenden und der gedachten Thätigkeit) der aus-

lautende Vocal i verwandt worden war, die Sprache den dritten
Vocal der Reihe, nämlich den Vocal u verwenden müssen, um die
Negation jener zeitlichen Identität (Nicht-Gegenwart, Vergangenheit)
zu bezeichnen? Das u aber ist für die causale Beziehung zwischen
Denken und gedachter Thätigkeit, nicht aber für die Negation der
Gegenwart verwandt worden. Wir dürfen aus diesem Thatbestande
die Folgerung ziehen, dass in der Genesis der Verbalformen auf
die Bezeichnung der Gegenwart durch den auslautenden Vocal i
als die zunächst folgende That der Sprachentwicklung nicht die
Bezeichnung der Nicht-Gegenwart durch wurzelanlautendes a, sondern vielmehr erst die Bezeichnung des Modus subjectivus durch
das dem präsentischen i zunächst coordinirt stehende auslautende u
erfolgt ist. Die Nicht-Gegenwart (Vergangenheit) hat schon in
dem Mangel des präsentischen i einen wenn auch nur negativen
Ausdruck gefunden — durch die besondere Bezeichnung der Gegenwart war von selber für die Vergangenheit ein sprachlicher Ausdruck vorhanden und die Sprachgenesis konnte in der Entwicklung
von dem i der Gegenwart zum u des Modus subjectivus fortschrei-
ten. Die Entstehung des wurzelanlautenden Vergangenheitszeichens
ist erst eine spätere That der Sprachentwicklung, sie gehört erst
der Zeit an, in welcher die ganze Trias der Vocale a, i, u für den
Auslaut des Verbums vollständig verwandt war und wo wahrscheinlich auch schon der inlautende Conjunctiv- und Optativ-Vocal a
zu seiner Stellung gelangt war. Erst nach diesen Entwicklungs-
momenten wurde auch im Anlaute der Wurzel der Flexionsvocal a
als positiver Ausdruck der Nicht-Gegenwart herbeigezogen — es
ist dies geradezu als das späteste Entwicklungsmoment in der Genesis des hier in Rede stehenden Flexionssystems anzusehen und
gerade damit hängt das Schwanken oder geradezu gesagt die
Willkür in der Anwendung oder Nicht-Anwendung desselben zusammen.

Die Formen, deren sich das Indogermanische zum Ausdruck
der Vergangenheit bedient, (Imperfectum und Aorist) haben indes-
sen keineswegs immer die Bedeutung einer vor dem Augenblicke
unseres Denkens zur Erscheinung gekommenen Thätigkeit: sie
können auch zur Bezeichnung einer in der Gegenwart des

Denkens noch nicht sich manifestirenden Thätigkeit
dienen. Wir verweisen hierbei vorerst nur auf die Verwendung
des Imperfects in den griechischen Bedingungs- und Wunschsätzen,
wo dasselbe nicht eine in die Vergangenheit fallende Handlung,
sondern geradezu eine selbst in der Zukunft nicht realisirbare
Thätigkeit bezeichnet. In ähnlicher Weise sind die Vergangenheitsformen nun auch schon in der frühesten Periode des indogermanischen Sprachlebens gebraucht worden — für den Imperativ, Conjunctiv und Optativ. Es hängt dies genau mit der von uns aufgestellten primären Bedeutung der Vergangenheitsformen zusammen,
nach welcher sie zunächst nur die Negation der Gegenwart ist,
wonach sie der negative Ausdruck für alles dasjenige ist, was nicht
im Augenblicke unseres Denkens und Sprechens zur Erscheinung
kommt. Doch wollen wir die hiermit angedeutete weitere Bedeutung
der sogenannten Vergangenheitsformen erst späterhin näher verfolgen. Für jetzt sei nur darauf aufmerksam gemacht, dass in dieser
zweiten Bedeutung, in welcher die Vergangenheitsform für den
(realisirbaren) Imperativ, Conjunctiv und Optativ gebraucht wird,
das Augment sich niemals angewandt findet. Wir können demzufolge sagen: die des präsentischen i entbehrenden Verbalformen
bezeichnen gerade wegen dieses Mangels des i-Vocales die nicht
in die Zeit des Denkens fallende Thätigkeit. Es ist hierbei zunächst gleichgiltig, ob die Thätigkeit als eine vor oder nach dem
Augenblicke des Denkens zur Erscheinung kommende, als eine von
unserem Denken blos gewünschte, ja nicht einmal realisirbare hingestellt wird. Mit Ausnahme der nicht realisirbaren Wunsch- und
Bedingungssätze des Griechischen wird das willkürlich anzuneh-
mende Augment der speciell auf die Vergangenheit bezogenen Nicht-
Gegenwart zugewiesen.

Mehrheitsbezeichnung.

Um das durch eine Verbalform bezeichnete Thätige als ein
mehrfach Vorhandenes hinzustellen, wird die primäre Form, welche
der Ausdruck des einmal Vorhandenen ist, um ein lautliches Element erweitert und zwar ist dieses einer der beiden für Flexionen

fungirenden Consonanten, der Nasal oder der Zischlaut, welcher
aus einer dentalen Tenuis hervorgegangen ist. Dem sprachbildenden Geiste ist das mehrfache Vorhandensein ein doppeltes, indem
er die Zweiheit als einen besonderen Fall der Mehrheit auffasst;
erst von der Zahl drei an beginnt für ihn die Vielheit. Man sollte
erwarten, dass von den beiden für die Bezeichnung der Mehrheit
verwandten Lauten der eine die Zweiheit oder den Dual, der andere die Vielheit oder den Plural bezeichnet hätte. Und es ist in
der That, z. B. bei der dritten Person diese Verwendung der
beiden entgegengesetzten Laute für den innerhalb des Mehrheits-
begriffs bestehenden Gegensatz nachzuweisen, aber wie uns die
indogermanischen Duale und Plurale vorliegen, lässt sich die Verwendung des einen Lautes für den Dual, des anderen für den Plural
nicht durchführen. Und es ist auch in der That die Frage, ob sie
auf einer früheren Stufe des Indogermanischen Geltung hatte. Vielmehr ist der uns vorliegende Thatbestand geeignet, in uns die
Ueberzeugung zu erwecken, dass ursprünglich blos die allgemeine
Mehrheit bezeichnet wurde und dass erst späterhin, zu einer Zeit,
wo die indogermanischen Sprachen nahe an der Grenze ihrer Trennung von einander angelangt waren, aus den für die allgemeine
Mehrheit bestehenden Formen sich eine Zweiheit und eine Vielheit
geschieden hat. Darauf weist die Thatsache hin, dass in keiner
Kategorie von Flexionsendungen die Sprachen so sehr differiren, als
gerade im Dual und Plural. Eine genügende synthetische Darstellung der Mehrheitsbildung wird dadurch erschwert, dass wir
zugleich die Mehrheitsbildung des Nomens mit der des Verbums
behandeln müssen, denn für beide Wortarten sind die die Mehrheit
bezeichnenden Elemente durchaus die nämlichen; eine solche Vereinigung der beiden Wortklassen ist aber aus praktischen Rücksichten unthunlich. Vielleicht findet sich eine andere Gelegenheit,
der Numerusbildung der indogermanischen Sprachen eine umfas-
sende Darstellung zu widmen. Für jetzt sei nur Folgendes bemerkt:

Sowohl das s wie das t kann Ausdruck der Mehrheit sein.
Wo dasselbe als Auslaut zu dem m, t, tv der ersten, dritten und
zweiten Person hinzutritt, ist ein euphonischer Bindevocal nothwendig. Daher müssen sich die Mehrheitsformen mas, tas und tvas

ergeben und analog bei Verwendung des Mehrheitsconsonanten n
die Formen man, tan, tvan. Es kann aber, wenigstens das n auch
vor den dentalen Personalzeichen als eine die Mehrheit bezeichnende
Erweiterung des Thätigkeitswortes seine Stelle finden und in diesem Falle ist die Annahme eines Bindevocales unnöthig, denn der
Sprechbarkeit von nt steht zunächst keine Schwierigkeit entgegen,
wenigstens ist es immerhin leichter als ms, ts, tn (für mas, tas,
tan) zu sprechen. Man braucht hierbei nur auf die in der Wurzelbildung vorkommenden Consonantencombinationen zu recurriren.

Wo die Singularform den auslautenden Vocal a, i, ai, u, au
hat, da muss auch die Mehrheitsform mas, tas, tvas, tam, nt durch
denselben vocalischen Auslaut erweitert werden und so steht denn
auch in der That dem

t ta — ti tai — tu tau

ein

nt nta — nti ntai — ntu ntau

als Plural zur Seite.

Das Numeruszeichen s wird vor diesen hinzutretenden Vocalen
bisweilen mit der dentalen Aspirata oder einem auf diese zurück-
führenden Laute vertauscht. Dies ist gerade so aufzufassen, wie
wenn das als Ausdruck der zweiten Person dienende s mit th
wechselt. Es liegt nämlich sowohl dem s wie auch dem th als
gemeinsame Primärform die dentale Tenuis zu Grunde und so darf
man auch für die Pluralendung mas ein ursprüngliches mat voraussetzen, deren t bald zu s, bald zu th geworden ist. Dem singularen

m ma mi mai mu (mau)

entspricht für den Plural

mas matha masi mathai (masu) (matbau).

Die Formen masu und mathau würden im Gotischen zu erwarten
sein, wenn hier nicht dieselbe Eigenthümlichkeit einträte, wie für den
Singular, dass nämlich im Passiv (Medium) die dritte Person auch die
Function der ersten übernimmt. So ist denn das vorauszusetzende
mathau durch ntan verdrängt. — Die Endung masi hat sich im
activen Präsens des Avesta (als mahi) und im Veda-Sanskrit erhalten. Die Form matha ist die vulgäre Endung des griechischen

Mediums *μεθα*. Die Endung mathai liegt uns im Sanskrit als mahē, im **Avesta** als maidhē vor.

Für die zweite Person zeigt sich nur die Endung tas, ohne dass sich hinter dem s einer der auslautenden Vocale a, i, ai nachweisen lässt. Doch werden wir wohl die Berechtigung haben, wenigstens für das active Präsens mit Sicherheit ein älteres tasi voraussetzen. Frühzeitig aber muss dieses tas respective tasi auch in einer daraus abgekürzten Form ta gebraucht worden sein und es ist dann von der Sprache sowohl dem ursprünglichen tas als auch dem verkürzten ta eine bestimmte Function angewiesen. Am interessantesten ist hier das Lateinische; tas ist hier die Pluralendung oder, wie wir vielmehr richtiger sagen müssen, Dual- und Pluralendung: legitis, amatis. Die abgekürzte Endung ta wird lediglich für den Imperativ verwandt: legite, amate. Die anderen Sprachen machen dies abgekürzte ta zum spezifischen Ausdrucke des Plurals, das ursprüngliche unabgekürzte tas wird lediglich für den Dual verwandt. So ist es im Sanskrit, im Avesta und genau damit stimmt das Gotische überein. Dass neben diesem tas auch noch eine durch den Nasal erweiterte Dualform in den indogermanischen Sprachen vorkömmt, tam, sei hier nur kurz angemerkt, da dieselbe für das Gotische, welches sich blos auf den Dual tas beschränkt, nicht weiter in Frage kommt; — blos das Sanskrit, das Avesta und Griechische haben jenen nasalisch endenden Dual.

Der Dual der dritten Person wird durch dieselben Elemente ausgedrückt wie der Dual der zweiten und da das ursprüngliche Zeichen der zweiten Person, tv, sein v verliert und dann mit dem Charakter der dritten Person t identisch wird, so bezeichnet *τον* im Griechischen den Dual sowohl der zweiten wie der dritten Person. Das Gotische verwendet für den Dual der dritten Person dieselbe Endung, wodurch es den Plural ausdrückt, die Endungen nt, nta u. s. w.

Germanische Conjugation.

— .

Uebersicht der germanischen Verbalflexion.

Unser indogermanischer Sprachstamm besass ursprünglich folgende Tempora: Präsens, Imperfectum, Futurum, Perfectum und Aorist. Das Deutsche mit seinen sämmtlichen Dialecten hat die alten Futur-, Perfect- und Aoristformen spurlos aufgegeben und nur das Präsens und Perfectum bewahrt.

Das Präsens hat ursprünglich folgende Modalformen: Indicativ, Imperativ, Conjunctiv, Optativ; dazu kommen noch zwei Modalformen von nominalem Charakter, der Infinitiv und das Participium. Nur Ein germanischer Dialekt, das Altniederdeutsche oder Altsächsische, besitzt diese Modi des Präsens vollständig, alle übrigen haben den Conjunctiv aufgegeben, jedoch so, dass im Gotischen und Althochdeutschen noch einzelne Reste des Conjunctivs zurückgeblieben sind. Dem syntactischen Gebrauche nach fallen auch im Altsächsischen der Conjunctiv und Optativ zusammen, ähnlich wie dies im Altindischen und im Avesta der Fall ist; blos im Griechischen werden Conjunctiv und Optativ der Bedeutung nach scharf von einander gesondert. Im älteren Germanischen, zumal im Gotischen, übernimmt der Conjunctiv-Optativ auch häufig die Bedeutung des indicativischen Futurums (wie das lateinische legam legēs, audiam audiēs), ausserdem kann er wie in allen verwandten Sprachen auch den Imperativ vertreten.

Für den präsentischen Indicativ und Optativ hat das Gotische gleich dem Griechischen eine besondere Activ- und eine besondere Passiv-Formation. Die übrigen Dialecte bilden blos ein Activum und müssen das Passivum durch Umschreibung ausdrücken; unter ihnen nimmt das Skandinavische eine besondere Stellung ein, denn hier wird das Passivum wie im Lateinischen durch eine Combination der Activformen mit dem Reflexivpronomen ausgedrückt, welche eine so innige geworden ist, dass sie den Anschein einer einheitlichen organischen Wortform gewährt.

Ausser dem Singular und Plural der präsentischen Modi kommt im Gotischen auch noch ein Dual vor, doch nur für die erste und zweite Person des Activs, und auch hier nur in spärlichen Beispielen.

Das Perfectum hat im Germanischen einen weiteren Umfang als in irgend einer anderen Sprache unseres Stammes, denn ihm ist zugleich die Bedeutung des Aoristes und Imperfectums übertragen worden. Die neueren Dialecte haben die Bedeutung des Perfectums sogar auf diese beiden letzteren beschränkt, ursprünglich aber und so besonders im Gotischen kommt diesem Tempus auch noch die ursprüngliche Bedeutung des eigentlichen Perfectums (der vollendeten Gegenwart) zu, welches wir heut zu Tage durch die Umschreibung mit „ich habe" ausdrücken. Zudem findet sich in sämmtlichen älteren und neueren germanischen Dialecten eine Reihe von Perfectformen, welche wie das lateinische memini, das griechische *οἶδα* die Bedeutung eines Präsens angenommen haben, eine Bedeutung, die sich hier unmittelbar aus der ursprünglichen Bedeutung des eigentlichen Perfectums entwickelt hat. Das griechische Perfectum *οἶδα* bedeutet eigentlich „ich habe gesehen" d. i. „ich weiss". Auch das deutsche „ich weiss" und alle ihm analogen Verbalformen, welche man gewöhnlich als anomal gebildete Präsentia aufführt, werden wir im Folgenden in Uebereinstimmung mit *οἶδα* als präsentische Perfecta bezeichnen.

In Beziehung auf die Modusformen steht das germanische Perfectum hinter dem Präsens zurück. Von einem Conjunctiv findet sich hier nirgends eine Spur mehr. Der Optativ ist zahlreich vertreten; abgesehen von den präsentischen Perfecten hat er etwa dieselbe Function wie das lateinische amarem, audirem. Eigenthümlich

ist dem Perfectum ein in allen Dialecten vorkommendes passives
Participium, welches dem Präsens abgeht. Actives Participium,
Infinitiv und Imperativ lassen sich nur bei den präsentischen Perfecten, aber auch hier nur spärlich nachweisen (vgl. meminisse und
memento; εἰδώς, εἰδέναι und ἴσϑι).

Abgesehen von dem passiven Participium kennt das germanische Perfectum nur die Activ-Formation, denn das gotische Passivum gehört blos dem Präsens, nicht dem Perfectum an. In der
Numerusbildung stehen beide Tempora auf gleicher Linie, im Ganzen aber sind die Dualpersonen des Perfectums noch seltener als
die des Präsens (sie gehören meist den präsentischen Perfecten an).

In Beziehung auf denjenigen Bestandtheil des Verbums, welcher den das Tempus, den Modus, die Person und den Numerus
bezeichnenden Flexionen vorausgeht, lassen sich folgende Klassen
der Verba unterscheiden:

1. Die Wurzel-Verba.

Die Flexionen verbinden sich hier mit der Wurzelsylbe. Im
Präsens werden sie bei den meisten Verben dieser Art vermittelst
eines Bindevocales, welcher ursprünglich in dem Vocale a bestand,
an die Wurzel gefügt (bindevocalische Präsensformation). Nur
wenig Reste sind den germanischen Dialecten von einer bindevocallosen Präsensformation verblieben, d. h. einer solchen, in welcher
die Präsensflexionen sich ohne jenen Bindevocal mit der Wurzel
vereinigen.

Im Perfectum findet bei den Wurzelverben ursprünglich eine
Reduplication der Wurzel wie im griechischen λέλοιπα, im lateinischen tutudi statt. Spuren derselben finden sich in allen germanischen Dialecten, am festesten hat sie sich im Gotischen bewahrt.
In der grösseren Zahl der germanischen Perfecta ist die Reduplicationssylbe verschwunden, wie im lateinischen scidi, lambi, cepi. —
Ein Unterschied von bindevocalischer und bindevocalloser Formation
kommt bei den germanischen Perfecten nicht vor. Gleichmässig
bei allen Wurzelverben werden die meisten Personen des Perfectums
so gebildet, dass die Flexionsendungen unmittelbar und ohne Annahme eines Bindevocales formirt werden; blos im Plural und Dual

des Indicativs wird ein Bindevocal eingeschaltet, aber nicht wie im
Präsens der ursprüngliche Bindevocal a, sondern der Bindevocal u,
der in dieser seiner Form auf einen verhältnissmässig späteren
Ursprung hinweist. Den Bindevocal des Präsens können wir als
den primären, den des Perfects als den secundären bezeichnen.

II. Die erweiterten Verbalstämme.

Hier tritt zwischen die Wurzel und die bindevocalischen Endungen noch ein weiteres lautliches Element, welches ursprünglich
die Bedeutung hat, den Thätigkeitsbegriff der Verbalwurzel in bestimmter Weise zu modificiren, z. B. die Thätigkeit als eine intransitive, causative, passive u. s. w. hinzustellen. Ist die Wurzel
mit einem solchen lautlichen Element verbunden, so nennen wir
sie einen erweiterten Verbalstamm, das erweiternde Element selber
möge als Stammsuffix bezeichnet werden. Bei vielen Verben dieser
Klasse lässt sich eine bestimmte Bedeutung des Stammsuffixes nicht
mehr erkennen, doch tritt dieselbe im Germanischen ungleich leben-
diger hervor als z. B. im Griechischen. Nach Form und Begriff
haben wir zwei Unterarten dieser unserer zweiten Verbalklasse zu
sondern.

1) Verbalstämme auf i, auf ō und auf ai (ē).

a) das Stammsuffix i hat die Bedeutung, der vorausgehenden Verbalwurzel den Causativ- oder den Transitiv-Begriff zu verleihen; das erstere ist bei Wurzeln von transitiver, das letztere bei
Wurzeln von intransitiver Bedeutung der Fall. Im Präsens schliessen sich an das i im Ganzen dieselben bindevocalischen Endungen,
welche im Präsens der Wurzelverba auftreten; bisweilen coalescirt
es mit dem Bindevocale, bisweilen assimilirt es sich dem schliessenden Wurzelconsonanten, gewöhnlich erscheint es in den älteren
Dialecten als Halbvocal j.

b) die Stammsuffixe ō und ai (ē) enthalten bereits den
Bindevocal in sich, die ursprüngliche Gestalt des Stammsuffixes
wird weiterhin erörtert werden. Eine bestimmte Bedeutung lässt
sich nicht mehr erkennen.

Im Perfectum werden alle Stämme mit dem mehrfach verstüm-
melten Perfectum des Hilfsverbums „thun" verbunden, ähnlich wie

die lateinischen Verba auf ire, ēre, āre mit einem aus fui verkürzten ui oder vi. Doch werden einige Verba aus der Klasse der Stämme auf i im Perfectum wie die Wurzelverba formirt, oder mit anderen Worten, das Stammsuffix i wird hier blos im Präsens, aber nicht im Perfectum angenommen.

2) Verbalstämme auf n.

Sie sind besonders zahlreich im Gotischen und haben hier Passivbedeutung, welche bisweilen in die intransitive übergeht. Zu der dem Gotischen zu Gebote stehenden Formation des Passivs durch den Auslaut der Personalendungen kommt hiermit also eine zweite Art, den Passivbegriff auszudrücken. Im Präsens werden die Verbalflexionen mit diesem n vermittelst des Bindevocales verbunden; der Ausgang der n-Stämme ist also im Präsens ganz der nämliche wie bei den bindevocalischen Wurzelverben. Das Perfectum wird auf dieselbe Weise wie bei den ō-Stämmen formirt. Ganz isolirt steht der bei den i-Stämmen mehrmals vorkommende Fall, dass das Stammsuffix n blos im Präsens angenommen wird, während das Perfectum in derselben Art wie bei den Wurzelverben gebildet wird.

III. Verba denominativa.

Die Flexionsendungen treten hier weder an eine einfache, noch an eine durch ein Stammsuffix erweiterte Verbalwurzel, sondern an einen substantivischen oder adjectivischen Nominalstamm und machen denselben zu einem transitiven oder intransitiven Verbum. Dies geschieht in der Weise, dass dieselben Stammsuffixe i, ō, ai (ē), welche die erweiterten Verbalstämme bilden, an den meist seines Schlussvocales beraubten Nominalstamm gefügt werden —, die Flexion der Verba denominativa ist also dieselbe wie bei den unter II, 1 besprochenen Verben. Ganz analog ist auch die Formation der Denominativ-Verba in den verwandten Sprachen.

Halten wir uns lediglich an die Ausgänge des Verbums, ohne auf Wurzel und Stämme Rücksicht zu nehmen, so fällt von den angeführten drei Verbalklassen die zweite und dritte zusammen,

und wir haben alsdann blos zwei Hauptarten der Conjugation,
eine Wurzelconjugation und eine Conjugation der Stämme i, ō,
ai (ē), n zu unterscheiden, von denen wieder die letztere (die
n-Conjugation) im Präsens mit der Wurzel-Conjugation, im Perfectum mit der ō-Conjugation die gleichen Ausgänge hat. Wirkliche Formationsverschiedenheit zeigt sich also nur bei den Wurzelverben, den i-Stämmen, den ō-Stämmen und den ai(ē)-Stämmen.
Am nächsten berühren sich diese Verschiedenheiten der germanischen Verbalformation mit der lateinischen, denn auch hier sondern
sich vier Conjugationen, und zwar stehen völlig analog

I. die germanischen Wurzelverba den latein. Verben auf ere (sog. 3. Conj.)
II. 1) die germ. Stämme auf i den lateinischen Verben auf ire (sog. 4. Conj.)
2) die germ. Stämme auf ō den lateinischen Verben auf āre (sog. 1. Conj.)
3) die germ. Stämme auf ai (ē) den latein. Verben auf ēre (sog. 2. Conj.)

Wollen wir den Vergleich zwischen Germanischem und Lateinischem noch weiter ziehen, so können wir hier auch noch die
germanischen Stämme auf n, welche im Präsens der ersten, im
Perfectum der zweiten Haupt-Conjugation folgen, berücksichtigen,
denn diesen entsprechen die lateinischen Verba li-no, si-no, ster-no
u. s. w., welche im Präsens nach der lateinischen dritten Conjugation formirt werden, ihr Perfectum dagegen wie die Verba der
drei übrigen Conjugationen auf vi bilden, also hier gerade wie die
germanischen Stämme auf n das Perfectum durch Composition ausdrücken: immerhin aber besteht der Unterschied, dass die germanischen Stämme auf n ihr Stammsuffix im Perfectum behalten,
während es die lateinischen Stämme auf n abwerfen (lē-vi, crē-vi
aus lē-fui, crē-fui).

Der Begründer der deutschen Grammatik nennt die Verba der
Klasse I, d. i. die Wurzelverba „starke Verba", die Verba der
Klasse II, d. i. die Stämme auf i, ō, ai (ē) „schwache Verba",
und unterscheidet in dieser Weise eine starke und drei schwache
Conjugationen. Von den Stämmen auf n, welche im Präsens wie
die Wurzelverba, im Perfectum wie die Stämme auf n ausgehen,
sagt Grimm, dass sie ihr Präsens nach der starken, ihr Perfectum
nach der schwachen Conjugation bilden. Bei dieser Grimm'schen
Terminologie ist die Bildung des Perfectums ein massgebendes Mo-

ment: die Stämme auf i, ö, ai (ē) und n haben gleichsam nicht die Kraft, unmittelbar aus sich selber ein Perfectum zu entwickeln, sie müssen zum Hülfszeitworte „thun" ihre Zuflucht nehmen, und eben deshalb heissen sie „schwache Verba"; die Verba, welche für ihr Perfect kein fremdes Bildungsmittel nöthig haben, sind die „starken". Wir machten schon oben darauf aufmerksam, dass einzelne Stämme auf i ihr Stammsuffix im Perfectum abwerfen und dieses Tempus nach der Art der Wurzelverba bilden; von solchen Verba sagt Grimm, dass sie ihr Präsens schwach, ihr Perfectum stark formiren.

Präsens der consonantisch auslautenden Wurzeln.

Indicativ Präsent.

Gotischer Indicativ Präsent.

Der Bindevocal des präsentischen Indicativ hat blos im Indischen die ursprüngliche Gestalt a bewahrt; vor der Endung der ersten Personen der drei Numeri ist er zu a verlängert worden. Fast alle übrigen Sprachen haben mehrfach eine Ablautung des alten a eintreten lassen und die Verlängerung nur in der ersten Person des Singulars angewandt, ausserdem fehlt denselben in dieser ersten Person des Singulars hinter dem Bindevocale das alte Flexionszeichen, so dass also diese Verbalform auf den langen Bindevocal ausgeht.

Im Singular und Plural schliesst sich der germanische Indicativ von den verwandten Sprachen am meisten an das Griechische an, wobei nur dies eine zu berücksichtigen ist: das griechische εις und ει im 2. 3. sg. aus einem ursprünglichen εσι und ετι durch Umsetzung des Vocales i, beziehungsweise durch Abfall des τ hervorgegangen ist; diese ursprünglicheren Formen auf εσι und ετι müssen wir, obwohl sie in der uns erhaltenen Sprachperiode des Griechischen nicht mehr vorkommen, für das Folgende voraussetzen. Der gotische Dual ist am meisten dem indischen analog. Wir stellen im Folgenden über die gotischen und althochdeutschen Endungen in erster Reihe die indischen, in zweiter die griechisch-

dorischen. Die in runde Klammern ( ) eingeschlossenen Flexionselemente sind nur in den frühesten Sprachdenkmälern nachzuweisen,
späterhin abgefallen, die in eckigen Klammern [ ] eingeschlossenen ·
lassen sich in den Sprachdenkmälern überhaupt nicht mehr nachweisen, sind aber für die der uns vorliegenden Sprachperiode zunächst vorausgehende mit Sicherheit vorauszusetzen.

	1. sg.	2. sg.	3. sg.	1. pl.	1. dl.	2. pl.	2. dl.	3. pl.
Skr.	ā-mi	a-si	a-ti	ā-mas(i)	ā-vas(i)	a-tha	a-thas[i]	a-nti
Gr.	ω-	ɩ-σɩ zu ɩɩς	ɩ-τɩ zu ɩɩ	o-μɩς	ɩ-τɩ			o-ντɩ
Got.	a-	i-s[i]	i-th[i]	a-m[as]	ōs	i-th[a]	a-t[a]s	a-nd[i]
Ahd.	{u- o-	i-s[i]	i-t[i]	{a-mēs a-m[es]		a-t[a]		a-nt[i].

Wo von den Endungen des Singular und Plural das Griechische
den alten Bindevocal a zu ɩ abgelautet hat, da erscheint derselbe
im Gotischen als i; dies ist im 2. sg., 3. sg., 2. pl. der Fall (also
vor folgendem s oder t). Wo sich der Bindevocal im Griechischen
zu o, resp. ω abgelautet hat, da erscheint er im Gotischen als a:
dies ist der Fall im 1. sg., 1. pl., 3. pl. (vor einem ursprünglichen
Nasale). Der Dual hat auch in der zweiten Person seinen alten
Bindevocal a behalten. Es darf nicht unerwähnt bleiben, dass hier
das in den Bindevocalen bestehende Verhältniss des Griechischen
ɩ und o zum gotischen i und a das nämliche ist, wie innerhalb
der Wurzel, denn ebenso steht auch dem griechischen πέ μπω ein
gotisches binda, dem griechischen πέπομφα ein gotisches band
zur Seite.

Die auf den Bindevocal folgenden Flexionen sind in der vorstehenden Tabelle jedesmal durch einen Bindestrich abgesondert;
in der ersten Person ist, wie schon oben bemerkt, die ursprüngliche Flexionsendung sowohl im Griechischen, als im Germanischen
auf einer verhältnissmässig frühen Sprachstufe abgefallen. Für die
Gestaltung der gotischen Flexionsendung ist einmal die Lautverschiebung der Dentale von Bedeutung: die griechische Tenuis ist
im Gotischen zur Aspirata und bei vorausgehendem n zur Media

d geworden. Sodann aber tritt das germanische Auslautsgesetz in
sein Recht ein, welches eine Apokope eines jeden in der Endsylbe
erscheinenden kurzen a und i verlangt:

altes i-si (griech. *ε-σι, εις*) wurde zu i-s.
„ i-thi („   *ε-τι, ει*)   „   „ i-th,
„ a-ndi („   *ο-ντι*)   „   „ a-nd,
„ i-thu („   *ε-τε*)   „   „ i-th,
„ a-tas (skr. a-thas)   „   „ a-ts,
„ a-vas (skr. a-vas) wurde zunächst zu a-vs
                        und dieses zu ōs.

Zu berücksichtigen ist insbesondere noch 2 dl.: a-ts. Im Indischen ist der Dental aspirirt: athas, das Griechische hat eine
Tenuis gleich dem entsprechenden griechischen *ετον*. Warum aber
hat sich im 2 dl. die gotische Tenuis nicht zur Aspirata verschoben, wie dies doch im 2 pl. der Fall ist? Der Grund kann nur
folgender sein: das gotische Lautgesetz, welches den Verlust eines
kurzen a der Endung verlangt, ist früher aufgetreten als das Gesetz der Lautverschiebung; in derjenigen Sprachepoche des Gotischen, wo sich die Tenuis zur Aspirata verschob, hatte der Ausfall
des letzten a in atas bereits stattgefunden, — nicht mehr die volle
Form atas, sondern schon das verkürzte ats lag vor, t stand unmittelbar vor dem Consonanten s und eben deshalb konnte er sich
nicht zur Aspirata verschieben. Wäre umgekehrt die Lautverschiebung früher, der Vocalausfall erst später eingetreten, so würde die
Endung aths, nicht ats lauten.

Das Auslautsgesetz giebt somit den sichern Nachweis, dass die
sämmtlichen bisher besprochenen gotischen Indicativ-Endungen ursprünglich nicht einsylbig waren (nicht blos den Bindevocal zu
ihrem Vocal hatten), sondern zweisylbig. Gleich dem Indischen
und Griechischen hatte auch das auf den Bindevocal folgende
eigentliche Flexionszeichen jedesmal ein schliessendes vocalisches
Element. Die Endungen is, ith, and können deshalb nicht ursprünglich sein, weil i und a und auslautende Dentalis einer ursprünglichen Endsylbe im Gotischen abfallen muss.

Schon viel eher, als dies Auslautsgesetz eintrat, muss das im
Indischen erhaltene mi der 1. sg. abgefallen sein, wie aus der
Uebereinstimmung des Germanischen mit dem Griechischen, Latei-

nischen, Litauischen erhellt. Weshalb diese Endung mi blos in dem Präsens für den Indicativ der bindevocalischen Wurzelverba durchgängig abgefallen ist, dagegen sowohl bei den bindevocallosen Wurzeln wie bei den Stämmen auf ô und ê sich erhalten hat, braucht hier nicht untersucht zu werden. Der im gotischen 1. sg. zurückgebliebene Bindevocal a ist eine Kürze, musste aber zu der Zeit, wo das oben angeführte gotische Auslautsgesetz eintrat, noch eine Länge sein, denn ein auslautendes kurzes a hätte damals Apokope erleiden müssen. Gleich dem griechischen λέγω war also das gotische greipa früher ein greipâ mit langem Vocale.

Wir haben in dem Obigen die Endungen vom 1 pl. nicht berücksichtigt. Das griechische ομες weist auf ein früheres gotisches amas hin. Das verkürzende Auslautsgesetz erforderte, dass dies amas zu ams wurde. Aber in der uns vorliegenden Sprachperiode fehlt dem Gotischen auch das schliessende s: ams hat sich zu am verkürzt. Wir werden weiterhin auf diese Endung noch näher einzugehen haben.

3 dl. wird im Gotischen vom 3 pl. durch keine besondere Endung unterschieden, obwohl das Indische und das Griechische auch in der dritten Person eine eigene Dualform besitzt. Auch gotische 1. dl. und 2. dl. kommen selten genug vor. Ulfilas gewährt für den präsentischen Indicativ der bindevocalischen Wurzelconjugation die Beispiele galeith-ôs, drink-ats, andbind-ats, bigit-ats.

Ahd. Indicat. Präs.

Die Endungen des althochdeutschen Präsens Indicativi weichen von dem Gotischen nur in folgenden Stücken ab:

1) Sowohl gotisches th wie d ist im Althochdeutschen regelmässig zur Tenuis t verschoben, also -it, -ant; blos die ältesten Denkmäler, wie gl. K., zeigen für 3 sg. auch hin und wieder die Media d, welche allerdings nach ihrem Lautverschiebungsgesetze hier zunächst erwartet werden müsste, z. B. rinnid.

2) Ahd. 2 pl. hat als Bindevocal noch ursprüngliches a, nicht i wie das Gotische. Bisweilen kommt auch im ahd. 2 und 3 sg. a statt i vor: grab-as, intpint-at Hy., pring-at Prudent. i.

3) In 1 sg. zeigt das Althochdeutsche statt des gotischen a entweder ein u oder ein o, schliesst sich hier also näher an das Griechische und Lateinische an. Auch dies u oder o muss ursprünglich eine Länge gewesen sein. Die Denkmäler des achten Jahrhunderts haben meist u oder sie wechseln zwischen u und o, bis die späteren den Vocal o ausschliesslich festhalten. Die nähere Angabe s. in dem Quellenverzeichnisse des Vorwortes. Einigemale' aber treffen wir wie im Gotischen auch den Vocal a: gagang-a (im Schwure Carls), laz-a (Docen's Misc.). In späterer Zeit zeigt endlich 1 sg. hin und wieder auch den Auslaut i: ferlaz-i (confess. 1 aus sc. 10. 11), liug-i (gl. Bib. 7 aus sc. 11), ruof-i (Otloh aus sc. 10). Ist hier der Bindevocal der 2ten und 3ten Person des Singular auch in die erste eingedrungen? Dies letztere lässt sich wenigstens für das Altnordische nachweisen (vgl. S. 213).

Noch auffallender ist beim ersten Anblick die Erscheinung, dass uns im Ahd. zahlreiche Beispiele einer 1 sg. auf n mit vorausgehendem Vocale u, o, a, e vorliegen. Wären es ältere Denkmäler, welche dieselbe darbieten, so könnte man darin einen Rest des ursprünglichen mi erkennen. Wir finden sie jedoch gerade in den jüngsten ahd. Quellen. Zahlreich sind sie in Willerams hohem Liede aus sc. 11 vertreten: gib-un und gib-on, laz-un und laz-en, behalt-on, gewinn-on, werd-on, sih-on, vollebring-on, gelig-on, gnid-en, rat-an und raten. Aus derselben Zeit: strit-en gl. Bib. 6; aus sc. 10: gnit-un, pluw-on Heinric. summar. 1, pluwon glossar. Em. 32; aus sc. 12; pluw-on, cou-on gl. Lindenbrog, pluw-on glossar. Monac., strit-en gl. Windob. 460. Dieselben Urkunden wenden dies n auch in 1 sg. Ind. der i-Conjugation an, wo es ebenfalls früher nicht vorkommt, während der ahd. ō- und ē-Conjugation der Nasal von Anfang an eigen ist. Vermuthlich ist die nasalische Endung der 1 sg. aus dieser ō- und ē-Conjugation auf die i-Conjugation und die Wurzel-Conjugation unorganisch übertragen.

4) In 1 pl. hat nur die älteste Zeit des Althochdeutschen den Bindevocal a, schon sehr frühe zeigt sich statt dessen ein e, welches später ausschliesslich angewandt wird; hinter diesem Bindevocal erscheint wie im Gotischen ein bloses m, aber die somit sich ergebende Endung am oder em, welche genau dem gotischen am

11

entspricht, kommt nur selten vor; viel häufiger erscheint eine zweisylbige Endung amês oder emês, in welcher die Länge des zweiten
Vocals theils durch die von Kero angewandte Schreibung amees,
theils durch den Circumflex in der Schreibung Isidors bezeugt ist.
Tatian und Notker haben neben diesem mes auch ein bloses n,
welches von da an die gewöhnliche althochdeutsche Endung wird
und sowohl das ältere m, wie mes völlig verdrängt. Auf diese
althochdeutsche Endungen im Verhältniss zu der gotischen können
wir erst bei Gelegenheit des Optativs S. 216 näher eingehen.

5) Wie in 1 pl. der alte Bindevocal a durch e ersetzt wird,
so geschieht dies auch in 2 pl. und 3 pl. in den späteren Denkmälern. Otfried hat bereits im Plural den Bindevocal e durchgängig. Bei Notker ist auch in 2 sg. und 3 sg. der Bindevocal i
zu e geworden, so dass hier also mit Ausnahme von 1 sg., wo das
ältere o sich nicht hat verdrängen lassen, überall nach mhd.
Weise der Bindevocal e erscheint.

6) Gar eigenthümlich sind zwei ahd. Flexionsformen, welche
indess den ältern Denkmälern noch gänzlich fremd sind. a) Statt
des s in 2 sg. drängt sich ein st seit dem 9. Jahrhunderte ein.
Schon Otfried hat ist, doch ist das ältere is bei ihm noch häufiger;
Notker hat bereits durchgängig die Endung est. Dies st scheint
aus der Verbindung des alten auf is ausgehenden Verbums mit
einem folgenden Pronomen du entstanden zu sein; das letztere
lehnte sich enklitisch an das Verbum und verwandelte in dieser
innigen Verbindung sein anlautendes d hinter dem harten s zu
einem harten t: gibis-tu statt gibis du, woraus sich schliesslich ein
gibist, gibest bildete. Dies est wird dann späterhin zur aus-
schliesslichen Endung der zweiten Person singularis und ist nicht
nur im Mittelhochdeutschen und Neuhochdeutschen, sondern auch
im Angelsächsischen und in den neueren niederdeutschen Dialecten
die alleinige Endung geworden. — b) Auch 2 pl. erleidet eine
Umgestaltung, hauptsächlich bei Notker, aber keineswegs in allen
spätern Denkmälern. Dieselbe Endung ent nämlich, welche Notker
für 3 pl. gebraucht, wendet er auch für 2 pl. an statt des dieser Person gesetzmässig zukommenden et. Analogen Erscheinungen einer
Substituirung der einen Personalendung für die andere werden

wir weiterhin auch im Niedersächsischen, Angelsächsischen, Altnordischen, ja selbst im gotischen Passivum begegnen.

Folgende Tabelle giebt eine Uebersicht der im Bisherigen angegebenen Eigenthümlichkeiten der verschiedenen althochdeutschen Endungen:

		sc. 8	Otfrid	Notker
sg.	1.	u; u und o; (a) un, on, en	o	o
	2.	is (as)	is, ist	est
	3.	it (at)	it	et
pl.	1.	amēs, emēs, em	emes, en	en
	2.	at	et	ent
	3.	ant	ent	ent

Altsächsischer und angelsächsischer Indicativ Praes.

Der altsächsische Indicativ gleicht völlig den ältesten Formen des Althochdeutschen: u, is, id. Die Dentalis der dritten Person wird auch d und t geschrieben. Abweichend aber ist der Plural, dessen sämmtliche drei Personen auf ad (ad, at) ausgehen. Man kann annehmen, dass dieses ad ursprünglich nur der zweiten Person des Plural angehörte und von hier aus auch auf die erste und dritte übertragen sei und das hier ursprüngliche am und and verdrängt habe. An einer Analogie für diese Bevorzugungen der zweiten Person auf Kosten der dritten und ersten fehlt es nicht, denn ganz ähnlich ist im Singular des Altnordischen die zweite Person auch für die dritte und in dem Neunordischen (Schwedischen und Dänischen) auch für die erste verwandt worden. Aber auch eine andere Erklärung des Altsächsischen ist möglich. Es kann nämlich auch aus dem and der dritten entstanden sein, in der Weise, dass das n vor folgendem Consonanten ausgestossen ist wie dies auch sonst in diesem Dialecte der Fall ist, z. B. in muth mudas statt munth mundes, gisith gisithas statt gisinth, user us statt unser uns. Man brauchte dann freilich nur für das ad der dritten diese Entstehung anzunehmen, das ad der zweiten könnte man immerhin für ursprünglich halten und blos das ad der ersten wäre eine unorganische Herübernahme aus einer andern (der zwei-

ten oder dritten Person). Auch im gotischen Passivum ist die
Endung der dritten Person für die erste und im Plural auch für
die zweite gebraucht worden.

Nicht ohne Bedeutung ist es, dass sich im Heliand auch vereinzelte Pluralformen auf nt, nd vorfinden und zwar in der Weise,
dass hier die beiden Handschriften zwischen beiden Formen wechseln.
Und zwar steht dies nt nicht blos als Endung dritter, sondern
auch zweiter Personen:

3 pl. werthend für werdad Hel. 130, 20: liggient für liggiad
132, 6. quethent für quedad 135, 16. antfahent für antfahad 136, 5.

2 pl. griotand für griotat (fletis).

Auch im angelsächsischen Plural ist wie im alttsächsi-
schen die Endung ath allen drei Personen gemeinsam. Im Singular
des Angelsächsischen ist das altsächsische u und i durch den Vocal
e vertreten und ausserdem für die zweite Person statt des alten s
gerade wie im späteren Althochdeutsch ein st angenommen; daher
die Endung e, est, edh. Häufig wird dies e in 2. 3 sg. ausgeworfen; das e der ersten Person nur bei Verbalwurzeln, welche auf
h auslauten: slëa, thvëa, lëa, flëo, tëo, sëo, gefëo statt steahe,
thveahe, leahe, fleohe, teohe, seohe, gefeohe.

Altnord. Indicativ Praes.

Der altnordische Plural entfernt sich nicht allzuweit vom
Gotischen und Althochdeutschen. Das and der dritten ist zu blosem a mit Verlust der auslautenden Consonanten verstümmelt; das
am der ersten ist zu um abgelautet, dessen u auf den Wurzelvocal
umlautenden Einfluss hat. In der zweiten lautet die Endung ith;
sie scheint in ihrem Vocale dem gotischen ith näher zu liegen als
dem althochdeutschen ad, aber dieser Vocal steht in seinem Wesen
dem in andern Personen angewendeten Bindevocale i keineswegs
gleich, denn er unterscheidet sich von jenen dadurch, dass er keine
umlautende Kraft auf den Wurzelvocal hat. Dies Letztere lässt
sich auf folgende Weise erklären. In 2 Pl. hat im Altnordischen
der alte Bindevocal a viel länger seine Ursprünglichkeit bewahrt,
als z. B. in 2 sg. Als das i der Endung (und auch das i in 2 sg.)

umlautend auf den Wurzelvocal einwirkte, bestand in 2 pl. noch
der alte Bindevocal a, der hier erst in einer späteren Periode, in
welcher das Umlautsgesetz seine Kraft verloren hatte, zu i geworden ist.

Von den altnordischen Formen des Singulars gleicht nur
die zweite den übrigen Dialecten. Sie geht auf den blosen Consonanten r aus, aber der Wurzelvocal erleidet in 2 sg. den nämlichen
Umlaut, wie vor einem folgenden i, und dies ist ein Beweis, dass
statt des blosen Consonanten r in früherer Zeit die Sylbe ir gesprochen wurde, eine dem Altnordischen angemessene Verhärtung
aus is. Die dritte Person lautet der zweiten gleich: das alte id
oder ith ist hier verloren gegangen und das aus früherem ir entstandene r der zweiten auf sie übertragen.

1 sg. zeigt die blose Wurzel ohne Endung, aber der Wurzelvocal wird umgelautet wie wenn ein i folgte. Wir haben daher
Grund anzunehmen, dass statt gríp früher ein zweisylbiges grípi
gesprochen wurde und zwar um so mehr, als sich wenigstens Eine
auf i ausgehende erste Singularperson, nämlich heiti erhalten hat.
Dies i aber kann natürlich nicht ursprünglich sein; entweder muss
die altnordische 1 sg. ursprünglich wie im Gotischen auf a oder
wie im Ahd. auf u oder o ausgelautet haben; nur durch die Analogie des in 2. 3 sg. erscheinenden Bindevocals i kann jener alte
Vocal der ersten Person durch i verdrängt sein.

Praesens Optativi.

Die Verba, welche im Indicativ des Präsens den Bindevocal
haben, behalten denselben auch im Optativ. Aber es tritt hier
noch ein neues Element hinzu, welches dem Indicativ fehlt. Dies
ist der dem Optativ charakteristische Modusvocal i. Er verbindet
sich mit dem Bindevocal a zunächst zum Diphthongen ai. Schon
das Indische hat dies ai zu ē contrahirt, ebenso auch das Lateinische und die meisten deutschen Dialecte. Das Griechische zeigt
noch einen uncontrahirten Diphthongen, aber es hat das alte ai zu
oi abgelautet. Von allen indogermanischen Sprachen und Dialecten weist hier blos das Gotische den ursprünglichen Diphthongen

ai auf; freilich dürfen wir vermuthen, dass hier der Diphthong nur
in der Schreibung, aber zu Ulfilas Zeiten nicht mehr in der Aussprache vorhanden war, denn damals scheint die gotische Schreibung
ai gleich dem ai der gleichzeitigen Griechen einen ä-Laut bezeichnet zu haben.

Gotischer Optativ.

Die Verbalflexionen des Indicativs gehen wie die vorausgehende
Erörterung zeigt in ihrer ursprünglichen Form auf den Vocal i
aus. Blos bei 2 dl. und den daraus durch Verkürzung hervorgegangenen 2 pl. lässt sich der Auslaut i in den uns vorliegenden
Sprachdenkmälern nicht mehr nachweisen. Aber die Optativ-
Endungen haben im Gegensatze zu den Indicativ-Endungen die
Eigenthümlichkeit, dass ihnen das auslautende i ganz und gar gefehlt hat. So ist es durchweg im Indischen. Auch die griechischen
Optativ-Endungen gehen fast durchgängig nicht auf den Vocal i
aus. Eine Ausnahme macht in der bindevocalischen Conjugation
blos 1 sg., welche den Ausgang οιμι darbietet, doch erscheint auch
neben dieser Endung noch ein des i entbehrendes οιν.

Dieselbe Eigenthümlichkeit des Auslautes bieten auch die germanischen Optativ-Endungen dar. Es sei bemerkt, dass die folgende Tabelle, welche den gotischen und althochdeutschen Optativ-
Endungen die indischen und griechischen voranstellt, alle diejenigen
Formen, welche nicht in directer Analogie zu den germanischen
stehen, durch ein vorausgesetztes Sternchen kennzeichnet.

Skr.	*ej-a-m	ē-s	ē-t	ē-ma[s]	ē-va[s]	ē-ta		*ē-jus
Gr.	οι-ν,	οι-ς	οι-[τ]	οι-μες		οι-τε		οι—ν[s]
	κεω. οι-μι							
Got.		ai-s	ai-[th]	ai-m[as]	ai-va[s]	ai-th[a]	ai-t[a]s	ai-n[t]-a
Ahd.	e-[m]	ē-s	e-[th]	{ē-mēs / ē-m[es]}		ē-t[a]		ē-n[t]

Auslautendes s kann dem germanischen Endsylbengesetze zufolge seine Stelle behaupten, nicht aber auslautender Nasal und
Dental; daher musste übergehen

altes ait zu got. ai,   ahd. ē,

altes aim zu   ahd. ē,

altes aitha zu got. aith,   ahd. ēt,

altes ais blieb got. ais,   ahd. ēs,

altes aithas zu got. aits.

Besondere Berücksichtigung erheischt 3 pl. und 1 pl.

Bei 3 pl. fehlt ursprünglich der auslautenden Vocal i: mit dem Optativ-Diphthongen verbindet sich bloses nt, nicht nti. Diesen consonantischen Auslaut aber duldet das Germanische so wenig wie das Griechische und Indische; das schliessende d muss abfallen. So ergiebt sich denn für 3 pl. zunächst die Endung ain statt aint. Doch das eigenthümlich germanische Lautgesetz duldet auch kein auslautendes n: es muss entweder abgeworfen werden, wie das n im Accusativ der Substantiva oder es wird dadurch gehalten, dass wie im Accusativ des Pronomens und Adjectivums ein euphonisches a hinzugefügt wird (S. 141). Der letztere Weg ist es, welcher im 3 pl. des Optativs eingeschlagen worden ist. Die Endung ain ist nicht zu ai verkürzt, sondern zu aina erweitert worden. Ist es nicht eine in der Sprachgeschichte bemerkenswerthe Thatsache, dass die 3 pl. des gotischen Optativs, eine Form, deren Entstehung weit in die Zeit vor Ulfilas zu setzen ist, sich genau mit der 3 pl. des heutigen Italiens berührt? Denn auch das neuere Italienische widerstrebte nicht blos den Endungen ant, ent, ont, sondern mochte auch die daraus abgekürzten Endungen en, on nicht dulden, an denen das verwandte Spanisch keinen Anstoss nimmt: um das auslautende n dieser Endungen zu halten, musste es ein euphonisches o hinzufügen und aus aman (älterem amant) ein amano, aus son (älterem sont) ein sono bilden. Diese italienischen Formen gehören zu den wenigen Beispielen, dass eine spätere Sprachperiode einen früher fehlenden Vocalauslaut gewinnt. Die gotische Optativ-Endung aina steht damit ganz und gar auf ein und derselben Stufe, so gross auch die Zahl der Jahrhunderte sein mag, welche zwischen der Entstehung der gotischen und der italienischen Form in der Mitte liegt.

Die erste Singular-Person des gotischen Optativs, wird beim Conjunctiv ihre Erörterung finden. Die erste Plural-Person des Gotischen auf aima und die Dualform auf aiva wird am passend-

sten im Zusammenhange mit der althochdeutschen Endung zu behandeln sein.

Von besonderer Bedeutung sind einige wenige Reste von Optativen der dritten Singular-Personen, welche nicht auf ai,
sondern auf aith ausgehen: bairaith *(βαστάσει)*, Gal. 5, 10;
tiuhaith *(ἄξει)* 1. Thess. 4, 14; svignjaith *(βραβευέτω)* Col. 3, 5
mit der auch sonst dem gotischen Optativ gewöhnlichen futurischen
oder imperativischen Bedeutung. Gabelenz und Löbe, welche zuerst
auf diese Formen aufmerksam gemacht haben, sehen sie I, 315,
III, 86 und 150 als Entwickelungen einer späteren Zeit an. Allein
in späterer Zeit konnte ein th wohl abfallen, aber nicht antreten.
Die geringe Anzahl der Beispiele weist keineswegs auf spätere
Bildung, vielmehr auf Reste einer einst allgemeiner gebräuchlichen
Form hin. Für die 3 sing. opt. müssen einst die Endungen ai
und aith neben einander bestanden haben. Wie ai auf aith, so ist
aith auf aithi zurückzuführen. Hier zeigt sich also eine Optativ-
Form mit Präsensvocal. Auch in andern Sprachen kommen der-
artige Bildungen vor. So im Medium des Zend bûidhjôinaidhê
mit dem Ausgange des medialen Präsens. Im Griechischen, wo
1 sg. act. in der bindevocallosen Conjugation die Endung *ίην* darbietet ohne auslautendes i, in Uebereinstimmung mit dem skr. jâm,
tritt uns in derselben Endung der bindevocalischen Conjugation die
Endung *αιμι* mit dem i des Präsens entgegen, und nur in wenigen
Formen wie *τρέφοιν* zeigt sich die Endung *οιν*, die wir hier nach
Analogie der sonstigen Optativbildung erwarten sollten. In demselben
Verhältnisse wie *τρέφοιν* zu *τρέφοιμι* steht im Gotischen bairai, tiuhai
zu bairaith, tiuhaith; denn bairaith, tiuhaith sind aus bairaithi,
tiuhaithi, dagegen bairai, tiuhai aus bairaith, tiuhaith hervorgegangen; von jenen musste ebenso wie im Präsens der kurze Endvocal,
von diesem der schliessende Dental abfallen. So gehen im Sanskrit
auch Conjunctivformen mit schliessendem i und ohne schliessendes
i nebeneinander her; neben âsi steht âs, neben âti die Endung ât.
Hiernach ist die gewöhnlich aufgestellte Regel, dass der Conjunctiv
durch die Personalendungen des Präsens, der Optativ durch die des
Präteritums gebildet würde, zu beschränken. Auch für den Conjunctiv erscheinen Präteritumsendungen wie für den Optativ auch
Präsensendungen. So gehören das skr. patât, patâs, das griechische

τρίφοιν, das gotische tiuhai der Präteritumsklasse, das gotische tiuhaith der Präsensklasse an.

Man könnte versucht sein, in tiuhaith, bairaith die letzten Reste des sonst nach den Lautgesetzen abfallenden th zu sehen, allein diese Annahme ist unstatthaft, da wir einerseits den Principien, die sich überall als richtig bewährten, alle einzelnen vorkommenden Fälle unterwerfen müssen und da sich andererseits eine mit diesen Principien völlig übereinkommende Erklärung ergeben hat, die uns zugleich einen Blick in den früheren Formenreichthum der gotischen Sprache thun lässt. Wie uns S. 148 der Mangel des Umlauts die ursprüngliche Dativform erkennen liess, so ist auch hier das th als letzte Erinnerung an eine frühere Mannigfaltigkeit gotischer Formen übrig geblieben. Weswegen sollen wir endlich dem Gotischen weniger Consequenz zutrauen als dem Griechischen, welches neben λέγοι in keinem einzigen Beispiele das ursprünglichere λέγοιτ, neben ἔλεγε kein ἔλεγετ duldet? Weshalb soll dieses Auslautsgesetz im Gotischen nicht völlig durchgedrungen sein, da doch gerade das Gotische in der Beschränkung der auslautenden Consonanten noch weiter gegangen ist als das Griechische, und nicht blos die Muta, sondern auch den Nasal im Auslaute verdrängt hat?

Althochdeutscher Optativ Praes.

Das Althochdeutsche drückt das gotische ai des Optativs durch e aus, welches wenigstens dann, wenn ihm ein Consonant folgt, in seiner organischen Länge erhalten ist. Dies beweist die bei Kero häufig vorkommende Schreibung ee und das Längezeichen bei Isidor. Bildet der Optativdiphthong ē den Auslaut, so scheint er sich schon zur Zeit der frühesten ahd. Denkmäler zu e verflüchtigt zu haben: man kann dies als den ersten Anfang des im Mhd. vollständig durchgeführten Standpunktes ansehen.

Im Gotischen vermissten wir eine Optativform für 1 sg., im Ahd. ist sie vorhanden, nämlich die Endung e, für welche ein ursprüngliches aim vorauszusetzen ist.

Im 3 pl. en ist das euphonische a des gothischen aina abgeworfen, ebenso wie auch das althochdeutsche Nomen das euphonische a wieder verloren hat.

Die übrigen ahd. Optativendungen stimmen mit den gotischen, blos 1 pl. bedarf noch einer Erörterung nicht blos für den Optativ, sondern auch für den Indicativ; es muss dieselbe zugleich die erste Person des gotischen Plural und Dual beider Modi, für welche wir oben noch einige Fragen offen liessen, in sich einschliessen.

1 pl. dl. des got. und ahd. Indicat. und Optat. Praes.

Indicativ		Optativ	
got. 1 pl. am	1 dl. ōs	got. 1 pl. aima	1 dl. aiva
ahd. em		ahd. īm	
amīs, emīs		īmēs	
en		īn	

Haben wir dem griechischen μες, dem lateinischen mus, dem indischen mas und vas zufolge auch für den germanischen 1 pl. dl. die Endung mas und vas als ursprünglich vorauszusetzen, so ist unter den vorstehenden Endungen der uns erhaltenen gotischen und alt-hochdeutschen Sprachperiode blos eine einzige, welche als eine den Lautgesetzen völlig analoge Entwicklung aus der vorauszusetzenden Grundform erscheint, nämlich die gotische Dualendung ōs. In zweiter Linie kann auch das gotische am, das althochdeutsche em und īm hieher gezogen werden, denn wenn man auch zunächst ein gotisches ams, ein althochdeutsches ems und īms erwarten sollte, so ist doch der Verlust des s hinter m, auch wenn er durch die Lautgesetze nicht bedingt wird, doch keineswegs auffallend, zumal der gotische dat. plur. fiskam statt fiskams eine völlig analoge Erscheinung ist.

Aber wie verhält sich zu den vorauszusetzenden Formen mas und vas das althochdeutsche amīs, emīs und īmīs? wie das goti-sche aima und aiva im optativischen Plural und Dual, von denen der letztere für die Wurzelconjugation durch das Beispiel sitaiva Mc. 10, 37 vertreten ist?

Dem gotischen aima und aiva steht zwar eine lautlich iden-tische Optativform des Indischen zur Seite, dem gotischen aima ein indisches ēma, dem gotischen aiva ein indisches ēva, aber trotz der äusseren Gleichheit ist dennoch der Entstehungsprocess der

indischen Form ein anderer als der gotischen. Das indische ēma
und ēva ist unmittelbar aus ēmas und ēvas durch Apokope des s
abgekürzt; wenn im Gotischen ein altes aimas und aivas des s
verlustig geht, dann muss ausser dem s nothwendig auch der ihm
vorausgehende kurze Vocal a verschwinden, wie es das germanische
Gesetz von der Behandlung des Vocales in der Endsylbe verlangt;
dem indischen ēma und ēva würde ein gotisches aim und aiv entsprechen. Aber das Gotische hat kein aim und aiv, sondern ein
aima und aiva, und dies kann zunächt nur ein ursprüngliches aimā
und aivā mit verlängertem Vocale gewesen sein; die noch ältere
Form muss aimās und aivās gelautet haben, denn für die aller-
früheste Zeit muss das Mehrheitszeichen s auch für den Optativ in
1 pl. dl. vorhanden gewesen sein und wird ursprünglich auch den
indischen Optativendungen ēma und ēva nicht gefehlt haben.

Wenn wir nun aus dem Vorhandensein des auslautenden a im
gotischen aima und aiva auf älteres aimās und aivās schliessen
mussten, so zeigt das ahd. amēs, emēs und ēmēs, dass in der That
im Germanischen eine Pluralform mit verlängertem Vocale vor dem
s vorhanden ist. Kero würde nicht farlazzamees, ubarwinnamees,
pittamees, tragamees, nidarremees, zuamanomees, tuamees, kelaub-
pamees, erfullemees, kesezzamees, frahemees, kehortomees schreiben,
wenn der Vocal in mes nicht eine Länge wäre.

Man hat die Länge dieses e dadurch zu erklären gesucht,
dass man für amēs und ēmēs auf ein älteres amasi und aimasi
rekurirt hat. In der That kommt im Indischen neben dem vulgären āmas auch noch ein älteres āmasi der Veda-Sprache vor,
aber was hilft dieselbe zur Erklärung des ahd. amēs? Man nimmt
an, dass in derselben Weise, wie λέγεσι zu griechischem λέγεις,
so auch die Endung amasi im Ahd. zuerst zu amaisi oder amais
und dann zu amēs geworden sei. Die Epenthese des i zum Vocale
der vorausgehenden Sylbe ist ein im Griechischen wie in der
Sprache des Avesta herrschendes Lautgesetz, aber im Germanischen
kommt es nicht vor; vielmehr steht an der Stelle der Epenthese
in den deutschen und nordischen Dialecten das noch schärfer ausgeprägte Gesetz des Umlautes: wirkt der Vocal i auf ein a der
vorausgehenden Sylbe ein, so wird dieses a zu kurzem e umglau-
tet, — zu kurzem, nicht zu langem, betonen wir — wäre also

in der That für 1 pl. des Ahd. ein volles amasi der Veda-Sprache vorauszusetzen, dergestalt, dass das auslautende i den vorhergehenden Vocal veränderte, so müsste die ahd. Form amesi oder ames mit kurzem e lauten, ein amēs mit langem ē könnte niemals daraus hervorgehen. — Hat man denn aber überhaupt ein Recht, für das ahd. amēs und ēmēs auf das alte masi der Veda zu recurriren? Ja, es ist dies für den Indicativ amēs gestattet, aber nicht für den Optativ ēmēs, dessen Endsylbe wir doch ebenso wenig die Länge absprechen können wie dem amēs des Indicativs. Das Altindische nämlich gebraucht die Endung masi mit auslautendem i nur für den Indicativ, aber nicht für den Optativ.

Da das ē in mēs nicht auf einen durch epenthetisches i entstandenen und noch viel weniger auf einen ursprünglichen Diphthongen ai zurückgeführt werden kann, so bleibt nichts übrig, als die Endung auf mās zurückzuführen und dieselbe mit den dem gotischen aima und aiva zu Grunde liegenden Endungen mā und vā zu combiniren, welche auf ein noch älteres mās und vās hinwiesen.

Die ältesten Formen sind nun freilich die kurzvocaligen Sylben mas und vas. Das Germanische hat dieselben auf zweierlei Weise behandelt. 1) Das Lautgesetz der Endungen verlangte Ausfall des kurzen a: mas und vas wurden zu ms und vs wie got. blindas zu blinds. 2) Das a wurde vor dem Ausfalle dadurch bewahrt, dass es verlängert wurde: mas und vas wurden zu mās und vās, ahd. mēs. wie ahd. blindas zu blindēr.

Indicativ	
Pl. amās	Dl. avās
ams amās	avs ʼavasʼ
go. amʼs]	go. ōs
ahd. amʼs] ahd. amēs	
ēm_s] ēmēs	

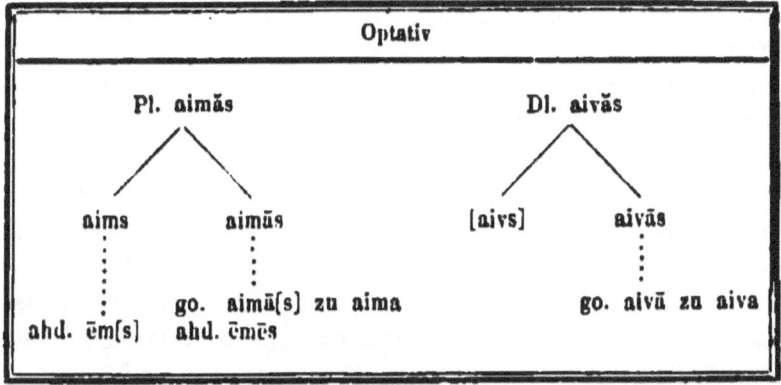

In dem ersten Falle, wo kurzvocaliges a ausfällt, verschwindet auch das auslautende s hinter m: Indic. got. am, ahd. am, em; Opt. ahd. ēm; dagegen bleibt es hinter v beibehalten: Indic. got. ōs (aus avs). Im zweiten Falle, wo a durch Verlängerung geschützt wird, fällt das jetzt hinter einem langen Vocale stehende s im Gotischen ab: Opt. aimā, aivā (die Voraussetzungen für aima, aiva), während es vom Ahd. bewahrt wird: Ind. amēs, emēs, Opt. ēmēs.

Alts. und ags. Optativ Praes.

Bis auf 1 2 pl. ist der altniederdeutsche Optativ dem althochdeutschen völlig gleich: e, ēs, e, ēn. 1 2 pl. haben mit 3 pl. die Endungen ēn gemeinsam, wie im Präsens allen 3 Pluralpersonen die Endung ad gemeinsam ist.

Ind.	Opt.
1. [am] ad	1. [ém] ēn
2. ad, auch ent.	2. [ēt] ēn
3. [and] ad, auch ent	3. ēn.

Die hier in eckige Klammern eingeschlossenen Formen sind die ursprünglich vorauszusetzenden, aber nicht mehr in den Denkmälern nachzuweisenden Formen: sie werden durch die hinter die Klammern gestellten Endungen vertreten. In 1 pl. Opt. darf man das ēn für eine Entwicklung aus ursprünglichem ēm halten, und demnach als ächte Endung der ersten Pluralperson ansehen, aber

bei dem ad der entsprechenden ersten Indicativperson ist dies nicht
möglich. Im 2 pl. Optativ ēn müssen wir wie bei dem Notkerschen
ent eine Entlehnung aus 3 pl. ent erblicken. Wir haben oben gesehen, dass auch im 2 pl. des Indic. neben ad das entschieden der 3.
Person angehörige ent (ant) sich geltend macht. Darf durchgängige
Analogie zwischen den drei Personen des Indicativs und Optativs
angenommen werden, dann wird das ēn des Optativs, auch wo es die
erste und zweite Person bezeichnet, als eine ursprünglich der dritten Person angehörige Endung angesehen und ebenso das ad des
Indicativs, auch wo es für die erste und zweite Person steht, als
eine Erweichung aus dem ursprünglichen and der dritten Person
angesehen werden müssen. Unter Berücksichtigung der seltneren
Nebenform auf nt können wir sagen: behält das alte and des
Niedersächsischen seinen Nasal, so wird der Vocal a beibehalten.
Der angelsächsische Optativ unterscheidet sich vom altsächsischen dadurch, dass 2 sg. nicht auf es, sondern e ausgeht: nicht
blos die drei Personen des Plural, sondern auch die des Singular
haben gemeinsame Endung; jene ein en, diese ein e.

Altnord. Optativ.

Der Optativ-Diphthong ai erscheint als i; nothwendig muss
zwischen beiden Vocalen für das Altnordische die Zwischenstufe
ei und ī bestanden haben: grīp-ai, ei, ī, i. Wegen dieser seiner
Entstehung aus den Diphthongen hat das i des altnordischen Optativ präsentis keinen umlautenden Einfluss auf den vorausgehenden Wurzelvocal.

Die hinter dem Modusvocale i erscheinenden Endungen gleichen am meisten denen des Gotischen und Althochdeutschen. 1 sg.
3 sg. sind endungslos, das s in 2 sg. ist zu r geworden, in 1 pl.
erscheint ein m, in 2 pl. ein th, in 3 pl. hat Abfall des n stattgefunden. Vor den Indicativendungen haben die des Optativs darin
eine grössere Ursprünglichkeit voraus, dass 3 sg. eine organische
Bildung ist, nicht wie 3 sg. Indicativi eine Entlehnung aus der
dritten.

Praesens Conjunctivi.

Der Conjunctiv unterscheidet sich seinem Hauptmerkmale nach dadurch vom Optative, dass an der Stelle des dem Optativ charakteristischen Modusvocales i hier im Conjunctiv als Modusvocal ein a erscheint. In der bindevocalischen Conjugation hat sich der Optativ-Vocal i mit dem vorausgehenden Bindevocal a zu ai (ē) vereinigt, hier im Conjunctiv vereint sich dessen characteristischer Modusvocal a mit dem vorausgehenden Bindevocal a zu langem ā. Im Griechischen hat sich dies lange ā des Conjunctivs bald zu ω, bald zu η abgelautet; in seiner unabgelauteten Gestalt hat er sich nicht blos im Indischen, sondern auch im Lateinischen erhalten: legam, legās, legat, legāmus, legātis, legant; im 3 sg. und 3 pl. ist das conjunctivische ā zwar in der späteren Latinität verkürzt worden, aber die frühere Latinität zeigt auch hier von der Länge des ā viele unzweideutige Spuren. — Die an den Modusvocal antretenden Personal- und Numerus-Endungen sind im Griechischen dieselben, wie im Indicativ des Präsens (mit auslautendem i) und so ist es auch zum grössten Theil im Indischen. Aber es kommen hier auch Conjunctivformen vor, welche nicht auf āsi, āti, ānti, sondern ohne auslautendes i auf ās, āt, ānt ausgehen, die also mit den Optativformen die gleichen Numerus- und Personal-Endungen haben. Beispiele davon siehe oben bei der gotischen Optativendung aith (S. 216).

Altsächsischer Conjunctiv.

Von den germanischen Dialecten ist es das Altsächsische, welches für alle drei Personen des Singular und Plural neben den Optativformen auch die alten Conjunctivformen erhalten hat. Beide Modusformen unterscheiden sich dadurch, dass der Optativ den Vocal ē, der Conjunctiv den Vocal ā hat; die hinter dem Vocale erscheinenden Flexionsendungen sind im Conjunctiv die nämlichen wie im Optativ. Ein Unterschied der Bedeutung lässt sich nicht erkennen.

	alts.	lat.	griech.
sg. 1.	geb-a	leg-am	λέγ-ω
2.	geb-ās	leg-ūs	λέγ-ῃς (d. i. ησι)
3.	geb-a	leg-at	λέγ-ῃ (d. i. ητι)
pl. 1.	geb-ān	leg-āmus	λέγ-ωμες
2.	geb-ān	leg-ātis	λέγ-ητε
3.	geb-ān	leg-ant	λέγ-ωντι.

Man darf diese Form mit ā und a nicht für Nebenformen der
Optative auf ē und e halten, dergestalt, dass sie sich mit diesen
aus gemeinsamen älteren Formen entwickelt hätten. Dieser Satz
ist hier etwas weiter zu erörtern. Von den altsächsischen Verbalformen auf e, ēs, e, ēn wird man ebenso wie von dem gleichlautenden Althochdeutschen nothwendig annehmen müssen, dass ihr
Vocal aus dem im Gotischen noch erhaltenen Optativdiphthongen
ai hervorgegangen und mit dem optativischen ē des Indischen, mit
dem ē des lateinischen legēs, leget, legēmus, mit dem οι des
griechischen Optativs identisch ist. Ist dies der Fall, so kann
selbstverständlich jene altsächsische Modusformation auf e, ēs, e,
ēn nicht aus der gleichbedeutenden auf a, ās, a, ān hervorgegangen
sein, wie etwa der altsächsische Genitiv auf es aus der Genitivform
auf as hervorgegangen ist. Umgekehrt aber kann die alts. Modusform auf a, ās, ān nicht aus der Modusform auf e, ēs, ēn hervorgegangen sein und ebensowenig kann man für die erstere annehmen,
dass sich ihr ā unmittelbar aus dem ursprünglichen Optativ-
diphthongen ai entwickelt hätte, denn der Uebergang eines
ursprünglichen ai in langes ā kommt blos im Angelsächsischen und
Friesischen, nicht aber im Altsächsichen des Heliand vor. — So
ist es denn nothwendig, die beiden hier in Rede stehenden Modusformen des Altsächsischen dem Ursprunge nach von einander zu
sondern und die eine dem Optativ, die andere dem Conjunctiv zu-
zuweisen. Am meisten steht hier dem Altsächsischen das Lateinische analog:

Conjunct.		Opt.	
attingam	geba	*attingem	gebe
attingās	gebās	attingēs	gebēs
attingat	geba	attinget	gebe
attingāmus	gebān	attingēmus	gebēn
attingātis	gebān	attingētis	geben
attingant	gebān	attingent	gebēn.

In dem vorstehenden Paradigma haben wir in dem mit einem Sternchen bezeichneten 1 sg. der lateinischen Optativform die der älteren Latinität noch verbliebene Endung em aufgenommen. Beide Sprachen, Lateinisch und Altsächsisch, kennen keinen Unterschied zwischen Conjunctiv- und Optativ-Bedeutung, deshalb hat denn auch der lateinische Optativ amem, amēs, amet ganz und gar die nämliche Bedeutung wie der Conjunctiv moneam, moneas, moneat und es hat von amare den Conjunctiv, von monere den Optativ aufgeben können. Wo aber von einem lateinischen Verbum beide Modi gebildet werden, wie von dem vorstehenden attingere, da hat die Optativform ihre Modusbedeutung gänzlich abgestreift und die indicative Futurbedeutung übernommen, gerade wie auch im Altgermanischen der Optativ als Ausdruck des indicativischen Futurums gebraucht werden kann.

Die Grammatik wusste früher nichts davon, dass im Lateinischen beide Modusformen, die conjunctivische und optativische, vorhanden sind, aber nachdem dieselben einmal erkannt worden sind, hat sie sich die lateinische Grammatik gern vindiciren lassen. Sollte es der deutschen Grammatik weniger angenehm sein, dass einer der ältesten germanischen Dialecte sich ebenfalls des Besitzes beider Modusformen für alle Personen und Zahlformen rühmen darf?

Ahd. und gotischer Conjunctiv Praes.

Spuren des Conjunctivs lassen sich aber auch noch in zwei andern von den älteren germanischen Dialecten nachweisen.

Althochdeutsche Conjunctive sind:

    1. sg. geba　Samarit.

    3. sg. wesa misc.　werda misc.

Der Nachweis, dass diese althochdeutschen Formen des Modus subjectivus eigentliche Conjunctive und nicht Optative sind, ist in dem vorher über das Altsächsische Gesagte enthalten.

Gotische Conjunctive kommen häufig genug in der ersten Person des Singular und Plural vor; der zweiten und dritten Person fehlen sie gerade so wie dem spätern Indischen. Die 1 pl. des Conjunctiv Präsentis, von der wir hier zuerst

reden müssen, wird in den bisherigen gotischen Grammatiken als
erste Pluralperson des Imperativs aufgeführt: afslah-am lasst uns
tödten! ushvairp-am lasst uns werfen! usleith-am lasst uns geben!
drink-am trinken wir! Die Endung dieses adhortativen Imperativs
fällt der Form nach mit 1 pl. des präsentischen Indicativs zusammen, aber sie kann etymologisch nicht damit identisch sein. Ober-
flächlicher Vergleich mit unserem Neuhochdeutschen könnte zu der
Meinung verleiten, dass die erste Pluralperson des Indicativs auch
die Bedeutung eines Adhortativs übernehmen könnte; wenn wir
auffordernd sagen: „gehen wir!" „kämpfen wir!" — ist denn dies
„gehen, kämpfen" nicht identisch mit dem „gehen, kämpfen" der
1 pl. des Indicativs? Dies ist nur scheinbar; in Wahrheit sind
jene Adhortativformen keine Indicative, sondern vielmehr Optative
gerade wie in „seien wir eilig!" So drückt auch schon das Gotische seinen Adhortativ durch 1 pl. des präsentischen Optativs aus:
bair-aima bringen wir! saihv-aima schauen wir! slep-aima schlafen
wir! Wenn wir nun sehen, dass das Gotische sich zum Ausdrucke
des Adhortativs ausser dieser Endung aima auch noch der Endung
am bedient, so muss diese letztere nothwendig eine andere Form
des Modus subjectivus, nämlich ein Conjunctiv sein. Denn dass
die Adhortative auf am den eigentlichen Imperativformen zugewiesen werden sollten, davon kann ernstlich keine Rede sein. Ebensowenig wie dem griechischen und lateinischen kommt dem germanischen Imperative eine erste Person zu. Zwar führen die indischen
Grammatiken unter ihrem Imperative nicht blos eine zweite und
dritte, sondern auch eine erste Person auf, aber es ist längst erkannt, dass diese sogenannte erste Person des indischen Imperativs
kein Imperativ, sondern ein Conjunctiv ist. Das indische biblhar-āma
bringen wir! ist genau dasselbe, wie das gotische bair-am bringen
wir! — beides sind keine Imperative, sondern 1 pl. des präsentischen Conjunctivs. Allerdings sollten wir statt des kurzen a, welches in diesem bair-am erscheint, eine Länge erwarten, etwa ein
bair-ōm, aber die Fälle sind ja keineswegs selten, dass in gothischen Endungen ein ursprünglich langes ā nicht zu ō geworden
ist, sondern als kurzes a erscheint.

Die erste Singularperson des gotischen Conjunctiv präsentis
hat in den bisherigen Grammatiken unter den Optativformen des

Präsens ihre Stelle. Es ist dies die Verbalform auf au: gib-au, welche in der Reihe der Formen gib-ais, gib-ai, gib-aima als erste Person aufgeführt wird. Sie hat in der That mit diesen durch den Optativdiphthong ai charakterisirten Optativformen dieselbe Bedeutung, aber es ist damit noch nicht bewiesen, dass sie auch etymologisch gleich ihnen ein Optativ ist. Das Althochdeutsche und Altsächsische gewährt hier eine Verbalform auf e, das Altnordische eine Verbalform auf i, und dies sind in der That wirkliche Optative, welche sämmtlich auf ein ursprüngliches aim zurückgehen. Aber vergebens hat man sich abgemüht, das gotische gibau aus einem vorauszusetzenden gibaim herzuleiten, und schwerlich wird ein Sprachforscher, der es mit der Handhabung der Lautgesetze genau nimmt, von diesen Ableitungsversuchen ernstlich befriedigt gewesen sein.

Angesichts der Unmöglichkeit, das gotische gibau auf gibai zurückzuführen, müssen wir sagen, dass dem gotischen Optativ-Präsens der bindevocalischen Wurzeln die erste Person des Singulars fehlt. Ist es nicht beim Optativ-Präsens der bindevocalischen Wurzeln in der lateinischen Sprache ebenso? Find-ēs, find-et, find-ēmus, find-ētis, find-ent sind Optative, aber 1 sg. find-am ist kein Optativ, sondern Conjunctiv; das alte find-em hat das Lateinische aufgegeben, es ist durch den Conjunctiv find-am verdrängt worden. Wir haben hier die allergenaueste Analogie zwischen dem Gotischen und Lateinischen. Auch das Gotische muss für 1 sg. Optativ-Präsens ursprünglich ein gibai (aus gib-aim) besessen haben wie die deutschen Dialecte ein geb-e (aus geb-ēm), wie das Altnordische ein geb-i (aus geb-eim), aber in der uns im Ufilas vorliegenden Sprachperiode ist diese erste Person des Optativs durch die Modusform gib-au verdrängt. Diese letztere kann wie das das alte lateinische leg-em verdrängende leg-am nur ein Conjunctiv sein.

Wer sich dabei beruhigen kann, für das Gotische den Uebergang eines ursprünglichen am in au zu statuiren, hat hier leichte Arbeit; er sagt, dass die alte ursprünglich gotische Conjunctivform gib-am zu gib-au durch Vocalisirung des m zu u geworden sei. Doch solche Vocalisirung eines auslautenden m ist in keiner der ältern indogermanischen Sprachen, ja nicht einmal in einer der jüngeren nachzuweisen. Denn wenn griechisches λόγ-ονς zu λόγ-ονς, äol. λόγοις, wenn λέγ-οντι zu λέγ-ουσι wird, so ist damit keineswegs der Uebergang des auslautenden Nasals in dem u-Laute constatirt. Ich kann nicht umhin, in dem gotischen gibau, dessen a ich als Conjunctiv-Vocal von dem folgenden u sondern muss, das im Auslaute erscheinende u mit dem i in mi, si, ti in eine Kategorie zu bringen, es ist dasselbe u, welches im indischen Imperativ tud-atu, tud-antu erscheint, dasselbe u, welches in dem passivischen Optative des Gotischen, in bair-adau, bair-azau, bair-audau den Auslaut bildet. Wenn wir im gotischen Optativ ein solches auslautendes u, wie es das Indische im Imperativ darbietet, finden, so haben wir ein Recht, es auch im gotischen Conjunctiv gib-au anzunehmen (S. 175). Freilich fehlt hierbei in der Conjunctivendung au zwischen dem a und u das eigentliche Personalzeichen m, und als ursprünglichere Form ist für gib-au ein gib-āmu vorauszusetzen. Doch der Ausfall des inlautenden ersten Personalzeichens m kann nicht auffällig sein, da derselbe in 1 sg. des indischen Mediums durchgängig stattfindet.

So haben wir dem Gotischen wenigstens für die erste Person einen Conjunctiv zuweisen müssen:

1 sg. bair-au aus bair-āmu   1 pl. bair-am aus bair-āmas.

Dass wir den Conjunctiv nicht auch in der zweiten und dritten Person vertreten finden, hat, worauf wir schon vorher hingewiesen haben, im Indischen Analogie. Das Indische des Veda bildet Conjunctive für alle Personen gleich dem Altsächsischen, und ebenfalls in Uebereinstimmung mit dem Altsächsischen lassen sich diese Veda-Conjunctive der Bedeutung nach von den Optativen nicht scheiden. Das Gotische muss früher auf diesem Standpunkte des Altsächsischen und Altindischen gestanden haben. Das Gotische des Ulfilas hat gleich dem späteren Indisch für die zweite und dritte Person nur Optativformen behalten und die Conjunctivformen aufgegeben, während es ebenfalls in Uebereinstimmung mit dem späteren Indischen die Conjunctive bewahrt, ja vor der ersten Singular-Person des activen Conjunctivs sogar die entsprechende Person des Optativs ausser Gebrauch gesetzt hat.

Praesens Imperativi.

Die erste Pluralperson des sogenannten gotischen Imperativs haben wir dem Conjunctiv zuweisen müssen. So bleibt denn für alle germanischen Dialecte nur eine zweite Person des activen Imperativs übrig: in ihnen allen fällt die zweite Mehrheitsperson des Imperativs (sowohl im pl. wie auch im gotischen dl.) genau mit der entsprechenden Form des präsentischen Indicativs zusammen. Ebenso im Griechischen: λέγετε und λέγετον ist 2 pl. dl. nicht blos des Präsens, sondern auch des Imperativs. Dies geht so weit, dass auch der althochdeutsche Notker, welcher die dritte Person Pluralis im Indicativ an Stelle der zweiten gebraucht, auf die 2 pl. des Imperativs durch jene Endung ent ausdrückt. Dieselbe Erscheinung finden wir auch im Altsächsischen. Zum Indicativ des Präsens wird sie bisweilen an Stelle des gewöhnlichen ad nicht blos für 3 pl., sondern auch für 2 pl. eine Form auf ent gebraucht: dieselbe Endung ent fungirt bisweilen auch als 2 pl. des Imperativs: antfahent für antfahad Hel. 135, 5; seggient statt seggiad 138, 24; berend statt berad 142, 14; vgl. gihuggent statt gihuggiad 142, 8.

Blos im Singular hat die zweite Person des Imperativs eine von dem Indicativ verschiedene Bildung. Soweit die indogermanischen Sprachen durch schriftliche Urkunden uns überliefert sind, zeigen sie in der imperativischen 2 sg. der bindevocalischen Verba stets nur den Bindevocal als Ausgang, ohne dass hinter demselben ein ferneres Flexionselement erschiene: im Indischen und im Avesta ein a, im Griechischen und im Lateinischen ein e. Auch in den germanischen Dialecten muss der singulare Imperativ ursprünglich auf a (oder i) ausgelautet haben; des Auslautsgesetzes wegen aber ist dieser kurze Endvocal verschwunden, und so zeigen denn alle germanischen Dialecte, die ältesten wie die neuesten, die blose Wurzel. Im Lateinischen haben wir dieselbe Erscheinung in fac, dic, duc (den Imperativ fer dürfen wir nicht unmittelbar zur Vergleichung herbeiziehen, denn es gehört derselbe der bindevocallosen Conjugation und wird niemals auf e ausgegangen sein.

Infinitiv und Participium

werden späterhin im Zusammenhange mit den übrigen Conjugationen zu erörtern sein.

Gotisches Passivum (Medium).

Passivendungen kennt das Gotische nur für Indicativ und Optativ des Präsens, und auch hier lassen sie sich blos für Singular und Plural, nicht für den Dual nachweisen. Diese Beschränkung der Passivform kann nicht auffallend sein. Auffallend aber ist es, dass wirklich alte organische Passivendungen nur für 2 und 3 sg. und 3 pl. bestehen; die übrigen Personen werden unorganisch jedesmal durch die betreffende dritte Person vertreten, so dass 1 sg. dieselbe Endung wie 3 sg. hat, 1 pl. und 2 pl. dieselbe wie 3 pl. Das gotische Passivum steht hierin mit dem niedersächsischen und angelsächsischen Activum für den Plural genau auf demselben Standpunkte. Die Vertretung der ersten Singularperson durch die dritte erinnert am meisten an das Altnordische, wo umgekehrt die dritte Person des Indicativs ihre alte Endung verloren hat und durch die zweite ersetzt wird.

Die passiven Indicativ-Endungen des Gotischen stehen zu den indischen und griechischen in demselben Verhältnisse wie die activen:

	2 sg.	2 (1) sg.	3 (1. 2) pl.
Skr.	a-sa	a-tē	a-ntē
Gr.	ε-[σ]αι	ε-ται	ε-ται
Got.	a-za[i]	a-da[i]	a-nda[i].

Der gotische Bindevocal hat im Vorzug vor dem Griechischen seine alte a-Form bewahrt, genau wie im Indischen. Die als drittes Personalzeichen fungirende Dentalmuta ist, da sie im Inlaute steht, überall aus der Tenuis- in die Media-Stufe verschoben; das s der zweiten ist zwischen den zwei Vocalen zu z erweicht. Was den Auslaut betrifft, so ist das Griechische noch ursprünglicher als das Indische, denn der Diphthong ai wird von ihm noch in seiner unveränderten Gestalt festgehalten, während ihn das Indische zu ē

contrahirt. Auch für das Gotische ist die Diphthongenform ai vorauszusetzen. Doch konnte sie sich nicht unverstümmelt erhalten,
denn schliessendes i, einerlei ob es auf einen Consonanten folgt
oder mit vorausgehendem a zum Doppellaute ai coalescirt, muss
nach germanischem Lautgesetze abfallen. So wurde adai zu ada,
andai zu anda, azai zu azu verkürzt.

Weniger genau entsprechen im Optativ die gotischen Passivendungen den indischen und griechischen:

	2 sg.	3 (1) sg.	3 (1. 2) pl.
Skr.	*ê-thâs	ê-ta	ê-nta
Gr.	οι-[σ]ο	οι-το	οι-ντο
Go.	ai-zau	ai-dau	ai-ndau.

Mit dem Optativcharakter ai verhält es sich gerade wie im
Optativ des Activs; die consonantischen Endungen sind genau dieselben wie im indicativischen Passivum. Umsomehr fallen hier die
Ausgänge au auf. Es ist wahrscheinlich, dass das gotische au wie
ein dem a-Laute sich annäherndes, also wie sogenanntes geschlos-
senes o gesprochen wurde, und in der Qualität des Auslautes
mochte zwischen griechischem οιτο und gotischem aidau kein allzu
grosser Unterschied bestehen. Dennoch aber ist es unmöglich,
dass das griechische o und das gotische au dieser optativischen
Passivendungen etymologisch gleich ist. Wären sie gleich, dann
müsste gotisches au gerade wie griechisches o aus ursprünglichem
a hervorgegangen sein, wie denn in der That das Indische wenigstens in den dritten Personen ein ursprüngliches a darbietet. Im
Gotischen aber hätte sich ein solches ursprüngliches a als Auslaut
nicht halten können, sondern dem Auslautsgesetze gemäss nothwendig die Apokope erleiden müssen. Griechischem οι(σ)ο, οιτο, οιντο
würde dann im Gotischen ein ais, aith, aind entsprechen. Statt
dessen haben wir im Gotischen Formen mit auslautendem Diphthong au. Das au muss ein ursprünglicher Diphthong sein; er
konnte sich unverletzt erhalten, denn nur auslautendes ai, aber nicht
auslautendes au erfährt im Gotischen Apokope (S. 137). Wir stellen
dies au mit dem ai der ursprünglichen Iudicativendungen mai, sai
tai in ein und dieselbe Kategorie und erklären das schliessende u für
ein den Modus subjectivus in derselben Weise bezeichnenden Vocal,

wie das auslautende i für den Begriff des indicativen Präsens charakteristisch ist. (Vgl. S. 183.)

„Das Urtheil, dass auch im Gotischen das Passivum bereits im Untergange begriffen sei, gestützt etwa darauf, dass es bei weitem weniger Formen als das Activum darbietet, lässt sich wenigstens aus der Betrachtung unserer Quellen nicht rechtfertigen, da es in allen ohne Ausnahme gebraucht wird, und zwar nicht allein für das griechische Passivum, sondern der Gote giebt sogar einen im Griechischen activisch ausgedrückten Gedanken passivisch und füllt griechische Ellipsen durch ein Passivum aus." Gabelenz und Löbe Ulfilas II, 138.   •

Das griechische Passivum hat im Präsens (und ebenso auch im Perfectum) nicht blos die eigentliche passivische, sondern auch noch die mediale Bedeutung. Der Vergleich mit dem Indischen lehrt, dass diese mediale Bedeutung die ursprüngliche und älteste ist; denn die Sanskritformen, welche den passiven und zugleich medialen Verbalformen des Griechischen der Form nach entsprechen, haben im Indischen nur die mediale, nicht die passive Bedeutung; um den passiven Begriff auszudrücken, muss vor die indischen Medialendungen noch ein besonderes Wurzelsuffix j zutreten: tudatē heisst: er schlägt sich oder er schlägt in seinem Interesse, tudjatē heisst: er wird geschlagen. Dass es im Griechischen ursprünglich ebenso war, dass τύπτεται ursprünglich nicht „er wird geschlagen", sondern nur „er schlägt sich" bedeutete, beweisen auch die im Futurum und Aorist von einander verschiedenen Medial- und Passivendungen.

Auch die dem griechischen Medio-Passivum entsprechenden Formen des Gotischen müssen ursprünglich mediale Bedeutung gehabt haben, trotzdem ihnen bei Ulfilas nur die passive Bedeutung zukommt. Indess giebt es noch einige wenige Formen auf ada und anda, welche keine passive Bedeutung haben, sondern nur als Media gefasst werden können:

ustiuh-ada *(κατεργάζεται)* 2. Cor. 4, 17.

Eine zweite Person auf aza kommt in diesem Sinne nicht vor, wohl aber ein paar Formen auf au. nämlich:

atsteig-adau *(καταβάτω)* Math. 27. 42; Mc. 15, 32; lausj-adau *(ῥυσάσθω)* Math. 27, 43; liug-andau 1 Cor. 7, 9.

Diese Formen auf au haben sämmtlich eine Imperativbedeutung, doch dies wird nicht hinlangen, sie als Optative zu fassen, auch wenn der Imperativ noch so häufig durch den Optativ ausgedrückt wird. Wenn auch nicht die Bedeutung, so steht doch die Form der optativischen Auffassung entgegen, denn es fehlt ihr ganz und gar der den Optativ charakterisirende Modusdiphthong au (als mediale Optative müsste sie atsteig-aidau, lausj-aidau, liug-aindau lauten). Da statt ai vor der Personalendung der Vocal a steht, so können zweierlei Auffassungen möglich sein.

1) Entweder gehören sie dem Conjunctiv an, — in diesem Falle müsste das a wie im activischen Conjunctiv drink-am aus ursprünglich langem â verkürzt sein.

2) oder sie sind dritte Personen eines medialen Imperatives.

In diesem zweiten Falle (als mediale Imperative) stehen sie in unmittelbarer Beziehung zu den indischen Imperativen des Activs:

Activ	Medium
(Indisch)	(Gotisch)
3 sg. tud-atu (τυπτέτω)	3 sg. lausj-adau (ῥυσάσϑω)
3 pl. tud-antu	3 pl. liug-andau.

Der gotische Medialvocal au verhält sich ebenso zum indischen Activ-Vocale u, wie das active i zum medialen ai — es wird sich gegen diese Auffassung schwerlich etwas einwenden lassen.

Im ersteren Falle, wo die gotischen Formen auf adau und andau als mediale Conjunctive gefasst werden, treten sie dem 1 sg. des gotischen Conjunctivs auf a zur Seite:

Activ	Medium
(Gotisch)	(Gotisch)
1 sg. liug-a(m)u zu au	3 sg. liug-adau
	3 pl. liug-andau.

Auch hier entspricht der mediale Auslaut au dem activischen Auslaute u genau in derselben Weise wie sich mediales ai zu medialem i im indicativen Präsens verhält. Wir werden uns für diese conjunctivische Auffassung, obwohl hier zugleich noch eine Verkürzung des ursprünglichen Conjunctiv-Vocales â zu a angenommen werden

muss, ebensoleicht entscheiden können wie für die imperatische
Auffassung.

Man hat geglaubt, den gotischen Verbalformen, welche wir
hier der gewöhnlichen Ansicht nach als Medialformen gefasst haben,
die mediale Bedeutung gänzlich absprechen, und für Activa erklären zu müssen. Aber wenn es sogar durchaus nothwendig wäre,
ihnen lediglich nur eine active Bedeutung beizulegen, so werden
sie der Form nach nicht für Activa, sondern für Media zu erklären
sein, — wir sagen für „Media", denn Passiva sind es nun einmal
ganz und gar nicht. Ist es auch nicht bei gar vielen griechischen
Medialformen der Fall, dass sie nur active Bedeutung haben? Fast
noch häufiger zeigt sich diese Erscheinung in den Medialformen
des Altindischen.

Indess könnte man einen Versuch machen, die in Rede stehenden gotischen Verbalformen auch der Form nach für activische zu
erklären. Dies ist zwar nicht möglich bei den auf ada und anda
ausgehenden, wohl aber bei den mit adau und andau schliessenden
atsteigadau, lausjadau, liugundau. Es kommt nämlich nicht selten
vor, dass im Gotischen ein schliessendes u und ebenso auch ein u
vor anslautendem s in der Schrift mit au wechselt. So wird der
singulare Accusativ dauthu an vielen Stellen dauthau geschrieben,
für sunus, fairhvus findet sich sunaus, fairhvaus, obwohl hier bloss die
Form mit u die etymologische richtige ist. Könnten nicht auch in
den Verbalformen auf adau und andau der Diphthong au eine
blosse Schreibung für u sein: atsteigadu, lausjadu, liugandu? Unter
dieser Voraussetzung würde sich die Sachlage sehr vereinfachen,
denn diese Endungen würden alsdann active Imperative der dritten
Person sein, und in unmittelbarer Identität stehen mit den indischen
und iranischen Imperativen auf atu und antu. Ohnehin ist ja dem
Gotischen der Vocal u als activer Auslaut nicht unbekannt, denn
er zeigt sich auch in 1 sg. des Conjunctivs bair-a[m]u (bair-au).

Aber ist denn auch wirklich eine Berechtigung vorhanden,
das au in den Endungen adau und andau als willkürliche Schreibung für ursprüngliches u anzusehen? Wenn im Accusativ und
Nominativ der n-Declination das u der Endsylbe willkürlich mit
au vertauscht wird, so ist doch im Ganzen die Schreibung mit u
immerhin das Gewöhnliche; in den Verbalformen atsteigadau, lausj-

adau, liugandau aber ist die Schreibung au eine durchgängige.
Es lässt sich hiergegen der Einwand erheben, dass eben nur diese
drei Beispiele auf adau und andau vorkommen; wären sie zahlrei-
cher, könnte man sagen, dann würde auch die Schreibung mit u
zu erwarten sein. Aber selbst wenn das Letztere der Fall wäre,
wenn wirklich auch die Schreibung mit u vorkäme, so wäre damit
doch noch nicht gesagt, dass hier auslautendes u, aber nicht au
das ursprüngliche und richtige sei: denn wie organisches au in der
Schreibung mit u vertauscht wird, so wird umgekehrt von den
Schreibern des Ulfilas organisches au auch durch u ausgedrückt:
der Genitiv sunaus durch sunus, der Dativ christau durch christu.

Die Gestaltung des präsentischen Wurzelvocales ist zugleich
mit dem Perfectum zu behandeln.

Perfectum der consonantisch auslautenden Wurzeln.

Wir können das Perfectum seinem ursprünglichen Wesen nach
dahin bestimmen, dass wir sagen: es ist ein durch Wurzelredupli-
cation erweitertes Präsens und hatte als solches ursprünglich dieselben
Endungen, welche dem Präsens im Gegensatze zu den Vergangenheitstempora, dem Imperfectum und dem Aorist, zukommen. Seiner
Bedeutung nach ist es diesen Endungen gemäss zunächst ein die
Gegenwart bezeichnendes Tempus, aber diese Gegenwart ist keine
dauernde Gegenwart wie beim Präsens, sondern eine vollendete,
und eben dieser Begriff der Vollendung ist es, welcher in der un-
lautenden Reduplication seinen lautlichen Ausdruck hat. Im All-
gemeinen bezeichnet Reduplication der Wurzel eine grössere Intensität und Energie der durch sie ausgedrückten Thätigkeit; auf die
Zeit übertragen, gestaltet sich diese Intensität zum Begriffe des
zeitlich Vollendeten. Bei der abgeschlossenen und vollendeten
Gegenwart des Perfectums ist die Energie der abgeschlossenen
Handlung in der That eine grössere als beim Präsens, wo die
Handlung noch fortdauert und noch nicht zu ihrem Abschluss und
Ziele gelangt ist.

Dem widerspricht nicht, dass auch im Präsens bei einigen
Verben die Wurzel reduplicirt ist; auch im Germanischen haben

sich uns einige reduplicirende Präsentia erhalten, noch häufiger
sind sie in manchen verwandten Sprachen. Es ist anzunehmen,
dass hier die Reduplication ursprünglich dem Thätigkeits-
begriffe der Wurzel (aber nicht der Zeit der Thätigkeit) eine
intensive Bedeutung verliehen und denselben zum iterativen oder
causativen (beziehungsweise transitiven) steigerte, wenn sich gleich
diese Begriffsmodificirung der reduplicirten Präsentia in den uns
erhaltenen Sprachdenkmälern nur selten mehr erkennen lässt (im
lat. si-sto neben sto, im griech. *ί-στημι, ί-ημι*). Dies vorausgesetzt
lässt sich eine begriffliche Einheit der reduplicirten Präsentia und
der ursprünglich ebenfalls durch Reduplication charakterisirten
Perfecta nicht in Abrede stellen: dort bezieht sich die Intension
auf den Begriff der Thätigkeit selber, hier auf die Zeit der Thätigkeit. Diese beiden Beziehungen des Identitätsverhältnisses werden
durch verschiedene Behandlung der Reduplications-Sylbe auch der
Form nach von einander gesondert, obwohl gerade hierin die einzelnen Sprachen von einander abweichen. Die reduplicirenden Präsentia des Griechischen haben in der Reduplications-Sylbe ein *ι*,
die griechischen Perfecta ein *ε*, und in andern Sprachen ist dies
wieder anders; ursprünglich mag ein solcher Unterschied überhaupt
nicht stattgefunden haben.

Die reduplicirenden Präsentia werden ursprünglich ohne Bindevocal formirt, d. h. die dem Präsens eigenthümlichen Endungen
treten soweit es möglich ist unmittelbar und ohne Annahme eines
bindevocalischen α an die Wurzel: *ίστη-μι*. Eben dies ist auch
das Bildungsprincip der Perfecta. Da ursprünglich sämmtliche Perfecta der Wurzelverba reduplicirten, so findet auch bei ihnen durchgängig die bindevocallose Flexion statt: es besteht kein Unterschied
zwischen bindevocallosen und bindevocalischen Perfecten, wie dies
bei den Präsentia der Fall ist.

Was nun die Formation selber betrifft, so müssen wir hier
zunächst auf die griechischen Perfecta verweisen. Aus dem Medium
(Passivum) derselben ergiebt sich sofort, dass die Perfectendungen
mit den Präsensendungen identisch sind; der Unterschied besteht
eben nur darin, dass das *μαι, σαι, ται* u. s. w. im Perfect durchgängig ohne Bindevocal angefügt wird, bei den meisten Präsentia
dagegen mit Bindevocal: *ο-μαι, ε-(σ)αι, ε-ται*. Dieselbe Indentität

tritt beim activen Perfectum des Griechischen wenigstens in der
Mehrheit hervor, denn auch diese hat mit der Mehrheit des Präsens
die Endungen gemeinsam: *μεν, τι, ντι, τον, τον*. Nur mit dem
Bindevocale verhält es sich hier etwas anders als im Medium (Passivum). Es giebt zwar einige Perfectformen, welche auch in der
Mehrheit des Activums ohne Bindevocal formirt werden wie z. B.
ἴδ-μεν (ἴσ-μεν), aber gewöhnlich wird hier durchgängig ein Bindevocal angewandt. Dennoch aber ist auch der Bindevocal hier keineswegs derselbe wie im Präsens: dort im Präsens erscheint *o* oder
ε, hier im Perfectum ein *α*. Darf man annehmen, dass sich in
diesem *α* des Perfectum der Bindevocal in seiner ursprünglichen
Gestalt bewahrt habe, im Vorzuge vor dem *o* und *ε* des Präsens?
dass demgemäss der Bindevocal des Perfectums älter und ursprünglicher als der des Präsens sei? Wir werden wohl bei einer solchen
Annahme fehl gehen, denn so auffallend es auch erscheinen mag,
es zeigt sich nun einmal in den griechischen Flexionen die Thatsache, dass sich gerade das alte und ursprüngliche a der Ablautung
zu *o* und *ε* hat unterziehen müssen, während ein nicht umgelaute-
tes a immer auf eine jenem zu *o* und *ε* abgelauteten a nicht coordinirte Stellung hinweist. Man vergleiche den Accusativ *λόγ-ον*
mit *πατέρ-α[ν]*, den Plural *λέγ-οντι(ουσι)* mit *διδό-αντι(ᾶσι)*, das
Imperfectum *ἔλεγ-ον* mit *ἥι-α[ν]* u. s. w. Auch dem *α* in *οἴδ-αμεν*,
λελοίπ-αμεν, ἐοίκ-αμεν werden wir um so eher diese secundäre
Stellung zuerkennen müssen, als neben diesen Perfecten wenigstens
hin und wieder alte Nebenformen vorkommen, welche das *α* noch
entbehren, wie z. B. das oben angeführte *ἴδ-μεν*.

Perfectum Indicativi.

Wir können hier nun gleich auf die parallelen Formen des
germanischen Perfectums eingehen. Passive (mediale) Formen des
Perfects haben sich leider mit Ausnahme des hier noch nicht in
Frage kommenden Participiums im Gotischen nicht erhalten, aber
die Mehrheitsformen des Activums zeigen im Germanischen dieselbe
Eigenthümlichkeit wie im Griechischen. Sie haben, wie es doch
gewöhnlich der Fall ist, zwar stets einen B i n d e v o c a l, aber es
ist dieser so wenig im Germanischen wie im Griechischen derselbe

Bindevocal wie im Präsens, denn er zeigt im Germanischen ursprünglich die Form u:

pl. 1. gr. ϝίδ-μες ϝοίδ-α-μες   ahd. wiz-*u*-mēs

    2.   ϝίσ-τε ϝοίδ-α-τε   wiz-*u*-t

    3.   λελοίπ-α-ντι   wiz-*u*-n

dl. 1.   —   got. wit-*u*

    2.   ϝίσ-τον, ϝοίδ-α-τον   wit-*u*-ts.

Der Bindevocal u ist in dem gotischen Präsens der bindevocalischen
Verba eben so unerhört, wie im Präsens der griechischen bindevocalischen Conjugation der Bindevocal α; denn wenn sich im Althochdeutschen in 1 sg. ein u zeigt, so ist dies aus langem α hervorgegangen. Zeigte sich früher beim Präsens, dass gotischer
Bindevocal i einem griechischen ε, gotischer Bindevocal a einem
griechischen o entspricht, so haben wir hier einen dritten Fall,
dass dem als secundär anzusehenden Bindevocale α des griechischen
Perfects ein germanisches u parallel steht:

a. lig-*α*-mes   lig-*α*-nd   lig-a

   λέγ o-μες   λέγ-ο-ντι   λέγ-ω

b. lig-*i*-s   lig-*i*-th

   λέγ-ε-σι   λέγ-ε-τι

c. wit-*u*-m   wit-*u*-t

   ϝοίδ-α-μες   ϝοίδ-α-τε.

Wenn wir nun diesen dritten Bindevocal u des gotischen Perfects
für nicht ursprünglich erklären, so spricht dafür nicht blos das
Griechische, sondern vor Allem auch der Optativ. Der gotische
Indicativ Perfecti hat freilich in der Mehrheit den Bindevocal, aber
im Optativ kommt bei keiner gotischen Perfectform der Bindevocal
vor, sondern überall tritt hier an die Wurzel sofort der optative
Modusvocal ī (ei). Es wird hiervon weiter unten näher die Rede sein.

     Was die hinter dem u erscheinenden Personalendungen
betrifft, so sind dieselben bis auf 3 pl. und 1 dl. mit denen des
indicativischen Präsens identisch.

     Für 3 pl. sollten wir nach Analogie des Präsens ein got. u-nd,
ahd. u-nt erwarten (aus ursprünglichem u-nti). Doch ist dies noch
weiter zu blosem un abgekürzt. Wie es gekommen ist, dass der

auslautende Dental hier im Perfectum Abfall erlitten hat, während er sich den Lautgesetzen gemäss doch eben so gut wie im Präsens hätte halten können, vermag ich nicht zu sagen. 1 dl. lässt sich nur bei den präsentischen Perfecten, nicht aber bei den übrigen nachweisen. Sie geht hier auf den blosen Bindevocal u aus: mag-u Mc. 10, 39. — 2 dl. kommt nicht blos von präsentischen Perfecten vor: mag-uts, vit-uts, sondern lässt sich wenigstens in Einem Beispiele auch in der Klasse der übrigen Perfecta belegen: gaschw-uts Luc. 7, 22.

Eine eigenthümliche Erscheinung gewährt in allen indogermanischen Sprache der active

Singular des indicativen Perfectums.

Für alle übrigen Perfectendungen liegt überall trotz einzelner Eigenthümlichkeiten deren Identität mit der Präsensendung klar zu Tage, aber gerade im activen Präsens ist dies nicht der Fall:

	1 sg.	2 sg.	3 sg.
Skr.	tutōd-a	tutōd-tha und itha	tutōd-a
Gr.	οἶδ-α	οἶσ-θα	οἶδ-ε
	λέλοιπ-α	*λέλοιπ-ας	λέλοιπ-ε
Got.	wait-[a]	wais-t[a]	wait-[a]
	saislêp-[a]	saislêp-t[a]	saislêp-[a]
Ahd.	weiz-[a]	weis-t[a]	weiz-[a]
	sliaf-[a]	sliaf-i[tha]	sliaf-[a].

Das Indische zeigt in der ersten und dritten Person hinter der Wurzel ein bloses a, welchem im Griechischen für 1 sg. ein α, für 3 sg. ein ε entspricht. So wie im Indischen muss es auch im Germanischen gewesen sein: kurzes a am Schlusse des Wortes verträgt aber das germanische Lautgesetz nicht und so ist 1. 3 sg. des germanischen Perfectums endungslos geworden.

In der zweiten Person des singularen Perfects bietet das Griechische gewöhnlich die Endung ας dar, ganz vereinzelt steht die Endung θα, die im griechischen Perfectum noch seltener ist, als im gr. Präsens. Im Indischen aber ist tha die regelmässige und durchweg herrschende Endung für 2 sg. des Perfectums; sie kann nach

Belieben entweder unmittelbar an die Wurzel gefügt werden oder
mit dem Bindevocale i (als itha) daran treten. Der indischen Formation entspricht genau die germanische. Für alle Perfecta des
Gotischen und Altnordischen, sowie für die präsentischen Perfecta
(vgl. S. 200) des Althochdeutschen und Altsächsischen geht 2 sg.
von der im Indischen vorkommenden bindevocallosen Form auf tha
aus; da aber auslautendes a nicht gehalten werden konnte, so musste
die vorauszusetzende Endung ta zu blosem t werden. Ich kann
nicht umhin, darauf aufmerksam zu machen, dass die auslautende
dentale Muta hier für alle germanischen Dialecte die Tenuisform
hat, ein einziges Mal lautet die Endung im Gotischen st: saisō-st.
Das Griechische und Indische hat hier eine aspirirte Dentalis: ϑα,
tha; das Germanische steht mit der lateinischen Endung sti (tutud-
istī) auf einer Lautstufe der Dentalis und insbesondere berührt sich
gotisches saisō-st mit dem Lateinischen. Der für den Begriff der
zweiten Person charakteristische Consonant ist zwar auch sonst
häufig eine dentale Aspirata, aber fast eben so oft begegnet uns
die dentale Tenuis und diese wird wohl die ursprüngliche Lautform
gewesen sein; das Germanische hätte also in dieser Beziehung für
2 sg. des Perfectums vor dem Griechischen und Indischen grössere
Ursprünglichkeit voraus. Das Lautverschiebungsgesetz konnte auf
die dentale Tenuis dieser Endung keinen Einfluss ausüben, weil sie
unmittelbar hinter einem Consonanten steht, denn es schliessen die
Wurzeln entweder mit einem Consonanten oder wenn dies nicht
der Fall, so wird eine andere Formation gewählt wie z. B. die
Einschiebung eines s in dem gotischen sai-sō-st.

Es ist oben bemerkt, dass im althochdeutschen, altsächsischen
und angelsächsischen Dialecte blos die präsentischen Perfecta im
2 sg. auf den Consonanten t ausgehen. Alle übrigen Perfecta
zeigen in diesen Dialecten statt des t den Vocal i als Endung.
Während t dem indischen tha entspricht, muss die Endung i mit
der indischen Endung itha identificirt werden, die mit tha willkürlich wechseln kann. Dem Auslautgesetze gemäss musste sich itha
oder vielmehr ita im Germanischen zu it verkürzen; unabhängig
von dem Auslautgesetze ist aber ausserdem auch noch das t abgefallen und somit von der ursprünglichen Endung ith oder ita bloss
der Bindevocal i geblieben, das eigentliche Personalzeichen ist

gänzlich verloren gegangen (ebenso wie sich in 3 pl. unt zu un verkürzt hat).

Das Vorstehende zeigt, dass das Germanische in seinem singularen Perfectum früher durchaus auf der Stufe des Indischen, beziehungsweise des Griechischen gestanden hat. Aber auch diese Stufe kann nicht die ursprüngliche sein; denn 1 und 3 sg. muss anfänglich gerade so wie jede andere Form einst ein den Personalbegriff bezeichnendes Lautelement besessen haben. Das Lateinische ist die einzige Sprache, in welcher, wenn auch nicht die erste Person, so doch wenigstens die dritte ihren Personalconsonanten bewahrt hat: tutud-i-t. Es sei daran erinnert, dass das dem t vorausgehende i in der älteren Latinität eine Länge war, in gleicher Weise auch das in der ersten und zweiten Person auf die Wurzel folgende i: tutud-ī tutud-i-stī tutud-ī-t. Nach Analogie des t der dritten werden wir auch für die erste Person des Lateinischen eine auf das Personalzeichen m ausgehende Form als die ursprünglichere voraussetzen müssen:

tutud-ī-[m]   tutud-i-stī   tutud-i-t.

Das lange i ist ein sowohl im Griechischen wie im Germanischen nicht vorkommender Bindevocal, doch hat ihn das Lateinische mit dem Indischen gemeinsam. Zwar wird er hier im Indischen nicht in den hier in Frage kommenden Perfectformen, wohl aber in andern Verbalformen als Personal-Bindevocal gebraucht und zwar vorzugsweise gerade in solchen, wo man eigentlich Bindevocallosigkeit erwarten sollte. Formell entspricht dem vorauszusetzenden lateinischen tutud-īm z. B. das altindische badh-īm (interfeci) als 1 sg. des Aorists. Der Aorist hat in allen seinen Endungen von Anfang an des auslautenden i entbehrt, das Perfectum dagegen, wie es in seinem Passivum dem passiven Präsens analog den Auslaut ai hat, muss in seinem Activum ursprünglich mit dem das active Präsens auslautenden i geschlossen haben, und so dürfen wir für das lateinische tutud-īm und tutud-i-t ein noch älteres

tutud-ī-[mi]   tutud-ī-t[i]

voraussetzen. Man hat wohl für 1. 3 sg. des indischen Perfectums angenommen, dass das Personalzeichen m und t nicht hinter dem auslautenden a, sondern vor demselben abgefallen, also dass die

16

indische 1 sg. tutôd-a aus tutôd-[m]a, die 3 sg. tutôd-a aus tutôd-[t]a
hervorgegangen sei. Aber der Vergleich mit dem lateinischen
tutud-i-t, in welchem wir des langen ī wegen doch sicherlich keine
erst „nach falscher Analogie gestaltete" Form, sondern vielmehr eine
ganz alterthümliche Bildung anzunehmen haben, spricht dagegen
und verlangt, dass wir auch für 1. 3 sg. des indischen, des griechischen und somit auch des germanischen Perfects einen ursprünglichen Auslaut mi und ti voraussetzen müssen:

Lat.	tutud-ī-[mi]	tutud-i-t[i]
Skr.	tutôd-a-[mi]	tutôd-a-[ti]
Gr.	λέλοιπ-α-[μι]	λέλοιπ-ε-[τι]
Got.	saislép-[a-mi]	saislép-[a-ti].

Weshalb nun aber überall im Indischen, Griechischen und
Germanischen vor dem mi und ti im Perfectum der Bindevocal a
angenommen wurde, lässt sich nicht sagen, denn wir sollten hier
ebenso gut Bindevocallosigkeit erwarten, wie z. B. in den Passivformen des griechischen Perfects. Die Gestalt, welche hier der
lateinische Bindevocal hat, nämlich i, erklärt sich viel leichter als
das a, denn i ist gleich dem u im pluralischen Perfects des Germanischen ein entschieden secundärer Bindevocal, der wie gesagt
auch im Indischen stets an solchen Stellen erscheint, wo man
eigentlich Bindevocallosigkeit voraussetzen sollte. *)

----

*) Die übrigen Personen des lateinischen Perfects berühren sich zwar
nicht unmittelbar mit den germanischen, sind aber für den hier eingeschlagenen Weg, die Genesis der Verbalformen zu erklären, nicht ohne Bedeutung.
Von den beiden Formen der dritten Pluralperson tutudérunt und tutudére
sieht man bisher die letztere als eine Abkürzung der ersteren, die man der
Agglutinationstheorie auch hier getreu als eine Composition des Perfectstammes mit dem Hilfsverbum sunt auffasst. Man wird umgekehrt tutudére für die
ursprüngliche und tutudérunt für eine paragogisch daraus erweiterte anzusehen
haben. tutudére berührt sich unmittelbar mit dem gleichbedeutenden indischen
tutudus. Es wird der allgemeinen Ansicht gemäss sein, dass das indische
tutudus ursprünglich den präsentischen Vocal i im Auslaute hatte:

Skr.	tutudus i)	d. i. tutud-u-s i)
Lat.	tutudére	d. i. tutud-ě-re
aus tutudisi	d. i. tutud-i-si.

Der im Skr. verloren gegangene Auslaut i hat sich im Lateinischen gehalten, nur dass er wie in mare zu kurzem i werden musste; r ist ein rhota-

Optativ des Perfectums.

In allen übrigen Sprachen zeigen sich für die Bildung der perfectischen Modi subjectivi nur einzelne Ansätze (das lateinische tutud-erim ist als Composition mit sim nicht unter die alten orga-

---

cirtes s, der Vocal e ist eine durch das folgende r bewirkte Umformung aus älterem i und somit seiner Genesis nach derselbe Bindevocal wie in tutudimus und tutudīsti, tutudīt. Blos die Form des Bindevocals ist es, was das lateinische tutudēre vom indischen tutudus scheidet, denn hier ist der Bindevocal u gebraucht. Das indische tutud-u-s(i) mit Berücksichtigung der Lautgesetze aus tutud-a-nti herzuleiten, ist ein Kunststück, welches vergebens auf seine Ausführbarkeit wartet. Die Endung us(i) ist eine neben a-nti stehende, aber keineswegs daraus hervorgegangene Endung, etwa ebenso wie οἶδας neben οἶσθα steht, aber nicht aus οἶσθα hervorgegangen ist. In tud-a-nti ist a Bindevocal, t Personalcharakter, u das die Mehrheit bezeichnende Element. In tutud-u-s i) ist u Bindevocal, s das die Mehrheit bezeichnende Element, ebenso wie in tud-ā-mas, tutud-a-tus und tutud-istis. Ein Personalzeichen fehlt und hat hier nie eine Stelle gehabt. Die nicht-agglutinirende Methode für die Erklärung der Flexionsendungen, welche von mir in diesem Buche angewandt ist, lässt den ursprünglichen Mangel eines Personalzeichens bei der dritten Person als etwas Natürliches erscheinen, vgl. S. 178. Denselben Mangel zeigt die indische 3 pl. im bindevocallosen Imperfectum und Aorist: abibhar-u-s, in allen Optativen tudéj-us, im medialen Perfect tutud-i-rē und in den Veden auch in einigen medialen Präteritumsformen auf ra.

Es ist nun eine in die indogermanischen Sprachen späterhin eindringende Eigenthümlichkeit, dass die älteren Formen der 3 pl., namentlich dann, wenn sie der Analogie der gewöhnlichen Bildung nicht folgen, durch Hinzufügung der gewöhnlichen Endung erweitert werden. So hat sich im Germanischen sind zu sind-un erweitert (mit der für die bindevocallosen Präsentia üblichen Perfectendung un), im Griechischen der Imperativ ἔστων, ursprünglich ἐ(σ)ο-ντοι zu ἔστωσαν; ebenso steht dem indischen

adad-u-s (aus adadⁿus)

im Griechischen ein

ἐδίδο-σαν(τ)

gegenüber, indem das ursprünglich ganz wie das lateinische tutudere gebildete ἐδίδο-ς durch die vulgäre Endung σαν(τ) erweitert ist, während alle analogen Bildungen des indischen bindevocallosen Präteritums im Activ auf bloses s ausgehen. Und gerade so wie ἐδίδοσ-αν(τ) sich zu adadus, ebenso verhält sich das lateinische tutuder-unt zu tutudēre:

	A.	B.
I. Skr.	adad-u-s	tutud-u-s(i)
Lat.	. . . . . .	tutud-e-re
II. Gr.	ἐδίδο-σ-αν(τ)	Lat. tutud-e-r-unt.

Die Formen I. sind die ursprünglichen, die Formen II. die paragogisch daraus erweiterten, die mit A. bezeichneten Präteritumsformen haben niemals hinter

nischen Bildungen des Modus subjectivus zu rechnen). Blos das
Germanische hat jene alten Ansätze, wenn wir diesen Ausdruck

dem s ein i gehabt, während die Formen B ursprünglich auf i auslauteten
und im Lateinischen diesen Auslaut in der Gestalt von e bewahrt haben.
Das e in tutudere steht demnach dem i in tremonti gleich. Dass gerade das
lateinische Perfect seinen ursprünglichen Auslaut i (e) bewahrt hat, wird um so
weniger auffallen, als eben auch das lateinische Perfect von allen indogermanischen Perfecten das einzige ist, welches in 3 sg. tutudit sein altes t (mit
dem im indischen badhim erscheinenden alterthümlichen Bindevocale i) erhalten hat.

Auf einer früheren Stufe des Lateinischen muss dies auslautende i alle n
Perfectpersonen gemeinsam gewesen sein:

    sg. 1. tutud-ī-(m-i,
       2. tutud-ī-sta-i zu tutud-ī-stī
       3. tutud-ī-t-(i)
    pl. 1. tutud-i-mas-'i) zu tutud-i-mus
       2. tutud-i-stas-(i) zu tutud-i-stis
       3. tutud-ī-si zu tutud-ēre.

Hiermit erledigt sich die Erklärung der durch ihr langes auslautendes i
anscheinend so auffallenden zweiten Singular-Person auf stī. Nach
der von mir S. 163 gegebenen Darstellung besteht das ursprüngliche charakteristische Element der zweiten Person darin, dass das Zeichen der dritten
Person t um einen der drei Vocale a, i, u erweitert wird: nicht blos tu (im
Skr. sva, dhvē), sondern auch ti (im Skr. çru-dhi, gr. κλῦθι) und ta (im Gr.
ἴχησθα) sind ursprüngliche Zeichen der zweiten Person. Das s im Imperativ
κλῦ-θι hat nichts mit dem präsentischen Auslaute i, das α in ἴχη-σθα hat
nichts mit dem Medialauslaute a (in atuda-ta, λεγό-μεθα) gemein, vielmehr kann
sich der Präsensauslaut i mit der zweiten Personalendung ta (sta, θα, σθα)
verbinden. Es ist dies geschehen im Perfectum, welchem als Modus der Gegenwart ursprünglich derselbe i-Auslaut wie im Präsens zukommt. Dem griechischen οἶσθα, dem indischen tutud-itha fehlt das auslautende i, ebenso wie
dem präsentischen τετί-ὄ-μεθα (Skr. tud-ā-mahē d. i. tud-ā-mahai); die entsprechende Form des Lateinischen hat es behalten, denn tutud-ī-stī ist contrahirt aus tutud-ī-sta-i, es ist ein gleich ehrwürdiger Rest ältesten Sprachgutes wie tutud-ī-t, tutud-ē-re.

So stimmt auch hier meine Theorie von der Genesis der Flexionen zu
dem wirklichen sprachlichen Thatbestande. Ich habe nicht nöthig, für die
anscheinend so auffällige Schlusslänge von tutudisti meine Zuflucht zur Annahme einer „unorganischen Verlängerung des ursprünglich kurzen Auslautes"
zu nehmen. Eine solche unorganische Verlängerung kommt im Lateinischen
niemals vor, — auch nicht in mihī, tibī, — auch nicht in cornū, welches
nichts Anderes ist als cornu-e d. i. cornu-i, nämlich eine Hinüberführung der
u- in die i-Declination vgl. svādhu, ἀδύ, suā(d)u-e, suāve. Die Contraction
des nominativischen und accusativischen cornū aus cornu-i entspricht dem
Dativ cornū aus cornui.

wählen dürfen, zur vollständigen und ausgedehnten Entwicklung geführt. Conjunctive des germanischen Perfects fehlen zwar gänzlich, dafür aber kann von jedem Verbum ein Optativ des Perfects gebildet werden, und zwar ist dies keine secundäre, erst nach Analogie des präsentischen Optativs entwickelte Formation, wie bei den meisten perfectischen Optativen der griechischen Sprachen, sondern eine alte originäre Bildungsweise.

Das Perfectum verlangt seinem Wesen nach bindevocallose Anfügung der Endung. Dies Princip ist nicht blos im griechischen Passivum (etwa mit Ausnahme von 3 pl.) durchgängig gewahrt, sondern ebenso auch im germanischen Optativ des Perfects. Der Optativ-Vocal ist i, in der bindevocalischen Conjugation des germanischen Präsens tritt er mit dem Bindevocale a an die Wurzel, im Perfectum wird er mit ihr unmittelbar verbunden. Es ist nun eine eigenthümliche Erscheinung in den indogermanischen Sprachen, dass der Optativ-Vocal i bei bindevocalloser Anfügung sich entweder mit einem affigirten ā zu jā erweitert oder dass er zu ī gedehnt wird. Der lateinische Optativ siēm (aus esiēm) und sīm und sīmus (aus esīm und esīmus), das griechische διδο-ίην und διδο-ί-μεθα bilden hierfür anschauliche Beispiele. Ebenso verhält es sich mit dem Optativ-Vocale im bindevocallosen Optativ des germanischen Perfectums. Am häufigsten erscheint er als langes ī (im Got. als ei geschrieben):

go. 2 sg. saislēp-eis 1 pl. saislēp-eima 2 pl. saislēp-eith 3 pl. saislēp-eina
ahd.   sliaf-īs   sliaf-īm(īs)   sliaf-īt   sliaf-īn.

Blos in 1 sg. des Gotischen ist er durch suffigirtes ā zu jā (verkürzt ja) erweitert, denn dies ist die Form des Optativ-Vocales, welche dem gotischen

1 sg. saislēp-jau

zu Grunde liegt. Von dem auslautenden u ist dasselbe zu sagen, wie von dem u der gotischen 1 sg. Conjunctiv Praes. slēp-au, gib-au (S. 227). Ich meinerseits kann es mit den Lautgesetzen nicht vereinen, wenn man in der Endung jau eine unmittelbare Entwicklung aus jām finden will (eine Vocalisirung des m zu u), ich muss als ursprüngliche Form

saislēp-jā[m]u

voraussetzen, über dessen u ich mich nach dem S. 187 Gesagten

hier nicht weiter auszulassen brauche. Das Althochdeutsche und
die übrigen germanischen Dialecte zeigen statt des got. jáu in 1 sg.
ein bloses i, welches aus ìm hervorgegangen ist, gerade so wie das
i in 3 sg. aus ìt. Die auf den Optativ-Vocal des Perfects folgenden Personalendungen sind nämlich durchweg dieselben, wie diejenigen, welche im Optativ des Präsens hinter dem Modusvocale ai
oder ē erscheinen; wo der Optativ ē zu ĕ verkürzt ist, da ist auch
eine Verkürzung des ī zu kurzem ĭ eingetreten.

Imperativ des Perfects.

Der Imperativ kommt wie der griechische Imperativ des activen Perfectums blos in der Classe der präsentischen Perfecta, nicht
in der ursprünglichen Classe der übrigen Perfecta vor. Aber selbst
dort ist er nur durch ein einziges gotisches Beispiel zu belegen,
nämlich durch den Imperativ von ôg (ich fürchte mich). Er lautet:

ôg-s.

Diese interessante Imperativform ist völlig gesichert, denn sie kehrt
bei Ulfilas mehrmals wieder (Luc. 1, 13. 30, Joh. 12, 15, Röm. 4);
es ist wohl nur zufällig, dass wir keinen Imperativ !man-s (von
man ich glaube) und vis-s (d. i. ἴσϑι, von vait ich weiss) vorfinden
— von den meisten präsentischen Perfecten freilich konnte ihrer
Bedeutung wegen ein Imperativ nicht gut gebildet werden, wie von
mag (ich vermag), kann (ich kann), skal (ich soll) u. s. w.

Der Imperativ des bindevocalischen Präsens besteht bei Ulfilas
in der blosen Wurzel des Verbums. Auf einer früheren Stufe lautete er wie das griechischen λέγ-ε, wie das indische tud-a auf den
Bindevocal a aus. Hier im Imperativ des bindevocallosen Perfects
dagegen finden wir ein s. Auch das Griechische und Indische
unterscheidet bindevocalischen und bindevocallosen Imperativ genau
von einander. Der letztere hat im Griechischen entweder ein ϑι
oder ein ς zur Endung. Die letztere Imperativformation auf ς,
z. B. δός, ist genau dieselbe wie in unserem got. ôgs. — Für seine
präsentischen Perfecta wendet indess der griechische Imperativ
nicht die Endung ς, sondern die Endung ϑι an: ἴσ-ϑι, κέκραχ-ϑι,
ἄνωχ-ϑι; ihr würde im Gotischen eine Form ôg-t, vais-t entsprechen.

Die in den übrigen Dialecten vorkommenden Imperative der präsentischen Perfecta (ihre Zahl ist sehr gering) sind spätere, nach der Analogie der Imperative des bindevocalischen Präsens formirte Bildungen. So das hochdeutsche wizze, pl. wizzet (wizzit) und bei Notker wizzent —, chunne, chunnet (disce, discite) bei Bo. 5, Frg. 25.

Schliesslich möge darauf hingewiesen werden, dass auch im Lateinischen gerade wie im Gotischen nur ein einziges Imperativbeispiel von (präsentischen) Perfecten vorkommt, nämlich der Imperativ memen-to, — ebenfalls ohne Bindevocal gebildet.

Infinitiv und Participium des activen Perfects.

Es wird blos von den präsentischen Perfecten, nicht von den übrigen formirt. Das Participium unterscheidet sich in seiner Endung niemals von dem Participium des Präsens: got. wit-ands wissend, während im Griechischen dem präsentischen -ων οντος auch in den präsentischen Perfecten ein ώς ότος gegenübersteht (got. vit-ands ist griechisches ϝειδ-ώς). — Auch in der Infinitiv-Endung findet Identität zwischen den Präsentia und den präsentischen Perfecta statt, z. B. got. vit-an, mit der einzigen Ausnahme, dass im Altnordischen von kann, veit, tharf u. s. w. zwar mit präsentischer Endung die Infinitivform vit-a, konn-a, thurf-a gebildet wird, von den beiden Wörtern skal und man aber ein Infinitiv auf u, der im Präsens keine Analogie hat:

Inf. skul-u, mun-u.

Das Griechische hat zwischen den activen Infinitiven des Perfects und des Präsens abweichend vom Germanischen einen durchgreifenden Unterschied der Endungen. Im Perfectum erscheint die Endung ἐναι; es stimmt dieselbe mit der germanischen Infinitivendung an, die hier nicht bloss im Perfectum, sondern auch im Präsens vorkommt:

gr. Inf. Perf. λελοιπ-έναι
ϝειδ-έναι
got. Inf. Perf. vit-an
Inf. Praes. gib-an.

Aber auch diejenigen Präsentia, welche ohne Bindevocal formirt
werden, haben, wenn auch nicht die Endung ἐναι, so doch die
damit verwandte Endung ναι:

διδό-ναι.

Der Infinitiv der bindevocalischen Präsentia wird anders formirt, nämlich durch ειν (dor. εν) oder älter durch ἐμεναι, ἐμεν.
Wer da annehmen wollte, dass der Infinitiv der präsentischen Perfecta auf an eine blose Uebertragung der vulgären Präsensendung
an sei, dem steht die Thatsache entgegen, dass eben die diesem
an analoge griechische Endung ἐναι dem Infinitiv des Perfects,
aber nicht dem Infinitiv des bindevocalischen Präsens zukommt.
Zudem muss noch eine andere Thatsache von der Annahme abhalten, dass der Infinitiv vitan kein alter ursprünglicher Infinitiv
des Perfects, sondern erst nach Analogie von gripan gebildet sei;
dies ist der in vitan stattfindende Vocalunterschied von der entsprechenden Indicativform gripan — im Gegensatze zu der Indentität des
Wurzelvocals, welche beim Infinitiv und Indicativ des Präsens
gripan und gripa stattfindet. Gerade so wird auch im Griechischen
vor der perfectischen Infinitivendung ἐναι ein anderer Vocal als im
Indicativ gebraucht:

ϝοῖδ-α   ϝειδ-έναι

wait   vit-au.

Participium des passiven Perfects. *)

Dies ist das Einzige, was sich von Passivformen des Perfectums im Germanischen erhalten hat; früher wird auch dem Indicativ und Optativ des Perfectums eine dem got. gibada, gibaidau,
gibaza u. s. w. analoge Passivform gegenüber gestanden haben.
Jenes passive Participium des Perfects ist allen germanischen Dialecten gemeinsam und kann von allen Perfecten gebildet werden,
doch kommt es bei den präsentischen Perfecten nur spärlich vor.
Die Endung des deutschen Particip Perfecti passivi ist ihrem Wesen nach mit der des griechischen identisch, wenn auch die Form
nicht völlig zusammenfällt:

---

*) Ueber die Composition des passiven Participiums mit der Partikel ga,
ge u. s. w. s. unten.

gr. μένο-ς
got. an[a]-s
ahd. ane-r.

Näher noch berührt sich das germanische Participium mit dem indischen, denn neben der dem griechischen μενο-ς entsprechenden Endung māna-s gibt es hier auch ein mit dem germanischen an[a]-s unmittelbar sich berührendes āna-s. Vocallänge der Endung unterscheidet das indische gleichmässig von dem griechischen wie von dem germanischen; im Avesta aber kommen die beiden im Indischen erscheinenden Participendungen auch mit kurzem Vocale vor: mana und ana.

Offenbar besteht ein formeller Zusammenhang zwischen der griechischen Perfectendung μένος mit der Infinitivendung μέναι, — ebenso aber auch ein Zusammenhang des germanischen Infinitivs auf an (gr. έναι) mit dem Particip auf an(a)-s (Skr. āna-s, Avesta ana) statt:

	Bindevocalisches Präsens.	**Perfect.**
Infin. Gr.	μέναι	έναι
Got.	an	an
Part. Gr.	μένος	μένος
Ind.	mānas	ānas
Got.	. . . .	an[a]s.

Schwerlich darf man annehmen, dass die kürzern Endungen aus den mit m anlautenden durch Abfall dieses Consonanten entstanden sind; wahrscheinlich sind die letzteren eine erweiterte Bildung aus den mit dem Vocal anfangenden kürzeren und verhalten sich beide zu einander wie die Substantiv-Suffixe an und man.

Reduplication und Wurzelvocal des Perfectums.

Die dem Perfectum ursprünglich charakteristische Reduplication hat sich nur bei der geringeren Zahl der Wurzeln erhalten und auch hier tritt sie nur im Gotischen unverstümmelt uns entgegen, während sich in den andern Dialecten ein wenn auch allerdings sehr scharf hervortretendes Zeichen ihres ehemaligen Vorhandenseins in der Formation des Perfectums bewahrt hat. In der bei

weitem grösseren Zahl der Wurzeln ist die Reduplicationssylbe
ebensowohl im Gotischen wie in den andern Dialecten frühzeitig
verschwunden, die zurückgelassenen Spuren derselben sind erst
mit Hülfe mikroskopischer Sprachvergleichung ermittelt worden.

Hiernach sind die Perfecta in zwei Classen zu sondern: Perfecta mit abgefallener Reduplicationssylbe und reduplicirende Perfecta.

Abfall und Beibehaltung der Reduplicationssylbe hängt mit
der Gestaltung des Wurzelvocales aufs engste zusammen. Diejenigen Wurzeln, welche ihren Vocal in sämmtlichen Verbalformen
durchgängig zu einer Länge oder einem Diphthongen verstärken,
ohne jemals die ursprüngliche Kürze hervortreten zu lassen, haben
im Perfectum ihre Reduplicationssylbe behalten. Eben dahin gehören auch die possitionslangen (mit zwei Consonanten geschlossenen) Wurzeln, deren Vocal a sich in allen Verbalformen unverändert hält (weder durch Ablaut zu i oder u geschwächt, noch durch
Dehnung verstärkt wird). Jede Wurzel dagegen, welche für ihre
verschiedenen Verbalformen bald einen ursprünglichen kurzen, bald
einen durch Verlängerung oder Diphthongisirung verstärkten oder
einen durch Ablaut geschwächten Wurzelvocal darbietet, hat regelmässig schon im Gotischen die Reduplicationssylbe des Perfectums
aufgegeben.

1) Perfecta mit verschwundener Reduplicationssylbe.

Für sie gilt zunächst das durchgängige Gesetz, dass das Perfectum des Passivs (im Germanischen blos durch das Participium
vertreten) die leichteste Form des Wurzelvocals darbietet, der
singulare Indicativ des activen Perfects dagegen die
schwerste. Wo eine blos zweifache Gestalt des Wurzelvocals vorhanden ist, da stimmt der Wurzelvocal des Präsens mit dem des
passiven Perfects; wo eine mehr als zweifache Gestalt des Wurzelvocales sich entwickeln lässt, da steht der Wurzelvocal des Präsens
in seiner Schwere zwischen dem singularen Indicativ des activen
Perfectums und dem passiven Perfectum in der Mitte.

I. Verba mit dem Wurzelvocale i: a) das Präsens hat
die leichtere Wurzelverstärkung i; b) der singulare Perfect Indic.

hat die schwerere Wurzelverstärkung ai; c) das Perf. pass. hat
den unverstärkten Wurzelvocal i:

    Praes. bit-a   sg. Perf. Ind. bait   Perf. pass. bit-ans.

II. **Verba mit dem Wurzelvocale u:** a) das Präsens hat
die leichtere Vocalverstärkung iu; b) der sg. Perf. Ind. die schwerere Vocalverstärkung au; c) das Perf. pass. den unverstärkten
Wurzelvocal u:

giut-a	gaut	gut-ans.

III. **Verba mit dem Wurzelvocale a.** Der Vocal a ist
in einigen Wurzeln zu i (und vor Liquiden auch zu u) ablautsfähig,
in andern nicht.

1) **mit ablautsfähigem a:** a) das Präsens hat die Ablautsform i; b) der sg. Perf. Ind. den ursprünglichen, nicht durch Ablaut geschwächten Wurzelvocal a; c) das Perf. pass. entweder den
Ablaut i des Präsens oder die noch leichtere Vocalform u. Das
Letztere ist der Fall in denjenigen Wurzeln, wo auf den Vocal ein
Liquida folgt, das erstere in den übrigen; denn hier lässt sich blos
die Ablautsstufe i, aber nicht u entwickeln:

	gib-a	gab	gib-ans
vor Liquida :	nim-a	nam	num-ans.
	hilp-a	halp	hulp-ans.

2) **mit festem (nicht durch Ablaut zu schwächen-
dem) a:** a) das Präsens hat den unverstärkten Wurzelvocal a;
b) der sg. Perf. Ind. hat die Wurzelverstärkung ô; c) das Perf.
pass. hat gleich dem Präsens den unverstärkten Wurzelvocal a :

far-a	fôr	far-ans.

Wir sagten oben, dass da, wo mehr als zwei Formen des
Wurzelvocals möglich sind, dass da der Wurzelvocal des Präsens
ein zwischen dem Vocale des sg. Perf. Ind. und des Perf. pass. in
der Mitte stehendes Gewicht hat. Wir wollen dies dadurch noch
deutlicher hervorheben, dass wir in dem Folgenden die Präsensform zwischen die beiden in Rede stehenden Formen des Perfects
in die Mitte setzen; zugleich wollen wir mit dem Wurzelvocal a
und zwar zunächst mit dem festen (nicht durch Ablaut zu schwächenden) beginnen.

		I. sg. Perf. Ind.	II. Praes.	III. Perf. Pass. (part.)
Wurzelvocal a	festes a	fôr	fara	farans
	ablaut-bares a	gab vor { nam Liquida { balp	giba nima hilpa	gibans numans hulpans
Wurzelvocal i		bait	blta (heita)	bitans
Wurzelvocal u		gaut	giuta	gutans.

Es ergiebt der Augenschein, dass von den hier vorstehenden drei Verbalformen die erste jedesmal die schwerste Vocalform hat. Entweder zeigt sich dort ein ô (fôr), welches aus langem â entstanden, ja noch als eine Steigerung des langen â anzusehen ist. Oder es zeigt die erste Kategorie ein a, mag dies a nun der Wurzelvocal selber sein (gab, stal, halp) oder mag es den anlautenden Bestandtheil eines aus i und u gesteigerten Diphthongen bilden (graip, gaut).

Die zweite Kategorie zeigt da, wo die erste ein ô hat (d. i. ein gesteigertes langes â), den kurzen Vocal a. In allen übrigen Fällen aber, wo in der ersten Kategorie der Vocal a erscheint (isolirt oder als Bestandtheil eines Diphthongen), ist dies a in der zweiten Kategorie durchweg zu i geschwächt: als isolirter Vocal in giba, nima, hilpa, als Bestandtheil eines Diphthongen in blta (d. i. biita) und biuta.

Die dritte Kategorie von Verbalformen hat entweder dieselben Vocalformen wie die zweite: farans und gibans (hier lässt sich keine Vocalform entwickeln, welche noch leichter als die der zweiten Kategorie wäre), — oder es zeigt sich dem Ablautvocale i der zweiten Kategorie gegenüber der noch leichtere Ablautvocal u (numans, hulpans), oder endlich es zeigt sich, wenn in der zweiten Kategorie eine bereits durch Ablaut geschwächte Verstärkung des Wurzelvocales erscheint, in der dritten Kategorie der ursprüngliche unverstärkte Wurzelvocal (bitans und gutans).

Wir haben anzunehmen, dass in den bisher besprochenen Arten von Verben die Perfectform ursprünglich durch eine Reduplications-

sylbe erweitert und dass gerade diese das functionelle Element war,
welches dem Perfectum den ihm zunächst charakteristischen Begriff einer Vollendung der als gegenwärtig hingestellten Thätigkeit
verlieh. (Vgl. die einleitende Bemerkung zum Perfectum S. 235.)
Vom Standpunkte der germanischen Sprache selber aus lässt sich
zwar durchaus kein Nachweis führen, dass die in Rede stehenden
Verba ihr Perfectum einst reduplicirten, aber es folgt derselbe mit
Nothwendigkeit aus der Sprachvergleichung und darf zu den aller-
sichersten Sätzen der Grammatik gerechnet werden.   Wenn wir
hierbei von einer Reduplication des Perfectums sprechen, so haben
wir dabei die sämmtlichen Personen, Numeri und Modi des Perfectums, insbesondere auch sein passives Participium im Auge.   Es
scheint sich zwar die Ansicht geltend gemacht zu haben, dass das
passive Participium des Germanischen nicht in demselben Sinne,
wie das active Participium des Präsens sich unmittelbar an die
Verbalflexion anschliesse, sondern etwa wie das griechische Adjectivum verbale ausserhalb dieses Kreises stände; man hat die Endung
ans mit dem lateinischen nus in plenus, mit dem griechischen νός
in στεγνός und der hiermit identischen indischen Participialendung
nas (nicht mit ānas) identificirt.   Aber wir müssen die schon von
dem Begründer der deutschen Grammatik vertretene Ansicht nach-
drücklich hervorheben: „Die Participialendung ans, anēr berührt
sich mit der sanskr. und griech. medialen und passiven auf ānas
und μένος" Grimm d. Gr. 2, 1066, und verweisen hierfür auf die
S. 248 gegebene Erörterung zurück.   Die germanischen Participia
auf ans haben ursprünglich ebenso wenig wie die griechischen auf
μένος und die diesen entsprechenden indischen auf ānas der Reduplication entbehrt.

Das Griechische bildet die Reduplicationssylbe des Perfects
durchweg mit dem aus a abgelautetem Vocale ε (also ursprünglich
mit a), während es derselben im Präsens den Vocal ι zuweist.
Das Indische aber gibt der Reduplicationssylbe des Perfectums den
jedesmaligen ursprünglichen kurzen Wurzelvocal, also entweder ein
a oder ein i oder ein u.   Dieser Standpunkt des Indischen ist un- .
streitig der ursprüngliche.   Denn Reduplication ist zunächst nichts
Anderes, als eine zweimalige Setzung derselben Wurzel: mag es
immerhin sein, dass die Wurzel das einemal (im Anlaute) schon

gleich im Anfange gewisse Verkürzungen erhalten hat, so wird sie
doch ihren ursprünglichen Wurzelvocal i oder u nicht mit a vertauscht haben. Auch für das Germanische ist diese indische Re-
duplicationsweise als die älteste vorauszusetzen.

Die Ablautung des a zu i oder u, des ai zu ii (ī), des au zu
iu, des ā zu ō mag immerhin einer verhältnissmässig sehr frühen
Periode der germanischen Sprache angehören, aber dennoch kann
sie noch nicht in der allerfrühesten Zeit bestanden haben. Neben
dem durchgängigen Vorhandensein der Reduplicationssylbe im Perfect müssen wir daher auch noch das Fehlen jener Ablautsformen
voraussetzen. Und gehen wir zugleich auf die ursprünglichen
Endungen zurück, welche das Germanische besass, ehe sich das
Ablautsgesetz und sonstige Flexionsverkürzungen geltend machten,
so müssen wir für die obigen gotischen Verbalformen des Ulfilas
folgende ursprüngliche Formen annehmen (die Verschiebung der
Muta wollen wir hierbei unberücksichtigt lassen):

far-âmi	fafâr-a	fafar-anas
für fara	fôr	farans
gab-âmi	gagab-a	gagab-anas
für gib-a	gab	gib-ans
nam-âmi	nanam-a	nanam-anas
für nim-a	nam	num-ans
halp-âmi	hahalp-a	hahalp-anas
für hilp-a	halp	hulp-ans
bait-âmi	bibait-a	bibit-anas
für bit-a	bait	bit-ans
gaut-âmi	gugaut-a	gugut-anas
für giut-a	gaut	gut-ans.

Diejenigen Perfectformen, in welchen zuerst der Abfall der
Reduplicationssylbe eintrat, sind das passive Participium aller Per-

fecta und ausserdem die sämmtlichen Personen, Numeri und Modi derjenigen Perfecta, welche präsentische Bedeutung erhalten hatten wie vait ich weiss, man ich glaube. Auch das dem vait genau entsprechende präsentische Perfect vēd-a des Indischen hat seine Reduplicationssylbe aufgegeben. Dass bei den genannten germanischen Perfectformen die Reduplicationssylbe früher abgefallen ist als bei den übrigen, haben wir um deswillen anzunehmen, weil sich sonst in ihnen bei den mit einfachem Consonanten auslautenden a-Wurzeln dieselbe Vocallänge zeigen müsste, welche sich hier im Optativ und in der Mehrheit des Indicativs herausgebildet hat. Für

pl. dl. Indic. und sg. pl. dl. Optat. Perf.

zeigt sich nämlich die Erscheinung, dass hier 1) die Wurzeln mit i und mit u und die doppelconsonantig geschlossenen Wurzeln mit a die nämliche Form des Wurzelvocals haben wie in ihrem passiven Participium. Got.:

sg. Indic.	halp	bait	gaut
	halp-t	bais-t	gaus-t
	halp	bait	gaut
pl. Indic.	hulp-um	bit-um	gut-um
	hulp-uth	bit-uth	gut-uth
	hulp-un	bit-un	gut-un.
Optativ.	hulp-jau	bit-jau	gut-jau
	hulp-eis	bit-eis	gut-eis
	hulp-ei	bit-ei	gut-ei
	hulp-eima	bit-eima	gut-eima
	hulp-eith	bit-eith	gut-eith
	hulp-eina	bit-eina	gut-eina
Part. Pass.	hulp-ans	bit-ans	gut-ans.

Dagegen haben 2) die einconsonantig geschlossenen Wurzeln mit a in den genannten Perfectformen nicht die Vocalform des passiven Participiums, sondern entweder ein langes ō (ahd. alts. altn. ā) oder ō und zwar ein ō in denjenigen Verben, deren Präsens ein a hat, wogegen das ō in solchen Verben erscheint, deren Präsens

ein i zeigt, oder um uns anders auszudrücken: hat der **Singular**
des Perfectums den Vocal ŏ, so hat auch der Plural und der Optativ ein ō; hat der Singular ein kurzes a, so hat der Plural und
der Optativ ein ē. Blos die präsentischen Perfecta dieser letzteren
Wurzelklasse haben den dem passiven Particip zukommenden Vocal
auch in der Mehrheit des Indicativs und im Optativ und Infinitiv:

sg. Indicc.	fŏr	frah	nam	man
	fŏr-t	frah-t	nam-t	man-t
	fŏr	frah	nam	man
pl. Indic.	fŏr-um	gēb-um	nēm-um	mun-um
	fŏr-uth	gēb-uth	nēm-uth	mun-uth
	fŏr-un	gēb-un	nēm-un	mun-un.
Optativ.	fŏr-jau	gēb-jau	nēm-jau	mun-jau
	fŏr-eis	gēb-eis	nōm-eis	mun-eis
	fŏr-ei	gēb-ei	nēm-ei	mun-ei
	fŏr-eima	gēb-eima	nēm-eima	mun-eima
	fŏr-eith	gēb-eith	nēm-eith	mun-eith
	fŏr-eina	gēb-eina	nēm-eina	mun-eina
Part. pass.	far-ans	gib-ans	num-ans	Inf. mun-an.

Statt des got. ē der vorliegenden Formen hat das Ahd., Alts.
und Altnord. ein langes ā; statt des got. gēb-um erscheint hier also:
gāb-umēs, gāb-un, gāb-un u. s. w.   Hierbei ist aber zu bemerken:
      dass diejenigen Dialecte, welche in 2 sg. des
      Indic. nicht die Endung t, sondern ein aus itha
      abgekürztes i haben, nämlich das Ahd. und Alts.
      (beziehungsweise das Angels.), dass diese Dia-
      lecte auch in 2 sg. Indic. das dem gotischen ē
      entsprechende ā, nicht aber kurzes a anwenden.
Ahd. sg. Ind.: gab gābi gab, pl. Ind.: gāb-umes gāb-ut gab-un,
Opt.: gāb-i, Part.: gib-ans.
      Es gibt vielleicht kaum einen andern Punkt in der germa-
nischen Grammatik, welcher sich mit einer analogen Erscheinung
des Indischen so genau berührt, wie der hier in Rede stehende
Wechsel zwischen a und ē (ā).

	Skr.	Got.	Ahd.	Got.
Ind. sg. 1	nanam-a	nam-[a]	nam(a)	fŏr-[a]
2	nanam-tha nēm-itha	nam-t[a]	. . . . nām-i(tha)	fŏr-t[a]
3	nanām-a	nam-[a]	nam-[a]	fŏr-[a]
pl. 1	nēm-ima	nēm-um	nām-umēs	fŏr-um
2	nēm-a	nēm-uth	nām-uth	fŏr-uth
3	nēm-us	nēm-un	nām-un	fŏr-un.
Optativ.	nēm-jâm	nēm-jau	nām-i	fŏr-jau.

Es stehen sich hier gegenüber die indischen und die germanischen Perfecta der mit Einem Consonanten auslautenden a-Wurzel (nicht der mit 2 Consonanten schliessenden a-Wurzel). In 1 3 sg. des activischen Indic. behält das Indische die Reduplicationssylbe, ebenso auch in 2 sg. dieses Modus, wenn dieselbe auf die Endung tha ausgeht. Vor der Endung itha der 2 sg. und in allen übrigen Perfectformen wird die Reduplicationssylbe mit der Wurzelsylbe nach Ausfall des mittleren Consonanten coalescirt:

na-nam-tha bleibt.

na-nam-itha wird zu na-am-itha und dieses zu nēmitha zusammengezogen.

Ebenso auch 1 pl. na-(n)am-ima zu nēm-ima, na-(n)am-jâm zu nēm-jâm.

Genau in denselben Perfectformen, in welchen das Indische die Reduplication behält, weist die germanische Wurzel nam (um diese zunächst als Beispiel zu gebrauchen) den Vocal a auf. In allen Formen dagegen, wo das indische Perfectum die Coalescirung der Reduplication mit der Wurzelsylbe eintreten lässt und in Folge dessen den Contractionsvocal ē darbietet, hat auch das gotische Perfect ein langes ē, das ahd. ein langes ā. Besonders ist hier 2 sg. des Indic. hervorzuheben: von den beiden Formen, welche das Indische hier anwendet, nanam-tha und nem-itha hat der got. Dialect die erstere, der ahd. die zweite übrig behalten; jede dieser beiden in den germanischen Dialecten isolirten Formen zeigt genau dieselbe Beschaffenheit, wie die jedesmal entsprechenden der beiden indischen Formen. Die Analogie ist hier so durchgreifend, dass wir den im Germanischen vorkommenden Vocalwechsel nam-t[a]

17

und nēm-um (nām-umēs) nothwendig ebenso erklären müssen, wie
die gleichbedeutenden indischen Formen na-nam-tha und nēm-ima
oder mit andern Worten: es muss auch im Germanischen

das got. nēm-um ⎫   ⎧ na-[n]am-um ⎫ hervor-
das ahd. nām-umēs ⎬ aus ursprünglichem ⎨ na-[n]am-umēs ⎬ gegan-
das ahd. nām-i[ta] ⎭   ⎩ na-[u]am-ita ⎭ gen sein.

So haben wir denn in diesem germanischen Wurzelvocale ē
oder ā den Nachweis, dass auch in diesen germanischen Perfectformen nothwendig eine ältere reduplicirendere Form vorausgesetzt
werden muss — allerdings ein Nachweis, der sich, wie schon früher
bemerkt, nicht auf dem Boden der germanischen Sprachen selber,
sondern erst durch Herbeiziehung des Indischen hat geben lassen.

Abgesehen von dem passiven Participium und dem präsentischen Perfectum des Germanischen, in welchen das ē niemals vorkommt, sind es blos die 1 sg., die 3 sg. und die 2 sg. auf t[a]
(— nicht die 2 sg. auf i[ta] —), welche statt des Vocales ē (ā)
ein kurzes a zeigen. Diese können natürlich ebenso wenig wie die
entsprechenden indischen Perfectformen eine Coalescirung der Reduplicationssylbe mit der Wurzelsylbe erlitten haben. Es findet
keine in diesen Formen selber bestehende Eigenthümlichkeit statt,
welche darauf hinweist, dass hier früher eine Reduplicationssylbe
bestand; aber es versteht sich doch wohl von selber, dass wenn
die bei weitem grössere Mehrzahl der Perfectformen (diejenigen, in
welchen ē oder ā vorkommt) ursprünglich reduplicirt waren, dass
dann auch die wenigen Perfectformen, in denen statt ē und ā ein
kurzes ă erscheint, ebenfalls eine Reduplicationssylbe besessen haben
müssen; wenn der ganze Optativ und die sämmtlichen Mehrheitsformen des Indicativs, nebst der indicativen 2 sg. auf t[a] reduplicirte,
da kann auch die indicative 2 sg. auf i[ta] und die indicativen 1
und 2 sg. der Reduplication nicht ermangelt haben. Zu einer Zeit,
in welcher sich

               an-nam-umas
         zu na-am-umas d. i. nēm-umas oder nām-umas
gestaltete, in derselben Zeit muss es im Singular auch ein
               na-nam-[a] und na-nam-t[a]
gegeben haben, welches seine Reduplicationssylbe noch für längere

Zeit behalten hat, bis dann dieselbe endlich auch hier ohne eine weitere Spur zurückzulassen abfällt.

Wie nam-[a], nam-t[a], nam[a] werden auch die indicativen Singulare der präsentischen Perfecta man man-t man, skal skal-t skal gebildet, aber warum heisst es in den übrigen Formen dieser Perfecte mun-um mun-uth mun-un, skul-um skul-uth skul-un, und nicht mēn-um mēn-uth mēn-un, skēl-um, skēl-uth, skēl-un? Warum weichen sie von der Formation nēm-um nēm-uth nēm-un ab? Trotz ihrer präsentischen Bedeutung sind es doch eben so gut wirkliche Perfecta wie das griechische κέκραγα, ἄνωγα, οἶδα, wie das indische vēda. Ehe das Ablautgesetz in die germanische Sprache Eingang fand, müssen jene Formen mun-um[as] skul-um[as], mun-uth[u] skul-uth[a] statt des abgelauteten u den ursprünglichen Wurzelvocal a gehabt haben: man-umas skal-umas, man-utha skal-utha. Hätte zu der Zeit, wo sich aus gagab-umas nananumas ein ga-abumas na-am-umas (gēb-umas, nēm-umas) bildete, auch ein reduplicirtes präsentisches Perfect (ma-man-umas u. s. w. (gleich dem gleichbedeutenden lateinischen me-min-imus) bestanden, so wäre diese Form zu ma-an-umas mēn-umas coalescirt, ebenso wie das gewöhnliche Perfectum na-nam-umas zu na-am-umas nēmumas sich vereinigte. Es hat sich aber kein nēm-umas gebildet und dies ist ein deutliches Zeichen, dass es damals kein reduplicirendes nananumumas mehr gab, sondern dass sich bei denjenigen Perfecten, welche Präsensbedeutung angenommen hatten, die Reduplicationssylbe schon früher verloren hatte. Wir müssen demgemäss sagen: in den präsentischen Perfecten ist die Reduplicationssylbe früher, als in den übrigen Perfecten verschwunden, der Germane sagte schon mit abgeworfener Reduplicationssylbe: man-[a], skal-[a], vait-[a], als er in den übrigen Perfecten die Reduplicationssylbe noch festhielt: nanam-[a], bibait-[a] u. s. w. Das Indische gewährt auch hierfür eine Analogie: das dem Germanischen vait-[a] durchaus gleiche präsentische Perfect des Indischen vēd-a reduplicirt nicht mehr, während bei den übrigen Perfecten die Reduplication noch in ungeschmälerter Lebensthätigkeit ist.

17 *

far-āmi	fafár-a	fa(f)ar-umas fār-umas	*far-ānas
	faför-a	för-umas	
fa-ra	för	för-um	far-ans
gab-āmi	gagab-a	ga(g)gab-umas gāb-umas	*gab-ānas
gib-āmi		gēb-umas	gib-ānas
gib-a	gab	gēb-um	gib-ans
nam-āmi	nanam-a	na(n)am-umas nām-umas	*nam-ānas
nim-āmi		nēm-umas	num-ānas
nim-a	nam	nēm-um	num-ans
	*man-a	*man-umas	*man-ānas
	man	mun-umas mun-um	mun-ānas mun-ans
halp-āmi	hahalp-a	hahalp-umas	*halp-ānas
hilp-āmi		hahulp-umas	hulp-ānas
hilp-a		hulp-um	hulp-ans
bait-āmi	bibait-a	bibit-umas	*bit-ānas
biit-āmi			
bīt-a	bait	bit-um	bit-ans
	*wait-a	*wit-umas	*wit-ānas
	wait	wit-um	wit-ans
gaut-āmi	gugaut-a	gugut-umas	*gut-ānas
giut-āmi			
giut-a	gaut	gut-um	gut-ans

Was sich hiermit für die präsentischen Perfecta ergeben hat, ist auch für die **passiven Participia** aller germanischen Perfecta anzunehmen. Sie lauten nicht nēm-ans gēb-ans, sondern num-ans, gib-ans, wofür auf der dem Ablautsgesetze vorausgehenden Sprachstufe ein nam-ans gab-aus vorauszusetzen ist. Hätte sich bis zu der Zeit, wo sich nanam-umas gagab-umas durch Aufgeben des mittleren Consonanten zu na-amumas ga-abumas wurde, auch noch ein reduplicirten Passivum nanam-an[a]s gagab-an[a]s erhalten, so hätte auch hier gerade, wie in der entsprechenden Perfectform des Sanskrit die Coalescirung naam-an[a]s gaab-an[a]s, nēm-an[a]s gēb-an[a]s eintreten müssen.

Wir haben bisher die Perfecta derjenigen a-Wurzeln besprochen, welche in 1 sg. des Indicativs den kurzen Wurzelvocal a unverstärkt lassen und zugleich nur einen einzigen auslautenden Wurzelconsonanten haben. Es giebt aber auch mehrere Perfecta derselben Wurzelform, welche das a zu ō verstärkt haben, z. B. fōr-[a] (Präs. fara ich fahre). Für ō ist für die Zeit, in welcher das Ablautsgesetz noch nicht aufgetreten war, ein langes ā vorauszusetzen. Es hat diese Vocalverstärkung ursprünglich nur in 1 sg., 3 sg. des Indicativs und in 2 sg. auf t[a] ihre legitime und ursprüngliche Stelle. In den übrigen Personen des Perfects kann die Verlängerung, welche hier in der uns vorliegenden Sprachperiode besteht, nicht anders sich entwickelt haben, wie bei den vorher behandelten Perfecten das lange i, nämlich durch Coalescirung der Reduplication mit der Wurzelsylbe:

Aeltere Formen.	Abfall der Reduplication.		Ablautung des ā
1 sg. fafār-[a]	fār-[a]	go. fōr . .	ahd. fuor
2 sg. {fafār-t[a]	fār-t[a]	go. fōr-t,	
{fa(f)ar-i[ta] zu fār-i[ta] . .	. . .	. . . . .	ahd. fuor-i
3 sg. fafār-[a]	fār-[a]	go. fōr . .	ahd. fuor
1 pl. fa(f)ar-um[a]s zu fār-um[as]	. . .	go. fōr-um,	ahd. fuor-umēs
2 pl. fa(f)ar-uth[a] zu fār-uth[a]	. . . . .	go. fōr-uth,	ahd. fuor-ut
3 pl. fa(f)ar-un[di] zu fār-un .	. . . . . .	go. fōr-un,	ahd. fuor-un.

*) Im Indischen findet nur bei den mit einem Consonanten, aber nicht bei den mit 2 und 3 beginnenden Wurzeln die Coalescirung der Reduplications- mit der Wurzelsylbe statt. Im Germanischen ist die Form des Anlautes hier-

Das dem Singular ursprüngliche und legitime lange ā hat schliesslich die Ablautung in ō (uo) erfahren; dies war der Grund, dass auch das nicht ursprüngliche, sondern erst durch Coalescirung entstandene lange ā der übrigen Perfectformen die Ablautsstufe ō erhielt und dass wir ein got. fōr-um, ein ahd. fuor-umēs, aber kein got. fēr-um, ahd. far-umēs haben. Es ist hierbei nicht unberücksichtigt zu lassen, dass der got. Vocal ē in nēm-um trotz seiner äusseren Indentität mit dem indischen nēm-ima nicht ursprünglicher sein kann, als das correspondirende ā im ahd. nām-umēs

na(n)am-umas zu nām-umēs; bleibt ahd. nām-umēs, got. nēm-um.

fa(f)ar-umas   zu far-um(ēs), zu fōrumes (fuorumēs) abgelautet.

Alle übrigen Verbalwurzeln, ausser den hier besprochenen, wissen nichts von einem Unterschiede zwischen dem Wurzelvocale des Particip. pass. einerseits und dem pl. des Indicativs und dem des Optativs andererseits — weder die a-Wurzeln mit doppelconsonantischem Auslaute *), noch die i-Wurzeln, noch endlich die u-Wurzeln; eine Coalescirung von Reduplications- und Wurzelsylbe hat hier nicht stattgefunden, weder im Germanischen noch im Indischen.

Die Tabelle auf S. 260 stellt die gesammte geschichtliche Entwicklung des Vocalismus in den verschiedenen Wurzelklassen dar. Ausser den gewöhnlichen Perfecten haben wir auch dort die präsentischen Perfecta berücksichtigt. Sie sind ebenso wie die sämmtlichen passivischen Perfecta particip. mit * bezeichnet, welches auf den hier zuerst eingetretenen Abfall der Reduplication hindeutet. Die oberste Linie in einer jeden Wurzelklasse zeigt die vorauszusetzende ursprünglichste Gestaltung der uns vorliegenden Formen, in der jedesmaligen untersten Reihe sind die letzteren enthalten; unmittel-

---

bei gleichgültig. Wie nēmum und gēbum heisst es auch frēhum, stēlum, stāhum, sprāhum aus sta st)alum, spra(spr)ahum. Dass das Germanische ursprünglich mit vollem consonantischen Wurzelanlaut reduplicirt, nicht wie andere Sprachen und wie später auch das Gotische in mehreren seiner erhaltenen Reduplicationsperfecta blos mit dem ersten Consonanten, wird sich später zeigen.

*) Einige dieser Wurzeln indess folgen der Analogie von nam nēman, vgl. unten.

bar über denselben, durch einen horizontalen Strich von der ursprünglichen Form geschieden, haben wir diejenigen Verbalformen
gesetzt, welche sich zunächst bei Eintritt des Ablautgesetzes entwickeln mussten.

Verhältniss des Wurzelvocals zu den Endungen.

Da es als feststehende Thatsache angesehen werden kann, dass
das lange ē (ā) ō (uo) im pl. und 2 sg. des Perf. Ind. und im
ganzen Perf. Opt. erst durch Coaleszirung der Reduplications- mit
der Wurzelsylbe herbeigeführt worden ist, so dürfen wir sagen,
dass die legitime und ursprüngliche Vocalsteigerung nur in 1 sg.
3 sg. und vor der auf t auslautenden 2 sg. des indicativen Perfectums vorkommt. Alle übrigen Formen des Perfectums haben
den ursprünglich kurzen Wurzelvocal, und wenn in einem Verbum
Schwächung des Wurzelvocales a durch Ablautung stattfindet, so
haben sie die schwächste Ablautungsstufe u, soweit diese durch den
darauf folgenden Consonanten zugelassen wird.

Die für die drei Personen des Singulars vorauszusetzenden
Perfectendungen a, ta, a treten weniger bedeutsam hervor und ha-
ben weniger Gewicht als die Pluralendung des Perfects, als die
Endungen des Optativs und des Participiums (und Infinitivs). Für
Particip und Optativ ist dies auch noch bei dem uns vorliegenden
Bestande der älteren germanischen Dialecte ersichtlich; für die
Mehrheit des Indicativs *) ergiebt es sich, wenn wir die hauptsäch-
lich durch das Auslautsgesetz verkürzten Formen restituiren,

got. umas   utha   undi   uvas   uthas.

Auch wenn wir den Bindevocal u hier nicht in Betracht ziehen,
so sind diese Endungen umfangreicher und gewichtiger, als das
alte singulare a tha a; blos für 2 pl. scheint dies nicht der Fall
zu sein, aber ursprünglich war diese wie im Dual wahrscheinlich
mit s geschlossen (wie lateinisches tutudistis).

Den Vocalwechsel vor den beiden Classen der leichteren und
der schwereren Endungen hat das germanische Perfectum mit dem

---

*) Für das an das Infinitiv (in vitan) ist früherer vocalischer Auslaut
anzunehmen, vgl. griech. ϕυδίναι.

indischen Perfectum durchaus gemeinsam. Genau in derselben
Weise kommt auch vor den entsprechenden Endungen des indischen
Präsens und Imperfectums ein Wechsel des Vocales vor, wenn hier
die Endungen ohne Bindevocal an die Wurzel gefügt werden. Auch
in den bindevocallosen Perfect des Griechischen *(οἶδα ἴδμεν)* findet
er statt; dass er ursprünglich auch im Lateinischen vorhanden
war, zeigt die Quantitätsverschiedenheit dä-s und dä-tis. Das Iranische steht völlig auf demselben Standpunkte wie das Indische.

Wenn also im Germanischen im Singular des Indicativ Perfecti ein schwerer, in den übrigen Perfectformen ein leichterer
Vocal gesetzt wird, so hat dies das germanische Perfectum nicht
blos mit dem Perfectum des Indischen und dem bindevocallosen
Perfect des Griechischen, sondern auch mit dem bindevocallosen
Präsens fast aller verwandten Sprachen gemeinsam. Vor den leichteren Endungen wird die Wurzel dadurch verstärkt, dass der Wurzelvocal eine schwerere, gewichtvollere Gestalt annimmt; vor den
schweren Endungen bleibt der ursprüngliche kurze Wurzelvocal
oder wird wo möglich noch mehr geschwächt in den schwachen ab-
lautsfähigen a-Wurzeln).

Dies von Bopp aufgedeckte Verhältniss zwischen Endungen
und Wurzelvocal erklärt nicht nur für die übrigen Sprachen, sondern auch für das germanische Perfectum den Vocalwechsel in
völlig ausreichender Weise; es ist nicht nöthig für die Erklärung
den Accent oder das Qualitätsverhältniss des Endvocales herbei zu
ziehen, wie späterhin versucht worden ist.

Damit aber leichtere und schwerere Endungen auf den Wurzelvocal Einfluss üben können, ist es nöthig, dass sie sich unmittelbar mit der Wurzel verbinden und nicht durch einen Bindevocal
davon getrennt sind. Der Bindevocal hindert den Einfluss der
Endungen auf das Gewicht des Wurzelvocales.

Hierbei aber ist zu scheiden zwischen älterem und zwischen
erst späterhin eingedrungenem Bindevocale. Später eingedrungen
ist, wie wir oben gesehen haben, das u in der Mehrheit des deutschen Perfectums. Durch dasselbe wurde der schwächende Einfluss
der Endungen auf das Gewicht des Wurzelvocales nicht zurückge-
halten: es ist hier dieselbe leichte Form des Wurzelvocales geblie-

ben, wenn auch die wirkende Ursache nachdem sie die Wirkung
vollbracht hatte, nicht mehr dieselbe wie früher geblieben ist*).

Im Singular des indicativen Perfects ist das ta der zweiten
Person bindevocallos, in 1, 3 sg. haben zwar alle Sprachen mit
Ausnahme der lateinischen den Bindevocal a gehabt, ursprünglich
wird er aber auch hier wie in den entsprechenden passiven Formen auf μαι und ται gefehlt haben. Wir haben vorauszusetzen
für das Germanische:

gugaut-mi
gugaus-ta
gugaut-ti
gugut-mas
u. s. w.

Hat das Präsens keinen Bindevocal (in diesem Falle muss es
ursprünglich seine Endungen mit den des Perfects gemeinsam gehabt haben), so findet in den älteren verwandten Sprachen genau
derselbe Einfluss auf den Wurzelvocal des Präsens statt wie beim
Perfectum. Im Germanischen aber bilden fast alle Wurzeln ihr
Präsens bindevocalisch; die bei weitem grössere Zahl der indischen
und griechischen Wurzeln ebenfalls. Der Bindevocal, wie gesagt,
stört den Einfluss der Endungen auf das Gewicht des Wurzelvocales. Derselbe wird vor den leichteren Endungen kein anderer als
vor den schweren, dort findet keine Verstärkung, hier keine Schwächung statt, vielmehr nimmt der Wurzelvocal vor beiden Classen
von Endungen ein mittleres Gewicht an, wo ein solches verstattet
ist: nicht dieselbe Schwere wie vor den leichten Endungen des
Perfects, nicht dieselbe Leichtigkeit wie vor den schweren Endungen des Perfects.

---

*) Dasselbe ist von der Mehrheit des indischen Perf. indic. zu sagen,
welches in dem uns vorliegenden Zustande der Sprache vor den meisten Endungen einen Bindevocal eingefügt hat. Der spätere Ursprung desselben lässt
sich nachweisen. Anders im Griechischen; der hier in der Mehrheit des Activums eintretende Bindevocal a hebt den schwächenden Einfluss der Endungen auf, da wo er angenommen wird, wird auch für die Mehrheit der Wurzelvocal des Singulars beibehalten.

2, Reduplicirende Perfecta.

Die reduplicirten Perfecta zeigen die Reduplicationssylbe blos im activen Indicativ und Optativ; im passiven Particip ist sie eben so wie bei den vorher betrachteten Perfecten abgefallen.

Dem Wurzelvocale nach sind die hierher gehörigen Wurzeln in folgende Classen zu schreiben:

I. Positionslange Wurzeln (doppelconsonantig geschlossene) Wurzeln mit festem a, welches im Wechsel der Verbalform weder Schwächung durch Ablaut, noch gedehnts Verstärkung erleidet. Gotisch:

    Praes. hald-a   Perf. Ind. hai-hald   Part. pass. hald-ans.

II. Wurzel mit a, die ihren Vocal in allen Verbalformen zu einer Länge gesteigert haben. Diese Länge war ursprünglich ein â. Das Gotische hat dies vorauszusetzende lange â, welches sich in den übrigen Dialecten wenigstens theilweise in dieser seiner Ursprünglichkeit gehalten hat, entweder

1) durchgängig in ô verwandelt, doch nur in dem Einen Worte slêpa (dormio)

    slêpa (ahd. stâf-n)   sai-slêp   slêp-ans

oder 2) es hat die Länge ê blos im Präsens und passiven Participium des Perfects beibehalten, im activen Indicativ und Optativ dagegen zu ô abgelautet; so in lêta (sino):

    lêt-a (ahd. lâz-u)   lai-lôt   lêt-ans

und ausserdem noch in têk-a (tango), flêk-a (plango), grêta (ploro), blêsa (ahd. blâs-u ich blase), svêra (nachstellen), rêd-a (bedenken),

oder 3) es ist durchgängig zu ô (ahd. uo) abgelautet; so in hvôp-a (clamo) und blôt-a (sacrifico)

    hvôp-u (ahd. wuof-u)   hvai-hvôp   hvôp-ans,

oder endlich 4) es ist das â zu a verkürzt im Präsens und Participium, im activen Perfectum aber zu ô abgelautet. Dies ist der Fall bei vocalisch auslautenden Wurzeln; das verkürzte a wird durch ein euphonisch hinzugefügtes i von der darauffolgenden vocalischen Endung gesondert. So in sai-a (sero), lai-a (irrideo) vai-a (flo)

    sai-a   sai-só   sai-ans;

in dieser ganzen mit II. bezeichneten Kategorie von Wurzeln ist das ihnen ursprünglich eigene â blos in dem Einen activen Perfectum sai-slêp zu ê geworden, in allen übrigen Perfecten zu ô. Im Präsens und passiven Participium erscheint dies ô blos in hvôp-a und blôt-a, sonst ist es hier zu ê geworden oder im Auslaute der Wurzel vor folgendem euphonischen i zu a.

III. Wurzeln mit einem durchgängig zu ai gesteigerten Wurzelvocal i: skaid-a (separo), hait-a (voco), mait-a (abscido), af-aik-a (nego), laik-a (ludo, salto), frais-a (tento), thlaih-a (liebkosen).

skaid-a   skai-skaid   skaid-ans.

IV. Wurzeln mit einem durchgängig zu au gesteigerten Wurzelvocale u: hlaup-a (curro), staut-a (percutio, tundo), ana-auka (addo), flaut-a (superbio):

hlaup-a   hai-hlaup   hlaup-ans.

Die geringe Zahl dieser Wurzeln mit reduplicirten Perfecta (die hier sämmtlich im Vorausgehenden aufgeführt) wird noch durch einige in dieselbe Kategorie gehörende präsentische Perfecta formirt. Aber die Reduplication derselben ist gerade so, wie bei den früher behandelten durchgängig verschwunden.

Zu I. haihald und haihah gesellt sich das präsentische Perfectum mag (ich kann), inf. mag-an;

zu II. lailot die präsentisahen Perfecta ôg (ich fürchte), inf. ôg-an und môt (ich kann), inf. môtan;

zu III. skaiskaid das präsentische Perfect aih (ich habe), iuf. aig-an.

Eine Verschiedenheit in der Gestalt des Wurzelvocals zeigt sich blos in der Classe II, und auch hier wiederum in der 2. und 4. Unterabtheilung. Doch auch diese Verschiedenheit ist nur eine Variation des langen â.

Dass die Reduplicationssylbe im passiven Participium aller Perfecta und ausserdem in sämmtlichen Formen der präsentischen Perfecta abgefallen ist, kann so wenig auffallen wie bei den früher besprochenen Wurzeln. Was das consonantische Element der Reduplicationssylbe anbetrifft, so ergiebt sich das Gesetz, dass

1) bei einconsonantigem Wurzelanlaute der Consonant der Wurzel ohne Veränderung wiederholt wird:

> salta sai-salt, laia lai-lô, maita mai-mait; faha fai-fah,
> halda hai-hald.

2) Anlautende Doppelconsonanz st, sk, hv wird in der Reduplicationssylbe unverändert wiederholt; von jeder anderen Doppelconsonanz nur das erste Element:

> stauta stai-staut, skaida skai-skaid, hvôpu hvai-hvôp;
> fraisa fai-frais, grêta gai-grôt, slêpa sai-slêp; hlaupa
> hai-hlaup, thlaiha thai-thlaih.

Wie sich aus den Beispielen in 1) und 2) gezeigt, wird für
wurzelanlautende Aspirate th, f, h in der Reduplicationssylbe nicht
die entsprechende Tenuis oder Media, wie es im Griechischen, beziehungsweise im Indischen der Fall ist, substituirt. Der Grund
liegt darin, dass gotisches th, fh nicht in dem Sinne eigentliche
Aspirata sind, wie das griechische ϑ, φ, χ, sondern vielmehr gleich
den s und Aspiraten. Dieselbe Natur haben jene Laute im Lateinischen, daher auch hier in Uebereinstimmung mit dem Gotischen
die Reduplication fe-felli u. s. w.

3) Einer anlautenden vocalischen Wurzel wird ein bloses ai
vorgesetzt:

> aika aiaik, auka aiauk.

Die Gestalt des Reduplicationsvocales ai ist auffallend
genug. Ist dies derselbe Laut wie in bait, rais oder wie in baira,
saihva, baiailzaibul *(Βεελζεβούλ,* thaiaufeilus *(Θεόφιλος)*, iairaimias
(Ἱερεμίας)? ist der Reduplicationsvocal wie dort von wirklicher
diphthongischer Natur, oder ist er wie hier ein aus kurzem i ge-
trübtes kurzes e oder ä? Unmöglich wäre das Letztere an sich
keineswegs. Dennoch aber ist für das Reduplications-ai wohl eine
Länge, keine Kürze anzunehmen, weil demselben im Ahd. ein langes, kein kurzes i zu entsprechen scheint. (Vgl. unten.)

Doch auch im ersteren Falle muss das (diphthongische) ai der
Reduplicationssylbe schliesslich auf ursprüngliches kurzes i zurückgehen, wie dies bei jedem diphthongischen ai der gotischen Sprache
der Fall ist, wenn dasselbe nicht aus einer Combination zweier
ursprünglich selbständigen Elemente a und i hervorgegengen ist
(wie z. B. das ai des Optativs), — für das Reduplications-ai kann

eine solche Vereinigung zweier ursprünglich selbständiger Elemente unmöglich statuirt werden. Ich denke, dass für

skai-skaid, hai-hald, mai-mait, hai-hlaup

zunächst eine Form mit kurzem i

ski-skaid, hi-hald, mi-mait, hi-hlaup

vorausgesetzt werden muss. Die Steigerung zu ai mag eine Folge des Accentes sein, der, wenn wir anders von den übrigen Dialecten einen Schluss auf das Gotische machen dürfen, in diesen Perfecten von der Wurzel- auf die Reduplications-Sylbe zurückgezogen wurde.

Dass hiermit für die gotische Reduplicationssylbe vorausgesetzte i ist in den reduplicirenden Präsentia des Griechischen durchgängiger Reduplicationsvocal geworden:

δί-δωμι, τί-ϑημι, ἵ-στημι, ἵ-ημι,

wo im Indischen in der Reduplicationssylbe der kurze Vocal der Wurzelsylbe wiederholt wird. Sollte es wohl anders möglich sein, als dass hier ursprünglich auch das Griechische den Wurzelvocal wiederholt hat? Muss es das Griechische nicht auch in der Reduplicationssylbe der Perfecta gethan haben, wo es in der uns vorliegenden Stufe mit ε reduplicirt?

Es wird uns doch unter Herbeiziehung dieses zwischen dem Griechischen und Indischen bestehenden Verhältnisses nicht gewagt erscheinen, wenn wir den für das Gotische vorausgesetzten Reduplicationsvocal i nur für solche Wurzeln annehmen, deren Vocal ebenfalls auf i zurückzuführen ist:

mi-mait, ski-skaid, hi-hait, thi-thlaih;

bei den Wurzeln mit dem Vocale a (â ô) und u (au) wird sich i erst später eingedrängt haben (wie griechisches δί-δωμι für altes da-dâmi) an Stelle eines ursprünglich in der Reduplicationssylbe stehenden a und u:

ha-hald[a], sa-slêp[a] (od. vielmehr sa-slâp[a], stu-stant[a], fu-flaut[a].

Nur unter dieser Voraussetzung ist die oben besprochene Coalescirung des gotischen

ga-gab[um] zu ga-ab[um], gêbum u. s. w.

zu begreifen; aus gigabum oder gaigabum würde niemals ein gotisches gêbum, ein hochdeutsches gâbum hervorgegangen sein können.

Gestaltung der reduplicirenden Perfecta in den übrigen Dialecten.

Die allen germanischen Dialecten gemeinsame, in nâmum, nêmum vorliegende Coalescirung der Reduplications- mit der Wurzelsylbe nach Ausstossung des in der Mitte stehenden consonantischen Elementes gehört offenbar zu den allerfrühesten Processen, welche das germanische Perfectum durchgemacht hat. Nachdem hierdurch wenigstens für die meisten Perfectformen einer grossen Zahl von a-Wurzeln die Reduplication äusserlich verschwunden war, erfolgte eine andere Epoche, in welcher der Ablaut des a die grösste Zahl der Verbalwurzeln ergriff und durch die von ihm hervorgerufenen Unterschiede im Klange früher gleichstehender Vocale für die meisten Verba einen lautlich scharf hervortretenden Unterschied im inneren Bestandtheile des Präsens und des Perfectums hervorrief. War ursprünglich die Reduplication der charakteristische Unterschied des Perfects vom Präsens, so wurde jetzt ein nicht weniger significanter Unterschied beim Vocallaute der Wurzel empfunden. So konnte denn die Sprache dem immer mehr sich entwickelnden Streben nach kürzerer Form beim Perfectum Genüge geben und die Reduplicationssylbe abfallen lassen —, der innere Vocalwechsel unterschied das Perfectum vom Präsens jetzt eben so stark wie die alte functionelle Reduplicationssylbe.

Diejenigen Verbalformen dagegen, in deren Form der Ablaut gar keinen Einfluss erhielt (Verba mit unveränderlichem positionslangen â, mit durchgängigem au und ai) gestatteten kein Aufgeben der Reduplication; ebenso auch nicht die Wurzel mit altem â, welche nur einen Wechsel zwischen â und ô zuliessen*)

Zur Zeit des Ulfilas werden auch die übrigen germanischen Dialecte die Reduplicationssylbe hier noch vollständig festgehalten haben; in der Zeit aber, aus welcher die frühesten Denkmäler der-

---

*) Bei bind, band, bundum, welche die Reduplication verloren, waltet zwar in Beziehung auf Festhaltung, derselben Quantität dasselbe Verhältniss wie bei lêtâ, lailôt; aber bei dem letzteren fällt die Qualitätsverschiedenheit des quantitativ gleichen Vocales bei weitem nicht so klangreich ins Ohr, als dort bei bindâ, band, bundum, und dies mag wohl der Grund sein, dass dort die Reduplication sich gehalten hat, als die von band und bundum abfiel.

ist selben vorliegen, dies nicht mehr der Fall; hier hat sich bis auf
einige, weiter unten zu besprechende Reste derselbe Process wiederholt, welcher viele Jahrhunderte früher für die gesammte germanische Sprache in einer grossen Zahl der a-Wurzeln eingetreten war,
und ein älteres gagabumes zu gaabumes (gâbumes, gêbum) eingetreten war. Das Resultat des Processes, dessen wesentliches Moment
im Ausfall des mittleren Consonanten besteht, konnte aber diesmal
nicht genau dasselbe sein wie früher; denn in der Reduplicationssylbe stand jetzt nicht mehr ein kurzes a, wie in dem vorauszusetzenden ga-gabumes, sondern ein diphthongisches ai. Es versteht
sich von selber, dass die Verschiedenheit des auf das ai folgenden
Wurzelvocales ebenfalls eine gleichmässige Gestaltung aller hierher
gehörigen Perfecta nicht zuliess.

I. Positionslange Wurzeln mit festem a: gotisch
haldu hai-hald.

Althochdeutsch. Der gotische Diphthong ai erscheint im
Althochdeutschen, wenn er die diphthongische Gestalt behält als ei.
Das Perfect des althochdeutschen haltu musste daher in der vor-
auszusetzenden nicht syncopirten Form

hei-halt

lauten. Nach Eintritt der Synkope des mittleren Vocales würde
hieraus ein

hei-alt.

Diese Form hat sich in einer der allerfrühesten hochdeutschen
Quellen, nämlich bei Kero erhalten. Sie ist freilich das einzige Beispiel von der Festhaltung des Diphthongen ei. Denn sonst ist niemals ei, sondern immer bloses i geschrieben, dessen Länge aber wenigstens für die frühere Periode des Ahd. nicht wohl in Zweifel gezogen
werden kann: sialz (got. sai-salt), wialt, fial (vom Präsens fallu),
wial, bliant, fianc, hianc, giang (von wallu, blantu, fangu, hangu,
gangu). Spätere Denkmäler, wie Notker, Willeram, Martianus,
aber bisweilen auch schon Otfried haben ia zu ue herabsinken lassen (das auf i folgende a ist gleich einem a folgender Flexionssylben behandelt worden: hielt, sielz, gieng, fiel u. s. w.)

Die älteren Denkmäler zeigen ausser ia auch ein ea (Kero,
gl. K. Ra. Pa., Isidor. Frg. Bl.: feal, feang, geang. Wäre das i
in ia für die älteren Denkmäler als Kürze anzunehmen, so würde

ea aus ia durch Assimilation hervorgegangen sein. Aber dem Keroischen heialt zufolge muss für i in jener Zeit eine Länge vorausgesetzt sein, und das dort mit ia wechselnde ea muss einen andern Ursprung haben. Wir müssen hierbei wieder auf die got. Form des Reduplicationsvocales zurückgehen, nämlich auf ai. Wo dasselbe im Ahd. diphthongische Natur behält, wird dasselbe zu ei; aber es kann wie im Altsächsischen und Altnordischen auch zu ê contrahirt werden. Auch für das e in jenem ea müssen wir einen unmittelbaren, nicht erst durch ia vermittelten Ursprung aus dem ai der Reduplicationssylbe annehmen.

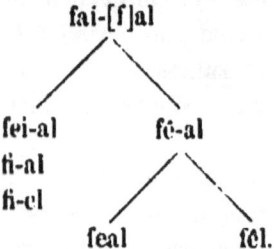

Diese Annahme wird bestätigt durch eine fernere, den älteren Denkmälern übliche Form, welche ein einfaches langes ê enthält. Hr. Pa. Ra. Isid. Frg. Bl. Bib. 1. 2. 7: fêl, wêl, fêng, gêuc. Einmal bei Rb. wird statt ê ein ae geschrieben: faengun. Dieses ê, ae kann nur so erklärt werden, dass aus dem alten fai-al durch Contraction des Diphthongen sich zunächst fê-al gebildet und dass dann dies lange ê das folgende a absorbirt hat.

Das sich zwei mal (bei dem späteren Martianus und in den Galler gl. in hist. eccl. aus sc. 9) findende io statt ia in inviol (st. infial) und anagigiongan (statt giangun) kann nur eine unorganische Substituirung des io an Stelle des ia sein.

Die übrigen Dialecte (Alts., Ags., Altn.) bieten die im Hd. nur isolirt vorkommende Form ê dar: das gotische fai-fal ist hier überall zu fêl geworden, d. h. das ai der vorauszusetzenden synkopirten Form fai-all ist zu ê contrahirt und hat das folgende a verschlungen. So auch im Angelsächsischen in fêll, vêll, spên (von spanne). fêng, hêng; folgt auf den Wurzelvocal ein ld oder lc, so erscheint statt das e ein eo: heold, veold. veolc.

II. Wurzeln mit durchgängig gedehntem a-Vocale.

Das Präsens zeigt hier in den dem Gotischen verwandten Dialecten entweder â (angelsächs. ae) oder ô (althochd. uo, beziehungsweise ua).

1) Die Verba, welche im Präsens â (ags. ae) haben, bilden in allen hier in Rede stehenden Dialecten ihr Perfect wie die vorher genannten Verba fallu u. s. w. Als ursprünglich ist eine dem gotischen slêpa, saislêpa analoge Formation lâzu lailâz (lâtu lailât), râtu rairât vorauszusetzen. Die im Ahd. vorkommenden Formen sind liaz leaz liez, welche genau dem fial feal fiel entsprechen; die Form lêz, welche dem fêl analog sein würde, kommt zwar nicht im Althochdeutschen vor (es ist hier kein lêz, rêt u. s. w. nachzuweisen), wohl aber ist sie wiederum in den übrigen Dialecten die allein gebräuchliche: alts. ags. altn. lêt.

Das lange â in lâzu u. s. w. hat aber erst dann wie das a in fallu behandelt werden können, wenn es sich zu kurzem a verkürzt hatte. Diese Verkürzung ist nothwendig vorauszusetzen, wenn man nicht, wozu keine Berechtigung stattfindet, das ahd. liaz als liâz lesen will.

2) Die Verba, welche im Präsens ô (beziehungsweise uo) haben, sind im Ahd.: bluozu, fluohhu, wuofu, hruofu. Ihre normale Perfectform hat den Vocal io oder eo: riof, wiof bei Tatian, reof bei Isidor, Tatian, Frg. Dem riof liegt ein rî-ôf (noch älter rei-of) zu Grunde, dem reof ein rê-ôf (sowohl das i wie das e ist unmittelbar aus dem Reduplicationsvocale ai herzuleiten).

Otfried bietet die Form riaf und wiaf; das a ist hier nicht organisch, eben so wenig wie in Otfrieds liabe, sliazan, tiafen, wo ia überall für iu oder io steht; es ist ja bei dem eigenthümliche Manier, das io und iu mit ia zu vertauschen. Eben diese Otfriedische Nebenform weist aber darauf hin, dass wenigstens zu Otfrieds Zeit das organische riof, reof denselben Laut hat wie das gewöhnliche io und eo, nicht aber etwa mit langem ô gesprochen wurde. Schon frühzeitig muss dasselbe im Perfectum verkürzt sein. Doch wird es immerhin eine Zeit gegeben haben, wo ahd. wuofu im Perfectum noch ein wiôf, wêôf mit langem ô hatte:

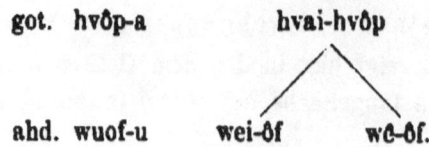

got. hvôp-a   hvai-hvôp

ahd. wuof-u   wei-ôf   wê-ôf.

Der Vocal o im ahd. Perfectum entspricht nicht sowohl
dem ahd. Präsensvocale uo, als vielmehr dem gotischen ô; es ist
das o in wiof, riof, reof also ein Zeichen, dass früher auch im
Präsens ein ô (noch kein uo) statt hatte.

Das Angelsächsische zeigt gegenüber dem ahd. bluozu ein
onblôte, gegenüber dem wuofu und hruofu ein wêpe und hrêpe; im
Perfect haben alle diese Wörter dem ahd. reof analog ein eo: bleot,
weop, hreop; seiner Ethymologie nach müsste dies o des Perfects
natürlich lang sein.

Altsächsisches hrôpa hat im Perfectum ebenfalls nach altd.
Weise hriop, hreop, hriep, ebenso bietet wôpu ein weop, wiop, wiep
dar, aber Heliand 39, 6 und 165, 32 auch ein wêp; hier ist also
ein Fall, wo das Reduplications-e (in weop erhalten) das folgende
o verdrängt hat.

Dies letztere findet sich durchgängig im Altnordischen:
vom Infinitiv Praes. blôtan wird das Perfect blêt gebildet.

III. Wurzeln mit dem Diphthongen ai.

Im Ahd. haben sie im Präsens ein ai: sceidu, heizu, meizu;
aus dem alten reduplicirten Perfect skai-skaid musste sich nach
dem Eintreten der Synkope ein skei-eid (skî-eid) oder skê-eid bilden; aber es ist auch möglich, dass sich nicht blos das alte ai der
Reduplicationssylbe, sondern auch das ai der Wurzelsylbe zu ê
contrahirte: skei-êd (skî-êd), skê-êd.

Von den althochdeutschen Perfecten sind zunächst zwei in den
ältern Denkmälern vorkommende zu erwähnen: meez bei Hrabanus
(mêz zu sprechen?) geht auf die vorausgesetzte Form me-ez, in
der sowohl Reduplications- wie Wurzelvocal ai zu e contrahirt ist,
zurück; — sceid in dem Salzburg. Exempl. der gl. mons. ist auf
scei-eid oder scei-êd zurückzuführen. Die ebenfalls schon in älteren Denkmälern vorkommende und nicht blos der späteren Zeit
angehörende vulgäre Perfectform scied, hiez ist aus scî-êd hervorgegangen.

Otfried bildet hiaz, sciad, doch dies kann eben so wenig wie
sein riaf und wiaf organisch sein. Indess kommt auch in den gl.
R^ ein kimiazzin und in Frg. ein heaz, arscheat vor.
Das Altsächsische und Altnordische hat die dem meez
des Hrabanus analoge Formation hêt, svêb.
Im Angelsächsichen, wo das ai des Präsens zu â geworden ist,
wird von hâte (d. i. haita) ein Perfectum hêt, von lâce ein lêc,
dagegen von scâde ein sceod. von svâpe ein sveop formirt. Von
den alterthümlichen Perfecten, welche das Ags. vor dem Deutschen
und Nordischen voraus hat, s. u.

IV. Wurzeln mit dem Diphthongen au.

Das althochdeutsche Präsens hat entweder ô: stôzu (got.
stauta), scrôtu, oder es hat den Diphthongen in der Form von ou,
selten au behalten: hloufu, houwu.

Das Perfectum gewährt 1) iu bei hloufu und houwu: liuf S.
N. VA. Mcp. Prud. 1. hiu Sb. Bib. 1. 2. 5. M. N. 2) io: stioz
M. Bib. 1. 2. 5. 7, liof T., hio T. 3) Aus iu und io entsteht ie:
lief T. O. V., hie T., stiez N., VA.. Bib. 6 u. s., in der Schreibung
stiez Bo. 5, Org. Mcp. 4) eo (ursprünglich êo): heo Br., screot Ra.
Pa. gl. K. (die letztere Quelle in der Schreibung screod). 5) Als unorganisch muss angesehen werden ia im Otfried'schen liaf, doch
kommt diese Form auch schon in dem älteren V. (iho fater) vor.

Von diesen althochdeutschen Formen erscheint io im Altnordischen und Altsächsischen: hliop, die Form eo im Angelsächsischen: hleop — statt des altsächsischen hliop erscheint indess (Heliand 148, 8) die Form hliep als handschriftliche Varietät.

Die Verba dieser vierten Classe haben also in allen vier Dialecten sowohl den Reduplicationsvocal (in der Form von i oder e),
als auch den zu o (u, e) geschwächten Wurzelvocal beibehalten.

Nach dem Bisherigen lassen sich zwei Arten unterscheiden,
wie die gotische Reduplication in den übrigen Dialecten behandelt ist:

A. Der Reduplicationsvocal ai ist entweder zu i (im Althochdeutschen statt dessen auch ei), oder zu e geworden: sowohl für i
wie für e ist ursprünglich eine Länge anzunehmen. Hinter diesem
Reduplicationsvocal ist die anlautende Wurzelconsonanz gänzlich

ausgefallen, dagegen der Wurzelvocal übrig geblieben, der nun unmittelbar auf den Reduplicationsvocal folgt. Kurzer Wurzelvocal
a ist a geblieben oder zu e geschwächt, langes â ist zu a gekürzt
und aus dieser Kürze auch in e übergegangen, langes ô (gotischem
ô entsprechend) ist zu a verkürzt, ursprüngliches ai ist zu kurzem
e geworden, ursprüngliches au ist zu ou, e verkürzt.

	1.	2.	3.	4.	5.
Grundform:	a i - a	a i - â	ai - ô	ai - ai	ai - au
a)	hei-alt	ri-at	ri-of	hie-ez	hli-uf
	hi-alt	ri-et			hli-of (alts. altn.)
	hi-elt				hli-ef
b)	he-alt	re-at	re-of (ags.)	me-ez	hle-of (ags.)
				[hi-az]	[li-af]
				[he-az]	

Alle hier angegebenen Formen sind althochdeutsch; was von
ihnen auch in den übrigen Dialecten vorkommt, ist im einzelnen
Falle jedesmal hinter der betreffenden Form durch ein in Paren-
these gesetztes „alts. altn. ags." angegeben worden. Man sieht
sogleich, dass diese erste Art, das reduplicirte Perfectum zu behandeln, am meisten im Althochdeutschen beliebt ist. Blos in der
5. Verbalclasse ist sie allen Dialecten gemein. Das am Ende der
4. und 5. Classe in viereckige Klammern gestellte [hiaz], [he-az],
[li-af] ist die unorganische, hauptsächlich von Otfried vertretene
Form, die keineswegs, wie es wohl früher geschehen ist, als althochdeutsche Grundform für alle reduplicirende Perfecta aufgestellt
werden darf.

B. Der aus ai zu ê contrahirte Reduplicationsvocal hat den
folgenden Wurzelvocal absorbirt. Im Althochdeutschen zeigt sich
diese Bildung blos in der 1. und 4. Verbalclasse. Im Altnordischen
ist sie in den 4 ersten allein üblich, im Altsächsischen und Angelsächsischen in der 1., 2. und 4.

1.	2.	3.	4.
ê-a	ê-â	ê-ô	ê-ê
hê-[a]lt	rê-[ä]d	rê-[ō]p	hê-[ě]t
ahd.) alts. ags. nord.	alts. ags. nord.	(alts.) nord.	alts. ags. nord.
			(mē-z ahd.?)

C. Das Angelsächsische kennt noch eine dritte Art, das reduplicirende Perfectum zu behandeln. Neben der Perfectform hêt (got. hai-hait) ist auch ein hêht gebräuchlich; neben lêc (got. lailaik) ein leolc, neben rêd (got. rairêd) ein reord, neben lêt (got. lailot) ein leort. Wir haben hierfür vorauszusetzen:

a.	b.	c.	d.	
hêhét,	hêh[ĕ]t,	heht,		
lêlêc,	lêl[ĕ]c,	lelc,	leolc,	
rêrêd,	rêr[ĕ]d,	rerd,	reord,	
lêlêt,	lêl[ĕ]t,	lelt,	leolt,	leort.

Die Reduplicationssylbe ist geblieben, es blieb aber auch der Consonant der eigentlichen Wurzelsylbe, dagegen wurde unter dem Einflusse des auf der Reduplicationssylbe ruhenden Accents der Vocal der Wurzelsylbe erst verkürzt und dann erst völlig ausgeworfen. So entstanden aus den ursprünglichen Perfecten (a) die unter c angegebenen Formen heht, lelc, rerd, lelt; von ihnen ist nur heht unverändert geblieben und hat wahrscheinlich auch sein langes ê behalten. Das e der drei übrigen ist zu eo geworden durch Einfluss der darauf folgenden Consonantenverbindung. Es ist anzunehmen, dass es sich vor diesem Uebergange zu e vorher zu e verkürzt hat. Endlich ist in der 4. Form leolt ein Wechsel des zweiten l mit r eingetreten.

Vom ahd. blôzu, plôzu (sacrifico, adoleo) würde das Perfectum, wenn es vorkäme, blioz oder bliuz heissen. In Rh. findet sich statt dessen (für den pl.) pleruzzun, in Bl. pleruzzi (Opt.). Nach Schweizer (Zeitschr. f. vgl. Spr. 2, 400) ist diese Form mit dem angelsächsischen leord zusammenzustellen:

ags. lêlêt   lel[ĕ]t   leort

ahd. ple[p]luz   pleruz,

so dass auch hier das zweite l in r übergegangen sei. Dasselbe nimmt Schweizer auch an für die für gewöhnliches stiozun (von stôzu) stehende Nebenform sterozun (Rd.). Hier müsste das r aus dem in st vorkommenden s verstärkt sein:

stestoz   stes[t]oz   steroz.

Freilich ist nicht leicht einzusehen, wie das st gerade sein t hat schwinden lassen können. Wie im Lateinischen sto steti sollte man statt stesoz eher ein stetoz erwarten.

Es sei hierbei darauf hingewiesen, dass die Art und Weise wie das reduplicirende Perfect des Gotischen in den andern Dialecten behandelt ist, die Voraussetzung nöthig macht, dass in diesen andern Dialecten in der Reduplicationssylbe jede anlautende Doppelconsonanz unverändert wiederholt wurde: nicht blos st, hv, sondern auch hr, pl, sl, fl u. s. w. Ein hreop, sliaf kann nur aus he-hrop, slei-slaf hervorgegangen sein. Wir dürfen also annehmen, dass ursprünglich im Germanischen das Perfectum mit vollem Consonantenanlaut, nicht blos mit dem ersten Consonanten reduplicirt hat.

Weimar   Hof - Buchdruckerei.